经纬院士
建议尽快
贺教育部
科技司项目
成立立项

李召虎
academy八

教育部哲学社会科学研究重大课题攻关项目
"十三五"国家重点出版物出版规划项目

中国农村与农民问题前沿研究

CUTTING-EDGE RESEARCH ON CHINA'S RURAL AREAS AND FARMERS

徐 勇 等著

中国财经出版传媒集团
经济科学出版社
Economic Science Press

图书在版编目（CIP）数据

中国农村与农民问题前沿研究／徐勇等著．—北京：经济科学出版社，2009.9（2020.9 重印）

（教育部哲学社会科学研究重大课题攻关项目）

ISBN 978 – 7 – 5058 – 8134 – 1

Ⅰ．中… Ⅱ．徐… Ⅲ．①农业经济－研究－中国②农村经济－研究－中国③农民－问题－研究－中国 Ⅳ．F32 D422.64

中国版本图书馆 CIP 数据核字（2009）第 052120 号

责任编辑：卢元孝
责任校对：徐领弟　徐领柱
版式设计：代小卫
技术编辑：李　鹏　范　艳

中国农村与农民问题前沿研究

徐　勇　等著

经济科学出版社出版、发行　新华书店经销
社址：北京市海淀区阜成路甲 28 号　邮编：100142
总编部电话：88191217　发行部电话：88191540
网址：www.esp.com.cn
电子邮件：esp@esp.com.cn
北京季蜂印刷有限公司印装
787×1092　16 开　24.75 印张　470000 字
2009 年 9 月第 1 版　2020 年 9 月第 2 次印刷
ISBN 978 – 7 – 5058 – 8134 – 1　定价：55.00 元
（图书出现印装问题，本社负责调换）
（版权所有　翻印必究）

课题组主要成员

(按姓氏笔画为序)

邓大才　刘金海　吴理财　邵　峰
项继权　贺雪峰　黄祖辉　董磊明

编审委员会成员

主　任　孔和平　罗志荣
委　员　郭兆旭　吕　萍　唐俊南　安　远
　　　　　文远怀　张　虹　谢　锐　解　丹

总　序

哲学社会科学是人们认识世界、改造世界的重要工具，是推动历史发展和社会进步的重要力量。哲学社会科学的研究能力和成果，是综合国力的重要组成部分，哲学社会科学的发展水平，体现着一个国家和民族的思维能力、精神状态和文明素质。一个民族要屹立于世界民族之林，不能没有哲学社会科学的熏陶和滋养；一个国家要在国际综合国力竞争中赢得优势，不能没有包括哲学社会科学在内的"软实力"的强大和支撑。

近年来，党和国家高度重视哲学社会科学的繁荣发展。江泽民同志多次强调哲学社会科学在建设中国特色社会主义事业中的重要作用，提出哲学社会科学与自然科学"四个同样重要"、"五个高度重视"、"两个不可替代"等重要思想论断。党的十六大以来，以胡锦涛同志为总书记的党中央始终坚持把哲学社会科学放在十分重要的战略位置，就繁荣发展哲学社会科学做出了一系列重大部署，采取了一系列重大举措。2004年，中共中央下发《关于进一步繁荣发展哲学社会科学的意见》，明确了新世纪繁荣发展哲学社会科学的指导方针、总体目标和主要任务。党的十七大报告明确指出："繁荣发展哲学社会科学，推进学科体系、学术观点、科研方法创新，鼓励哲学社会科学界为党和人民事业发挥思想库作用，推动我国哲学社会科学优秀成果和优秀人才走向世界。"这是党中央在新的历史时期、新的历史阶段为全面建设小康社会，加快推进社会主义现代化建设，实现中华民族伟大复兴提出的重大战略目标和任务，为进一步繁荣发展哲学社会科学指明了方向，提供了根本保证和强大动力。

高校是我国哲学社会科学事业的主力军。改革开放以来，在党中央的坚强领导下，高校哲学社会科学抓住前所未有的发展机遇，紧紧围绕党和国家工作大局，坚持正确的政治方向，贯彻"双百"方针，以发展为主题，以改革为动力，以理论创新为主导，以方法创新为突破口，发扬理论联系实际学风，弘扬求真务实精神，立足创新、提高质量，高校哲学社会科学事业实现了跨越式发展，呈现空前繁荣的发展局面。广大高校哲学社会科学工作者以饱满的热情积极参与马克思主义理论研究和建设工程，大力推进具有中国特色、中国风格、中国气派的哲学社会科学学科体系和教材体系建设，为推进马克思主义中国化，推动理论创新，服务党和国家的政策决策，为弘扬优秀传统文化，培育民族精神，为培养社会主义合格建设者和可靠接班人，做出了不可磨灭的重要贡献。

自2003年始，教育部正式启动了哲学社会科学研究重大课题攻关项目计划。这是教育部促进高校哲学社会科学繁荣发展的一项重大举措，也是教育部实施"高校哲学社会科学繁荣计划"的一项重要内容。重大攻关项目采取招投标的组织方式，按照"公平竞争，择优立项，严格管理，铸造精品"的要求进行，每年评审立项约40个项目，每个项目资助30万～80万元。项目研究实行首席专家负责制，鼓励跨学科、跨学校、跨地区的联合研究，鼓励吸收国内外专家共同参加课题组研究工作。几年来，重大攻关项目以解决国家经济建设和社会发展过程中具有前瞻性、战略性、全局性的重大理论和实际问题为主攻方向，以提升为党和政府咨询决策服务能力和推动哲学社会科学发展为战略目标，集合高校优秀研究团队和顶尖人才，团结协作，联合攻关，产出了一批标志性研究成果，壮大了科研人才队伍，有效提升了高校哲学社会科学整体实力。国务委员刘延东同志为此做出重要批示，指出重大攻关项目有效调动各方面的积极性，产生了一批重要成果，影响广泛，成效显著；要总结经验，再接再厉，紧密服务国家需求，更好地优化资源，突出重点，多出精品，多出人才，为经济社会发展做出新的贡献。这个重要批示，既充分肯定了重大攻关项目取得的优异成绩，又对重大攻关项目提出了明确的指导意见和殷切希望。

作为教育部社科研究项目的重中之重，我们始终秉持以管理创新服务学术创新的理念，坚持科学管理、民主管理、依法管理，切实增强服务意识，不断创新管理模式，健全管理制度，加强对重大攻关项目的选题遴选、评审立项、组织开题、中期检查到最终成果鉴定的全过程管理，逐渐探索并形成一套成熟的、符合学术研究规律的管理办法，努力将重大攻关项目打造成学术精品工程。我们将项目最终成果汇编成"教育部哲学社会科学研究重大课题攻关项目成果文库"统一组织出版。经济科学出版社倾全社之力，精心组织编辑力量，努力铸造出版精品。国学大师季羡林先生欣然题词："经时济世　继往开来——贺教育部重大攻关项目成果出版"；欧阳中石先生题写了"教育部哲学社会科学研究重大课题攻关项目"的书名，充分体现了他们对繁荣发展高校哲学社会科学的深切勉励和由衷期望。

创新是哲学社会科学研究的灵魂，是推动高校哲学社会科学研究不断深化的不竭动力。我们正处在一个伟大的时代，建设有中国特色的哲学社会科学是历史的呼唤，时代的强音，是推进中国特色社会主义事业的迫切要求。我们要不断增强使命感和责任感，立足新实践，适应新要求，始终坚持以马克思主义为指导，深入贯彻落实科学发展观，以构建具有中国特色社会主义哲学社会科学为己任，振奋精神，开拓进取，以改革创新精神，大力推进高校哲学社会科学繁荣发展，为全面建设小康社会，构建社会主义和谐社会，促进社会主义文化大发展大繁荣贡献更大的力量。

教育部社会科学司

前　言

　　本书是2003年首批教育部哲学社会科学研究重大课题攻关项目"我国农村与农民问题研究"（项目批准号：03JZD0031）的最终成果。相关阶段性成果已经发表和出版。本书是在阶段性成果基础上进一步研究而形成的。2007年，在教育部社科司组织的重大攻关项目成果鉴定会上，鉴定专家对作为最终成果的本书给予了充分肯定，同时也提出了很好的修改意见。随后，课题组根据专家意见，特别是结合我国农村与农民问题的新变化，对书稿作了进一步的修改。

　　本书是集体共同攻关的产物。我国文科研究向来是"一张纸、一支笔"的个体户做法，这远远无法适应经济社会发展的要求。2003年，教育部启动了哲学社会科学重大课题攻关项目研究工作。本项目被列为第一批课题。由于农村与农民问题在当时是广为重视的重大问题，参加投标的单位在当年度重大招标项目中是最多的，竞争也是最为激烈的。华中师范大学中国农村问题研究中心作为教育部人文社会科学重点研究基地中三家涉农的基地之一，做了充分准备，积极参与投标。最后经过严格的评审程序，由华中师范大学中国农村问题研究中心中标，同时由另一投标单位，也是教育部人文社会科学重点研究基地的浙江大学农业现代化与农村发展研究中心承担四个子课题中的一个子课题。在研究过程中，承担本项目有关农村公共物品子课题的负责人调至华中科技大学。因此，本项目及其最终成果是涉及三个学校和近20多位学者集体攻关的产物。

　　本书的写作和研究过程得到了各方面的大力支持。在项目评审会上，相关专家对项目进行了严格的评审，对项目思路、内容和方法都给予了十分中肯的建议。项目立项后，教育部主管部门专门主持了项目开题会，在会上，专家们对项目研究提出了宝贵建议。特别是本项目涉及三个学校，为协调好关系，教育部两位主管领导分别在浙江大学和华中科技大学召集相关人员会议，研究如何搞好项目工作。作为项目承担单位的主管部门——华中师范大学社科处更是为项目研究提供了良好的条件，做了大量支持和协调工作。由于项目属于重大攻关课题，不仅研究质量要求高，而且出版质量也要求高。出版本书的出版社，特别是责任编辑为本书的出版花费很大心血。

本书的研究是集体智慧的结晶。农村与农民问题是一个重大理论和实践问题。受各种原因的影响，人们对于这一问题的认识有所不同。就是参与项目研究和本书写作的人员中，看法也不同，甚至有很大的分歧。同时，我国学者们习惯于个体户的工作方式，对于集体攻关所需要的理念、行为等还很欠缺。因此，项目启动后，协调的工作较多，也较困难。为此，项目在首席专家的统筹下，实行分工负责制。研究过程中，首席专家主要是按照投标评审书及其专家评审意见提出统一要求。各子课题根据统一要求进行专题研究。虽然项目思路和方法有分歧，总的来看，项目参与者还是能顾全大局，尽量按照项目要求开展项目工作，按照出版要求写作和修订书稿。由此也才有了本书的出版。本书分为引论和四编。除首席专家以外，四个子项目和本书四编的主要负责人黄祖辉、邓大才、吴理财和贺雪峰所劳甚多。黄辉祥作为项目工作秘书，除了处理日常事务以外，在联系和协调各个单位和各位作者方面，做了虽然琐碎但又十分关键的工作。

本书的出版为我们进一步搞好攻关项目积累了丰富的经验。本书作为教育部首批重大攻关项目，无论是主持者，还是参与者，或者是主管方，都缺乏经验。一般来说，文科重大项目的攻关人员应该在基本理论和基本方法是一致的，这是合作攻关的基础。但是出于各种原因，使具有不同理念和方法的人组合在一起，这就为项目合作增加了摩擦系数。由此需要项目参与方在研究过程中注重磨合。首先是确定基本的规则，大家都按照项目和出版要求开展工作，避免各行其是。其次是协调。不同的人研究思路和写作风格不同，但需要大致相同，而不能差异太大。本书的出版可以说是经作者多次修订才成的。有的作者甚至忍痛割爱，推倒重来。只有这样才能保证项目成果的质量。

　　本书的出版是本领域研究的一个新起点。农村和农民问题是一个长期存在的重大问题。本书只是选取了其中的若干问题进行研究，而且实践正在提出一系列新的问题。因此，本书虽然名为前沿性研究，也只是相对而言的说法。我们尽管发挥了最大的力量，但其研究水平仍然有限，还有很多不足之处，更有许多问题需要进一步探讨。但我们会以此书的出版为新的起点，认真总结经验，不断提升研究能力，以期取得质量更高的研究成果。

摘 要

农村和农民问题是现代化进程中一个长期存在但又需要有效解决的重大问题。我国的这一问题更为突出。本书紧密结合实际，对进入21世纪后我国农村和农民问题中一些紧迫而重大的问题进行了较为深入和集中的探讨。21世纪初，我国提出以城乡统筹的理念来解决农村和农民问题。本书对城乡统筹的理论、目标、机制、实践进行了论述。解决农村和农民问题，缩小城乡差距，必须增加农民收入。而传统的增收模式有较大局限性，本书提出了就业导向增收的新模式。税费改革及农村经济社会发展，要求改革农村上层建筑，乡镇改革是重要内容。本书对21世纪以来我国乡镇改革的目标、特点、类型及走向进行了专题研究，提出了现代乡镇制度建设的设想。农村公共物品供给是21世纪以来农村发展中的热点问题。本书以税费改革为坐标，对税费改革后农村公共物品供给的现状、目标、机制进行了分析，提出改善农村公共物品供给的政策建议。

Abstract

    The issue of rural areas and farmers has long since existed in the modernization drive, and need to be resolved effectively. In China, this issue seems to be more prominent. Strictly based on factual materials, this book specifically probes into certain pressing and significant issues in terms of China's rural areas and farmers since the turn of the 21st century. At the beginning of the 21st century, China put forward the concept of coordinating the development of urban and rural areas as the solution for the issue of rural areas and farmers. This book expounds on the theory, objective, mechanism and practice of coordinated urban and rural development. In order to resolve the issue of rural areas and farmers and narrow the gap between urban and rural areas, the income of farmers must be raised. Since the traditional mode of raising income is largely limited, a new employment-oriented mode of income raising is put forward in this book. Taxation and fees reform and the economic and social development of the rural areas call for reforms of the rural superstructure, of which township reform is an important part. The book focuses its study on the objectives, characteristics, types and trend of China's township reform since the turn of the 21st century, and brings forward a proposal for the building of modern township system. Supply of public goods in rural areas is a hot issue in the rural development since the turn of the new century. Based on the taxation and fees reform, the book analyzes the status quo, objective and mechanism of the supply of public goods since the taxation and fees reform in rural areas, and proposes policy recommendation for improving the supply of public goods in rural areas.

目录

引　论　1

第一章 ▶ 现代化视角下的农村与农民问题　3

　一、农村与农民问题何以发生：现代化进程　3
　二、农村与农民问题何以表现：国情与特点　6
　三、农村与农民问题何以解决：现代化取向　8

第二章 ▶ 现代化、国家整合与新农村建设　14

　一、国家与社会的二元整合：城乡分化　14
　二、国家与社会的一体整合：建设新农村　18

第一编

城乡统筹　23

第三章 ▶ 城乡统筹发展的理论分析　25

　一、"城乡统筹"思想的由来　25
　二、增长与发展背景下的城乡统筹　35
　三、城乡二元经济结构的一元化　40
　四、公平正义基础上的城乡和谐　42

第四章 ▶ 城乡统筹发展的现实目标　47

　一、我国城乡二元结构的演化　47
　二、我国城乡二元结构的复杂性　55

第五章 ▶ 城乡统筹发展的对策机制　65

一、城乡统筹的制度与机制建设　65

二、加速小城镇建设，促进城市化　71

三、城市化中的农地制度和社会保障　73

四、农村非农经济与城乡产业融合　75

第二编

就业增收　81

第六章 ▶ 农民增收与就业的一体化思考　83

一、就业增收问题的传统思维　83

二、传统认识演绎的增收模式　86

三、农民就业增收需要新选择　88

四、就业导向增收模式的历史必然性　89

第七章 ▶ 传统增收模式的有限性　92

一、增产增收模式：日渐式微　92

二、价格增收模式：走到尽头　104

三、结构调整增收模式：潜力有限　109

四、政策增收模式：空间狭窄　124

第八章 ▶ 就业导向增收模式的新选择　131

一、就业导向增收：基本界定　131

二、就业导向增收：实证检验　139

三、就业导向增收：历史动因　149

四、就业导向的增长模式：前景预测　153

第九章 ▶ 就业导向增收模式的制度环境建设　155

一、意义层面：策动新的"农政变革"　156

二、观念层面：树立现代"治农之观"　158

三、内容层面：拓展多维"治农之道"　160

四、环境层面：培育新的"治农之势"　164

第三编

乡镇改革　167

第十章 ▶ 改革的背景　169
一、百年乡政转型　169
二、财政压力下的乡镇改革　174
三、乡镇问题及改革办法　178

第十一章 ▶ 以机构精简为导向的乡镇改革　181
一、机构改革　181
二、乡镇撤并　190

第十二章 ▶ 以权力重组为导向的乡镇改革　197
一、交叉任职　197
二、选举创新　204

第十三章 ▶ 以关系重构为导向的乡镇改革　217
一、站所转制　217
二、委托扩权　231
三、财政统管　234

第十四章 ▶ 乡镇改革不同模式的比较　238
一、乡派式改革　238
二、政府、部门和市场　241
三、效能优先：乡镇改革的一条主线　243
四、乡镇改革的发展趋向　246

第十五章 ▶ 现代乡镇制度的构建　249
一、乡镇的地位与功能　249
二、现代乡镇体系构建　254
三、乡镇权力重构　256
四、乡镇公共服务机制　258

第四编

公共物品　265

第十六章 ▶ 税费改革前的农村公共品供给　270
一、税费改革前农村公共品供给的制度安排　270
二、税费改革前农村公共品供给的状况　278
三、税费改革前农村公共品供给制度存在的主要问题　296

第十七章 ▶ 税费改革后农村公共品供给现状及问题　301
一、税费改革的思路　301
二、取消农业税后农村公共品供给的制度设计　303
三、取消农业税后农村水利供给难题　311
四、取消农业税后农村其他公共品供给难题　315

第十八章 ▶ 农村公共物品供给中的均衡　323
一、农村公共品供给的特点　323
二、农村水利建设实验案例　325
三、农村公共品供给中的四种均衡　327
四、农村公共品供给均衡的讨论　330

第十九章 ▶ 农村公共品供给的政策建议　335
一、建设能够有效提供公共物品的乡村行政组织体系　336
二、加强村社组织建设，强化农村社区性公共品供给能力　339
三、发展农村社会文化组织，增加农村社会资本　346

参考文献　353

后记　365

Contents

Introduction 1

Chapter 1 Issues of Rural Areas and Farmers with the Perspective of Modernization   3

1. Why Does the Issue of Rural Areas and Farmers Occur: the Process of Modernization   3
2. How Is the Issue of Rural Areas and Farmers Manifested: the National Conditions and Characteristics   6
3. How Can the Issue of Rural Areas and Farmers be Solved: Orientation of Modernization   8

Chapter 2 Modernization, National Integration and the Construction of New Countryside   14

1. The Dual Integration of State and Society: Urban-Rural Division   14
2. The Integration of State and Society: Construction of New Countryside   18

Part I
Urban-Rural Coordination   23

Chapter 3 Theoretical Analysis of Coordinated Urban-Rural Development   25

1. The Origin of "Urban-Rural Coordination"   25
2. Urban-Rural Coordination in the Context of Growth and Development   35
3. Integration of Dual Urban-Rural Economic Structure   40

4. Urban-Rural Harmony Based on Equity and Justice 42

Chapter 4 The Realistic Objectives of Coordinated Urban-Rural Development 47
1. Evolution of China's Dual Urban-Rural Structure 47
2. Complexity of China's Dual Urban-Rural Structure 55

Chapter 5 Countermeasure Mechanism for Coordinated Urban-Rural Development 65
1. The Building of System and Mechanism for Coordinated Urban-Rural Development 65
2. Accelerating the Construction of Small Towns and Promoting Urbanization 71
3. Agricultural Land System and Social Security in the Urbanization Process 73
4. The Non-agricultural Economy in the Rural Areas and the Integration of Urban and Rural Industries75 75

Part II
Employment and Income Raising 81

Chapter 6 The Integral Thinking of Raising Income and Employment of Farmers 83
1. The Traditional Thinking of Raising Income and Employment 83
2. The Mode of Income Raising with Traditional Concept 86
3. New Choices are Needed for Farmers to Raise Income and Employment 88
4. The Historic Inevitability of Employment-oriented Income Raising Mode 89

Chapter 7 The Limitation of Traditional Mode to Raise Income 92
1. Mode of Income Raising by Raising Output: on the Decline 92
2. Mode of Income Raising by Raising Price: Coming to an End 104
3. Mode of Income Raising via Structure: with Limited Potential 109
4. Mode of Income Raising via Policy: with Narrow Space 124

Chapter 8 The New Choice of Employment-oriented Mode of Income Raising 131
1. Employment-oriented Income Raising: Basic Definition 131
2. Employment-oriented Income Raising: Empirical Test 139

3. Employment-oriented Income Raising: Historical Motive   149

4. Employment-oriented Mode of Income Raising: Prospect Forecast   153

Chapter 9　The Building of System Environment for Employment-oriented Mode of Income Raising   155

1. In Terms of Significance: Launching a New "Rural Political Reform"   156

2. In Terms of Concept: Building a Modern "Concept of Governing Farmers"   158

3. In Terms of Content: Developing Multi-dimensional "Way of Governing Farmers"   160

4. In Terms of Circumstances: Fostering a New "Influence of Governing Farmers"   164

Part Ⅲ
Township Reform   167

Chapter 10　Reform Background   169

1. Transformation of Hundred-year Township Politics   169

2. Township Reform under Financial Pressure   174

3. Township Problems and the Reform Measures   178

Chapter 11　Streamlining-oriented Township Reform   181

1. Institutional Reform   181

2. Township Merging   190

Chapter 12　Power Reorganization-oriented Township Reform   197

1. Cross-appointment   197

2. Election Innovation   204

Chapter 13　Relation Reconstruction-oriented Township Reform   217

1. The Public Service Institution Reform   217

2. Commission for Expanding Powers   231

3. The Unified Management of Finance   234

Chapter 14　Comparison of Different Modes of Township Reform　238
　　1. Township Government Serving as Local Office of the County Government　238
　　2. Government, Department and Market　241
　　3. Efficiency First: the Main Line of Township Reform　243
　　4. The Trend of Township Reform　246

Chapter 15　Construction of Modern Township System　249
　　1. The Status and Function of Township　249
　　2. Construction of Modern Township System　254
　　3. Reconstruction of Township Power　256
　　4. Public Service Mechanism of Township　258

Part Ⅳ
Public Goods　265

Chapter 16　The Supply of Public Goods in Rural Areas before the Taxation and Fees Reform　270
　　1. The System Arrangements of Public Goods Supply before the Taxation and Fees Reform　270
　　2. The Supply Situation of Public Goods before the Taxation and Fees Reform　278
　　3. Major Problems Existing in the Public Goods Supply System before the Taxation and Fees Reform　296

Chapter 17　The Situation and Problems of Public Goods Supply after the Taxation and Fees Reform　301
　　1. Ideas for Taxation and Fees Reform　301
　　2. System Design of Rural Public Goods Supply after Abolishing Agricultural Taxes　303
　　3. Difficult Problems of Rural Water Supply after Abolishing Agricultural Taxes　311
　　4. Difficult Problems of Other Public Goods Supply in Rural Areas after Abolishing Agricultural Taxes　315

Chapter 18 Balance in Rural Public Goods Supply　　323
    1. The Characteristics of Rural Public Goods Supply　　323
    2. Experimental Cases of Rural Water Conservancy Construction　　325
    3. Four Kinds of Balance in the Supply of Rural Public Goods　　327
    4. Discussion on the Balance of Rural Public Goods Supply　　330

Chapter 19 The Policy Proposals on Rural Public Goods Supply　　335
    1. Building Rural Administrative and Organizational System to Provide Public Goods Effectively　　336
    2. Strengthening Development of Communal Organizations and Supply Capability of Communal Public Goods　　339
    3. Developing Rural Social and Cultural Organizations and Increasing Rural Social Capital　　346

References　　353

Postscript　　365

引 论

第一章

现代化视角下的农村与农民问题

在告别20世纪、进入21世纪之际,中国的农村和农民问题日益突出,已成为执政者和全社会广泛关注的公共性问题。应该说,改革开放以来,党和国家高度重视农业、农村和农民问题,并多次指出,没有农村小康,就没有全社会的小康和现代化。解决日益突出的农业、农村和农民问题是社会主义现代化建设的重大历史任务。但是,为什么现代化进程日益加快而农村和农民问题却日益突出呢?这就需要我们将农村与农民问题放在整个中国现代化的历史背景下考察,才能充分认识这一问题存在的长期性和有效解决的紧迫性、艰难性。

一、农村与农民问题何以发生:现代化进程

中国是一个农业文明特别发达的国家,中国的历史主要是农业文明史。在中国发展的长期进程中,农业、农村、农民一直存在,但却没有所谓的"三农"问题。

"三农"得以成为一个问题,深刻的根源是现代化进程。在以农业为主导的传统社会,农业是主要产业,农村是主要区域,农民是主体成员,因此无所谓"三农"问题。任何一个统治者在治理国家时,都不得不重视农业,以农为本。"士农工商",农民的地位仅次于官员。进入现代化进程以后,这种状况发生了根本性变化,农本传统受到严重冲击,整个社会的价值取向由"乡土本位"向城市主导转变,农村和农民的地位日益降低和边缘化,从而成为一个影响甚至决定国家稳定和发展的政治社会问题。

首先，现代化社会是以工业化为产业基础的。传统农业的手工生产方式难以大幅度提高生产效率，经济增长速度相当缓慢。同时，农业受制于自然，面临各种自然风险。进入现代化进程之后，在市场风险面前，分散的农业也难以与组织化的工业相抗衡。因此，与新兴的工业相比，农业处于弱势产业，因此产生了工农差别。

其次，现代化社会是以城市为区域基础的。马克思曾经说过，"城市已经表明了人口、生产工具、资本、享乐和需求的集中这个事实；而在乡村则是完全相反的情况：隔绝和分散。"① 工业化和市场化要求各种资源向城市集中，以统一提供水、电、气、路、通信等公共设施，统一提供教育、医疗、交易制度等公共物品，从而提高生产效率。当资源向城市集中时，城市文明迅速提高，乡村处于落后地位，由此产生城乡差别。

最后，现代化社会是以城市市民为社会主体的。伴随工业化、城市化的发展，市民日益增多，且成为社会主体。市民的文化水平较高，视野开阔，进取意识强。小农生产方式决定了农民的保守性和狭隘性。城市市民集中，组织性强，占有社会资源较多，在竞争中处于相对优势；农民虽然人口多，但居住分散，组织性弱，占有社会资源较少，处于相对弱势，由此产生市民和农民的差别。

以上三大差别是产生"三农"问题的客观经济社会基础。"三农"之所以成为问题，还有其主观基础，这就是现代意识。现代化不仅仅是工业化、市场化、城市化过程，同时也是现代意识的形成构建过程，这就是与市场化、民主化相应的自由、平等、人权等理念的产生和传播。由此就会产生现代化进程中的价值追求与事实客体之间的矛盾。这一矛盾最为集中地反映在"三农"领域。一方面，现代化必然带来工农、城乡、市民与农民的差别；另一方面，现代化又带来自由、平等、人权意识，由此就会产生"人生来平等，但又无不在差别之中"的焦虑和反抗，"三农"因此成为一个公共性的政治社会问题。

"三农"问题实质上是在现代化进程中两种文明的并存和差别而产生的政治社会问题。这一问题具有普遍性。任何一个由传统农业社会向现代工业社会转变的国家都会出现这一问题。而在中国的现代化进程中，这一问题表现得尤其突出。这是由中国现代化进程的特殊性决定的。

第一，中国的现代化是由外部引起的。在中国，农民不仅数量多，而且没有经历农业商品化的改造直接进入近现代社会。由于在世界竞争中的落后地位，中国的工业化原始积累只能来自于内部，确切地说只能来自于农业。随着工业化的启动，资源急剧向城市集中，农民不仅受到国家政权的剥夺，而且成为市场化的

---

① 《马克思恩格斯选集》第1卷，人民出版社1995年版，第104页。

受损者。农民的日益边缘化和平等主义的意识，促使中国革命的发生。但是革命后，工业化的原始积累仍然只能依靠内部和农业。新中国成立后，尽管土地改革和集体化缓和了国家和农民的关系，但是农民更多的是现代化的贡献者。如仅仅是依靠价格"剪刀差"，在1978年前，国家从农村汲取资源达7 000亿元。可以说，中国的现代工业体系基本上是依靠农业、农村和农民提供的。正因为如此，农业、农村和农民的状况长期以来没有根本性变化，三大差别依然存在。

  第二，中国的现代化发展极不均衡。现代化包括市场化和国家化。市场化是现代化的基本动力。市场经济最根本的前提是剩余产品的出现，市场化又推动着剩余财富的积累，并推动国家的一体化，即国家通过建立现代行政机器改造整个社会。现代化发源地的西欧，是先市场化，后国家化。国家化是以市场化创造的财富为基础的。所以，直到19世纪，西方奉行的是"最好的政府是最小的政府"。但在中国，历史上的官僚体制就特别发达，小农经济的有限剩余始终无法满足官僚机器无限膨胀的需求。这正是中国隔若干年就会发生农民起义的根源。由于历史的规制，使中国的市场化和国家化发展极不均衡，市场化程度极低，国家化速度却非常迅速。而国家化所需要的巨大行政成本，却不得不由农村和农民承担。改革开放以后，中国农业的有形财政贡献越来越少，农业税收在国家财政收入中的比例越来越小，但是，农民的财税负担却并未减轻，甚至相对加重。其重要原因就是，农民的有限剩余要支付不断扩张的国家化的成本。如在农村，相当长时期，国家九年制义务教育成本主要由农民支付。县乡的财政供养人员占全国的比例70%，财政收入却只有全国的40%。收入最低的群体却要为现代化支付更多的费用。越是传统的农业地区，这一矛盾越突出。所以，农村与农民问题主要产生于市场化程度较低的中部农业地区。

  第三，中国现代化进程的特殊制度安排。现代化的内在要求是平等的竞争，因此建立起公平税负、等价交换、自由流动等一系列制度。特别是在发达国家，针对农业、农村和农民的弱势地位，还制定了相应的保护措施。但在中国，为了迅速建立一个现代工业体系，实现赶超发达国家的战略，农业、农村和农民不仅未能得到应有的保护，反而形成了一整套不利于平等竞争的制度。如1958年定型的与计划经济相适应的户籍制，将农民牢牢地固定在土地上，不允许其自由流动。国家通过"公余粮"收购制度，优先从农民手中获取农产品。在"公粮制"基础上形成的农业税制，使农民作为一个低收入群体却要缴纳更多的税负。这样的制度安排使本来处于弱势地位的"三农"的处境更为艰难。所以，现代化进程越快，城乡差别越大，农村与农民问题就越突出。

  第四，意识形态的尖锐冲突。农业社会的生产成果大致相同，最容易产生平均主义。平均主义是延续数千年的主流话语。近代以来的革命更加强化了平均化和平等化的意识形态。这种意识形态与改革开放以来的社会分化产生尖锐的冲突。特别是处于弱势地位的农民未能合理分享现代化的成果，他们得益于市场经济带来的自由，但也将自己置于市场经济的巨大风险中并得不到有效保障，从而使农村与农民问题格外突出。

二、农村与农民问题何以表现：国情与特点

"三农"问题是一个世界性难题，将伴随整个现代化进程。同时在各个国家的不同历史阶段又会有不同的表现。在现阶段中国，"三农"问题主要特点表现如下：

其一，"三农"问题之首是农民问题。

一般来说，"三农"问题之首是农业问题。正是因为工业的崛起和农业的弱势才造成乡村的衰落和农民的贫困，于是才有了大规模的城市化和农民的工人化。但是，在中国，工业化先天不足，城市化进程缓慢，工业化和城市化不仅难以带动乡村，吸纳和消化农村人口，反而以牺牲农村和农民为代价。这就使得大量的农村人口长期堆积在有限的土地上。历史上的人地矛盾未能缓和，反而更加突出。如1982年，全国城镇人口为21 480万人，农村人口为80 174万人。到1999年，随着城市化进程的加快，城镇人口增长为38 892万人，而农村人口仍然达87 017万人，如果以农业人口统计，则为94 347万人，即通常说的"九亿农民"。① 伴随城镇化，可耕地资源逐年减少。1985年，平均每农户经营耕地面积为10.61亩，至1999年下降为8.77亩。② 由此就会出现"人口过剩"现象，即有限的耕地难以承载迅速增长的人口。特别是由于农业生产率的增长，伴随人口过剩的是劳动力的过剩，且劳动力过剩程度要高于人口过剩程度。大量人口从农业生产中"闲置"出来。1999年，全国农村劳动力为46 897万人，据估计，同年的农村剩余劳动力达1.2亿人以上。农村人口，特别是农村劳动力的过剩，意味着人地矛盾日益突出。

人地矛盾严重制约了"三农"问题的解决。一是农民收入增长缓慢。现阶段农村人口耕地仅仅1亩多，无论种植什么，其产出都是十分有限的。农村的商品化率低，没有多少产品进行交换，不仅难以扩大再生产，其收入的增长也相当有限。这就制约了农村商品化生产进程。与此同时，农村外部的商品化程度却越来越高，连维持农民简单生活和再生产的公共物品的供给也迅速市场化，如水电、

---

① 国家统计局：《中国统计摘要——2000》，中国统计出版社2000年版，第33页。
② 国家统计局：《中国统计摘要——2000》，中国统计出版社2000年版，第89页。

医疗、教育等。农民的有限收入无法支付外部市场化带来的高费用，使他们的收入不仅难以迅速增长，反而会因为自然、市场、疾病风险而贫困化。"吃得饱饭，读不起书，看不起病"是相当多数农民的现实生存状况。如果农民收入增长有限，甚至陷于贫困化，他们就难以分享现代化的成果，从而成为社会的边缘群体，同时也会直接影响他们从事农业生产的积极性。二是农民就业不足。农民通常是指从事农业生产的人口。但是，由于人均耕地少，使相当多数的农村人口并不能通过农业实现就业并满足生活需要。虽然改革以后，农民可以外出务工经商。但是，由于传统的体制障碍和城市消费水平高，使他们难以实现由农民向市民的转换，进入和融入城市社会，由此在农村出现了一批无业流民。这一群体历史以来都是一个最不稳定的群体，不仅其自身缺乏安全感，而且有可能危及社会的安全。

其二，农民问题之首又是土地问题。

土地是农村最主要的生产资料。农民只有与土地结合，才能获得生存与发展的机会，因此，土地始终是农民问题的首要问题。只有解决土地问题，才能调动农民的生产积极性，推动农村的经济社会发展。在现阶段，土地问题主要表现在两个方面：

一是土地资源配置的低效率。近代以来，中国一直在试图解决农民与土地的结合问题，如土地革命、土地改革、集体化、农户经营等。这些方式的共同特点就是土地的平均化，即以社会公平为尺度作为土地资源配置的依据。土地资源的公平配置极大地调动了农民的农业生产积极性，提高了劳动生产的效率。但是，随着现代化进程，土地均平制度逐步显现其局限性，这就是限制了土地的流动和规模经营，土地资源的配置效率降低。土地使用的细碎化，一方面造成农民收入增长的有限性，另一方面农民也缺乏足够的投入，将现代生产要素引入农业领域。这就是包产到户经营的政策优势逐步递减的重要原因。所以，中国至今还难以走出低效农业的困境，只是农业大国，而不是农业强国。但是，要突破现有的土地均有制度，又受到极大制约。这是因为在现有国情下，土地具有保障农民基本生活的功能。土地的保障功能限制了土地要素的流动；土地要素不流动，又难以使土地增值保值，提高土地的使用效率，从而使土地问题陷入一个历史怪圈。改革开放以来，我国农村发展的一个重要原因是劳动力的自由流动，这被农民称为"第二次解放"。但是，与劳动力资源的解放相比，土地资源的解放更为重要，更为复杂，需要的条件也更多。

二是土地收益分配的不合理。毫无疑问，土地是农民手中最大的财富。特别是在现代化、城市化过程中，土地资源的稀缺性日益突出，其价值也日益重要。但是，农民要将潜在的财富变为现实的财富，取决于两个条件，土地的流动和土地收益分配。近些年，随着现代化建设，大量的土地被移作他用。但是，其中存在两大问题：（1）土地的流动绝大多数不是农民的自愿选择，而是被征用；（2）农民不能合理享有土地的收益。如被征用的土地每亩一般只付给农民两万元以下的补偿，而相当一部分土地经过流转后每亩可升值到数十万元。这其中巨大的利益，农民难以合理享有。特别是各种形式的"圈地"，产生了一批失地并"失业"的农民，他们既缺乏劳动资料，也缺乏生活保障，成为社会的不安定因素。

其三，土地问题的核心是权益问题。

为什么农民并不能从自己的土地上获取相应的收益，从根本上说是农民的平等权益问题。现代社会是以个人权利为基础的，这种权利受国家法制保护，神圣不可侵犯。所以，与市场经济相适应，必然要求建立以公民平等权利为基础的民主国家。孙中山是中国民主革命的先行者，他提出了"平均地权"的口号，在中国历史上第一次将农民平均占有土地作为一项神圣的权利提了出来。但是，由于民主国家建构的艰难性，使农民对土地的占有未能以法权的形式确定下来。他们在土地的处置和收益方面缺乏严格的法律界定和保护，在各种"集体"和"公共需要"名义下，土地被随意侵占。

农民的权益不仅表现为地权，而且表现于经济社会等多方面的民权。20世纪50年代，为了工业化积累，便于国家从农村汲取资源，我国形成了以户籍制及其相应的劳动就业、物质供应、社会保障等一系列机制构成的城乡壁垒，由此将一个国家的公民分割为两个不同的部分，享受不同的待遇。这就是所谓的城乡二元社会结构。正是在这种二元结构下，城市人口和农村人口作为平等的国家公民却难以实际享有平等的公民权利和待遇。如农民工与城里人同样工作却无法享受同样的收入和福利，甚至被克扣工资。这种不公正的权利和待遇与农民日益增长的平等权利意识形成尖锐的冲突，并影响社会稳定和秩序。

三、农村与农民问题何以解决：现代化取向

"三农"问题是在现代化过程中产生的。现代化进程越快，这一问题越突出。如何看待和解决这一问题就成为社会普遍关注的公共性论题，并直接决定社会的发展走向。在现阶段中国，如何认识和解决"三农"问题，基本上有两种不同的价值取向：

一是放任主义。在这种观点看来，现代化就是工业化、市场化、城市化过程，在这一过程中，农业的衰落、农村的落后、农民的牺牲是不可避免的，是历史进步必然付出的代价。从市场竞争的角度看，农民是竞争的失败者，贫困化的根源在于自身，即农民的贫困在于农民，没有必要给予其过多的人文关怀。对农

民的命运应该持物竞天择的放任态度。

二是民粹主义。在中国，放任主义的观点没有太大市场。因为中国是一个有着长期农业文明史的国度，不仅农村人口占多数，而且主导性的意识形态是道义性的公正观。这种观念更多是从人性的道义，而不是从历史的必然的立场看待社会发展和人的命运。在现代化过程中，这种观念表现为民粹主义取向，认为现代化、市场化、城市化不仅使农民的命运受到损害，而且将人变为欲望无穷的个人主义者，动摇了社会的根本。所以，主张以农村为根基，将农民组织在集体中过一种均平互助合作的生活，限制人们的欲望和个人主义倾向。这一取向具有天然的反现代化、反市场化、反城市倾向。由于其道义的立场，其社会影响很大。

以上两种倾向的极端化，不利于正确认识和有效解决"三农"问题。

首先，放任主义将历史过程视为自然过程，舍弃了人的主体性。特别是将历史过程抽象化，舍弃了历史发展的前提要素。在中国，农民为历史进步做出了巨大的贡献，他们不是消极的"历史弃儿"，而是现代化的创造者。他们的命运不仅仅在于其天然的弱势地位，更在于其制度安排的非公正性。在现代化环境里，他们的生存状况不仅关系其本身，而且会影响到全社会：要么是国家稳定的基石，要么是国家的反叛者。中国20世纪百年历史反复证明了这样一个道理：谁抓住了农民，谁就抓住了中国；谁丢掉了农民，谁就会丢掉中国。所以，毛泽东在民主革命时期就提出，要建立一个"为一般平民所共有"的国家。我们所要建设的现代化，也应该是一个农民能够分享文明成果的现代化。

其次，在现代化进程中，应该关心农民，重视农村，但不能与现代化、市场化、城市化相对立。在当今的开放世界里，现代化是大势所趋。对于个体的农民，应该给予更多的关心。但是，农民作为一个阶级，最终要在历史中消失。传统的生产方式决定了这一阶级的狭隘性和落后性。正因为如此，在民主革命期间，尽管中国共产党的绝大多数成员是农民，但其性质却明确定位于工人阶级政党。所以，在现代化进程中，我们要关心农民，却不是要回到传统的以农民为主体的社会，否则对农民利益本身也是一种损害。事实上，在现代化、市场化、城市化进程中，农民也是受益者。如正是市场经济取向，使农民从土地上解放出来，获得了"第二次解放"；正是城市化，使农民得以告别祖祖辈辈的贫困生活，享受城市文明。如果因现代化、市场化、城市化进程中出现了"三农"问题而要求回到传统的公社体制中，建设所谓"新乡村社会"，那只会将农民重新圈在土地上，并不符合农民的意愿和社会规律。历史已反复证明，平均化的农业社会主义并不是科学社会主义，也根本不可能产生和持续。那种以农村为本位的民粹主义思想仍然是一种将自己视为农民"救世主"的传统心态。应该看到，"三农"

问题的产生非一日之时,更不可能寄希望于"毕其功于一役"。

农村与农民问题是在现代化进程中发生的,也只能在现代化进程中加以解决。进入21世纪,农村与农民问题已成为制约中国现代化进程的瓶颈。中国能否实现全面建设小康社会的目标,关键取决于农村与农民问题的解决。而在现代化进程中,单纯依靠农村与农民本身是难以解决农村与农民问题的,必须在市场化、城市化和民主化进程中进行总体性解决。在现阶段,重点是城乡统筹、农民进城、资本下乡、民主合作。

(一)城乡统筹是指按照城乡一体的思路调整国家宏观政策,消除不利于农业、农村发展和损害农民权益的体制性障碍

党的十六大报告和十届人大政府工作报告都提出要"统筹城乡经济社会发展"。这一提法是一个重要标志,即标志着中国的经济社会发展战略开始从重点突破向协调发展转变,它是符合社会发展要求的。胡锦涛同志在党的十六届四中全会上提出了"两个趋向"的重要论断:"纵观一些工业化国家发展的历程,在工业化初始阶段,农业支持工业、为工业提供积累是带有普遍性的倾向;但在工业化达到相当程度以后,工业反哺农业、城市支持农村,实现工业与农业、城市与农村协调发展,也是带有普遍性的趋向。"在2004年召开的中央经济工作会议上,胡锦涛同志又明确提出我国总体上已进入以工补农、以城带乡的发展阶段的重要判断。根据国际经验,一个国家人均国内生产总值(GDP)达到800~1 000美元时,便开始由工业反哺农业,而我国正处在这个阶段。虽然我国目前还难以全面以工哺农,但一定要通过国家宏观政策的整体调整,迅速改变传统的"一国两策、城乡分治"的二元结构,对农村多予少取,促进城乡均衡发展。为此,国家需要从三个方面加强:

一是加强对农业基础设施和公共产品的投入。国家管理农村的成本和公共产品,如基础教育、基础卫生支出由国家承担,实行中央财政转移支付。2002年,党中央、国务院决定每年新增教育、卫生、文化等事业经费,主要用于农村,以逐步缩小城乡社会事业发展的差距,为农村经济社会发展提供基本保障。

二是改革现行财税体制,建立公平税负制度和行政与财政相统一的管理体制。现行财税体制是建立在向农村汲取资源基础上的,已完全不适应当今社会发展需要,必须加强改革,其基本取向是在免除农业税的同时,增加对农业和农村的支持。减免农业税之后,必须改革现行的农村管理体制,减少农村财政供养的机构和人员,必要的行政开支应该由中央和地方财政统一预算,分级承担,彻底根除向农民伸手的体制性原因。

三是面向包括农民在内的全体公民建立和完善最低生活保障。这可以从发达

农村开始做起。由此既可以为农民提供安全保障,又可以促使一部分农民转让土地和从事其他职业,有利于土地的集中使用。

(二) 农民进城就是逐步废除带有歧视性的户籍制度,允许农民自由流动和选择居住地,并为其进入和融入城市社会创造条件

中国社会现在面临的一个主要矛盾是城乡失衡,城市化滞后于工业化。2001年我国的 GDP 中,二、三产业创造的价值占 85%,工业发展已到了中期阶段,但城市化率还处在初级阶段。要通过改革,使城市向农民开放,农村富余劳动力向非农业和城镇转移。这是增加农民收入、解决农村问题的根本出路之一。只有减少农民数量,才能实行规模经营,才能富裕农民。在相当一段时间里,我国对农民流动的政策是自由放任,一些地方甚至持消极限制态度和歧视性政策。党的十六大以后,根据统筹城乡发展的思路,中央积极促进农民流动,并为农民流动创造条件,消除体制性障碍,对一些长期以来有争议的焦点问题做出了政策面上的明确回答。

农民进城不仅仅是可以富裕农民,更重要的是其政治稳定意义。中国得以在高速现代化进程中保持政治稳定,在相当程度上不能不归之于农民流动。资源的紧缺是中国乡村治理长期面临的最大挑战。农民依靠自己,外出务工经商,不仅解决了生存条件日益紧张化的问题,而且使自己的收入得以不断增长,分享到现代文明的成果。尽管相对城市而言,农民的生活水平较低,有些地方的农民负担较重,但由于还有一条外出谋生的出路,使农民不至于因生计所迫铤而走险。可以设想,如果数亿农民仍然挤压在有限的土地上,势必引起爆炸性的后果,不仅乡村会成为动乱的根源,而且会波及整个国家的稳定。20 世纪以来,一些发展中国家不断出现政治动荡,都与农民贫困化有关。农民流动则有利于缓解矛盾。正因为如此,学术界将农民流动作为农村革命的替代品。美国政治学家亨廷顿在其著名的《变革社会中的政治秩序》一书中得出这样的结论:"大多数现代化中国家的农村相对稳定,这恰恰得益于都市化从外部为农村提供了横向流动(都市化)的机会。"[①] 到 20 世纪 90 年代,中国农村的剩余劳动力达到 1 亿 5 000 万人以上。如果这些劳动力都堆积在有限的土地上,无疑会造成有限土地资源更趋于紧张化,并直接引发起乡村社会的矛盾和纷争。劳动力的流动则使这些潜在的矛盾得以有效地化解,有利于总体性的政治稳定,为我国的现代化提供难得的政治保障。

---

① [美] 塞缪尔·P. 亨廷顿:《变化社会中的政治秩序》,华夏出版社 1988 年版,第 55 页。

（三）资本下乡就是将资金、管理、技术、知识等现代生产要素以资本的形式进入农村，与土地结合，从而将传统的低效农业改造为现代高效农业

中国改革是从微观改革开始的，活力来自于微观社会。包产到户实现了农民与土地的联系，激活了农村的内在活力。但包产到户只是土地经营权的转移，没有解决传统农业生产方式问题，即农业仍然依靠简单劳动与土地的结合。所以我们只能是农业大国，而不是农业强国。要实现传统农业经济向现代农业经济的转换，变农业大国为农业强国，必须将资金、技术、知识、管理等现代生产要素吸引到农业中来，与土地、劳动等传统生产要素进行最优化配置。而要使这些要素进入农村，就必须使其具有资本的性质，即有增值的可能。要实现增值，就必须扩大生产规模。现有家庭承包对土地的分割使规模难以扩大，没有规模就没有效益；没有效益就没有资本的投入。为此，一方面将家庭承包的土地物权化，成为农民的固定财产，首先稳住农民，避免以土地流转的名义，随意侵害农民的利益。因为，我国目前还不具备大规模土地流转的条件。另一方面，在此基础上，将土地的承包经营权作为资本加以转让，不愿种地的农民可以流出去，将土地向种田能人或农业经营者集中。原有农户转让经营权参与分红或者有偿转让。这种转让是有限的，农户可以按合同收回经营权。这种农业可称之为资本农业，即以市场为导向，以资本为纽带，引入现代生产要素，激活原有生产要素，以此改造微观经济，提高土地的使用效率。①

（四）民主合作是在平等的基础上充分尊重农民作为利益主体的自主地位，并以民主的方式调整各方利益，实现多方合作，防止和避免利益冲突和矛盾

在以工业化和城市化为基础的现代化进程中，农业是弱质产业，农村处于弱势地位，农民属于弱势群体，特别需要通过民主机制提高农业、农村和农民的地位。可以从三个层面考虑：在国家与农民关系层面，要充分考虑农民的利益。在外国，一般都有农民利益集团，有的还有专门的农民党，如俄罗斯、波兰、罗马尼亚等。中国的政治架构中也需要专门反映和代表农民利益的代表，以及时了解农村民情，提高农民的谈判地位。我国全国人大和省级人大都设有专门的农业和农村委员会，但其作用有待进一步发挥。否则，农民利益难以得到充分考虑，城

---

① 徐勇：《资本农业论纲——面向新世纪的农业与农村发展战略》，见《徐勇自选集》，华中理工大学出版社1999年版，第83页。

乡差别难以有效缩小；在城乡关系层面，随着城市资本下乡，要防止资本对农民的剥夺。现阶段一些地方实行公司加农户的方式，往往是农民吃亏，公司包赚不包赔，难以达到"双赢"。加入WTO后更要特别重视。由此需要建立农业生产者协会等组织，提高农民与城市资本的谈判地位。在农村干部与群众的层面，要进一步发展村民自治和乡级民主，通过培育农民自治组织，提升农民的自治能力，防止基层干部对农民利益的随意侵害。1998年全国人大常委会通过了修订的《中华人民共和国村民委员会组织法》，进入21世纪以来，中共中央办公厅和国务院办公厅数次下发关于农村村委会选举、农村村务公开的文件，以推动农村基层民主政治建设，其目的都是为农民组织起来依法保护自身权益创造条件。

第二章

现代化、国家整合与新农村建设

进入21世纪以来,中国在解决农村与农民问题方面提出两大重要举措:一是完全免除沿袭两千多年的农业税,二是提出建设社会主义新农村。这标志着国家对农村汲取的旧时代的结束,同时也标志着国家支持农村的新时代的开始。其背后的逻辑是由城乡分割走向城乡统筹。统筹城乡发展,便是将共同体的两个部分——城市与乡村整合为一个有机整体的过程。这是现代化发展到一定时期,通过国家整合,以在社会分化的基础上达致社会和谐的目标。建设社会主义新农村正是实现这一目标的重要举措。

一、国家与社会的二元整合:城乡分化

社会主义新农村建设是为了解决"三农"问题,实现建设小康社会的目标,建设社会主义和谐社会而提出的重大战略任务。它的现实依据是日益扩大的城乡差距和广大农村人口难以合理分享现代化成果。那么,为什么在高速现代化进程中,城乡差距却日益扩大,甚至导致"一个中国,两个社会"的格局?这需要我们从中国的国家整合的特点加以解答。

所谓国家整合,又称国家的一体化,即通过国家的经济、政治、文化等力量将国家内部的各个部分和要素结合为一个有机的整体。国家整合作为一个过程,它是在社会分化的过程中对业已分化的部分加以调整、统筹并形成整体的产物。而国家整合的主体是控制国家资源的国家治理者,它本身又具有自主性。因此,由国家整合意识和能力构成的国家整合模式又决定着国家各个部分的分化情况。

中国是世界人口最多、构成要素最复杂、社会发展极不平衡的国家。在漫长的历史发展进程中，中国的国家整合表现为国家与社会的二元整合特点，由此产生的结果就是城市与乡村的分化。

人类共同体自从出现了城市，就有城市与乡村的分化。马克思认为："物质劳动和精神劳动的最大一次分工，就是城市与乡村的分离。城乡之间的对立是随着野蛮向文明的过渡、部落制度向国家的过渡、地域局限性向民族的过渡而开始的，它贯穿着文明的全部历史直至现在。"① 当然，在不同的历史阶段和国家，城乡分化和对立的表现形式有所不同。

中国有着悠久的农业文明。在以农业文明为支撑的传统中国，城市与乡村的分化表现为上层建筑与经济基础的分化。乡村是传统中国的历史出发点，城市则是政权统治的堡垒。② 作为物质生产者的农民居住在乡村，作为政治统治者和文明消费者的官员居住在城市。由此出现了城乡的分化，而且这种分化为制度所固化。如早在周朝，统治者就将全国人口进行二元划分，居住在"王城"的人口为"国人"；居住在郊野的人口为"野人"。③ 秦王朝建立专制集权王朝后，实行国家与农民社会的二元整合，更是以国家力量将城乡的分化与对立的格局确立下来。

在传统中国，国家主要依靠国家强制统治与乡村自我整合进行治理。以城市为根基的皇权—官僚体系通过散布于不同地方的行政性城市对广阔的国土和众多人口进行统治。为维系统治机器的存在与运转，必须向居住在乡村的人口征收赋税和兵役。纳赋税和服兵役是农村人口作为"臣民"的一种天然义务。国家对乡村的整合主要是一种不受整合对象约制的行政性整合。正如马克思所说的："小农的政治影响表现为行政权力支配社会。"④ 但受财政、交通、信息等条件的制约，王朝的行政统治并没有深入到乡村田野。"王权止于县政"，乡村主要依靠血亲和地方性的传统习俗、权威进行自我整合，自我满足共同体的需要。帝国的力量外在于他们的生产和生活。农民与帝国的关系是"油与水"的关系。孙中山先生说："在清朝时代，每一省之中，上有督抚，中间有府道，下有州县佐杂，所以人民和皇帝的关系很小。人民对于皇帝只有一个关系，就是纳粮，除了纳粮之外，便和政府没有别的关系。因为这个缘故，中国人民的政治思想便很薄弱，人民不管谁来做皇帝，只要纳粮，便算尽了人民的责任。政府只要人民纳粮，便不

---

① 《马克思恩格斯选集》第 1 卷，人民出版社 1995 年版，第 104 页。
② 徐勇：《非均衡的中国政治：城市与乡村比较》，中国广播电视出版社 1992 年版，第 45~50 页。
③ 陆益龙：《户籍制度——控制与社会差别》，商务印书馆 2003 年版，第 70 页。
④ 《马克思恩格斯选集》第 1 卷，人民出版社 1995 年版，第 678 页。

去理会他们别的事,其余都是听人民自生自灭。"① 传统国家的"横暴权力"统治表现为两个方面:一是征派税役无须取得征派对象的同意,容易发生"横征暴敛";二是所征派的税役主要用于居住在城市的统治者的消费,除了治理大江大河以外,乡村几乎很难享受到税役的"公共福利"。这种以行政汲取为特征的国家整合所造成的是城乡进一步分化和对立,形成城市中国和乡土中国的格局。这一格局一直延续到20世纪。20世纪上半期,费正清以一种直观的印象表达了中国城乡分离和对立的格局:"自古以来就有两个中国:一是农村为数极多的从事农业的农民社会,那里每个树木掩映的村落和农庄始终占据原有的土地,没有什么变化;另一方面是城市和市镇比较流动的上层,那里住着地主、文人、商人和官吏——有产者和有权势者的家庭。""社会的主要划分是城市和乡村,是固定在土地上的百分之八十以上的人口和百分之十到十五的流动上层阶级人口之间的划分。这种分野仍旧是今天中国政治舞台的基础。"② 因此,在传统中国,作为共同体两个部分的城市与乡村是一种机械的而不是有机的联系,国家的行政性整合不仅无法消除城乡分化,而且进一步造成城乡的对立和差距。

进入20世纪后,随着传统国家向现代国家的转型,城乡的政治对立开始消除。最突出的是农民与城市市民一样取得一种抽象平等的国民资格和国民权利。正如哈贝马斯所说,"早期现代民族—国家的主要成就在于,它在一个新的世俗化了合法化形态基础上,提供了一种更加抽象化的社会一体化形式。这种一体化形式集中表现为民主法治国家的民主参与和公民资格,后者为一国领土内民众提供了'一种通过政治和法律而表现出的归属感'。这种'新型归属感'不是立基于共同体内人们族裔世系的一致性(事实上这种一致性已很难获得),而是通过公民个人权利和自由的法理建构,营造公民对国家共同体的认可。"③ 作为现代中国创始者的孙中山先生因此才提出"平均地权"和"耕者有其田"的主张。特别是在建立现代中国的过程中,中国共产党领导的革命是一种动员底层民众(主要是农民)的革命,革命后建立的国家是以工农联盟为基础的国家。城市与乡村开始从政治上整合为一体。

但是,受历史条件制约,1949年后,城乡分化并没有因为国家的政治整合而消除,反而以新的形式进一步扩大。这在于,"人民自己创造自己的历史,但是他们并不是随心所欲地创造,并不是在他们自己所选定的条件下创造,而是在

---

① 孙中山:《三民主义》,岳麓书社2000年版,第89页。
② [美]费正清:《美国与中国》,商务印书馆1987年版,第16页。
③ 转引自任军锋:《现代背景下的国族建构》,见陈明明:《革命后社会的政治与现代化》,上海辞书出版社2002版,第83页。

直接碰到的、既定的、从过去继承下来的条件下创造。"① 那么，中华人民共和国成立后所继承下来的条件是什么呢？最主要的仍然是一个农业为主、农村人口为主的农民国家。而在一个开放的世界体系里，在农业和农民为主的基础上是无法建构一个强大的现代国家的。所以，新中国成立后，国家加速推进工业化，实行以工业为主导，以农业为基础的战略。为了推动以赶超欧美为目标的工业化，国家需要从农村汲取资源，并根据这一国家目标进行制度安排。由此所造成两个方面的结果：

一是工业生产方式的出现使得城乡的经济社会差距拉大。如果说传统社会的城乡分化主要是政治统治与经济基础的分化的话，那么，工业化过程中的城乡分化则是工业与农业两种文明形态的分化。这种分化更为深刻。因为，在传统中国，尽管城市是统治堡垒，但由于经济基础在乡村，任何一个统治者都不得不"以农立国""以农为本"，社会价值所导向的也是"叶落归根""故土难离"。而工业化必然要求以城市为主导和归宿，由此形成城乡二元经济结构，乡村日益边缘化。

二是国家强制性的行政整合造成城乡隔离。为了保证城市优先和便于向农村汲取资源，国家通过一系列行政措施阻隔城乡的一体化，在城乡二元经济结构基础上走向二元社会结构。这一结构主要由三大支柱构成。第一是世界上最为严格的户籍制及土地依附体制。户籍制不仅仅是用于登记人口，更重要的是与生产和生活资料、社会保障和社会福利密切相关。目的是将人口牢牢地固定在土地上，人们要跳出"农门"难于登天。第二是以农业产业为基础的农业税制。只要属于农业人口都必须缴纳税负。特别是人民公社体制更加强化了农民的义务。其分配机制是"先缴公粮，后交余粮，剩下的才是口粮"。第三是公共物品的社区自我供给制。中国理论上虽然实行全民所有制，但在城市实行国有制，农村实行集体所有制。这不仅造成农村的生产和生活资料要依靠集体，而且公共物品的供给也只能依靠社区集体，如"民办教师""赤脚医生""乡村公路"等。尽管1949年后，国家在治理大江大河和兴修水利等方面取得了前所未有的成就，但是这种成就主要是组织化的农民所无偿提供的各种资源的贡献，由此产生的农业经济成果也主要为国家所获取。这便是尽管1957年后农业经济增长数倍，而农民收入长期停滞的重要原因。

所以，在1949年后的国家行政主导的工业化过程中，城市与乡村呈继续分化态势，而且造成制度化的隔离。1978年后的市场化改革开始突破行政整合的制度障碍。特别是土地承包经营制度极大地解放了农民，农村的经济社会获得了空前的发展。但是，经济的市场化并不能自然而然缩小城乡差距，反而还会扩展

---

① 《马克思恩格斯选集》第1卷，人民出版社1995年版，第585页。

差距，促进城乡分化。这首先在于城乡的天然条件差距。在马克思看来："城市已经表明了人口、生产工具、资本和需求这个集中的事实；而在乡村则是完全相反的情况：隔绝和分散。"① 市场的核心要素是资本。资本的天然目的是追逐利润。市场经济作为一种资源配置的机制总是将资源配置到最有利可图的地方。相对分散的乡村来说，集中的城市具有天然的优势。所以，市场经济的发展，是资源迅速向城市集中的过程。由此会造成城乡的分化和差距。而在缩小城乡差距方面，市场是"失灵"的。换言之，市场经济本身不可能实现城乡发展的自动平衡。更重要的是，随着现代化向乡村的蔓延，国家给乡村下派的任务和确定的标准越来越多，而要实现这些任务和标准所需要支付的行政成本却需要由农民支付。在这种情况下，农民的收入增长难以跟上其支出的增长，特别是农民负担日益加重。与迅速繁荣的城市相比，农村发展严重滞后，城乡差距进一步扩大。城乡居民收入差距自1997年之后连年明显扩大，2005年仍维持在3.21∶1，有的统计在5倍以上。即使2004年农民人均纯收入达到2 936元，终于走出"八年徘徊"，也只是恢复性增长。由于长期延续的城乡二元结构，不仅造成城乡经济差距拉大，社会发展和生活质量的差距也十分明显。至2005年，全国有一半的行政村没有通自来水，60%以上的农户还没有用上卫生的厕所，有近7 000万户农民的住房需要改善，1.5亿农户需要解决燃料问题，6%的行政村还没有通公路，2%的村庄还没有通电，6%的村子还没有电话。农民手里没有钱，农村各项经济社会事业投入不足，后果不仅是缺水少电、交通不便等影响到农民生活质量，甚至基本的看病就医、读书上学也难以满足。据卫生部估计，全国农村人口中，40%到60%看不起病或因病致贫。一些贫困地区，尤其是西部地区，60%到80%的患病农民死在家中。湖南省的一项调查则表明，农村孩子从进学校门到高中毕业，在20世纪80年代需支出108元，90年代需支出约8 000元，到2004年则需支出约3万元。

改革开放以来，一方面是国家经济社会迅速发展，综合国力迅速增长，另一方面是城乡差距日益扩大，城市与乡村发展日益脱节，这正是现代化进程中的"中国悖论"。同时也表明，没有国家的有效整合，是无法克服这一"悖论"的。国家整合的"登场"理所当然成为历史的选择。

二、国家与社会的一体整合：建设新农村

进入21世纪以来，为解决日益突出的"三农"问题，中央提出了科学发展观，并在这一理念的指导下，实施统筹城乡发展的战略。由城乡分割到城乡统筹

---

① 《马克思恩格斯选集》第1卷，人民出版社1995年版，第104页。

是历史转折的标志。它意味着从国家与社会的二元性整合走向一体性整合,通过国家整合实现城市与乡村的相对均衡发展。建设社会主义新农村,便是国家整合的重要目标和任务。

在许多学者看来,提出建设社会主义新农村建设,主要是基于日益扩大的城乡差距将会影响国家稳定和现代化进程。这是合乎发展中国家一般逻辑的。因为,"现代化带来的一个至关重要的政治后果便是城乡差距。这一差距确实是正经历着迅速的社会和经济变革的国家所具有的一个极为突出的政治特点,是这些国家不安定的主要根源,是阻碍民族融合的一个主要因素"。① 因此,对于现代化进程中的国家来说,必须面对和解决日益扩大的城乡差距问题,否则会导致"绿色起义"。如 20 世纪 90 年代中国农村出现的农民抗争便显示出农村不安定的迹象。② 但是,仅仅将建设社会主义新农村归之于维护国家政权稳定,又是远远不够的。因为,迫于农民反抗,传统国家的统治者也有可能对农民实施"让步政策",进行某种程度的改革,以缓解国家与农民的紧张关系。但一旦关系有所缓和,一切又会复归,并不能从根本上改变农村的状况。

在笔者看来,建设社会主义新农村更深刻的意义在于,通过国家整合,从根本上改变农村状况,在业已分化的城乡差别的基础上重新构造城市与乡村的有机联系和统一性。这是因为,现代化在造就城乡差距的同时,又在乡村动员中传递着一种平等发展的理念,赋予每个人以平等国民的身份,并由此构造民众(包括广大农村人口)对国家的认同。因此,作为一个现代国家,必须寻求一种缩小日益扩大的城乡差距的方式,以建构统治的合法性。如何改变农村状况,是现代国家面临的重要任务。正如亨廷顿所说:"城乡区别就是社会最现代部分和最传统部分的区别。处于现代化之中的社会里政治的一个基本问题就是找到填补这一差距的方式,通过政治手段重新创造被现代化摧毁了的那种社会统一性。"③ 为此,国家需要通过国家与社会的一体性整合重新创造"社会统一性"。

国家与社会的一体整合,是将国家内业已分化的各个部分作为一个统一的平等主体对待,将居于国家且业已分化的居民作为平等的国民对待,由此强化国家认同,建构一个有强大内聚力的国家。社会主义新农村建设的核心则是统筹城乡发展,将分割着的城乡整合为一体,并通过各种方式促进资源向乡村配置。④ 近几年,国家有关解决"三农"问题的"多予、少取、放活"的六字方针便体现

---

① [美] 塞缪尔·P. 亨廷顿:《变化社会中的政治秩序》,三联书店 1989 年版,第 66 页。
② 于建嵘:《农民有组织抗争及其政治风险》,载《战略与管理》2003 年第 3 期。于建嵘还发表了一系列相关调查报告和文章。
③ [美] 塞缪尔·P. 亨廷顿:《变化社会中的政治秩序》,三联书店 1989 年版,第 67 页。
④ 2006 年 1 月 19 日,应武汉市政府研究室之邀,作者就新农村建设与武汉市政府领导交流。李宪生市长在听取专家意见后提出了抓住建设社会主义新农村建设的核心和本质问题,对作者启发很大。

了这一战略理念。

"多予",就是国家尽可能多地支持农业和农村的发展。任何产业,没有投入,就难以有产出。在我国,城市工业主要依靠的是国家投资,如从20世纪50年代到70年代,中国的工业生产体系基本上依靠国家投资,因此,中国的工业企业绝大多数属于国有企业。而农业作为一个产业,其投入主要是来自农民。国家向农业的有限投入主要用于治理大江大河、兴建水利工程等改善外部条件方面。农民作为农业再生产的投资主体,其能力是十分有限的。特别是在实行分户经营的制度条件下,一是农民的农业收入有限,投入能力不足;二是小块土地的收益有限,投入意愿不强。建设社会主义新农村,首先要求生产发展,提高农业生产综合能力。为此,需要国家将农业与工业同等对待,如当年投资于工业一样,加强对农业的投入。除了改善农业生产的外部条件以外,国家还需要积极引导社会资本向农业投入,改造农村微观经济基础。没有现代生产要素以资本形式向农业投入,就无法走出传统低效农业的困境。[①]

除了加强农业投入外,增加对农村社会发展的投入也至关重要。长期以来,我国城市社会事业的投入主要是政府投入,农村社会事业的投入主要依靠农村社区自身。这是城乡社会发展差距扩大的重要原因。在一个日益开放的社会里,仅仅依靠农村社区的自我投入,很难从根本上改变农村社会发展状况,并且还会加重农民负担,制约农民投入的积极性,如农村义务教育。建设社会主义新农村的内容之一是生活宽裕,这不仅表现为物质生活,而且表现为文化生活和社会生活。要实现宽裕的生活,仅仅依靠农村社区和农民的自我投入是远远不够的。近几年,我国在解决"三农"问题中的一个重要进展就是将公共财政与公共物品的理念引入到农村。"公共性"意味着不再受城乡两种地域、国有和集体两种体制、市民与农民两种身份的局限,而将所有的人作为平等的国民对待。这为解决农村社会发展落后问题提供了基本的理念和体制基础。近年来,我国不断加强对中西部地区农村教育事业的投入,尽快实现农村义务教育费用完全由国家承担的目标;我国通过广播电视"村村通"工程,改善农民的文化生活状况;通过建立新型的合作医疗,改变农民的就医状况;通过公共工程建设,改善农村道路交通,等等。国家加强对农村公共物品的供给,都是为了实现社会主义新农村建设的总体目标。

"少取",就是尽可能减少从农村汲取资源,减轻农民负担。长期历史形成的城乡二元结构,从根本上说都是便于从农村汲取资源。在市场化改革的过程中,尽管有形的资源汲取相对减少,但无形的资源汲取仍然在延续。如中国农村最大

---

① 徐勇:《资本农业论纲》,见《徐勇自选集》,华中理工大学出版社1999年版,第83页。

的资源是土地。而且随着城市化进程,土地日益成为一种不可再生的稀缺资源。但是,长期以来,土地资源的配置主要依靠行政手段,即以政府名义加以征用。政府征用土地的成果主要由市民所享有,农民没有能够合理分享土地的增值收益。21世纪以来,我国一举免除了农业税,农民负担得以减轻。但是,应该看到,"少取"还将是一项长期任务。首先,废除农业税后,并不意味着农民从此不交税了。这是因为,当今的农业生产已不再是自给自足的封闭的小生产,而是日益社会化。农民只要购买生产资料,都要缴纳税收。国家税务总局副局长许善达2005年10月的一次讲话提到,"目前中国农民在购买生产资料等生产过程中交纳的增值税,每年在4 000亿~5 000亿元之间,农民人均交纳的税款在200元以上。"① 如果以农民人均年纯收入为3 000元计算,税收仍然占其收入的7%左右。这比城市人年纯收入18 000元(新修改的个税标准)以上才交税的情况,农民的负担仍然要高得多。随着经济发展,对农民这部分税收应该以补贴的方式返还给农民,从而做到真正的城乡统一税率。其次,促使农村人口合理享有资源配置的成果。随着现代化和城市化进程,农村拥有的土地和劳动力资源必然会向城市集中。这是一个基本趋势。只是在这一集中过程中,需要通过国家整合使原有的农村人口能够合理分享资源重新配置的收益。如对于失地农民的保障和转化,使农民工进城务工时也能相应享受到城市公共物品。

"放活",就是充分尊重农民的主体地位,消除体制性障碍,调动农民的积极性。建设社会主义新农村,农民既是受益者,更是建设主体。国家整合不仅仅是将更多的资源配置给农村,更重要的是激发农民的主动性和积极性。我国的改革是从农村改革引起的。农村改革主要是将农民从公社体制中解放出来,使他们成为农村发展和创造自己幸福美好生活的主体。但是,由于长期以来的体制安排,我国农民的主体地位还没有得到足够的尊重。如尽管实行村民自治,但是各种各样的政府任务仍然以强制性的方式下派给村委会,农民为各种各样政府任务所驱使。所以,在建设社会主义新农村过程中,消除压制农民积极性的体制性障碍仍然是一项艰巨的任务。否则,建设新农村的目标有可能如以往各种政府目标和任务一样,成为农民的一种新的负担。应该看到,在建设社会主义新农村过程中,国家的投入是必要的。但是,建设新农村的持久动力和不竭源泉是农民。只有农民才最知道自身的需求,才能够以足够热情和持久的动力创造自己幸福美好的生活。建设新农村将管理民主作为五大指标之一,就是为了激活和调动农民的主动性和积极性。

社会主义新农村建设的核心是通过国家整合,将资源尽可能地向乡村配置并

---

① 中新社:《中国未来应高额补贴农民》,载《武汉晨报》2005年10月25日。

激活农村内在的动力。其前提是城乡统筹,以工哺农,以城支乡。这里需要明确的是,建设新农村并不是人为地抑制工业和城市的发展,恰恰相反,它要通过工业和城市的发展,支持和引导农村的发展,由城乡分离走向城乡一体。这是社会主义新农村建设与以往的乡村建设完全不同的地方。

　　自20世纪以来,随着新兴城市的崛起,面对乡村的衰败,一些有识之士希望通过改良的方式推动乡村问题的解决。如1935年前后,从事乡村改良活动的单位达100多个,人员2 000多人。其中影响最大的是梁漱溟等人提出并从事的"乡村建设运动";晏阳初倡导的"农村建设"和"平民教育"试验;卢作孚作为大实业家关心乡土,倡导乡村建设等。他们的共同特点是关心乡村、改良乡村。在当时产生很大影响,但成效有限。特别是梁漱溟反对工业文明,主张回归以农立国,未能激发和调动农村的主体性和积极性。他自己也感叹:"工作了9年的结果是号称乡村运动而乡村不动。"其重要原因在于他将乡村问题归结为文化失调,并不了解农民的真正需要,幻想以文化的方式去改造农村和农民。20世纪90年代,一些有知识的人试图发掘乡村建设的传统资源,回归以农为本的新乡村建设。其想法尽管很美好,其成效仍然十分有限。毕竟当今中国已深刻地卷入到现代化的世界体系中,农民早已不是"三十亩地一头牛、老婆孩子热炕头"的传统农民,他们的需要和愿望正与城市迅速合拍。我们不可能在一个"村村通"的日益开放的世界里,要求农民"清心寡欲",生活在一个自我封闭的世界里。那样看起来是同情农民,实则是对农民最大的不公。所以,建设社会主义新农村,不是要回到以农为本,农村自我封闭的传统社会,而是在业已分化的城乡差距的格局下,给农村以更多的支持和发展机会;不是人为地抑制工业和城市的发展,而是在工业与城市的发展过程中促使农业和农村的发展;不是否定城市文明,重新建构城乡对立及零和博弈,而是寻求城乡一体,共同发展,促进和谐。否则,农业和农村永远也无法摆脱贫困落后的状况。如果没有工业和城市的发展,我们就不可能在21世纪一举免除沿袭数千年的"皇粮国税"!

第一编

城乡统筹

第三章

城乡统筹发展的理论分析

农民、农村和农业问题合称"三农"问题。"三农"问题产生的直接根源是城乡二元经济结构下非均衡的发展模式。而城乡二元结构是历史遗留下来的一个问题。城乡统筹发展抓住了"三农"问题的根源,提出了一种新的发展观和发展模式,找到了解决"三农"问题的根本途径。统筹城乡发展是党的十六大提出的经济社会发展观的重大调整。本章对城乡统筹发展的相关理论进行分析、梳理,同时建立统筹城乡发展思想的理论支撑。

一、"城乡统筹"思想的由来

(一)"城乡统筹"在党和政府文件中的表述

经过改革开放以来近30年的加快发展,特别是进入21世纪,在新的历史起点上:我国已经进入工业化中期阶段,财政实力不断壮大,工业反哺农业能力和城市支持农村能力明显增强。我国总体上已进入以工促农、以城带乡的发展阶段。目前,我国13亿人口中,农村人口占大多数,农业和农村发展不上去,农民生活水平得不到明显提高,就无法实现全面建设小康社会的目标,就无法实现社会主义现代化,就无法实现国家的长治久安和中华民族的伟大复兴。

"城乡统筹"是一个新名词,却不是一个新概念。城乡统筹发展,是亿万农民的强烈愿望。统筹城市和乡村、工业和农业、东部和西部、经济与社会的协调发展的观念由来已久,用"统筹"城乡经济社会发展来表述,是一种新的提法,而不是新的观念。党的十六大报告提出这一概念，表明了国家经济发展的政策取向和追求的目标，因此意义重大。

《中华人民共和国国民经济和社会发展第十个五年计划纲要》提出，要"打破城乡分割体制，逐步建立市场经济体制下的新型城乡关系，改革城镇户籍制度，形成城乡人口有序流动的机制，取消对农村劳动力进入城镇就业的不合理限制，引导农村富余劳动力在城乡、区域间有序流动""坚持城乡统筹的改革方向，推动城乡劳动力市场逐步一体化"。①

从整个社会发展来看，"三农"问题日益突出，已经成为全面建设小康社会的难点和重点。党的十六大报告以"全面建设小康社会"为题，明确提出要在21世纪的头20年，全面建设惠及十几亿人口更高水平的小康社会的奋斗目标。而这一目标中的经济指标部分是：工农差别、城乡差别和地区差别不断扩大的趋势逐步扭转；社会保障体系比较健全，社会就业比较充分，家庭财产普遍增加，人民过上更加富足的生活。

中共十六届三中全会提出：要按照统筹城乡发展、统筹区域发展、统筹经济社会发展、统筹人与自然和谐发展、统筹国内发展与对外开放的要求，更大程度地发挥市场在资源配置中的基础作用，为全面建设小康社会提供强有力的体制保障。胡锦涛同志在2003年初召开的中央农村工作会议上提出："统筹城乡经济社会发展，就是要充分发挥城市对农村的带动作用和农村对城市的促进作用，实现城乡一体化。"2004年、2005年和2006年连续三年中共中央"一号文件"都重点关注"三农"问题。2004年中共中央《关于促进农民增加收入若干政策的意见》（一号文件）提出：按照统筹城乡经济社会发展的要求，坚持"多予、少取、放活"的方针，调整农业结构，扩大农民就业，加快科技进步，深化农村改革，增加农业投入，强化对农业支持保护，力争实现农民收入较快增长，尽快扭转城乡居民收入差距不断扩大的趋势。2006年中共中央"一号文件"再次关注"三农"，通过建设社会主义新农村，促进"三农"问题的解决。2006年2月20日，温家宝在中共中央举办的省部级主要领导干部建设社会主义新农村专题研讨班结业仪式上强调，建设社会主义新农村必须实行城乡统筹，加大对农业和农村发展的支持力度。② 要认真贯彻工业反哺农业、城市支持农村的方针，坚持"多予少取放活"，尤其要在"多予"上下工夫，下决心调整国民收入分配结构，扩大公共财政覆盖农村的范围，加强政府对农村的公共服务，将国家基础设施建设的重点转向农村。按照科学发展观的要求，要集中解决好城乡、区域、经济社

---

① 《人民日报》2001年3月18日。
② 引自温家宝2006年2月20日在"省部级主要领导干部建设社会主义新农村专题研讨班"结业仪式上的讲话。

会、人与自然、国内发展与对外开放五个方面的统筹发展问题,其中一个重要方面是解决城乡发展的严重不平衡问题。全面建设小康社会,实现社会主义现代化,最艰巨、最繁重的任务是解决"三农"问题。党的十七大报告指出,科学发展观,第一要义是发展,核心是以人为本,基本要求是全面协调可持续,根本方法是统筹兼顾。①

坚持统筹城乡发展的基本方略,在积极稳妥地推进城镇化的同时,按照生产发展、生活宽裕、乡风文明、村容整洁、管理民主的要求,扎实稳步推进新农村建设。②可见,统筹城乡发展是建设社会主义新农村的关键。新农村之"新",就新在城乡统筹、城乡互动、城乡和谐。

(二)"统筹"思想发展回顾

城乡分割并不是中国特色,它是随着工业化的进程而出现的一种普遍现象,并必然伴随着某种程度和形式的"二元经济结构"。城市与乡村的分离,是二元经济形成的现实基础,是商品经济中分工所带来的阶段性产物。商品经济本质上是一种分工与交换的经济。从历史的角度考察,分工与交换起源于人类社会早期的自然分工,人类历史上三次社会大分工的完成使得分工与交换得到初步的发展,社会化大生产又将人类的分工与交换推向了新的阶段。从古代思想家到当代学者都对分工与交换提出了种种解释。

分工是历史唯物主义中一个非常重要的概念。马克思发现从生产力的发展到私有制的产生,以至阶级的对立和国家的诞生,都和分工的产生和发展有着密切的关系,而且分工的发展变化促进着社会结构的变化和历史的发展。现代社会生产力的发展就得益于分工的细化,不论是马克思主义的政治经济学还是西方经济学都承认分工是提高生产效率的最有效的方式之一。分工体现了对生产效率的追求,从有限的自然资源中最大限度地获取生产、生活资料的问题,城乡关系因此处于急剧变迁之中,由此也衍生出从工业化初期到工业化中期日益凸显的"三农"问题。

1. 城市的产生

迄今为止,人类世界在聚居的形式和聚居组织上经历了三次重大的变化。第一次大的变化是生产方式由渔猎到农业的革命,发生在新石器时代,它使人类从没有聚落到出现半永久性的农牧业村舍,然后过渡到定居的乡村聚落(村庄)。

---

① 胡锦涛:《高举中国特色社会主义伟大旗帜 为夺取全面建设小康社会新胜利而奋斗——在中国共产党第十七次全国代表大会上的报告》,人民出版社2007年版,第15页。
② 《中华人民共和国国民经济和社会发展第十一个五年规划纲要》,人民出版社2006年版,第13页。

第二次大的变动是城市的出现。第三次大变动就是城市化。

马克思主义认为，城市的产生和存在，其前提是生产的发展，特别是社会分工的发展。马克思指出："物质劳动和精神劳动的最大一次分工，就是城市和乡村的分离。"① 关于城市起源的讨论，学术界并没有取得一致的见解。哪些因素促成了城市的诞生？或者为什么要在人类产生后等上几百万年才有城市出现？为什么在那些地方出现，而不在其他地方出现？

（1）地理学家关于城市起源的论述。

从19世纪末20世纪初，地理学关于城市起源问题的论述主要归结为三个基本原理：②

① 拉米尔（F. Ratzel）提出的地理环境决定论，认为当生产力水平十分低下，盲目的原始自然力量起作用时，人类聚居的文化形式是不同环境因素的产物。近东河谷低地的特殊自然环境，特别有利于耕作和动物驯化，为城市起源提供了条件。

② 传播论，这种理论把城市看作是中近东河谷低地这一独特环境下的特殊产物，通过由近及远的传播，向东传到印度河流域，向西传到克里特岛，然后又传到希腊和罗马，进而传遍了欧洲。

③ 进化论思想，人类学家提出人类发展的三个时期依次是原始时代、野蛮时代和文明时代，相应的人类的定居形式由渔猎时期的营地性质，后来演化为小村，进而进入平原谷地的村庄，最后发展成城镇。这些理论把城市的起源因素与发展因素混淆在一起，其理论假设已经面临挑战。

（2）社会学家关于城市起源的理论。

现代社会科学家，包括考古学家和历史学家提出了四种有关城市起源的理论。③

① 水力论或环境基础论。该理论以伍利（L. Woolley）和威特福格尔（K. A. Wittfogel）为代表。这种理论认为：只有在土地和气候有可能并且容易在一个较大的范围内创造出剩余农产品的地区，城市文明才能产生；剩余农产品很大程度上是灌溉的结果；灌溉导致特殊形式的劳动分工，它强化了耕作，促使人口集中用灌溉而使大规模合作成为必要，它导致管理体系的形成。这些因素使住宅建设集中化，出现城镇。简言之，城市是随灌溉的发展而出现的。

② 经济论或市场起源论。这种观点认为，城市是农业革命的产物，只有农业产品有了剩余，才有城市出现。其代表人物是莫斯利（K. D. Mosley）。有了农

---

① 马克思、恩格斯：《德意志意识形态》，见《马克思恩格斯选集》，人民出版社1973年版，第56页。
②③ 引自[意] L. 贝纳沃罗：《世界城市史》，科学出版社2000年版。

产品剩余才能养活城市的官员、祭司、商人和手工业者。但有了剩余产品为什么要用来建立城市呢？再一个为什么会有剩余产品出现？有的认为城市是长距离贸易的产物，有的认为城市起源于集中了内部交换过程的区域中心。总之，由于市场贸易引起的高度集中才导致城市的兴起。他们的根据主要来自商业是中世纪欧洲城市的创造者这种传统观念。城市的市场起源论的一位主要代表人物雅各布斯（Jane Jacobs）与众不同地坚信"城市发展在先，乡村发展在后"，她把农业的发展看作是城市发展的后果。她通过分析安那托利亚一个起源于公元前7560年的具有矿物资源的城镇，认为这是由于邻近的狩猎群体习惯性地成为这里黑曜石（obsidian）的顾客。贸易的建立，产生了专门化和所有与城市有关的其他变化，包括对农业的需求。

③ 军事论或防御据点起源论。人们注意到埃及象形文字中的"城市"是圆圈中划一个十字，圆圈代表防御墙。相应的也就有人提出，城市起源于人类寻求保护。该理论的支持者认为，最古老的著名城镇都存在坚固的防御工事，这一事实完全可以证明军事需要促进了聚落集中和职业分工，是城市起源的主要因素。

④ 宗教论或宗庙起源论。其代表人物是哈桑（Riaz Hassan）。哈桑认为：如果没有对权威的尊重、对某种场所的依附及对他人权力的服从，城市文化就不可能存在。他用前伊斯兰阿拉伯社会的游牧文化向后伊斯兰阿拉伯社会的城市文化的转变为例说明，这种转变需要一种新的社会组织的理论基础，这就是宗教。宗教产生于比家族更巩固的忠诚和社会团结的力量。伊斯兰教就是城市发展最有效的工具。这种观点实际上派生于氏族主义与现代城市化的联系和权力结构是城市存在的关键等论点。

这四种理论都有它们的事实依据和一批支持者。但又都因为缺乏普遍意义而遭到另一些人的非议，最后陷入类似于究竟先有鸡还是先有蛋的循环争论之中。剩余农产品、灌溉、市场、防御墙、庙宇等都可能是某一些城市起源的关键因素，但是把它们当作城市起源的唯一直接原因，似乎又过分简单化。城市是在长时期的社会、经济变动和文化适应等多种因素错综复杂的相互作用的过程中产生的。

2. 分工促进了城乡分化，城乡二元结构形成

农业是人类社会生存与发展的根本，是一个国家或地区城镇体系赖以存在和发展的基础。农业的进步、农业生产率的提高是城市化发展的基础动力。城市化的历史始终是由农业发展推动的：从城市的最初形成来看，只有在农业生产力发展能够提供剩余产品的前提下，使少数人完全脱离农业生产而专门从事非农活动时，才开始了人类文明和城市发展史；从城市化的发展进程来看，它本身就是变落后的乡村社会和自然经济为先进的城市社会和商品经济的历史过程。多数人认为,只有到了农业产品有了剩余,才有城市出现。

马克思明确指出,"一切发达的、以商品交换为媒介的分工的基础,都是城乡的分离。可以说,社会经济全部经济史,都概括为这种对立的运动。"① 从农业社会中产生城市,到18世纪以工业革命为动力、在工业社会中出现的真正意义上的城市,无论是城市的产生,还是城市化的演进,都是分工与社会生产力发展的结果。但每个国家由于其生产力发展的时间、内容和方式的不同,工业化和城市化不仅在启动的时间和进程上有先有后,而且在实现的路线以及由此带来的城乡关系变迁的路径上都有明显的差别。

3. 城乡关系的变迁

城市和城市化的发展过程是城市从乡村中分化出来并逐步扩大和发展演进的过程,它表现为城市数量的增加、城市规模的扩大、农村人口向城市的转移、城市生活方式的扩散和全体社会成员生活方式的改变。城乡一体化就其本质来说,是城市化进程达到一定程度后城乡关系的变迁过程,其核心是让所有农民共享工业化、城市化的成果。一般来看,城乡关系由产生到和谐的变迁需要经历城乡分化、城乡分离、城乡对立、城乡融合和城乡一体五个阶段。

(1)"城乡分化"阶段。

这一阶段是指在农业社会中,城市从乡村中分化出来并缓慢发展的阶段,城市人口比重一般在10%以下。② 在这一阶段,"城"在"乡"中,农业是城市发展的根本动力,农村是城市发展的唯一源泉,因此这一阶段也称"乡育城市"阶段。

这一阶段是城乡关系开始出现的阶段。城市数量少、规模小,城市的形态和功能单一,城市发展取决于农业生产力的水平,城乡之间虽然在形态上被城墙和护城河所分割(资本主义萌芽时期,随着商品经济的发展,城乡形态上的分割逐渐消失),但城乡关系密切,城乡结构稳定,城乡差别很小。城市与农村被牢固地维系在自然经济的古老轨道中,城乡之间存在着天然的联系性,实现着"城市和农村无差别的统一"。③ 政治上,农村依附于城市,城市对农村有着绝对的支配权和控制权;在经济上,农村自给自足,城市则依赖于农村而存在和发展,具有明显的寄生性,经济产品从农村向城市单向流动,而农村人口却因农业生产力

---

① 马克思、恩格斯:《德意志意识形态》,见《马克思恩格斯选集》,人民出版社1973年版,第56页。
② 西方学者根据发达国家的发展历程,将工业革命和工业化视作城市化的起点,并将城市人口占总人口的10%作为主要标志,因为农业社会的城市人口比重一般在10%左右。这仅仅是西方学者的一种研究习惯。其实,对一个国家来说,由于历史进程和具体国情的差异性和复杂性,工业化起步时的城市人口比重不一定为10%,因此不应将城市人口比重为10%作为城市化的起点,而应把工业化的起点作为城市化的起点。如我国工业化起步于晚清时期,这应该也是我国城市化的起点,但我国直至1949年城市人口比重才为10.6%。
③ 《马克思恩格斯全集》第3卷,人民出版社1973年版,第57页。

低下很少向城市流动。

(2)"城乡分离"阶段。

这一阶段是指人类社会进入工业社会后,工业化、城市化的起始阶段,城市化水平一般在10%~30%。在这一阶段,农业生产力不再成为工业和城市发展的唯一动力,工业和城市开始走上独立发展的轨道,城市与农村开始走向分离并逐步走向对立。

这一阶段是城乡关系发生突变的阶段。从早期工业化国家来看,工业化虽然是以农业发展取得突破性进展为基础,但工业发展不再以农业发展为唯一动力,工业革命带来的生产力的巨大进步成了工业发展的强大动力,工场手工业由此走向机器大生产。与此同时,企业之间专业化分工与社会化协作的发展,促进了企业的集聚,正是在这种集聚效应的驱动下,城市获得了快速发展。虽然城市的发展仍以农业发展为基础,但农业发展不再是城市发展的唯一动力,工业化成了城市发展的强大动力并逐步成为决定性因素,由此城市与农村开始走向分离,而与工业紧紧地走到了一起。这一阶段的城乡关系在经济上发生了突变,在城市利益的强大诱惑下,越来越多的农业剩余产品和农村人口流入城市,城市里劳动密集型的农产品加工业快速成长,而农村不仅成了城市工业的原料产地,也开始成了城市工业的市场,从而进一步促进城市工业的发展。这一阶段,城乡之间的经济产品开始出现"双向对流",而人口则越来越多地从农村流向城市,开始显现农业支持工业、农村支持城市的"第一个趋向"。城乡分离和"第一个趋向"使城市现代工业部门快速发展、农村传统农业部门停滞不前,工农关系开始失调,城乡关系开始失衡,发展经济学家所说的"城乡二元结构"由此开始形成。

这种"城乡二元结构"在发展中国家工业化进程中表现得尤为突出。发展中国家的工业化大多是在外国力量的殖民统治和跨国投资带动下起步的(外源型工业化),普遍缺乏本国农业发展的支撑,而且工业发展很快转入以资本密集型产业为主导,结果受利益驱动而涌入城市的农村人口大多难以在正规部门就业,城市开始出现失业问题;农业生产力发展缓慢,农产品供给开始不能完全满足城市人口的需求,而为了维持城市的正常生活和社会秩序,政府开始采取行政手段从数量和价格两个方面来保障城市的农产品供给,从而导致农民收入难以增长、农民生活难以保障,工农差别、城乡差别开始扩大,无论是进城的农民还是在农村的农民都与城市文明无缘。

(3)"城乡对立"阶段。

这一阶段是指工业化、城市化加速发展的阶段,城市化水平一般在30%~50%。在这一阶段,工业发展规模迅速扩大,城市发展在规模、数量、人口各方面都进入了"快车道","集中型城市化"现象凸显,城市与农村开始由分离走向对立，城乡矛盾不断加剧。

这一阶段是城乡关系加速恶化的阶段。生产要素和人口加速向城市集聚，城市工业规模迅速扩大，城市第三产业加快发展，城市的面积和人口规模越来越大，城市的数量快速增加，一批大城市、特大城市随之崛起。与此同时，有些问题开始显露出来：城市对农产品的需求越来越大，农业支撑不力；工业从劳动密集型开始向资本和技术密集型转变，对劳动力的需求相对减少；城市规模迅速扩大、人口快速增长，交通拥堵、住宅紧张、房价上涨、环境污染、资源不足、犯罪增加；城市吸纳农村要素的能力越来越强，城市建设加快，农村衰落。这一阶段，农业和农村向工业和城市做的贡献越来越大，"第一个趋向"越来越明显，而农业生产发展缓慢，农民进城就业困难，城乡二元结构趋于强化，工农差别、城乡差别加速扩大，城乡关系从"城乡分离"走向"城乡对立"。

20世纪下半叶，随着发达国家普遍进入后工业社会，经济全球化趋势加速，带动了越来越多的发展中国家进入了工业化、城市化的中期阶段，发展中国家的"三农"发展滞后的问题更加突出。在这一过程中，由于发达国家充当"脑袋国家"、发展中国家充当"躯干国家"和发达国家的"飞地"，发展中国家往往出现"过度城市化"现象：工业化进程在劳动密集型产业尚未取得充分发展的基础上，快速转上以资本和技术密集型产业为主导的发展轨道，城市化进程在中小城市和农业生产力尚未充分发展的基础上，快速转上以城市人口迅速膨胀和大城市快速崛起为特征的发展轨道，不仅造成了城市失业人口和"贫民窟"的大量增加，引发了比发达国家更加难解的"大城市病"，而且造成了城市农产品供给的严重短缺，导致了工农产品价格"剪刀差"等"城市偏向"政策的施行，城乡二元结构日趋强化，无论是进城的农民还是在农村的农民都趋于贫困化，游离于城市文明之外。因这种现象首先出现在拉美国家，学者们将其称之为"拉美现象"或"拉美陷阱"。

（4）"城乡融合"阶段。

这一阶段是指工业化、城市化快速扩散的阶段，城市化水平一般在50%~70%。在这一阶段，工业结构和全社会的产业结构快速升级，中小规模的卫星城伴随着大城市人口和工业布局的扩散而快速发展，"分散型城市化"和城乡一体化进程由此起步，城市与农村开始由严重对立通过普遍联系和全面互动走向融合，整个社会进入了"城乡一体化发展阶段"。①

---

① 笔者认为，"城乡一体化的发展阶段"应该从"分散型城市化"现象出现算起，即应包括城乡由对立走向融合的"城乡融合"阶段和在城乡融合基础上的"城乡一体"阶段。当然，严格地说，"城乡一体化"与"城乡一体"不是同一个概念。化，即过程，"城乡一体化"是指达到"城乡一体"目标的发展过程，即城乡互动融合的过程。

"城乡融合"阶段是城乡关系发生转折的阶段。从发达国家的发展历程来看，20世纪初以来，发达国家相继进入城市化中后期阶段后（城市化率超过50%），出现了经济结构快速提升、消费结构加速转型、社会阶层急剧分化、贫富差别日趋扩大、价值体系加快解体、社会矛盾层出不穷、资源消耗大幅增长、环境压力持续增大等一系列经济社会和资源环境问题，整个社会进入了社会矛盾易发多发频发的高风险期。发达国家的当政者开始运用宏观经济学和福利经济学原理，采取政府干预和调控的手段，扩大市场需求，调整经济结构，发展社会保障，拓展公共服务，加强社会管理，努力缓解各种社会矛盾。特别是针对大城市出现的人口密集、失业增加、环境恶化、地价房租昂贵、生活质量下降等问题和产业结构调整、新兴产业发展加快的趋势，引导大城市产业和人口向郊区和卫星城（人口规模一般在50万人以下）扩散，推进城市郊区化和逆城市化进程，促进了"集中型城市化"向"分散型城市化"的转变。20世纪50年代以来，发达国家几乎无一例外地走上了城市郊区化、逆城市化的轨道，中小城市和卫星城迅速发展并开始发挥城乡联系、互动、融合的桥梁、纽带和载体作用。城市基础设施、城市公共服务和城市现代文明开始向大城市以外的区域延伸、覆盖和传播并进一步向农村地区渗透，农村人口越来越多地向中小城市和卫星城转移，城乡产业和人口布局不断优化；农业科技进步和农业劳动生产率提高加快，传统农业加速向现代农业转轨，就业结构与产业结构日趋协调；城乡全面开放互通，中等收入阶层迅速扩大，以社会阶层结构为核心的社会结构加速优化。这一阶段，"第一个趋向"向"第二个趋向"全面转轨，以工促农、以城带乡的发展机制全面建立，整个社会在城乡普遍联系和全面互动基础上进入了城乡融合和城乡一体化的发展阶段，城市文明普及率呈加速增长趋势，越来越多的农民开始共享工业化、城市化的成果。

　　但是，并非每一个国家在城市化率达到50%以后，都会自然而然地进入城乡融合和城乡一体化的发展阶段，拉美国家就是突出的反面典型。1960年拉丁美洲的城市化率就达到了48%，大多数拉美国家的城市化水平超过了50%；1980年拉丁美洲的城市化率达到了64%，进入21世纪一些拉美国家的城市化率甚至超过了80%，但至今绝大多数拉美国家尚未进入城乡融合和城乡一体化的发展阶段，还没有一个拉美国家实现了城乡融合和城乡一体化。[①] 其主要原因是在经济全球化加速的背景下，拉美国家的"过度城市化"趋势加剧，农业生产停滞不前，中小城市发展缓慢，工业生产力和贫困农民大量集聚大城市，"大城市

---

① 宋利芳：《发展中国家城市化进程的特点、问题及其治理》，载《中国人民大学学报》2000年第5期，第33~38页。

病"爆发。

（5）"城乡一体"阶段。

这一阶段是指工业化、城市化的高级阶段和城乡有机融合、一体发展的阶段，城市化水平一般在70%以上。城乡经济、社会、生态基本实现有机融合与和谐发展，城市文明日臻完善并全面普及，农民普遍享有城市文明，整个社会基本实现了城乡一体化和现代化。

"城乡一体"阶段是城乡关系日趋和谐的阶段。目前，世界上实现这种发展状态的只有发达国家。20世纪下半叶，特别是80年代以来，发达国家凭借其科学技术的领先地位和全球信息化的有利时机，加速推进经济全球化进程，并为了在经济全球化中充当"脑袋国家"、发挥主导作用，在国内以发展知识经济为重点，大力提升产业结构，并以城市郊区化、逆城市化和交通、通信、信息技术发展为基础，加快发展城市群，有效地缓解了"大城市病"，打造了一大批"智慧城市""信息城市""学习型城市"，优化了城市化的质量；进一步优化城乡基础设施、生态环境和公共服务，健全城乡联系与沟通的各种网络，实现了城市文明的城乡全覆盖；进一步提升农业科技和装备水平，提高农业的劳动生产率和国际竞争力，基本实现了农业现代化；进一步改善就业结构，扩大中间阶层规模，基本完成了农业剩余劳动力的转移，形成了"橄榄型"的社会结构，工农关系、城乡关系在更高的基础上趋于新的均衡和"无差别的统一"，整个社会全面实现了城乡一体化和现代化。在国外以利用资源、扩大生产、拓展市场为目标，以跨国公司为载体，加速推进跨国投资经营，有力推动了发达国家工业品市场和工业生产规模的扩大，促进了发达国家内部的工业生产力布局的扩散和工业结构的提升，使发达国家的工业生产成为"全球性生产"，发达国家的城市成为"全球化城市"。发达国家在经济全球化进程中成了最大的"赢家"。

然而，发展中国家改善城乡关系却受到了更多的挑战和冲击。经济全球化把越来越多的发展中国家带入工业化、城市化进程，也使越来越多的发展中国家加速进入工业化、城市化的中期阶段，整个世界进一步呈现出工业化升级、城市化加速的趋势，进入了"全球城市化"时代；而发达国家的"脑袋国家"地位更加突出，发达国家的大城市和城市群在带动"躯干国家"的城市化进程中更显其主导作用，世界迎来了"城市全球化"时代。这种现实与趋势，给发展中国家的工农关系、城乡关系带来了更加激烈的变迁，那些"躯干国家"既有加快工业化、城市化和实现从"第一个趋向"向"第二个趋向"转变的机遇，也有走入"拉美陷阱"而难以自拔的危险，导致"过度城市化"加剧和城乡关系的进一步恶化。

二、增长与发展背景下的城乡统筹

(一) 经济增长与经济发展

经济增长通常是指经济总量的扩大和人均收入的提高。发达国家的经济学家以发达国家的经济发展为模本,往往把经济发展等同于经济增长。许多经济学家认识到,经济发展除了人均收入的提高外,还应当含有经济结构的根本变化。其中两个最重要的结构性变化是,在国民生产总值中农业的比重下降而工业比重上升,以及居住在城市人口百分比的上升。① 西蒙·库兹涅茨(Simon Kuznets)是现代经济增长理论最重要的奠基人之一。他认为,经济增长过程中经济结构的转变率很高。② 经济增长不断改变着产业结构、产品结构、消费结构、收入分配结构和就业结构等。经济增长是农业过剩人口转向城市和工业,小业主转向大企业,结果促成了农业向非农业、工业向服务业的转变。经济结构的转变反过来又推动经济增长的加快。

哈罗德—多玛模型、新古典增长模型、卡尔多模型、内生经济增长模型,这些均将经济增长看作几乎唯一的经济发展目标。第二次世界大战结束初期以及随后相当长的一个时期内,一些发展经济学家如罗森斯坦·罗丹(Rostein Rodan)、辛格(H. Singer)、纳克斯(R. Nurkse)、赫希曼(O. Hirschman)等,均把发展中国家经济发展的注意力集中在如何快速实现经济增长上,并明确地把GNP或人均GNP的提高作为发展中国家政府追求的目标。在他们看来,经济增长的成果既可以通过涓流效应迅速地分流给社会的各个阶层,也可以通过政府调节重新分配,实现了经济增长也就实现了经济发展。

在实现经济增长的方式上,"唯资本积累论"和"唯工业化论"一度盛行,强调政府在经济发展中的作用。然而,一些发展中国家虽然在20世纪50、60年代取得了较快的经济增长,但仍然存在广泛的绝对贫困、收入不平等日益扩大、失业情况日益严重,陷入了有增长而无发展的尴尬局面,迫使人们对经济发展问题进行更深入的思考。人们抛开对GDP的崇拜,转而从社会学、伦理学、政治学多种角度重新定位经济发展的目标。70年代,达德利·西斯尔(Dudley)提出要从减少和消灭贫困、不平等和失业等方面重新认识经济发展的内涵,认为如果这三个问题中的任何一个或两个方面的状况持续恶化,特

---

① 吉利斯、波金斯:《发展经济学》,中国人民大学出版社1998年版,第12页。
② [美]杰拉尔德·迈耶、约瑟夫·斯蒂格利茨主编:《发展经济学前沿》,中国财政经济出版社2003年版,第216页。

别是三个方面都越来越糟的话,即使人均收入倍增,把它叫作"发展"也是不可思议的。①

丹尼斯·古雷特(Denise Goulet,1992)认为不发展或不发达不仅仅是一个经济学问题,它既是一种国民贫困的状况,又是一种精神状态。他描述贫困是那些在匮乏中生活的人们,当他们开始认识到自己的生活既是非人的又是不可避免的时候,他们感受到的是一种个人和社会的软弱无能,是当一个人摸索着认识变革时的慌乱和无知,是在饥饿和严重自然灾害面前的绝望,长期贫困是一种地狱般残酷的东西。丹尼斯·古雷特认为,发展至少有三个基本内容:生存、自尊和自由。生存就是提供基本生活需要,包括食物、住房、健康和保护。当这些基本需求中的任何一项得不到满足和严重匮乏时,就意味着"绝对不发达"的状况。没有社会水平和单个个人水平上持续不断的经济进步,人力资源及其潜能就很难得以发挥,因此,提高人均收入、根除绝对贫困、增加就业机会、减少收入上的不平等就构成了经济发展的必要条件,但不是充分条件。自尊,即感受到自身的价值,而不是为了他人的目的被当作工具来使用。目前,人们常常把国家的繁荣和物质财富的丰富作为实现自尊的基本形式和一般的价值尺度。自由,意味着社会及其成员选择范围的扩大,或者限制范围的缩小。②刘易斯认为,"经济增长的好处并不在于财富造成幸福的增长,而在于它扩大了人类选择的范围。"③

托达罗(M. P. Todaro,1997)认为发展必须被视为是一个既包括经济增长、缩小不平等和根除贫困,又包括社会结构、国民观念和国家制度等这些主要变化在内的多元过程。所有社会大发展至少要具备下述三个目标:第一,增加能够得到的基本生活必需品的数量。第二,提高生活水平。有更高的收入、更多的工作岗位、更好的教育机会,而且对文化和人道主义给予更大的重视。第三,扩大个人与国家在经济和社会方面选择的范围。④

阿马蒂亚·森(Amartya Sen,1999)在《自由与发展》一书中认为,发展可以看作是扩展人们享有的真实自由的一个过程。⑤ 具体来说自由是指"实质的自由",即享受人们有理由珍视的那种生活的可行能力。具体说自由包括免受困苦,如饥饿、营养不良、可避免的疾病、过早死亡之类的基本可行能力,以及能够识字算数、享受政治参与等自由。自由是人们的价值标准与发展目标中

---

① 转引自[美]托达罗《经济发展》,中国经济出版社1999年版。
② 李清泉:《经济发展观演变的历史逻辑分析》,载《学术论坛》2006年第6期,第91~93页。
③ [美]W. 阿瑟·刘易斯:《经济增长理论》,上海三联书店、上海人民出版社1990年版,第531页。
④ Todaro, M. P., *Economic Development in the Third World*, London: Merlin Press, 1997.
⑤ 王艳萍:《克服经济学的哲学贫困:阿马蒂亚·森的经济思想研究》,中国经济出版社2006年版,第131页。

固有的组成部分，它自身就是价值，因而不需要通过与别的有价值的事物联系起来表现其价值。同时，自由是促进发展的不可缺少的重要手段。森提出了五种最重要的可以促进经济发展的自由：政治自由，民主政府有强烈的激励来防止社会的重大灾难；经济条件，指个人享有的将其经济资源运用于消费、生产或交换的机会，发展的过程基本上是自由市场取代传统社会对人、对资源、对经济活动的束缚、限制、干预，认为竞争市场均衡不仅可以实现帕累托最优，而且，可以最大限度促进实质性自由；社会机会，指的是在教育、保健等方面的社会安排，它们影响个人享受更好生活的实质自由；透明性保证，人们在社会交往中需要的信用，它取决于交往过程的公开性、对信息发布及信息准确性的保证，没有这种信用，市场机制就无法运作；防护性保障，是为那些遭受天灾人祸或其他突发性困难的人、收入在贫困线以下的人，以及年老、残疾的人提供扶持的社会安全网。

随着经济的发展，与工业化相伴而来的一系列问题开始凸显，如人口剧增、不可再生资源耗竭和生态环境恶化等，人类重新审视自己的经济活动与发展行为，提出了一种新的发展思想和发展模式——可持续发展。世界环境与发展委员会（WCED）把可持续发展定义为：既满足当代人的需要，又不对后代人满足其需要的能力构成危害的发展。[①] 可持续发展并不否定经济增长，认为经济增长是促进经济发展、促使社会物质财富日趋丰富、人类文化和技能日益提高，从而扩大个人和社会选择的范围的原始动力。但可持续发展反对以追求最大化利润和利益为取向，反对以贫富悬殊和掠夺性资源开发为代价的经济增长。对发展中国家来说，实现经济发展是十分重要的，因为贫困与不发达正是造成资源与环境恶化的根本原因之一。只有消除贫困，才能形成保护和建设环境的能力。

认识经济增长与经济发展的关系，对于摒弃把国民生产总值增长看作唯一重要的发展目标至关重要。深刻理解经济发展的含义，帮助我们把缩小不平等、根除贫困、增加就业以及社会结构、国民观念和国家制度等的变化都纳入经济发展的目标，统筹城乡经济社会发展、统筹人与自然协调发展。

（二）不同发展模式对城乡发展的影响

因为一些部门投资过多，而另一些部门投资不足，经济总是处于不平衡状

[①] 引自世界环境与发展委员会报告《我们共同的未来》（1987年）。这个报告把可持续发展定义为："既满足当代人的需求又不危及后代满足其需求的发展"。这个定义鲜明地表达了两个基本观点：一是人类要发展，尤其是穷人要发展；二是发展有限度，不能危及后代人的发展。

态，① 主流经济学的经济增长理论均是以平衡增长为基础的。持新古典主义思路的经济学家如鲍尔（Peter Bauer）、哈伯勒（G. Haberler）、舒尔茨（T. Schultz）等认为经济发展是一个渐进的、连续的过程。② 马歇尔认为"自然不飞跃"，经济是具有进化的、有机的性质的体系。新古典主义者采用边际分析的方法论证自由竞争市场的一般均衡，认为经济发展是一个和谐的、无冲突的过程，经济发展的结果是所有阶层都自然而然的均沾利益。将凯恩斯经济学思想动态化的哈罗德—多马模型、索洛的新古典经济增长模型、卡尔多的剑桥增长模型以及罗默的内生经济增长模型，虽然其假定前提和模型的内容和结论有很大不同，但都暗含着一国经济的均衡增长这一思想。这与他们的理论都是以发达国家的经济发展状况为背景有关。但发展中国家的经济发展有很大不同，在经济起步时，发展中国家可以说是百废待兴，但由于储蓄率很低，资金匮乏，同时发展中国家的市场很不完善，价格的相对变动对资源重新配置的推动作用很小，经济总是处于持续的不均衡状态。在这种情况下，一些经济学家坚持经济应当平衡增长的思想，另外一些经济学家则主张经济应当不平衡增长。

1. 平衡发展理论

平衡增长理论有两种代表性理论，即罗森斯坦—罗丹的大推进理论和纳克斯的平衡发展理论。

罗森斯坦—罗丹（Rosenstein-Rodan）的大推进理论强调外部经济效果，认为通过对相互补充的部门同时进行投资，一方面可以创造出互为需求的市场，解决因市场需求不足而阻碍经济发展的问题，另一方面可以降低生产成本，增加利润，提高储蓄率，进一步扩大投资，消除供给不足的瓶颈。并论证要想获得持续经济增长，就只能同时全面发展各种工业。③ 纳克斯（Nurkse）的平衡发展理论认为，落后国家存在两种恶性循环，即供给不足的恶性循环（低生产率—低收入—低储蓄—资本供给不足—低生产率）和需求不足的恶性循环（低生产率—低收入—消费需求不足—投资需求不足—低生产率），而解决这两种恶性循环的关键，是实施平衡发展战略，即同时在各产业、各地区进行投资，既促进各产业、各部门协调发展，改善供给状况，又在各产业、各地区之间形成相互支持性投资的格局，不断扩大需求。④

因此，平衡发展理论强调产业间和地区间的关联互补性。现实中，可以举出

---

① ［美］阿瑟·刘易斯：《劳动力无限供给条件下的经济发展》（1954 年），见《二元经济论》，北京经济学院出版社 1989 年版，第 9 页。
② 王检贵：《劳动与资本双重过剩下的经济发展》，上海人民出版社 2002 年版。
③ 吉利斯、波金斯：《发展经济学》，中国人民大学出版社 1998 年版，第 58 页。
④ 何金铃：《国际区域经济发展理论综述》，载《经济纵横》2007 年第 2 期，第 85 页。

有利于"大推进理论"或"均衡发展"的诸多例子（Murphy, Shleifer and Vishny, 1989）。

2. 不平衡发展理论

不平衡发展理论以赫希曼（Albert O. Hirschman）、佩鲁（F. Perroux）、缪尔达尔等为代表。赫希曼认为，经济增长过程是不平衡的，发展中国家应集中有限的资源和资本，优先发展少数"主导部门"，尤其是"直接生产性活动"部门。不平衡发展理论的核心是关联效应原理。关联效应就是各个产业部门中客观存在的相互影响、相互依存的关联度，并可用该产业产品的需求价格弹性和收入弹性来度量。优先投资和发展的产业，必定是关联效应最大的产业，也是该产业产品的需求价格弹性和收入弹性最大的产业。凡有关联效应的产业——不管是前向联系产业还是后向联系产业——都能通过该产业的扩张和优先增长，逐步扩大对其他相关产业的投资，带动后向联系部门、前向联系部门和整个产业部门的发展，从而在总体上实现经济增长。①

区域经济学中有很多说明区域间经济不平衡增长及相互间影响的理论，可以归入不平衡发展理论。如梯度转移理论、增长极理论（佩鲁、汉森）、点轴开发理论（萨伦巴、马利士）、累积因果理论（缪尔达尔）。这些理论都强调由点带面、由此及彼，强调经济发展中增长点的作用，曾经在我国的经济发展战略的制定中起到指导作用。由于落后经济通常基础薄弱，资金缺乏，不具备平衡发展的条件，所以平衡发展理论在实际应用中缺乏可操作性。而不平衡发展理论则备受发展中国家青睐，在这种理论的指导下，发展中国家往往集中有限资金发展所谓支柱产业、主导产业、投资于条件较好的大中城市、建立各种开发区，期望它们能带动其他产业和地区的发展。但平衡发展理论认为投资项目之间互为需求、互相依赖，应当有良好的协调，这是非常重要的。其实从长远看，平衡增长和不平衡增长之间并无根本性的矛盾，应该根据区域的不同特点，系统和整体地思考经济的发展。不平衡增长强调联系效应的重要性，它是以创造短期的事先的不平衡来追求长期的事后的平衡。平衡增长是目标，不平衡增长是手段。

平衡发展理论要求在产业政策上实施工业和农业的均衡增长，城市和乡村的协调发展，不同地区的共同发展。虽然为了经济的快速增长，一定时期、一定程度的不均衡增长是必须的，但最终的目标是工农、城乡、区域之间的协调发展，当不均衡开始制约经济的进一步增长时，就应当开始协调。

---

① 何雄浪、李国平：《国外区域经济差异理论的发展及其评析》，载《学术论坛》2004 年第 1 期，第 89~94 页。

三、城乡二元经济结构的一元化

1954年,刘易斯(W. A. Lewis)在《劳动力无限供给条件下的经济发展》一文中提出了著名的二元经济理论。① 他认为,发展中国家一般都存在着二元经济结构,国民经济含有两个性质不同的部门:一个是仅能维持最低生活水平的,用传统方法生产的部门,这一部门以传统农业为代表;另一个是以现代化方法生产、劳动生产率和工资远比前一部门高的城市工业部门。经济发展就是将仅能维持生存状态的传统部门逐步转化为现代化的工业部门。这个转化过程必然伴随着城市化、工业化和城乡人口流动。刘易斯、拉尼斯、托达罗都先后提出了自己的乡村到城市的流动模型,描述这一转化过程。刘易斯假定,农业部门存在大量边际生产率为零的剩余劳动力,农业部门劳动力的工资是由制度决定的农民的收入,城市部门可以以略高于农业部门的工资水平吸收到无限供给的劳动力。只要农业部门存在着剩余劳动,工业部门就可以得到无限的劳动供给,并在工资条件不变的情况下,扩大生产,积累利润,再扩大生产。农业剩余劳动力被工业部门吸收完之后,劳动生产率将逐步提高,收入水平也将逐步提高,对工业部门来说,劳动供给将变得有弹性。剩余劳动的流动带来了农业收入的提高和农业的进步,也促进了工业的发展,从而成为实现工业化的途径。拉尼斯和费景汉认为应当重视农业在促进工业增长中的重要性,应当看到农业由于生产率的提高而出现剩余产品是农业中的劳动力向工业流动的先决条件②,并在此基础上对刘易斯模型加以修改、公式化和进一步扩充③。城市化是社会生产力发展的必然产物。由于城市化研究的多学科性和城市化过程本身的复杂性,对城市化概念的界定,一直是众说纷纭,莫衷一是。马克思指出,现代的历史是乡村城市化。美国新版的《世界城市》提出:"都市化是一个过程,包括两个方面的变化。一是人口从乡村向城市运动,并在都市中从事非农业工作;二是乡村生活方式向城市生活方式的转变,包括价值观、态度和行为等方面。第一方面强调人口的密度和经济职能,第二方面强调社会、心理和行为因素。实质上这两方面是互动的。"《中华人民共和国国家标准城市规划术语》提出:城市化是"人类生产与生活方式由农村型向城市型转化的历

---

① 原文刊于《曼彻斯特学报》(*The Manchester School*),第22卷,第2期(1954),第139~191页。译文见 [美] 阿瑟·刘易斯:《劳动力无限供给条件下的经济发展》(1954年),见《二元经济论》,北京经济学院出版社1989年版,第1~46页。

② [美] 费景汉、古斯塔夫·拉尼斯:《增长和发展:演进观点》,洪银兴、郑江淮等译,商务印书馆2004年版。

③ [美] 托达罗:《经济发展》,黄卫平等译,中国经济出版社1999年版,第77页。

史过程,主要表现为农村人口转化为城市人口及城市不断发展完善的过程"。

但是,直到20世纪90年代,还没有发展出解释城市如何从分工中出现的一般均衡分析。杨小凯和赖斯(Yang and Rice,1994)根据内生专业化的模型则预言,城市化及城乡差别的出现是分工和个人专业化演进的结果。工业化的兴起和发展使城市化进程加快,并产生了城乡差别。究其产生的原因,威廉·配第(William Petty,1683)、亚当·斯密(Adam Smith,1776)、色诺芬(Xenopnon,1975)以及马歇尔早就认识到分工与城市化之间的内在联系。①

托达罗认为人口流动是一种合乎理性的经济行为,流入城市的人们关心的是城乡预期而不是实际的收入差距,② 这用来解释为什么在城市中的失业和就业不足的现象不断加剧的情况下,仍有大量的农村劳动力源源不断地流入城市。1961年,拉尼斯和费景汉在《美国经济评论》上提出了一个新的人口流动模型。该模型与刘易斯模型的不同,在于将农业部门发展也纳入其中。他们认为,农业部门不仅仅提供廉价劳动力,同时农业部门还为工业部门提供农产品的支持。这种农产品支持被他们称为农业剩余,指农产品总量在满足农民消费后所剩余部分。他们认为决定农业剩余的因素有两个:一是农业部门的农业生产率,二是农业部门的劳动力总量。当农业劳动力总量随工业化扩张逐渐变小时,保持和提高农业剩余的关键就在于农业劳动生产率的提高。农业部门劳动生产率的提高本身就是农业部门自身发展最显著的表现。这样,农业部门的发展就和工业部门的发展以至城市化的进程紧密地联系在一起。1969年,托达罗在美国经济评论上发表了经典性论文《欠发达国家的劳动力迁移模式和城市失业问题》一文。第二年,托达罗和哈里斯又发表了《人口流动,失业和发展:两部门分析》阐述了他对农村人口流入城市和城市人口失业的看法。与刘易斯—拉—费模型不同,后者旨在研究如何加速劳动力从农业部门向工业部门的转移,前者着眼于如何放慢劳动力从农村流入城市的速度。托达罗认为,一个农业劳动者在决定他是否迁入城市的决策不仅取决于城乡实际收入的差异,而且还取决于城市失业状况。③ 当城市失业率很高的时候,即使城乡实际收入差别很大,一个农民也不会简单地做出迁入城市的决定。尽管以上三个模型或多或少都存在着不尽完善的地方,但却能解释这样的现实,即发展中国家的城市化推进需要在农业部门提供大量的农业剩余和丰富廉价的劳动力的前提下发生。

虽然上述经济理论模式都因各自不足之处受到批评,但是二元经济是发展中国

---

① 转引自杨小凯:《发展经济学——超边际与边际分析》,社会科学文献出版社2003年版,第267页。
② [美]托达罗著,黄卫平等译:《经济发展》,中国经济出版社1999年版,第277~279页。
③ M. P. Todaro, "A Model of Labor Migration and Urban Unemployment in Less Developed Countries," *American Economic Review*, Volume 59, Issue 1 (1969), pp. 138–148.

家普遍存在的现象，通过工业化和城市化进程，完成农村剩余劳动力向城市的转移，逐步消除二元经济结构，是发展中国家必须要经历的过程。要完成这个过程，必须重视农业劳动生产率的提高（拉尼斯—费）；把农业部门本身的进步作为一个发展目标（托达罗）；注重工业发展对农业劳动力的吸收（资本积累—投资—吸收更多的劳动力）；不仅经济增长（更不仅是工业部门的增长），而且增加就业、减轻贫困、缩小分配差距、解决城市社会问题都是经济发展的目标（托达罗）。

我国的二元经济结构不仅有历史的渊源，而且由于新中国成立后国家实行赶超战略使其不断固化。集中资源优先发展重工业，虽然有助于我国在较短的时间内建立比较完整的工业体系，打破其他国家对我国的经济封锁，但重工业属资本密集型产业，一方面需要大量的资本，另一方面对劳动力的吸收能力较差。在当时的条件下，抽取农业剩余是主要的资金来源，为了保证农业供给、也为了缓解城市就业压力，国家用户籍制度和一系列的相应的配套措施限制乡城人口的流动。随着计划经济向市场经济转轨，我国的三次产业结构逐步优化和调整，但对于一些与赶超战略相适应的、具有城市偏向的制度措施的改革却严重滞后，成为制约乡城人口流动的制度障碍。在农村剩余劳动力向城市转移的过程中，农民工面临户籍制度、社会保障、劳动保险、子女教育、城市居民的歧视、地区保护主义等多方面的障碍。迄今为止，我国仍然有50%的劳动力是农业劳动力，却只创造16%的国民生产总值，城市化严重滞后于工业化。[①] "农业、农村、农民"问题中，最重要的问题是农民问题，"农民太穷、农民太苦"最主要的原因是太多的农民守着太少的资源，太多的农民无法转移。解决"三农"问题就必须解决中国农业劳动力的转移问题，而统筹城乡经济社会发展是促进城乡劳动力市场一体化，促进乡城人口流动，改变二元经济的重大思想转折。扫清劳动力转移的障碍，促进城乡经济的融合，让更多的农民转移到城市成为市民，不仅是解决"三农"问题的根本出路，也是中国经济持续健康发展的必要条件。

四、公平正义基础上的城乡和谐

（一）建设和谐社会思想的发展历程

城乡二元结构依然存在，不同区域发展差距不断拉大，社会事业发展"短腿"现象严重，生态环境保护形势严峻……针对当前这些影响社会和谐的突出矛盾和问题，2002年11月，党的十六大在阐述全面建设小康社会的奋斗目标时，

[①] 曾芬钰：《论城市化与产业结构的互动关系》，载《经济纵横》2002年第10期，第19~22页。

明确提出"社会更加和谐"的发展要求。2004年,中共十六届四中全会从加强党的执政能力建设的高度,明确提出构建社会主义和谐社会的历史任务。2004年12月,中共中央总书记胡锦涛指出,要"正确认识和处理社会主义物质文明、政治文明、精神文明与和谐社会建设的关系",标志着中国共产党开始从中国特色社会主义事业总体布局和全面建设小康社会全局的高度思考和谐社会建设问题。2005年,中共中央在中央党校召开省部级主要负责同志研讨班,胡锦涛发表重要讲话,深刻阐述了构建社会主义和谐社会的基本特征、重要原则、深刻内涵和主要任务,强调要建设"民主法治、公平正义、诚信友爱、充满活力、安定有序、人与自然和谐相处"的社会主义和谐社会。① 此后,胡锦涛等中央领导同志深入各地调研,多次发表重要讲话,要求"把构建社会主义和谐社会放在更加突出的位置",明确提出"建设富强民主文明和谐的社会主义现代化国家"的重要论断。2006年2月,中共中央政治局决定:中共十六届六中全会以构建社会主义和谐社会为主要议题。这一决定,顺应了时代潮流,把握了我国经济社会发展的阶段性特征,反映了建设富强民主文明和谐的社会主义现代化国家的内在要求,体现了全党全国各族人民的共同愿望。

构建社会主义和谐社会是一个复杂而系统的宏大工程,社会的和谐涉及经济、政治、文化等全面发展。构建社会主义和谐社会仅靠经济问题的解决、经济生活的和谐是不够的,还需要全面落实科学的发展观,正确处理经济建设与社会各项事业发展的关系,使经济建设与民主法制、科教文卫、社会保障等各项社会事业的建设协同共进,才能实现物质文明、政治文明和精神文明建设的和谐发展。

因此,只有坚持唯物辩证的科学态度,全面分析新阶段我国发展面临的机遇和挑战,深入了解我国目前经济建设中面临的矛盾和问题,才能深刻体会构建社会主义和谐社会的重要性和紧迫性。"我们要构建的社会主义和谐社会,是在中国特色社会主义道路上,中国共产党领导全体人民共同建设、共同享有的和谐社会。"② 城乡和谐是建构社会主义和谐社会的应有之义。而公平正义是和谐社会的基本条件,制度是公平正义的根本保证。

---

① 引自胡锦涛2005年2月19日在中共中央举办的"省部级主要领导干部提高构建社会主义和谐社会能力专题研讨班"开班仪式上的讲话。
② 见2006年10月11日中国共产党第十六届中央委员会第六次全体会议,审议通过《中共中央关于构建社会主义和谐社会若干重大问题的决定》(以下简称《决定》)。《决定》从8个方面明确提出了到2020年构建社会主义和谐社会的目标和主要任务:"人民的权益得到切实尊重和保障""家庭财产普遍增加,人民过上更加富足的生活""社会就业比较充分""基本公共服务体系更加完备""良好道德风尚、和谐人际关系进一步形成""社会管理体系更加完善"。《决定》还提出了构建和谐社会必须遵循的六项原则:"必须坚持以人为本""必须坚持科学发展""必须坚持改革开放""必须坚持民主法治""必须坚持正确处理改革发展稳定的关系""必须坚持在党的领导下全社会共同建设"。

（二）社会公平和分配正义

如果没有平等的机会，就没有平等的政治、经济和文化权利，就不可能真正缩小经济社会发展过程中出现的地区差距。因此，让人人都享有平等的机会，是中国建设和谐社会的一个重要方面。分配正义（distribution justice）属于经济伦理学范畴，它从社会的价值和动机出发讨论社会分配的原则。其核心是收入、财富、机会等公平的分配。一个社会的分配正义与该社会的公平观紧密相连，那么什么是公平呢？

关于什么是公平，不同价值观念的人有不同的判断，平狄克总结的关于公平的四种观点如下（见表3-1）①：

表 3-1　　　　　　　　　公平的四种观点

1. 平均主义	社会的所有成员得到同等数量的商品
2. 罗尔斯主义	使境况最糟的人的效用最大化
3. 功利主义	使社会所有成员的总效用最大化
4. 市场主导	市场的结果是最公平的

以上观点从最平均到最不平均排列，那么，哪一种分配方式是公平的呢？从古到今，分配观念一直受到两种不同的价值取向的影响。一方面，财富作为满足人的需要的资源，应当属于真正的需要者；另一方面，财富是劳动创造的，应该属于创造者，如果一个人不能得到他所创造的财富，就会缺乏劳动和创新的动力。严格的平均主义要求社会成员平均分配各种产品，中国有句话叫"不患寡，患其不均"，反映的就是这种思想。传统社会主义方案试图以公有制和计划经济来实践这一思想，但是由于效率上的明显损失已经被我们摒弃。市场主导主义者以诺奇克（Robert Nozick）和哈耶克（F. A. Hayek）为代表，他们认为完全自由竞争的市场经济的自发交换过程形成的分配即是最有效率的分配，其结果也是公平的。② 在均衡价格下，市场达到出清水平，每个人所得即其应得，即他的资源和个人禀赋在市场交换中给他带来的东西。在他们看来，市场是实现经济繁荣和个人自由的工具，它促进了经济效益的提高和社会福利的增进，也扩大了个人自由选择和自主决定的空间。市场主导的思想无疑很具有说服力，但与此同时，我们也要认识到市场的局限性，市场运行的结果往往造成财富分配的巨大不平等，

---

① 平狄克：《微观经济学》，中国人民大学出版社2000年版，第514页。
② 冯克利：《哈耶克的知识论与权力限制》，载《天涯》2000年第4期，第128~133页。

这种不平等很难说一定就是公平的。首先，人们进入市场时的初始资源禀赋的分配不一定是合理的；其次，完美的自由竞争的市场在真实世界中并不存在，垄断、信息失灵、外部性的存在使个人依靠市场获得其所需具有偶然性；最后，由于合作生产的存在，很难精确计量个人在生产中所做的贡献，个人的市场收入在很大程度上依赖于社会的条件。因此，不能说市场分配就是公平的，应当予以校正。功利主义者认为公平就是使社会所有成员的总效用最大化，但是它并不关心财富在个人之间的分配。庇古（A. C. Pigou）从边际效用递减原理出发，认为财富从富人向穷人转移可以增加社会的总福利，但他的出发点并不是对穷人的关心，而是对社会总福利的关心。① 罗尔斯（John Rawls）在1971年出版了《正义论》，他认为公平就是使社会最少受惠者的福利得到改善。在经济的发展实践中，公平和效率这二者的目标往往存在一定程度的矛盾，在二者之间必须做出困难的选择。② 在市场经济中，收入的分配受社会偶然性和自然偶然性的影响，作为公平的正义要求以机会平等原则消除竞争起点的不平等，同时通过差别原则把结果的不平等保持在合理的范围内。

新中国成立以后至今，我国通过农业税费、工农产品价格"剪刀差"、征用农民土地等方式从农民手中拿走了大量的财富。农民的择业和迁移则受到限制，和城市居民相比，农民的受教育机会较少，医疗卫生条件较差，农村政治民主建设滞后。中国共产党作为执政党，代表的是最广大人民的根本利益。党的经济建设方针是允许一部分人先富起来，最终实现共同富裕。改变目前城乡经济社会发展严重不均的状况，力争在促进经济平稳较快增长的同时，将经济增长的好处惠及8亿农民，推进乡村民主发展，更加公平地对待农民。这不仅符合我党的建党方针，也符合中国人的道德观念。实现社会正义，促进团结稳定，不仅要给农民公平的竞争起点，而且要通过差别原则将不平等限制在合理的范围内，减少贫困，缩小农民与其他阶层间巨大的收入差距。党的十六大报告提出统筹城乡经济和社会发展，是党和政府纠正当前分配不公现象的新思路。

适应统筹城乡经济社会发展的思想，应该在三个方面做出努力。一要进一步完善市场经济，给农民市场交易的自由。即使是从最不平均的自由主义者的立场出发，也要给予农民市场交易的自由，这样农民通过市场获得的结果才有可能是公平的。我国农民市场交易权的缺失表现在：首先，农民出售自己拥有的要素的权利受到限制。农民拥有的最重要的生产要素是劳动力和土地。改革开放前，农民的择业自由由于户籍制度而受到严格的限制，改革开放后，虽然户籍制度及其

---

① A. C. 庇古：《福利经济学》，商务印书馆2006年版。
② Arther Okun. *Equality and Efficiency: The Big Tradeoff*. Washington: Brookings Institution, 1975.

相应的配套措施不断放宽,但是由于重城轻农思想的影响,农民在择业过程中仍然处于不利地位;农民对土地的权益难以明晰,造成土地流转的困难以及征地过程中农民的损失。其次,长期以来,农民缺乏对自己生产产品的完全交易权。改革开放以前,政府通过统购统销强行收购农民生产的农产品,通过工农业产品价格"剪刀差"获取农业剩余,改革开放以后,统购统销制度逐步放松,并于1985年和1993年两次试图开放粮食市场,但是遇到困难后均又回到原来的道路上来。而在20世纪90年代后期出现卖粮难以后,政府又不能保障农民按保护价出售余粮。在市场交易中的弱势地位,使农民处于被剥夺的境地。虽然集中农业剩余支援工业建设亦有合理之处,但不能成为现阶段继续剥夺农民的理由,因为长期的不公平会逐渐成为阻碍社会进步的障碍。二要统筹城乡经济社会发展,在竞争起点上给农民公平的地位。起点公平,不仅要求给农民自由交易的权利,而且要努力为农民创造与其他人公平竞争的条件。如果资源的再分配过于强烈因而难以实施的话,则应当通过适当的手段,提高农民的资源存量来改善其在市场中的竞争力。完善农村的九年义务教育,提高教学质量,承担政府在农村义务教育中应负的责任;改善农村的医疗卫生条件和体育设施,改善农民的身体素质和预期寿命,增强劳动能力;为贫困的农村学生提供助学贷款和补助;给农民自由择业的权利;明晰土地产权,提高农民手中的土地的价值等。三要在努力促进起点公平的基础上,仍然要着力改善事后的不平等,进行财富的再分配。前面提到,起点公平虽然是我们追求的目标,但现实世界中难以实现,再加上市场失灵,财富分配的结果会出现巨大的不平等。从公平的角度出发,任何人都有满足最基本的生存需要的权利,因此必须通过税收和社会保证制度进行财富的再分配。统筹城乡经济社会发展要求改变我国目前社会保障体系重城市、轻农村,社会保障资金向富有阶层倾斜的状况,扩大社会保障覆盖面,逐步将最贫困的农民纳入到社会保障体系中来,由此走向城乡和谐。

第四章

城乡统筹发展的现实目标

在我国社会经济发展过程中,城乡二元结构所导致的城乡分离以及由此产生的一系列矛盾已经成为影响我国社会经济进一步发展的障碍。城乡二元结构的存在导致一系列不容忽视的问题,这些问题既是由工农业生产本身的特性决定的,也与城乡分割的社会体制密不可分。胡锦涛同志在中共十六届四中全会上提出的"两个趋向"重要论断,对深刻理解城乡二元结构在工业化进程中的演变规律,促进城乡关系的协调发展具有重要意义。本章将深入剖析我国城乡二元结构的复杂性,探讨如何促进城乡二元结构不断弱化并逐步向现代一元结构转化的内在机理。

一、我国城乡二元结构的演化

城乡二元结构的内容和形式,不仅与生产力水平有关,也与生产关系的性质有关。新中国成立以后,我国实行计划经济体制,生产关系发生了重大变革,城乡二元结构的内容和形式也出现了明显的变化;1978年以来,我国推行改革开放的发展战略,逐步建立社会主义市场经济体制,生产关系又一次发生重大变革,城乡二元结构的内容和形式也再次出现了新的变化。新中国成立50多年以来,我国城乡二元结构的内涵和形式,大致按照时间次序,经历了七个"化"的演变阶段。

(一) 实行重工业优先发展战略，大量农业剩余转化为工业化的原始资本积累，城乡二元结构"深化"

新中国成立初期，我国实行"赶超型"工业化战略，仿效苏联的高积累、高投资、高速度的方式，走重工业优先发展的工业化道路。这对于刚刚从长期战争中走过来、资金严重短缺，而又遭到帝国主义重重封锁的人口众多的农业大国来说，不得不把农业作为发展重工业原始资本积累的主要来源。于是，政府就在计划经济体制下，通过实行农产品统购统销、工农产品价格"剪刀差"、征收农业税等政策，将大量农业剩余转化为工业化的原始资本积累，并通过实行农村土地集体化和农业生产资料统一供应等手段，确保农民为工业化持续做贡献。据中共中央政策研究室、国务院发展研究中心"农业投入"总课题组估计，1950～1978年的29年中，政府取得的工农产品价格"剪刀差"约5 100亿元，征收农业税978亿元，扣除同期财政用于农业支出1 577亿元，政府提取农业剩余净额4 500亿元，农业部门平均每年净流出资金155亿元；即使在改革开放的1979～1994年的16年间，政府取得的工农产品价格"剪刀差"也高达15 000亿元，征收农业税高达1 755亿元，扣除同期财政用于农业支出3 769亿元，政府提取农业剩余净额12 986亿元，农业部门平均每年净流出资金811亿元。① 农业剩余的大量转移，带来了拉尼斯、费景汉所说的城市现代工业的扩张，但尚未带来他们所说的农业剩余劳动力的转移，1978年与1952年相比，工农业产值比由3∶7变为7∶3，而城乡人口比却为2∶8，农业劳动生产率几乎没有提高，形成了"一头是存在庞大剩余劳动力的传统农业、一头是相对强大的城市工业"的经济格局，工农差别日益扩大，城乡二元结构不断"深化"。②

(二) 实行限制城乡人口流动政策，农业剩余劳动力被挡在工业化、城市化之外，城乡二元结构"固化"

新中国成立初期，我国在资金奇缺、人多地少的情况下，把有限资金集中用于发展资本密集型的重工业，必然制约农业剩余劳动力的转移。从新中国成立初期到改革开放前，国家的投资一直向重工业倾斜，重工业投资比重都在50%以上（"一五"时期和1963～1965年调整时期除外），比苏联还要高（最高时期不超过40%），而轻工业投资比重只有3%～6%。1952～1978年，重工业投资高达

---

① "农业投入"总课题组：《农业保护：现状、依据和政策建议》，载《中国社会科学》1996年第1期。
② 张化：《建国后城乡关系演变刍议》，载《中共党史研究》2000年第2期，第28～34页。

3 500亿元，而轻工业投资不过320亿元。根据专家分析，每亿元投资，用在轻工业能容纳1.6万人就业，而用在重工业只能容纳5 000人就业，轻工业容纳劳动力能力是重工业的3.2倍，而第三产业则更多，且就业门槛更低。① 城市工业结构的重型化，使得农村剩余劳动力不能伴随工业化的发展而转移。同时，由于农业剩余被大量转化为工业化的资本，农业生产力发展缓慢，难以满足因城市人口增长而带来的农产品需求的增长。政府为了避免农民涌入城市，强化了户籍管理，1954年的《中华人民共和国宪法》取消了人口自由迁徙权的规定；1958年1月的《中华人民共和国户口登记条例》② 严格限制了农村人口流入城市。1958年建立人民公社以后，各项涉及城乡的政策都以户籍制度为核心、以城乡分割为特征来设置，形成了一整套城乡各异的经济社会制度，如农业税制度、农产品统购派购制度、土地制度、教育制度、医疗制度、社会保障制度等。在这一系列制度下，政府用强制性的行政手段，将大量农业剩余转化为工业化的资本积累，而同时又将农业剩余劳动力挡在工业化之外，导致了城市化与工业化的分离，出现了发展中国家少有的"城市化滞后"③ 的局面。特别是20世纪50年代末和60年代初因农业生产力的大滑坡，60年代中后期人口政策失误后果的大凸显，还两度出现了人为的"反城市化"，将大量城市国有企业职工和知识青年迁出城市。根据"二元经济"理论，农业剩余劳动力转移是"二元结构"形成、加深、弱化、消失和向"一元结构"转变的主线。而我国在大量转化农业剩余、支持城市现代工业不断扩张的同时，农业剩余劳动力却被长期捆绑在土地上，农业劳动生产率和农民收入难以提高，工农差别、城乡差别越来越大，造成了"城乡二元经济结构"长期得不到转化而被"固化"。同时，还因实行以户籍制度为基础的一系列城乡不平等的社会制度，城乡之间发生了严重的"社会断裂"，④ 城乡居民的社会地位越来越不平等，形成了城乡两大不可逾越的"社会板块"——中国特有的"城乡二元社会结构"。

（三）实行改革开放政策，农村工业化和农村城镇化快速发展，城乡二元结构"异化"

30年的计划经济历程和其间的10年"文化大革命"，使中国的国民经济走

---

① 肖冬连：《中国二元社会结构形成的历史考察》，载《中共党史研究》2005年第1期，第21~31页。
② 该条例第十条第二款规定：公民由农村迁往城市，必须持有城市劳动部门的录用证明，学校的录取证明，或者城市户口登记机关的准予迁入的证明，向常住地户口登记机关申请办理迁出手续。第十五条规定：公民在常住地市、县范围以外的城市暂住3日以上的，由暂住地的户主或者本人在3日以内向户口登记机关申报暂住登记，离开前申报注销。
③ 实行市场经济制度的发展中国家，城市化进程一般超越工业化进程而出现"城市化过度"。
④ 清华大学社会学系孙立平教授在分析中国城乡二元结构时首先提出"社会断裂"概念。

到了崩溃的边缘,1978年的中共十一届三中全会吹响了改革开放的号角,给国人带来了新的希望。农业家庭承包经营制度的实行和中央连续五个"一号文件"的指引,推动了农业生产力的大发展,农业剩余大量增加,越来越多的农民实现了温饱,由此也加剧了农业劳动力剩余问题。于是,农民在继续为国家工业化提供更多农业剩余的同时,在农业内部发展多种经营,在农村内部发展乡镇企业,开始将农业剩余向农村内部的非农领域转移,在传统社会的土壤中、在计划经济的夹缝里,"草根工业"如雨后春笋般地发展起来,一时间,家家点火,村村冒烟,乡乡出声,大批农民进厂就业,农民用自己的力量推动了中国工业化、城市化走上了另一条道路——农村工业化、农村城镇化。正如邓小平所说,"农村改革中,我们完全没有预料到的最大的收获,就是乡镇企业发展起来了,突然冒出搞多种行业,搞商品经济,搞各种小型企业,异军突起。"① "农村实行承包责任制后,剩下的劳动力怎么办,我们原来没有想到很好的出路。长期以来,我们百分之七十至八十的农村劳动力被束缚在土地上,农村每人平均只有一两亩土地,多数人连温饱都谈不上。一搞改革和开放,一搞承包责任制,经营农业的人就减少了。剩下的人怎么办?十年的经验证明,只要调动基层和农民的积极性,发展多种经营,发展新型的乡镇企业,这个问题就能解决。"② 就这样,中国在日益"深化"和"固化"的城乡二元结构中,在农村这一端内部,迅速生成了与传统农业相对的新的一端——农村工业,形成了农村内部的新的二元经济结构。一些学者把城乡二元结构加上农村内部新生成的农村工业"一元",称之为"三元结构"。农村内部新生成的二元经济结构,与整个社会的城乡二元结构相比,虽然工业发展的资本积累都是靠农业剩余的转移,但存在明显区别。区别之一,农村内部的二元经济结构是农民通过市场手段,自愿地将农业剩余转化为工业发展的资本积累而形成的,不像整个社会的城乡二元结构是国家通过计划手段,强制地将农业剩余转化为工业发展的资本积累而形成和深化的;区别之二,农村内部的二元经济结构是在大量吸纳农业剩余劳动力就业的基础上形成的,不像整个社会城乡二元结构是在完全排斥农业剩余劳动力就业的条件下形成、深化和固化的;区别之三,农村内部的二元经济结构在形成和变化中比较重视农业的发展,对农业从"又取又予"到"只予不取"(尤其是以乡镇集体企业为主体的浙北、苏南地区),不像整个社会城乡二元结构在形成和变化中往往忽视农业的发展,对农业"多取少予"甚至"只取不予"。由此,中国城乡二元结构的演变出现了明显

---

① 邓小平1987年6月12日会见南斯拉夫共产主义者联盟中央主席团委员科罗舍茨时谈话的一部分。《改革的步子要加快》,见《邓小平文选》第3卷,第238~239页。

② 邓小平1987年8月29日会见意大利共产党领导人约蒂和赞盖里时谈话的一部分。《一切从社会主义初级阶段的实际出发》,见《邓小平文选》第3卷,第251~252页。

的"异化",这种"异化"不仅体现在农村内部新生成了"一元",还体现在既非典型的刘易斯意义、又非典型"拉尼斯—费景汉"意义上的二元经济结构基础上,产生了具有典型的"刘易斯—拉尼斯—费景汉"意义的农村内部的二元经济结构。正是这种农村内部二元经济结构的生成和发展,大大缓解了当时在固化了的整个社会城乡二元结构环境中工农关系紧张、城乡关系对立的局面。

(四)实行允许和鼓励农民进城就业政策,农民跨区域流动就业不断增加,城乡二元结构"强化"

农村改革初战告捷,为了解决农业剩余劳动力就业困难的问题,1984年中共中央"一号文件"提出,允许务工、经商办服务业的农民自带口粮在城镇落户。这是改革开放以来第一次户籍制度改革。同年10月,国务院发布《关于农民进入城镇落户问题的通知》。1985年7月,公安部又颁布《关于城镇暂住人口的管理暂行规定》。与此同时,城市改革启动,国有企事业单位普遍进行了打破"大锅饭""铁饭碗"的改革,推动了城市国营、集体、民营、个体和外资等多种所有制经济的共同发展,户籍制度对人口流动的制约开始弱化,城乡二元社会结构开始松动,城乡人口流动日益频繁。到20世纪80年代后期,东部地区农业剩余劳动力在农村内部向乡镇企业转移的基础上,开始向城市转移,中西部地区农业剩余劳动力则开始大量地向东部地区城市转移,出现了从农村到城市务工经商的"流动大军"。1993年"粮改"后粮票取消,粮油供应制度率先从城乡二元社会结构的制度中退了出来,并进一步推动了户籍制度的改革。2001年,国务院批转公安部《关于推进小城镇户籍管理制度改革的意见》,明确规定:全国所有的镇和县级市市区,取消"农转非"指标,不再实行计划指标管理。凡在当地有合法固定的住所、稳定的职业或生活来源的外来人口,均可办理城镇常住户口。这标志着我国户籍管理制度改革迈出了实质性的一步。当前,小城镇户籍制度改革已经全面推开、基本到位,大中城市的户籍制度改革也相继采取了大的动作。户籍制度的不断改革,推动了城市劳动就业、社会保障、住房等一系列制度的逐步配套改革,户籍制度背后城市的各种附加利益不断弱化,促进了城乡社会分割体制的逐步打破和城乡互通的劳动力市场的逐步形成,城乡两大"社会板块"走向融通与融合,城乡二元社会结构不断松动。同时,东部沿海地区经济的快速发展,城市国有企业的加快改革,城市多种所有制经济的协调发展,推动了农村劳动力跨地区流动的迅猛增长,"民工潮"一潮高过一潮,2004年全国约有1.2亿农业剩余劳动力跨区域流动和进城就业。于是,城市工业发展的资本扩张来源,除了农业剩余转移外,又多了农业剩余劳动力转移这一新的来源。据有关资料统计,改革开放头 20 年,劳动力转移对我国经济增长的贡献率为 15%~20%。①

同时,随着市场在资源配置中基础性作用越来越广泛地发挥,农用土地、农村资金也大量流入效率相对较高的城市区域和工业领域,城市经济的扩张越来越快。这一过程中,农业生产力虽然有了长足的进步,但由于城市化水平依然过低,农产品需求约束凸显,农业劳动生产率提高缓慢,农业增产不增收和农产品优质难优价的问题越来越突出,从事农业的劳动者增收难度越来越大。总的来看,在改革开放年代,伴随着户籍制度的不断改革、城市国有企业的改革搞活和农村企业向城市集聚,大量农业剩余劳动力向城市转移,城市现代部门发展越来越快、水平越来越高,农村工业自身也在加快提高发展水平,而农业仍处于低效率状态,城乡二元经济结构处于不断"强化"之中,全社会真正出现了"刘易斯—拉尼斯—费景汉"意义上的城乡二元结构。也正是城乡二元社会结构的不断松动,而使之日趋强化,也为日后城乡二元经济结构的弱化创造了条件。

(五)产业结构升级加快和市场需求约束加大,进城农民在城市就业压力日益加大的情况下越来越多地进入非正规部门就业,城乡二元结构"内化"

20 世纪 90 年代中后期,随着东南亚金融危机的爆发,国内市场需求严重不足,加之国有企业改革攻坚的推进,使得城市正规部门就业困难的问题凸显,大批国有企业职工下岗,农民进城就业在舆论上出现了"非议"、在现实中遇到了"清退"。同时,城市企业为了生存发展,纷纷加快科技进步,促进产业升级,劳动力需求相对减少。到了 21 世纪初,随着我国加入 WTO 和工业化水平的提高,全社会的工业产业都加快了科技进步和产业结构转换、升级,对劳动力的数量需求相对减少,而对劳动力素质要求不断提高,城市就业困难问题进一步加剧。在这种情况下,越来越多的进城农民进入非正规部门②就业,同时在政府的倡导和扶持下,下岗职工也越来越多地到非正规部门实现再就业,非正规部门成了农民

---

① 王海光:《当代中国户籍制度形成与沿革的宏观分析》,载《新华文摘》2003 年第 10 期。
② "非正规部门"(informal sector)是 1971 年国际劳工组织(ILO)首先提出的,1993 年 1 月在第 15 届国际劳工统计大会上又进一步明确的一个概念,它是指发展中国家城市地区那些低收入、低报酬、无组织、无结构、小规模且劳动力和资本基本没有分工的生产和服务单位。同时,ILO 在这次会议上也提出和进一步明确了"非正规就业"(informal employment)的概念,它是指没有取得正式的就业身份、地位不稳定的就业,包括在非正规部门中就业和在正规部门中的非标准就业。"非标准就业"(non-standard employment)是指正规部门中区别于标准就业形式的非标准工作安排形式、非标准就业形式及非标准劳动关系,如临时工、小时工、季节工、短期合同工、劳务派遣、分包生产或服务项目等就业形式。发展中国家由于正规部门越来越朝着资本和技术密集型方向发展,就业机会不多甚至总体规模还有缩小趋势。在这种情况下,非正规部门就业快速发展,并成为吸纳劳动力就业的主渠道。

进城就业和城市失业人员再就业的主渠道。据一些学者估计，20多年来，我国进城就业的农民80%以上属"非正规就业"（包括"非正规部门就业"和正规部门的"非标准就业"），而且非正规部门就业的比重处于上升态势。当前，农民工已成为我国产业工人的主力军，2004年，第二产业就业人员中农民工占了58%（其中加工制造业就业人员中农民工占了68%，建筑业就业人员中农民工占了近80%），批发、零售、餐饮业等第三产业的就业人员中农民工占了52%以上。① 但是，农民工干的大多是城市居民不愿意干的脏、累、苦、险的工作，不仅享受不到就业培训、劳动保护、社会保障、公共服务，而且就业很不稳定，工资待遇很低，生活环境极差，即使是在正规部门就业也只能以临时工或合同工身份获取临时性的工作，很少有机会真正成为在正规部门稳定就业的产业工人，更没有机会成为稳定居住城市的市民，形成了一个既有别于城市产业工人又有别于传统务农农民、规模庞大的"农民工群体"。这就是"春运"之所以年复一年出现的根本原因。城市中非正规部门的不断扩大，实际上是农业剩余劳动力受城市正规部门高工资和城市现代生活方式吸引而涌入城市，但又无法进入正规部门就业，形成的仅能维持最低限度生存的城市传统部门，是农民在实现职业流动和地域流动后难以实现身份流动和阶层流动的表现。这种城市中的传统部门与现代部门（正规部门）同时并存和分割的格局，被经济学家托达罗（M. P. Todaro）称之为城市中的二元结构。这种城市中的二元结构实际上是整个社会城乡二元结构在城市中的反映和"内化"。从发展中国家城乡二元结构演变历程来看，这种城市中的二元结构的出现带有普遍性，其实质是农民市民化进程与农民非农化进程相分离，② 其原因主要有：第一，市场需求约束加大，就业岗位难以扩大；第二，企业技术进步加快，就业门槛不断提高；第三，农村教育发展滞后，进城农民素质低下；第四，城市住房价格和消费水平上升，落户门槛居高不下；第五，城市制度变革滞后，制度壁垒阻碍农民身份转化。

（六）工业化和城市化进程提速、市场化和国际化程度提高，各大产业发展水平加速分化，城乡二元结构"泛化"

20世纪末以来，我国工业化和城市化进程明显加速，同时随着经济全球化趋势加快和我国加入WTO，我国的国际化进程也明显加速，这大大推动了产业结构的转换和产业层次的提升，无论是城市还是农村，无论是工业还是农业，现

---

① 引自《农民工已成为产业工人主力军　我国"劳务经济"迅速崛起》，新华社，2005年9月19日。

② 发达国家在城乡二元结构演变中，一般农民市民化进程与农民非农化进程相一致。

代部门都处于快速成长和扩张之中,由此也带来了各大产业的快速分化,整个社会出现了众多的二元结构。在农业领域中,一方面,由于农业产业化的发展和工商企业投资农业的增多,资本、技术等现代生产要素加快流入农业领域,现代生产方式加快改造传统农业,推动了传统农业加快向现代农业的转变;另一方面,由于人多地少的国情,农业剩余劳动力基数庞大,转移农业剩余劳动力将是一项长期任务,再加上城市中正规部门与非正规部门二元结构的存在,农业剩余劳动力转移也将长期处于不稳定状态,这就使得自给自足的小规模分散经营、兼业经营的传统农业将长期存在,由此也形成了农业领域中现代农业与传统农业长期并存的二元结构。在农村非农产业领域中,一方面,由于企业加快向城镇集聚,技术进步和结构调整加速,农村现代工商业不断扩张;另一方面,农村中现有的农村个体工商户大多缺乏技术进步的承载能力,还将长期处于传统经营状态,再加上市场化水平的提高、小资本拥有者的增多和农民进城就业落户障碍重重,农村中传统经营的个体工商业还将进一步地发展,这就使得农村非农产业领域中本已存在的现代正规部门与传统非正规部门并存的二元结构将继续长期存在。这样,连同城市中存在的正规部门与非正规部门的二元结构,整个社会中出现了众多的二元结构,或称"多重二元结构""多元结构"。这些多重的二元结构是整个社会的城乡二元结构在各个领域的反映和"泛化"。城乡二元结构从一元到二元再到多元的"泛化"现象的出现,绝不意味着离现代一元结构越来越远,而是越来越近,是走向现代一元结构中的必然现象和必经阶段。

(七)实施统筹城乡发展方略,以工促农、以城带乡的发展机制逐步建立健全,城乡二元结构"弱化"

自党的十六大报告提出"统筹城乡经济社会发展"以来,我国把解决"三农"问题作为全党工作和全部工作的重中之重,并真正开始跳出"三农"论"三农",从工农互促、城乡联动的整体出发,来思考和解决"三农"问题。这几年来,我国大力实施统筹城乡发展方略,采取了不少以工促农、以城带乡的措施,推动农业和农村的发展。加大了推进农业产业化和农业科技进步的力度,增加了财政对农业的投入,促进了资本、技术和现代生产方式对农业的改造和提升。开展了对农村劳动力素质培训,进一步改善农民进城就业的环境,努力增强农民就业的能力,促进农民进城就业。把教育和卫生事业的发展重点放到农村,加大对农村教育和卫生发展的财政投入,着力提高农村义务教育水平,扩大农村新型合作医疗的覆盖面。加大了农村基础设施和生态环境建设的力度,推进农村的交通、电力、水利、环境等工程建设。浙江等一些沿海发达省份,还开展了县域村庄布局的优化和农村新社区建设,建立了被征地农民基本生活保障、城乡一体的最低生活保障等社保制度,加快了农村教育、卫生等公共服务体系建设。胡锦涛同志在中共十六届四中全会上提出"两个趋向"重要论断和在2004年底中央经济工作会议上做出我国已总体上进入以工促农、以城带乡发展阶段的重要判断以后,全国各地按照胡锦涛同志提出的"更加自觉地调整国民收入分配格局,更加积极地支持'三农'发展"的要求,进一步加大了实施统筹城乡发展方略的力度,并着力在建立健全以工促农、以城带乡发展机制上下功夫,城乡二元结构开始出现全面"弱化"的态势。可以说,统筹城乡发展方略的实施,是我国在工业化、城市化进程中"第一个趋向"到"第二个趋向"的转折点,是城乡二元结构从形成、强化到弱化、并走向一元结构的里程碑。

二、我国城乡二元结构的复杂性

我国的城乡二元结构无论与发达国家在工业化初、中期曾经出现过的城乡二元结构相比,还是与发展中国家在工业化进程中出现的城乡二元结构相比,都表现得更为特殊、更为复杂。这种特殊性与复杂性,从根本上来看,是由工业化的发展模式(发展战略、发展动力、发展体制等)决定的。从形式上来看,主要表现为城乡二元经济结构的特殊性和城乡二元社会结构的特有性。

(一)中国城乡二元经济结构的特殊性

中国城乡二元经济结构的特殊性,主要体现在城乡二元经济结构形成的动力、方式和途径的特殊性。

城乡二元经济结构的形成动力、方式和途径,与一个国家的工业化模式密切相关。从发达国家来看,由于工业化是在市场经济环境中启动的,工业化的资本积累是以市场为资源配置的主体,以效率为原则,以城市为载体,从国内的农业剩余产品和农业剩余劳动力转移而来的,所以,发达国家城乡二元经济结构形成的动力是内源民间性的,方式是市场性的,途径是农业剩余的"物"与"人"同步转化的。随着工业化、城市化水平的不断提高,在政府主导下,适时建立以工促农、以城带乡的发展机制,促进农业现代化和城乡一体化,实现城乡二元经济结构向现代一元经济结构的转化。从实行市场经济制度的发展中国家来看,虽然工业化也是在市场经济环境中启动的,但工业化的资本积累来源于外国资本进入和在本国政府动员下的农业剩余产品、农业剩余劳动力的转移,所以,与发达国家相比的最大区别是,实行市场经济制度的发展中国家城乡二元经济结构形成的动力是外源性的。正是因为这一区别,这些发展中国家的工业化往往跨越劳动密集型产业发展的阶段,缺乏农业发展的支撑,城市化往往偏向大城市的优先发展,缺乏中小城市发展的中枢，结果往往是城市化过度，一头因大批农民受利益驱动涌入城市，而出现"大城市病"；另一头因缺乏对"三农"的有效带动，而出现农业停滞、农村凋敝、农民贫困，"三农"问题越来越严峻，工农关系、城乡关系不断恶化，城乡二元经济结构不断强化和固化，难以实现向现代一元经济结构的转化。

中国由于工业化道路的曲折性和工业化模式的多变性，城乡二元经济结构的形成过程更为复杂。中国的工业化发端于晚清时期的洋务运动，城乡二元经济结构是在封建地主经济的土壤中，在外国资本主义经济的带动下，在官僚资本主义经济的推动下产生的，与大多数发展中国家相类似，其动力是外源性的，方式是市场性的，途径是农业剩余的"物"与"人"同步转化的。在计划经济年代，我国实行重工业优先发展的工业化战略，政府作为配置资源的唯一主体，运用计划的方式，将农业剩余产品转化为工业化资本的原始积累，配置到城市区域和工业领域，由此形成的城乡二元结构，动力是内源国有性的，方式是计划性的，途径是农业剩余产品单一转化的，并因农业剩余劳动力长期被固定在农业领域和农村区域，政府对"三农"长期采取"多取少予"政策，城市化明显滞后于工业化，农业发展长期滞后于工业发展，工农差别、城乡差别不断扩大，城乡二元经济结构在不断"深化"的基础上被严重"固化"了。在市场经济年代，随着改革的不断深化，市场在资源配置中的主体作用日益突出，越来越多的农业剩余产品、农业剩余劳动力、农用土地、农村资金被配置到农村的乡镇企业并进而被配置到效率更高的城市工商业和城市建设上，工业化、城市化进程不断加速、水平不断提高，同时政府职能尚未实现从计划经济体制向市场经济体制的转换，仍担当着本应由市场担当的经济领域的资源配置角色，而应由政府担当的公共领域和市场失灵领域的资源配置角色却没有及时担当起来，由此导致了工农差别、城乡差别的进一步扩大，"三农"发展更加滞后，城乡二元经济结构不断强化。

（二）破解二元结构，解决"三农"问题

城乡二元结构伴随着工业化的起步而产生，并随着工业化的推进而演变。胡锦涛同志在中共十六届四中全会上提出的"两个趋向"重要论断，深刻地阐明了城乡二元结构在工业化进程中的演变规律。当前，我国已进入了工业化的中期阶段，正处于城乡二元结构从强化到弱化转折的关键时刻。必须汲取国内外的经验教训，大力实施统筹城乡发展方略，建立健全以工促农、以城带乡的发展机制，加快实现从"第一个趋向"向"第二个趋向"的转变，全面推进城乡一体化进程，让广大农民共享工业化、城市化的成果。

1. "两个趋向"与城乡二元结构

胡锦涛同志在中共十六届四中全会上指出："纵观一些工业化国家发展的历

程,在工业化初始阶段,农业支持工业、为工业提供积累,是带有普遍性的趋向;但在工业化达到相当程度以后,工业反哺农业、城市支持农村,实现工业与农业、城市与农村的协调发展,也是带有普遍性的趋向。"这是对工业化进程中社会发展规律的精辟概括,也是对工业化进程中城乡二元结构产生、演变与消亡过程的深刻总结。

"第一个趋向"实际上就是城乡二元结构产生与不断强化的过程。发达国家的实践表明,在工业化初始阶段,农业在国民经济中占较大比重,劳动力大部分在农业部门中就业,农业客观上承担了为工业化提供积累的任务。这种"农业支持工业、为工业提供积累"是通过以下两个途径实现的:一是将农业剩余产品转化为城市工业的生产资料和城市市民的生活资料,满足城市工业正常运行的需要,并实行工农产品不等价交换,通过工农产品价格"剪刀差"将农业剩余转化为工业化的原始资本积累,用于城市工业扩张;二是将农业剩余劳动力转化为城市工业的就业者,保证城市工业正常运转,并因农业剩余劳动力处于"无限供给状态",把劳动力价格定得仅高于生存工资,将获取的超额利润转化为工业化原始资本积累,促进城市工业不断扩张。这样,在传统农业占主导和乡村社会占主导的传统一元结构的环境中,由于农业源源不断地为工业化提供原始资本积累,城市现代工业这个新的"一元"迅速生长并不断扩张,形成了传统与现代并存的二元结构。

"第二个趋向"实际上是城乡二元结构逐步弱化与向现代一元结构转化的过程。发达国家的实践表明,当工业化达到相当程度后,工业自身积累和发展能力不断增强,具备了反哺农业的能力,此时应调整发展战略,加大工业对农业、城市对农村的支持力度,促进工农、城乡协调发展。这种"工业反哺农业、城市支持农村"主要是通过以下两个途径实现的:一是用资本、技术等现代生产要素和现代工业生产方式改造传统农业,促进农业生产力提高和农业增长与工业增长的均衡,逐步实现农业现代化;二是用资本、技术替代劳动,促进农业剩余劳动力和农村人口进一步向工商业和城市转移,不断提高农业劳动生产率。这样,城乡二元结构中的传统"一元"逐步弱化直至消失,传统与现代并存的二元结构最终转变为城乡一体化的现代一元结构。

2. 我国正处于"第一个趋向"转向"第二个趋向"的关键时期

胡锦涛同志在 2004 年 12 月召开的中央经济工作会议上强调:"我国现在总体上已到了以工促农、以城带乡的发展阶段。我们应当顺应这一趋势,更加自觉地调整国民收入分配格局,更加积极地支持'三农'发展。"这不仅对我国现在所处的发展阶段做出了科学判断,而且指出了促进"第一个趋向"向"第二个趋向"转变,实现工农关系、城乡关系转折的途径。

根据国际经验，工业化中期阶段是"第一个趋向"向"第二个趋向"转变，工农关系、城乡关系发生转折的时期。当前，我国已进入了工业化中期阶段。主要表现在：

一是人均 GDP 超过 1 000 美元。按现价和官方汇率计算，2003 年我国人均 GDP 达到 1 090 美元。若按购买力评价方法计算，2003 年我国人均 GDP 已达到 4 390 美元，相当于中等收入国家的水平。这表明，我国在经济总量规模上已具备了调整工农关系、城乡关系的能力。

二是财政实力不断增强。2004 年我国财政总收入达到 2.6 万亿元，比上年增加 5 500 亿元，继续保持多年来的持续快速增长的势头，而且曾经在历史上对工业化做出过重大贡献的农业税已微不足道，并退出历史舞台。这表明，我国政府的财政实力已具备了不断加大对"三农"支持的能力。

三是农业在 GDP 中的份额迅速下降。1991~2004 年，我国农业增加值在 GDP 中的份额下降了 11.9 个百分点，2004 年农业增加值占 GDP 比重已下降到 15%。这是我国进入以工促农阶段的主要象征。

四是非农产业就业持续增长。20 世纪 90 年代以来，我国农业剩余劳动力转移加快，2004 年我国从事农业的劳动力占全社会就业人员的比重下降到 50%。这表明，我国农业劳动力占多数的格局即将发生变化。

五是城市化进程不断加快。1998~2004 年，我国城市化水平从 33.4% 提高到 41.8%，年均提高 1.4 个百分点，城市化进入了加速推进期。这是我国进入以城带乡阶段的主要标志。[①]

上述五个指标表明，我国目前已进入了工业化中期阶段中人均 GDP 1 000~3 000 美元的关键时期。国际经验表明，这个时期既是经济社会结构快速调整的时期，也是各种利益关系复杂、社会矛盾凸显的时期。如果发展战略和政策把握得当，工农关系和城乡关系处理得好，就能保持经济快速发展和社会长期稳定。反之，就会造成贫富差距扩大和社会矛盾激化，甚至出现经济发展徘徊不前和社会局势动荡不安。可以说，在这一时期，我国既面临着实现工农关系、城乡关系重大转折，从根本上解决"三农"问题的历史机遇，也面临工农差距、城乡差距进一步扩大，解决"三农"问题难度陡然增大的严峻挑战。

（三）"第一个趋向"向"第二个趋向"转变的任务与困难

实现从"第一个趋向"向"第二个趋向"转变，就是要促进城乡二元结构不断弱化并逐步向现代一元结构转化。由于我国在计划经济年代的工业化进程中

---

① 《中国统计年鉴》，相关各年。

形成了特殊的城乡二元经济结构和特有的城乡二元社会结构，大量的农业剩余劳动力和农村人口被长期束缚在农业领域和农村区域，城市化严重落后于工业化，城乡二元结构在不断强化的基础上被严重固化，"三农"问题日趋严峻，使得当前我国促进"第一个趋向"向"第二个趋向"转变和城乡二元结构向现代一元结构转化，任务更重、困难更多。

1. 弱化城乡二元结构需要农民更多更快地进城就业落户，但工业和城市的门槛越来越高，城市的制度壁垒尚未完全消除

无论是城乡二元结构的形成与强化过程，还是弱化与消亡过程，农业剩余劳动力转移贯穿始终。现阶段，促进"第一个趋向"向"第二个趋向"转化，弱化城乡二元结构，其主线还是进一步转移农业剩余劳动力。然而，由于工业技术进步、城市房价升高、城乡制度壁垒等制约，进一步转移农业剩余劳动力遇到了不少问题。

第一，在工业技术不断进步的趋势下，如何使农民的素质适应现代工业发展的要求，如何使农民更多更稳定地到正规部门就业？近年来，面对农业剩余劳动力素质下降和企业技术进步的加快趋势，农业剩余劳动力转移越来越困难。在这种情况下，我国加强了对农业剩余劳动力的素质培训，有效地促进了农业剩余劳动力的转移和就业。这是我国从主体建设上促进二元结构松动和向现代一元结构转轨的重大举措，是我国继深化改革户籍制度后，动摇和弱化城乡二元结构的一个重要里程碑。然而，目前进行的农民素质培训大多是适应性培训，虽然有利于扩大农民就业、增加农民收入，但经培训实现就业的农民大多为非正规就业，工资报酬低，就业不稳定，社会保障缺失，难以成为稳定居住的城市市民，城市仅仅是他们的临时谋生之地，他们的归宿依然是农村老家。下一步应进一步重视战略性培训，大力加强职业技能教育和培训，把农民培育成为稳定就业的产业工人和有一技之长的创业人才，从主体建设上进一步促进城乡二元结构弱化和转化。

第二，在城市房价不断上升的趋势下，如何增加农民进城落户的资本，如何营造低门槛的农民落户载体？前半个问题是土地制度问题。土地是农民最基本的生产资料、最基本的生活保障、最基本的个人财产。征用农民的土地，应从这三个方面去补偿农民。作为生产资料，征用土地应补偿农民劳动就业，即要免费培训农民直至就业；作为生活保障，征用土地应补偿农民社会保障，目前实行的被征地农民基本生活保障是一大进步，但仍局限在城乡二元结构的框架中，还是一种过渡性的制度安排，下一步应逐步向城镇社会保障过渡；作为个人财产，征用土地应补偿农民进城落户，失去土地的农民在农村已经无收入来源、无生活依靠，不应将失地农民继续留在旧村旧宅里。后半个问题是城市化模式问题。从发达国家的经验来看，当城市化水平达到50％以后，"集中型城市化"将向"分散型城市化"转变，生产力和人口将在集中布局的基础上出现适度分散布局的趋势，卫星城将加快发展，城乡一体化由此起步。这既可避免因大城市无休止地"摊大饼"式发展带来的失业增加、交通拥挤、住房紧张、犯罪增多等"大城市病"，也可降低农民进城落户的门槛，让农民更多更容易地进城落户。下一步应进一步重视县城和中心镇发展，把它们建设成为大城市的卫星城，承载大城市分散出来的制造业及相关人口，使大城市主要成为商贸中心，也使农民更多更稳定地进城落户。

第三，在进一步深化户籍制度改革过程中，如何全面推进与户籍制度相关的社会保障、公共服务等一系列制度改革，以彻底畅通农民进城落户的体制通道。改革开放以来，随着户籍制度的一步步改革，城乡割裂的局面逐步被打破，越来越多的农业剩余劳动力向二、三产业和城市转移，既进一步推进了工业和城市的发展，也从体制上为二元结构的松动并逐步向一元结构转化创造了条件。但目前农民向市民转化的体制通道尚未完全打通，建立在户籍制度基础上的城乡不平等的社会保障、公共服务等社会管理制度的改革尚未到位，农民在实现区域流动和职业流动后难以实现身份流动和阶层流动，难以融入城市社会而成为城市市民，形成了规模越来越庞大的"农民工"群体。年复一年的"春运"和"民工潮"现象就是这一群体长时间存在造成的恶果。如果长期不能从体制上转化农民工群体，那农民工中的大多数就有可能沦为城市贫民，整个社会就有滑入"拉美陷阱"的危险。下一步应着力深化户籍制度改革，以及与此相关的社会保障、公共服务等一系列制度的改革，从体制变革上进一步促进城乡二元结构的弱化和转化。

2. 弱化城乡二元结构需要农业更好地满足不断增长的城市人口对农产品的需求，但资本、技术对农业的改造成效有限，农业生产力和农业劳动生产率提高缓慢

工业化、城市化进程中，农业经济在国民经济中的份额越来越低，这是产业结构演变和升级的必然趋势，但这并不意味着农业地位的下降，相反，农业的地位更加突出，农业与工业协调发展的难度和压力也会更大。加快资本和技术对农业劳动的替代、现代生产方式对农业生产方式的改造，实行工业反哺农业，是促进农业增长与工业增长协调并进的必然选择，是传统农业向现代农业转变的必经之路，也是"第二个趋向"与"第一个趋向"的最大区别。然而，由于传统体制的影响，以工促农的发展机制和发展格局的建立和形成也面临不少困难。

第一，现代农业发展所需的资金从哪里来、怎么来？随着工业化、城市化的推进，土地资源减少在所难免；由于城市工商业的强大利益诱引，农业劳动力进城势不可当。在这种趋势下，一方面，城市由于人口增加，对农产品的需求不断上升,农业所承担的农产品供给任务不断加重;另一方面,如果农业的技术水平不变,当农业土地资源减少和农业劳动力外流达到一定程度时,农业生产力水平会下降。因此,工业化、城市化进程越快,就越应该重视农业的发展。而这种重视主要体现在资本、技术对劳动和资源的替代上,这也正是工业反哺农业、促进现代农业发展的最好时机,是城乡二元结构转化为现代一元结构的必然要求。资本、技术的投入,核心是"钱"的问题。下一步应进一步深化改革,健全公共财政体制,不断加大财政对农业的投资和保护力度;健全农村金融体制,努力为农业提供平等的金融服务供给;改善农业投资环境,进一步引导工商资本、外国资本、民间资本投资农业;调整土地出让金分配格局,开辟现代农业发展融资的新渠道。

第二,现代生产要素和现代生产方式如何改造和提升农业?现代农业与传统农业的区别主要体现在农业的生产技术和生产方式上。工业反哺农业、工业促进农业,实际上是资本、技术对劳动的替代过程,是现代工业生产方式对传统农业的改造过程,这就是农业产业化,发展经济学家称之为农业工业化。下一步应进一步用工业的理念指导农业、用工业的生产方式改造农业,全面形成"行业协会+龙头企业+专业合作社+专业大户"的现代农业经营体制,构筑农业专业化家庭经营与社会化大生产有机结合的发展格局。

第三,在农业劳动力不断转移中,如何克服农业劳动者群体素质下降的困难?农业剩余劳动力不断转移是工业化、城市化进程中的必然现象,有利于社会就业结构和城乡人口布局的优化,推动农业劳动生产率的提高和农产品消费需求的扩大,促进农业劳动者增加收入,避免出现农业劳动者的相对贫困化。但由此也带来了农业劳动者群体素质下降的问题,给现代农业发展带来了新的困难。尽管如此,我们还是应该把工业化、城市化进程中出现的农业劳动者数量减少、素质下降的现象,视作社会进步的产物;视作加快农业经营体制创新和资本、技术替代劳动的良机;视作农业现代化的"前夜"。下一步应在加强对农业劳动者特别是专业农户进行农业技能培训的同时,大力推进农业经营体制创新,通过土地使用权的市场化流转,加快发展企业化的农业规模经营,培育规模化、企业化、法人化的农业经营实体,促进农业资本、技术、人才等各种先进生产要素在市场机制作用下更多更快地流入农业领域。

3. 弱化城乡二元结构需要农村更好地满足不断富裕起来的农村人口对改善生活方式、提高生活质量的需求,但城市文明对农村的辐射带动不够,农村的居民社区、生态环境、基础设施、公共服务等各方面建设严重滞后

工业化、城市化进程中,越来越多的农村人口进城落户,融入城市现代文明之中,但仍居住在农村的人口如何也能共享城市现代文明,这是"第一个趋向"

向"第二个趋向"转变中必须解决的问题。然而,当前在促进城市现代文明向农村辐射进程中,农村缺乏有效的载体、以城带乡缺乏有效的渠道和机制问题比较突出。

第一,农村人口布局过度分散的格局能接纳城市现代文明的辐射吗?村庄布局分散的格局是农业社会中经营小块土地的农民为了方便农业精耕细作而形成的。改革开放年代,富裕起来的农民为了改善自身的居住条件,在缺乏规划的情况下无序建房,甚至在自家承包地上建房,又进一步加剧了村庄布局的分散。在这种情况下,政府的公共服务和基础设施建设投资效率低下、共享性很差,商业服务网点建设无人问津,农民的生活质量难以提高,土地资源利用也很不经济,不可能将传统村落社区改造成为现代农村社区;农民不断地拆房、建房,建房投资大大浪费,每拆除一次旧房都使上一次建房的投资化为乌有。下一步应逐步减少村庄数量、扩大村庄规模、优化村庄布局,并通过村庄拆并和整理,建设中心村,在促进农民进城落户的同时,促进农民向中心村集聚。

第二,谁来为城市现代文明向农村辐射"买单"?经济学认为,公共产品的费用应由政府的公共财政来支付。但长期以来公共财政支出"城市偏向"严重,城市的基础设施越来越完善,城市的生态环境越来越漂亮,城市的公共服务越来越周到,而农村公共产品的供给主要靠农民和村集体微薄的力量勉强支撑,城乡整体发展水平的差距越来越大。下一步应深化财政体制改革,进一步健全公共财政的功能,充分体现公共财政的"公共性",让公共财政来为农村的各项建设"买单"。

第三,谁来为城市现代文明向农村辐射"出力"?长期以来,"三农"工作主要由农口部门来承担,农口以外的部门工作的主战场是城市。当前,统筹城乡发展,从工作层面上来看,就是农外部门要统筹兼顾,把"三农"工作纳入自身工作的范畴,把工作和服务的网络向农村延伸。下一步应加快推进政府行政管理体制改革,推动政府转变职能和全面履行"新的"职能,让"三农"工作成为政府及各个部门的本职工作。

(四)"两个趋向"转换促进城乡一体化机制

当前,我国已总体上进入了以工促农、以城带乡的发展阶段,正面临着从"第一个趋向"向"第二个趋向"转变,全面推进工农关系、城乡关系转折的大好时机。这是在"三农"为工业化、城市化做出巨大贡献后,迎来的弱化城乡二元结构,缩小工农差距、城乡差距,推进城乡一体化的历史机遇。要深刻汲取国际国内正反两方面的经验教训,把工业与农业、城市与乡村、市民与农民作为一个有机整体,把解决"三农"问题作为重中之重,以保障农民权益、增进农民利益为核心，大力实施统筹城乡发展的方略，逐步消除城乡二元结构，建立健全以工促农、以城带乡的发展机制，全面形成工农互促、城乡共荣的发展格局，促进工业化、城市化与农业现代化同步推进。实现从"第一个趋向"向"第二个趋向"的转变，就其本质而言，就是要弱化城乡二元结构，建立以工促农、以城带乡的发展机制。

一是以促进农民持续增加收入为中心，建立健全三次产业互促、城乡经济共荣的联动发展机制，大力发展现代农业，不断壮大县域经济，在建设县域现代产业体系上不断取得新进展。

二是以促进农民分工分业分化为中心，建立健全农业剩余劳动力向二、三产业转移、农村人口向城镇集聚的农民转化机制，大力发展农村职业技术教育和农民职业技能培训，着力提高农民正规就业的能力，在优化城乡就业结构和人口布局上不断取得新进展。

三是以改善农民生活质量为中心，建立健全城乡居民社区、基础设施和生态环境的统一规划建设机制，大力推进中心村、特色村和生态村建设，着力改善农村的生产生活条件，在建设农村新社区上不断取得新进展。

四是以全面增进农民利益为中心，建立健全社会建设重点向农村倾斜的公共投资机制，大力发展农村教育、卫生等社会事业，加快扩大农村社会保障覆盖面，在建设农村公共服务体系上不断取得新进展。

五是以提高农民的文明素质为中心，建立健全城市现代文明改造农村生产生活方式的文明辐射机制，大力推进农村文化建设，着力彰显农村文化底蕴，在提高农村社会文明程度上不断取得新进展。

六是以提高贫困农民增收致富能力为中心，建立健全政府扶持、区域联动的扶贫开发机制，大力推进统筹城乡发展与统筹区域发展的有机结合，深入开展扶贫开发，在促进欠发达地区跨越式发展和小康社会建设上不断取得新进展。

七是以促进可持续发展为中心，建立健全城乡联动保护、区域互惠互利的生态补偿机制和兼顾当代人与后代人利益的资源永续利用机制，加快整治城乡环境污染和流域环境污染，大力倡导有利于节约资源的生产模式和生活方式，在构建资源节约型社会与环境友好型社会上不断取得新进展。

八是以促进农村社会和谐有序为中心，建立健全有利于城乡利益均衡和城乡关系融合的社会管理机制，大力推进服务型和法治型政府建设，切实改善农村社会管理，在构建和谐社会上不断取得新进展。

九是以全面保障农民权益为中心，建立健全国民收入的公平分配机制和土地增值的农民共享机制，大力推进城乡各项配套改革，切实赋予农民公平的国民待遇、完整的财产权利和平等的发展机会，在促进农民共享改革发展成果上不断取得新进展。

只有在建立以工促农、以城带乡发展机制上不断取得新的进展和新的突破，才能从根本上打破城乡二元结构，消除城乡之间政治、经济、社会的隔离制度，赋予农民平等参与政治生活、经济生活、社会生活的权利，让农民共享工业化、城市化的成果，形成城乡融合和城乡一体化的发展格局。

第五章

城乡统筹发展的对策机制

我国改革开放 30 年的实践证明，城市与乡村在各自发展进程中暴露出的种种弊端，不可能在自身封闭的系统内加以克服。为避免双方存在的缺陷，城乡必须联手，用城乡一体化的新型社会结构形态，取代城乡分离的传统社会结构形态。

纵观许多发展中国家和地区的产业分布，城市集聚了现代工业和服务业，农村则汇聚了传统的农业，这就是发展经济学的二元结构理论所指出的"区域二元结构"。这种二元结构的存在，将导致城市在自我封闭、自我循环的环境里发展，丧失农村的依托和支撑，系统配置受到局限，城市功能难以提升和扩散，农村集聚的庞大剩余劳力又无法转移，农业收入也难以增加。本章针对城乡统筹发展举措中的难点问题，进行对策机制的分析探讨。

一、城乡统筹的制度与机制建设

（一）城乡统筹发展的意义

统筹城乡发展、推进城乡一体化，是一个事关全局发展的重大战略。当前遇到的各种矛盾，不仅面广量大，而且根深蒂固，是城乡差别发展战略和城乡二元结构的集中反映，必须进行制度创新，对发展战略进行重大调整，对宏观体制进行重大变革，方能缓解以致消除，其本质就是让城乡居民平等拥有发展机会和公平共享发展成果。城乡一体化进程的最大阻力源于传统的制度安排，诸如城乡居民的二元身份、城乡经济关系的不等价交换、土地管理制度的约束等。因此，体制创新是推进城乡一体化之关键,其中包含诸如城乡土地管理制度、户籍管理制度、乡镇企业产权制度、城乡统筹的社会保障制度以及城乡长期分割所形成的一系列管理制度。

改革宏观管理体制,特别是突破城乡二元结构的制度障碍,调整工农关系、城乡关系,建立健全以工促农、以城带乡的发展机制是确保城乡统筹最终实现的保证。

(二) 统筹城乡发展的制度创新

统筹城乡发展,从根本上来说,就是要彻底破除计划经济体制遗留下来的城乡分割的二元结构和城乡分治的二元体制,真正赋予农民公平的国民待遇、完整的财产权利和平等的发展机会,建立与规范化的现代市场经济体制相适应的城乡一体化的经济社会新体制。中共十六届三中全会,从我国现代化建设的全局出发,以完善社会主义市场经济体制为目标,对 21 世纪初我国深化改革、推进体制创新做出了重大部署。

1. 新阶段制度创新的特点

自 20 世纪 70 年代末开始的以经济"市场取向"为主要内容的改革,以及 90 年代以建立和完善微观市场经济体制为主要内容的改革,[①] 到 21 世纪初,我国在经历四分之一世纪的改革后,初步建立了社会主义市场经济体制的框架。2003 年,中共十六届三中全会通过的《中共中央关于完善社会主义市场经济体制若干问题的决定》(以下简称《决定》),则是在这个基础上,进一步提出了完善社会主义市场经济体制的目标,改革的重点转到建立和完善宏观市场经济体制。这是我国改革开放的一个新的里程碑。《决定》针对国内、国际以及改革和发展的新形势,明确提出了完善社会主义市场经济体制的目标和任务以及与之相关的重大方针政策,确立了"五个统筹"的新的改革观和以人为本、全面协调可持续的新的发展观。"建立有利于改变城乡二元经济结构的体制"是新阶段改革的重要任务之一,其本质就是要从体制上为"三农"发展创造平等的环境。其他各项改革任务虽然并不直接针对"三农",但也是从整体上为"三农"平等参与工业化、城市化进程,公平分享工业化、城市化成果创造良好体制环境。与过去 30 年的制度创新相比,新阶段的体制创新具有以下三方面明显的特点:

一是宏观体制成为制度创新的主要内容。过去 30 年的改革,主要是微观经济体制改革,其任务是终结政府在资源配置中的"垄断"局面,让市场在资源配

---

① 1992 年,党的十四大提出建立社会主义市场经济体制的改革目标;1993 年,中共十四届三中全会通过《中共中央关于建立社会主义市场经济体制若干问题的决定》,提出了建立社会主义市场经济体制的基本框架。其实质是在 20 世纪 80 年代市场取向改革的基础上,建立和完善市场经济的微观基础。

置中发挥基础性作用，培育和激活市场主体，建立和完善市场机制。新阶段的制度创新，除了进一步深化和完善微观经济体制外，主要是宏观管理体制改革，其内容不仅包括经济体制，还包括社会体制和政治体制，① 其目标是"健全国家宏观调控，完善政府社会管理和公共服务职能"，其任务是"完善公有制为主体、多种所有制经济共同发展的基本经济制度；建立有利于逐步改变城乡二元经济结构的体制；形成促进区域经济协调发展的机制；建设统一开放竞争有序的现代市场体系；完善宏观调控体系、行政管理体制和经济法律制度；健全就业、收入分配和社会保障制度；建立促进经济社会可持续发展的机制"②。

二是社会公平成为制度创新的主要导向。过去 30 年的改革，主要是通过改革微观经济体制的市场化改革，改变政府在配置资源中既不讲效率、又不讲公平的局面，依靠市场机制的作用，提高资源配置的效率，体现了市场经济的"效率"原则。新阶段的制度创新，主要是通过宏观体制改革，转变政府职能，变"越位"为"归位"、变"错位"为"正位"、变"缺位"为"到位"，全面履行经济调节、市场监管、社会管理和公共服务的职能，特别是在资源配置中，要从市场能有效发挥作用、体现效率的领域中退出来，切实担当起"市场失灵"领域资源配置的主体，充分发挥维护社会公平的作用。

三是政府组织成为制度创新的主要对象。过去 30 年的改革，主要是通过培育市场主体，激发市场主体的活力，让企业、农户等经济组织成为面向市场、独立运行的经营主体，也就是说，企业、农户等经济组织是微观经济体制改革的主要对象。新阶段的制度创新，主要是通过调整发展战略，转变政府职能，建立工农间、城乡间、地区间平等的经济社会体制，让政府全面履行经济调节、市场监管、社会管理和公共服务的职能，也就是说，政府组织是宏观体制改革的主要对象。这种改革，不可能像以往改革那样，可以由农民和基层由下而上地自发行动，而必须由政府组织自身由上而下地自觉推动，从这个意义上讲，这是一次政府主导的自我革命。

2. 统筹城乡发展的制度创新

新阶段改革的鲜明主题是统筹、公平、和谐。统筹城乡发展、推进城乡一体化的制度创新，是新阶段改革的重要内容。推进统筹城乡发展的制度创新要以科学发展观为指导，以构建和谐社会为目标，以解决"三农"问题为重点，以纠正城乡差别发展战略、破除城乡二元结构为对象，以赋予农民公平的国民待遇、完

---

① 中共十六届三中全会《决定》指出："要统筹推进各项改革，努力实现宏观经济改革和微观经济改革相协调，经济领域改革和社会领域改革相协调，城市改革和农村改革相协调，经济体制改革和政治体制改革相协调。"

② 参见中共十六届三中全会《决定》。

整的财产权利和平等的发展机会为核心，以调整国民收入分配格局和转变政府职能为突破口，推进城乡配套的宏观管理体制改革，建立城乡平等的经济社会体制和城乡互促共进的发展机制。

（1）统筹城乡发展的制度创新，应坚持以促进人的全面发展为目标，不断提高农民的收入水平和生活质量。

人的全面发展是现代化的根本目标。随着社会发展水平和人们收入水平的不断提高，人们的追求从满足物质需求、提高生活水平，向满足物质、精神全方位需求、提高生活质量转变。虽然长期以来一直强调物质文明与精神文明"两手抓、两手都要硬"、经济与社会协调发展，但事实上仍存在着物质文明建设与精神文明建设"一硬一软"、经济发展与社会发展"一长一短"的问题，这种发展状态越来越难以满足人们的需求。因此，统筹城乡发展的制度创新，必须按照党的十六大和中共十六届三中全会精神，始终坚持以人为本、全面协调可持续的科学发展观，始终坚持促进人的全面发展这一现代化的本质，把提高农民收入水平和生活质量作为主要目标，正确处理好经济与社会、城市与农村、人与自然等一系列复杂关系，全面推进物质文明、政治文明、精神文明和生态文明建设。

（2）统筹城乡发展的制度创新，应坚持以政府为主体，充分发挥政府宏观管理的主导作用。

市场这只"无形的手"是有效配置资源、体现效率原则的一种手段；而政府这只"有形的手"则是弥补市场失灵、体现公平原则的一种手段。计划经济体制下实行的城乡差别发展战略，实际上是政府作为资源配置的主体，将资源主要配置到了城市，而农民却由于城乡分割的体制制约，仍大量地滞留在农村，导致了城乡二元结构的强化和"三农"发展的滞后。改革开放以来，微观经济改革使市场在资源配置中发挥了基础性作用，政府在资源配置中不再担当"主角"。在这种情况下，通过市场机制的作用，生产要素加速向城市这一资源配置效率较高的区域集聚，进一步导致了工农差别、城乡差别、地区差别、阶层差别的扩大。因此，统筹城乡发展的制度创新，就是要改变计划经济体制下实行的城乡差别发展战略及相应的城乡二元经济社会结构，弥补市场机制在资源配置中不利于"三农"发展的缺陷，促进城乡一体化。这就要求政府切实承担起统筹城乡发展的责任、担当起统筹城乡发展的主体，按照公平的原则，制定公共政策，在更大程度地发挥市场在资源配置中的基础性作用、进一步发挥千百万农民积极性和创造性的同时，不断完善政府的社会管理和公共服务职能，促进"三农"加快发展。

（3）统筹城乡发展的制度创新，应坚持以需要体现公平的领域为对象，着力完善农村公共服务体系。

在市场经济条件下，市场主要作用于微观经济领域，而政府则主要作用于宏观经济领域和社会领域。在过去的30年改革中，市场作用的范围不断拓展、程度不断提高，微观经济的市场化程度越来越高，而政府的职能却没有及时转到提供公共产品、完善公共服务上来。特别是在"三农"领域，这一问题表现得更为明显。农业的市场信息、生产技术、金融保险、产品销售、生产者补贴、体制保障等方面的服务供给与资金投入不足、农业生产力和市场竞争力提高缓慢的问题突出。农村的基础设施、人居环境、社会事业等建设没有完全纳入政府公共财政支出的范围，农村建设滞后的问题突出。农业劳动力转移和农村人口集聚不快，农村社会保障体系不全、覆盖不广、标准不高，农民合法权益受侵犯的事件时有发生，农民就业不足、收入不高和生活质量提高不快的问题突出。因此，统筹城乡发展的制度创新，必须把解决"三农"问题作为主要任务，加大对农村的公共产品投入，尽快建立健全农村的公共服务体系。

（4）统筹城乡发展的制度创新，应坚持以深化宏观体制改革为突破口，建立健全城乡平等的经济社会体制。

微观体制改革是为了激活市场主体，而宏观体制改革则是为了促进效率、实现平等。当前，"三农"发展滞后，从根本上看，主要是财政、税收、金融、社会保障、劳动就业等宏观经济领域和社会领域的体制改革滞后和改革不配套造成的。如农村基础设施、社会保障、文化教育、生态环境等建设滞后，欠发达地区发展缓慢，很大程度上是国民收入在城乡间、地区间的再分配不合理造成的。中共十六届三中全会指出："要统筹推进各项改革，努力实现宏观经济改革和微观经济改革相协调，经济领域改革和社会领域改革相协调，城市改革和农村改革相协调，经济体制改革和政治体制改革相协调。"这实际上就是要加快推进宏观体制改革，建立健全城乡平等的经济社会新体制。因此，统筹城乡发展的制度创新，必须把推进宏观体制改革作为全面深化改革的重点，特别是要加快调整国民收入分配格局，建立健全公共财政体制，让公共财政更多地辐射农村大地，让农民平等共享工业化、城市化的成果。

（5）统筹城乡发展的制度创新，应坚持以县域为主要平台，全面推动农村的繁荣与进步。

县域直接涉及城市与乡村、工业与农业、市民与农民，是"三农"问题的发生地，也是解决"三农"问题的"主战场"。县域经济是转移农业劳动力的主渠道，是富民强县、推进农村繁荣进步的主要支撑。浙江之所以能成为全国关注的一个省份，很重要的一条是在过去30年改革开放中，走出了一条以县域为平台、县域工业化和城镇化为动力、县域经济为支撑的统筹城乡发展的路子，促进了"三农"问题的较好解决。但是，过去的这种统筹更多地体现在经济领域，下一步也必将会向社会领域拓展。同时,改革开放也促进了农民群体的快速分化,一大批创业有成的农民纷纷走向大中城市,随着城市化进程的进一步推进,大中城市集聚农民的作用将更加明显。因此,统筹城乡发展的制度创新,必须进一步发挥大中城市对"三农"的带动作用,而县级政府必须切实承担起主要责任,进一步推进县域城镇化进程和农村新社区建设,着力增强县城、中心镇对产业、人口的集聚能力和对农村发展的带动能力,着力增强农村社区对城市文明的接纳能力,促进城市基础设施加快向农村延伸、城市公共服务加快向农村覆盖、城市现代文明加快向农村辐射。

(6)统筹城乡发展的制度创新,应坚持以整合各方力量、形成"统筹"合力为保障,真正落实执政为民的宗旨。

统筹城乡发展是一项系统工程,涉及上下左右各个方面,需要在党委的统一领导下,协调各方力量,整合各种资源,形成合心、合力、合拍的"统筹"氛围。虽然这些年来中央一直强调要把解决好"三农"问题作为全党工作的重中之重,更多地关注农村、关心农民、支持农业,但在实际工作中还有较大差距。无论农内部门还是农外部门,"统筹"的意识还不强,农内部门没有完全跳出"三农"来求解"三农"问题,农外部门没有完全把"三农"发展列入工作职责范围,总体上仍沿袭着计划经济体制下的思维方式和工作格局;县乡两级直接面对"三农",但一些地方的党委、政府并没有把主要精力放到"三农"工作上,存在着离农倾向。因此,统筹城乡发展的制度创新,必须进一步端正对"三农"在全局发展中的地位和作用的认识,牢固确立以民为本的理念和执政为民的政绩观,真正把"三农"工作放到重中之重的位置,围绕完善社会主义市场经济体制的目标和统筹城乡发展的要求,进一步推进行政体制改革,强化综合管理,把各部门的思想和行动统一到"统筹"上来,形成"统筹"的合力。

统筹城乡发展的制度创新,内容十分广泛,是一个涉及经济、社会、政治等各个方面的制度体系的变革。其主要内容有:户籍管理制度改革——让农民真正拥有自由迁徙的权利和在城市安居乐业的权利;劳动就业制度改革——让更多的农民成为稳定就业的产业工人;社会保障制度改革——让农民像城市居民那样老有所养、病有所医、幼有所学、贫有所济、弱有所助;财政税收体制改革——让农民平等承担税收义务和公平分享公共财政;义务教育制度改革——让义务教育成为政府的义务;公共卫生体制改革——让农民远离疾病、身心健康;土地征用制度改革——让农民共享土地出让的增值;农村产权制度改革——让农民拥有集体资产的股份;农业经营体制改革——让农业成为面向市场的独立赢利、致富农民的现代产业;农村金融体制改革——让农民拥有平等享有的金融服务权;政府管理体制改革——让政府的工作更好地服务大众,更多地服务农民;乡镇管理体制改革——让农村社会更加有序；村级管理体制改革——让农民真正拥有民主管理的权利。

总之，加强以上相关制度体系建设、推进制度变革，就会营造经济发展的良好境况和有利条件，促进城乡统筹事业发展进程。

二、加速小城镇建设，促进城市化

党的十六大高瞻远瞩地提出了全面建设小康社会的宏伟目标，并明确提出要把城镇化建设与城乡统筹作为农村小康建设的重要战略举措。但由于历史的原因，我国社会经济呈现出明显的城乡二元结构特征，成为社会主义现代化建设的重要制约因素。突破城乡二元格局，加大城市带动农村、工业反哺农业的力度，着力解决城乡失衡问题，用工业化、城镇化推进农村小康建设。这既是统筹城乡经济发展、缩小城乡差距、引导农民致富的重要途径，也是从根本上解决"三农"问题，实现建设小康社会目标的必然选择。

（一）统筹城乡发展是全面建设小康社会的必然要求

农村的发展离不开城市的辐射和带动，城市的发展也离不开农村的促进和支持，二者是相互联系、相互补充、互相促进的。改革开放以来，我国城乡发展都取得了长足的进步，并于20世纪末总体上实现了小康社会。但近年来，大部分地区城乡发展差距有扩大的趋势。据统计，2000年中国总体小康社会的16项指标中，仅剩的3项未实现目标都直接与农村有关：按1990年物价指数，农民人均纯收入指标，在2000年底应为1 200元，实际数字为1 066元；全国人均日蛋白质摄入量应达75克，但农民人均仅70克；全国仍有大部分县没有建成初级医疗保障体系。可见，要在本世纪的头20年建设一个惠及十几亿人口的更高水平的、更全面的、发展比较均衡的小康社会，其重点和难点均在农村。[①]

事实上，在我国经济发展的现阶段，如果不统筹考虑城乡经济社会的发展，如果不着手从根本上改变城乡分割的二元结构体制，不仅会对扩大内需、繁荣市场、实现国民经济良性循环和健康发展形成制约，而且也将对社会的稳定和国家的长治久安带来负面影响。尽管改革开放以来我国城乡联系显著增强，但城乡分割的二元结构体制尚未从根本上改变，城乡经济仍未步入良性循环和协调发展的轨道。另外，要从根本上解决"三农"问题，也不能就农业论农业、就农村论农

---

① 孙晓军：《论〈土地承包法〉的经济学逻辑——兼与农村土地私有化理论的比较》，载《福建论坛（人文社会科学版）》2004年第4期，第42~45页。

村，而必须统筹城乡经济社会发展，重点突破制约"三农"问题解决的体制性和结构性矛盾，改革计划经济体制下形成的城乡分治的各种制度，加速农村城镇化进程和城乡融合。必须使城市和农村紧密地联系起来，实现城乡经济社会的一体化发展。

当然，统筹城乡经济社会发展并不是单纯将经济社会资源的配置从偏向城市转变为偏向农村，而是要着眼于在城乡一体化协调发展的框架下来合理配置全社会的资源，改变城乡二元结构、建立社会主义市场经济体制下平等和谐的城乡关系。胡锦涛同志强调指出，统筹城乡经济社会发展，就是要充分发挥城市对农村的带动作用和农村对城市的促进作用，实现城乡经济社会一体化发展。要把全面繁荣农村经济和促进农村社会进步作为重中之重，由城乡分治最终走向城乡一体、协调发展。进一步说，在统筹城乡发展的基础上，做好这样一个惠及大多数人的富民工程，本身就是"三个代表"重要思想在实践中的具体贯彻和体现，符合了全面建设小康社会和"三个代表"重要思想的内在要求。

（二）加强小城镇建设是统筹城乡发展的有效途径

改革开放以来我国城乡发展都取得了长足的进步，但近年来大部分地区城乡发展差距都有扩大的趋势。除政策和体制性因素外，主要是由于在我国大、中、小城市（县级市和县城）与广大农村之间缺少一个重要环节——小城镇，或者说这个重要环节比较薄弱。这就不可避免地造成城乡分割的二元结构，阻碍农村城市化、城乡一体化的进程。要改变这种城乡二元结构，就必须加快小城镇建设的步伐。这主要是因为：其一，我国农村人口众多，而耕地资源有限，剩余劳动力数量巨大。如果大量的农村剩余劳动力仍滞留在有限的土地上，即使土地回报率很高，收入总量也难以有较大的增长。其二，我国经济发展不平衡，城乡差别很大，并已严重制约了国民经济的快速发展。要全面建设小康社会，繁荣农村经济，就必须推进城镇化，缩小城乡差别。其三，我国还处于社会主义初级阶段，有限的财力难以通过建设众多大城市去接纳大量的农村人口，进而实现城镇化。此外，我国资源环境的局限性大，缺乏大规模发展大中城市的地理条件，不可能只走发展大城市和农村劳动力都涌进大城市的路子。当前，在我国城市居民尚不能充分就业的情况下，农村剩余劳动力的就业重担必然历史性地落到小城镇的肩上。

然而，农业人口众多、富余劳动力转移难的问题，一直是制约我国农村发展的一个根本问题。这个问题一天不解决，农业、农村和农民问题就不可能得到根本解决，农村的现代化与小康建设也就难以实现。从根本上解决现阶段的"三农"问题，必须统筹城乡经济社会发展，重点突破制约"三农"问题的体制性和结构性矛盾,改革计划经济体制下形成的城乡分治的各种制度,要减少农民数量,加速城镇化进程和城乡融合。① 在城镇化道路问题上,我们将国外通行的"城市化"提法改为"城镇化",其目的就是要重视小城镇的建设。这是由我国农民多、小城镇多的国情所决定的;当前应特别注意保护好农民的权益,走出一条在政府引导下依靠社会资金建设小城镇的路子,大力培植充满生机活力的小城镇经济。也只有这样,才能有效缩小城乡发展差距,实现农村城市化和城乡一体化。

积极推进有中国特色的农村城镇化道路,促进农村人口向城镇集中,不仅可以扩大内需,启动市场,增加就业,而且从长远看,通过有效促进转移农村剩余劳动力和产业结构调整,小城镇将以一种新型生产力载体的方式,成为实现农村城市化、现代化的助推器。据统计,在过去的10多年里,我国小城镇的数量已增长了近10倍,吸纳了大约100万个的企业,其中第三产业约占72%,第二、第三产业的就业人口约占83%,大量从土地中解放出来的剩余劳动力得到了有效的安置。② 小城镇的发展,深刻地改变了我国农村的经济布局和社会结构,极大改变了长期以来城乡分割的二元结构,使城乡差别得以大幅度缩小。小城镇已成为我国广大农村先进生产力和先进文化的重要载体。也就是说,加强小城镇建设是新时期提高我国农村劳动生产率和劳动就业率、解决农村富余劳动力的转移和农民增收问题的必由之路,也是统筹城乡发展、提高我国农业和农村现代化水平、实现两个根本性转变的根本措施。这不仅是发达国家基本经验的借鉴,也是我国各地成功实践的总结与统筹城乡发展的现实选择。

三、城市化中的农地制度和社会保障

城市化概念与城镇化概念的不同之处是其功能的明显差异。城市的功能涵盖了生产功能、服务功能、市场功能、设施功能和管理功能,其基础设施建设和管理必须与之相适应。城市郊区城镇基本上是以加工业为主的工业城镇,其形成基本上是农业剩余劳力转移的结果,这又成为城市发展模式转换过程中的市区工业和城市人口的转移空间。因此,城镇化与城市化之间的过渡,还有其特定的规模集中的要求、功能培育的要求和设施建设的要求,使之既成为市区功能向郊区拓展和辐射的中间环节,又成为传统农业改造的基地。

---

① 黄祖辉、卫龙宝:《论统筹城乡经济社会发展》,载《政策》2005年第4期,第27页。
② 邓启明、范维培、黄跃东:《论小城镇建设与城乡统筹发展——以福建省为例》,载《福建论坛(人文社会科学版)》2004年第4期,第103~108页。

中国城市化和人口迁移方面的文献非常丰富，涉及众多学科领域。中外学者在研究中达成的一个基本共识，是由于传统的以户籍制度为核心的一系列具有歧视性的制度安排，使得中国的城市化远远滞后于工业化，城乡就业以及人口的比例与城乡经济结构的比例严重脱节。根据奥和亨德森（Au and Henderson，2002）的研究，由于户籍制度等因素的限制，中国的城市化远远滞后于国民经济整体结构的变化，这不仅表现在城市化的水平偏低，而且表现在城市的集中度不足，整体规模偏小。因此，放开人口流动将使得一些地县级城市及大城市在吸纳大规模人口的同时，获得显著生产力发展。

改革开放以来，特别是进入20世纪90年代以后，随着市场化过程的深化，以户籍制度为核心的一系列安排逐渐弱化，特别是一些生活必需品市场自由化及劳动力市场的逐渐放开，使得传统体制下限制人口流动的一些因素所起作用日益降低。但是，一些地区进行的不同程度的户籍制度改革尝试并没有取得根本性突破：不仅主要大中城市的户籍制度没有真正放开，而且跨省区的户籍改革仍然困难重重。即使在户籍制度改革进展最快的一些中小城市（镇），一段时期内户籍的获得也需要支付相当数额的资金购买，而同时这些中小城镇户籍所带来的潜在好处非常有限，相反，获得户口必须要放弃农村的土地和计划生育政策城乡差异所导致的二胎指标，这些中小城镇的户口改革并没有得到很大的响应。更进一步来看，也有学者认为，虽然户口的作用不可否认，但其效果也没有人们想象的那么有力。进一步放开户籍的限制不大可能会导致大量的农村人口涌入城市。[1]

周其仁指出：城镇化是经济要素在空间积聚、集中过程的一个副产品。政府不能以为掌握了城市（镇）发展的"客观规律"，就能通过"规划"城市（镇）化来促进经济增长。在"行政规划和权力租金驱动"下，城镇化改革可能是危险的，乡镇政府有"国土制"和"行政升等"的刺激，在吸纳农民劳动力的"预期"没有实现之前，土地滥占、官僚膨胀、乡镇债务危机、农民负担等就可能"升级"到不堪负荷的地步。[2] 黄毅对浙江省所有地区共计88个样本镇进行的实证研究发现，很多中小城镇加快户籍制度改革和推进城市化成为地方政府提高建制级别、增加财政分成，特别是扩大农地转非农地、获取预算外收入的一个幌子。[3]

要解决前面提到的目前困扰我国的城市化不彻底、农地制度不稳定和（迁移人口与失地农民）社会保障不健全的问题，不仅需要充分认识这些问题相互

---

[1] Choi, Songsu. *China Urbanization Conference*. World Bank, 2000.
[2] 周其仁：《城市化、农地转让权和征地制度改革》，北京大学中国经济研究中心有关"中国征地制度改革"国际研讨会主题报告，《CCER政策性研究简报》，2004年第4期（总420期）。
[3] 黄毅：《小城镇户籍改革对于农村人口转移的影响——浙江省户籍改革的实证研究》，北京大学经济研究中心硕士研究生毕业论文，2003年。

的紧密关联，也必须把这些问题放在一个转轨经济发展过程中的大国背景下进行讨论。

上述三个方面问题的关联主要体现在：首先，城市化过程的滞后和乡村人口在迁移方面的"不完全"，根本原因在于没有为流动人口建立社会保障体制和相应的居住、子女教育安排，从而无法构造一个良性循环机制，使得迁移人口从农村逐渐地、但又是全面地转移出来。其次，人口的不完全转移使得外出务工经商的农民，即使根本不愿意或者至少相当一段时间内不期望再回乡务农，但由于对未来失业等风险的规避或子女就学等方面的需要而不愿意放弃土地；在目前土地集体所有、但土地租赁市场不完善、法律保障机制不健全的情况下，往往只能将土地无偿（或低价）转包给亲戚、朋友（即使后者从效率上看未必是最适合的接包者）。特别在农产品价格低迷、农村税费负担较高的情况下，有时会出现"倒贴"包地，甚至无人接包乃至抛荒的情况，这至少构成了农地转包的市场无法得到有效发育的一个重要因素。最后，正是由于上述不完全迁移，使得外出务工经商者"离土"的机制无法启动，造成"离乡不离土"的局面，使得农村土地无论是保持稳定、还是进行适当调整的"余地"较小，村庄内部土地调整的压力增大；同时，在农村实行土地集体所有制，但法律对于地方政府和"集体"权限没有充分制约，而目前的征地制度无法通过市场机制来体现土地价值，结果必然是城市化过程引致剥夺农民权益，同时无法推动农民就业和城市化完成。虽然部分地区已经开始给予失地农民一定的社会保障，但由于往往是政府单方面的强制性安排，不仅公平、公正和透明无法得到保证，而且导致土地资源浪费和土地利用效率低下。

四、农村非农经济与城乡产业融合

城乡一体化必然会对城乡产业的融合提出要求，进而对彼此产业结构的关联与分工提出要求，通过市、区（县）、镇三级产业的水平分工和垂直分工的形式，遵循产业集群的机理，构筑城市合理的布局结构和产业链。城乡之间产业链的构建，既有利于提高市区功能层次，又能通过城乡之间形成的一种相互支撑的经济技术联系，有效解决市区的"城市病"和郊区的"农村病"，更能缓解城市范围内产业同构的趋势，提高资源配置效率，推动经济增长集约化。

（一）农村经济非农化的意义

在中国农村地区，工业和其他非农产业的高速增长使农村经济呈现出大规模、多元化的发展趋势。非农经济发展带动就业机会的增加和收入的增长，也有助于减缓社会压力。保持农村非农经济的发展势头，并将这种发展势头延伸到内陆地区,是建设"新农村"、确保未来农村繁荣发展和社会稳定的根本所在。

所谓经济非农化就是市场化、工业化、城市化进程中农业产业比重不断缩小和非农产业比重不断提高、作用不断增强的过程,这一进程也是现代化进程中经济结构转型的主要因素。所谓农民非农化就是在经济非农化进程中从事农业生产经营的农民大量转化为从事非农产业生产经营者和在城镇安居乐业的市民过程,这一进程也是现代化进程中社会结构优化的主要因素。① 在现实发展中,由于不同国家、地区基本经济社会条件的差异性以及采取推动经济非农化和农民非农化的政策、路径、动力机制等不同,使得经济非农化与农民非农化的速度以及两者的协调性表现迥异。并且,目前这方面存在的主要问题是农民非农化的不同步和不稳定。"不同步"就是指农民非农化进程明显滞后于经济非农化进程,在政府的政策选择上,对非农经济发展,重 GDP 增长,轻劳动就业岗位增长,把多数农民排除在工业化、城市化之外。"不稳定"就是指农民非农就业表现出兼业性、临时性和流动性大的特点,从事非农产业的农民及其家庭未能在城市安居乐业,成为季节性临时工或成为无固定职业和住所的城乡边缘人口。从而使得社会结构变革滞后于经济结构的变革,导致经济社会的不协调、城乡发展和产业发展的不协调。实现农民非农化与经济非农化的同步协调,最重要的是既要有足够的推动农民转向二、三产业就业和向城镇迁居的拉力与推力,又要形成有利于农民彻底地分工分业分化的机制。从发展中国家和地区现代化历史进程中来看,要顺利实现从传统农业社会向现代工业社会、从温饱型社会向小康型社会转型,关键是要在市场化、工业化、城市化和经济非农化进程中,让大量从事农业生产经营、居住在农村的低收入农民转变成为从事二、三产业、在城镇安居乐业、具有中等收入的市民。

(二) 农村经济结构的变化

中国农村发展中的根本性问题是农村经济规模过大以及由此产生的社会问题,而这一问题突出反映在粮食生产上,这也是近年来政府着力解决的问题。农业的重点仍是粮食生产,但由于畜牧业和渔业的迅猛发展,粮食生产的主导地位有所下降。过去 20 年里,农村发展中最引人注目的成就是工业、建筑业、商业和零售业等非农产业的迅猛发展。这些非农产业的发展改变了农村的经济结构。

1987 年邓小平指出乡镇企业的发展规模完全超出了政府的预想,应被视为中国改革过程中取得的"最伟大的成就"。1978 年,非农产业的产值在农业总产值中所占的比重还不足 50%。1990 年,非农产业产值就已超过农业产值 17%。实际上,农村工业化的启动早于改革开放。1978 年中国的非农产业已经形成了

---

① 顾益康:《经济非农化与农民非农化》,载《卡特动态》第 23 期 (2005 年 4 月)。

相当大的生产规模,当时约有60多万家乡镇企业,生产几乎全国所有的农具、一半以上的化肥、三分之二的水泥、45%的煤炭、三分之一的钢铁,以及四分之一以上的水力发电量。但是,当时农村工业化的主要目的不是为了拓展新的收入来源来增加农民收入,而是促使农业生产资料实现自给自足,结果导致企业在生产中往往不顾及经济成本。①

1978年,经过对中国经济实力的重新评估,政府采取了一项全新的农村发展战略,使非农经济在农村经济发展中的角色发生了转变,重要性和灵活性得到加强。在开放、减税、补助、投资等一系列政策扶持下,非农经济已成为一种解决社会问题的重要手段:提高农民收入,解决农村地区严峻的就业问题,最大限度地缓解农村人口向城市迁移所造成的压力。

对中国农村地区实行外贸和投资开放,同样激发了乡镇企业的潜在活力,尤其在沿海地区乡镇企业表现最为突出,这将有助于推进国家经济的发展。

(三) 乡镇企业的贡献②

进入21世纪,农村非农经济增长势头有增无减,非农经济的发展使农村地区的经济总量和就业稳步增长。虽然近年来私营经济的发展突飞猛进,但乡镇企业和村集体所有企业仍然占主导地位。

一直在非农产业中就业的员工体会到收入的提高。有证据表明,以前乡镇、村集体所有企业的盈利水平一直低于同行业中的国企,自20世纪80年代初以来这种形势一直在发生转变,集体所有制企业在盈利方面的优势不断扩大。

1. 产量方面的贡献

尽管乡镇企业的产量没有保持连续增长,特别是20世纪90年代后半期产量出现下降,但1978年以来,乡镇企业产量的名义年增长率平均超过了20%。从1994年到2004年,乡镇企业附加值在农村经济附加值中所占比例由56%提高到67%,在中国工业附加值中所占比重由52%提高到58%(这显示了乡镇工业对中国工业化的贡献程度)。

2004年,乡镇企业对GDP的贡献(按增加值计算)是传统农业部门的两倍,几乎相当于整个服务业对GDP的贡献。虽然2005年的调查得出不同结果,认为服务业对GDP的贡献要比原先预想的大。但无论如何,如果没有乡镇企业,2004年GDP会降低30%。

2. 创造就业机会方面的贡献

乡镇企业的快速增长,尤其是早期使用劳动密集型技术时创造了大量新就业

---

① ② 牛津分析:《中国农村非农经济的发展》,载《外脑精华》2006年5月22日,第4~5页。

机会。在 1978～2004 年间，乡镇企业就业人数从 2 827 万人增加到 1.3866 亿人，平均每年增长 19.8%。结果，非农产业就业人数在农村就业总数中所占的比例从 9.2% 提高到 28.5%。如果将从事私营和个体经济活动的劳动力计算在内，农村从事非农产业的人数将增加至约 1.8 亿人。

最初，农村制造业生产的产品主要是针对当地消费者，后来随着产品质量的提高，产品进入了城市和海外市场。1995～2000 年，乡镇企业产品的出口产值从 630 亿美元增加到 1 050 亿美元。此后，增长速度明显加快，2004 年出口产值已达到 2 050 亿美元，恰好超过中国出口总收入的 1/3。

自 1978 年以来，非农经济多元化趋势不断增强，农村生活水平不断改善。乡镇企业中从事农业生产的人数从占总人数的 22% 骤降至仅为 2%；从 20 世纪 90 年代中期起，从事建筑业的人员也一直呈现下降（相对较少）的趋势；同时，服务行业的就业人数一直呈上升趋势，其中批发和零售业就业人数增长最为强劲，现已占乡镇企业就业总人数的 12% 以上。

在农村地区，从事制造业、建筑业和服务业的收入远高于务农的收入。因此，农村经济的多元化对农村的收入水平产生了极大影响：自 1978 年以来，在乡镇企业中就业的 1 亿多人和 4 000 万从事私营和自谋职业者的收入大幅提高。

非农经济发展主要的负面影响是导致农村范围内经济和福利差距不断扩大。2004 年，西部农村地区从事第二产业人员的人均纯收入仅为沿海省份的 22%，这种区域性的收入分配不均已成为一个值得特别关注的问题。

（四）提升经济非农化和现代化水平的对策分析

从总体上看，改变经济非农化水平特别是农民非农化水平偏低的状况对解决好"三农"问题，加快实现全面小康和现代化目标具有十分重要的意义。即使是目前这方面水平相对较高的浙江省，经济非农化的水平和质量都有待进一步提高，特别是农民非农化方面也还存在诸多分工分业化不彻底的问题。当前我国已进入工业化、城市化的加速期，全国人均 GDP 已超过 1 000 美元，浙江省已接近 3 000 美元。作为发展中国家，这既是一个加快发展的战略机遇期，也是一个十分敏感的矛盾凸显期，实现经济非农化与农民非农化的同步协调发展，实现社会结构转型与经济结构转型相适应，显得更为重要。这是尽快缩小城乡差距、地区差距、贫富差距，避免陷入有增长无发展的"现代化陷阱"的必然选择。从实际来看，我们必须从以下几方面采取必要的对策措施：

一是要实行统筹城乡发展的方略。城乡关系是发展中最需要处理好，也是最难处理好的问题。我国经济社会发展总体上已进入以工促农、以城带乡发展新阶段。从实际出发，坚持工业反哺农业、城市支持农村的政策导向，主动调整国民收入分配结构,在国民收入初次分配中要处理好劳资关系,分配要向人力资本倾斜,提高劳动所得水平。在国民收入再分配中要处理好城乡关系,要向农村倾斜。在不断提高经济非农化水平的同时,改变农业生产力落后状况,在加快农业劳动力进一步向非农产业转移的同时,加强农业综合生产能力建设,实现农业与非农产业、城市与农村协调发展。

二是推进城乡配套改革,突破城乡二元结构,让更多农民转化为稳定从事非农产业、在城镇安居乐业的中等收入者。必须从体制和政策层面上避免让在工业化、城市化中失去土地和农业就业岗位的农民成为失地失业的贫民和流民。最重要的政策举措是要给农民公平的国民待遇、完整的财产权利、平等的发展机会。让农民成为工业化、城市化的主动参与者和成果共享者,让农民的人力资本和土地资本都能成为农民非农化的资本。从目前来看,必须整体推进户籍制度、劳动就业制度、土地制度、社会保障制度等一系列改革,消除一切影响农民平等自由和全面发展的体制障碍。

三是要选择新型工业化与城镇化紧密结合的经济非农化的路径。尽快改变经济粗放增长的状况,实现经济增长方式的根本转变。同时要努力改变城市化滞后的状况,加快城市建设和城市经济发展,要开放城门,让城市成为农民发展的新空间,给有条件进城务工经商的农民创造在城镇安居乐业的条件,实现从农民到市民的根本性转变。

四是要整体提高农民素质,促进农民分工分业分化。针对农民整体素质不高,缺乏发展现代农业和非农产业的文化知识和专业技能的状况,要切实加强对农民再教育、再培训。从农民就业多样化的实际出发,有针对性地开展教育培训活动。一方面要鼓励和引导农民大胆闯市场和转产转业,加强对农民从事非农产业的专业技能培训,提高农民转移就业的能力,尽快让从农业中转移出来的劳动力成为二、三产业的合格劳动者;另一方面要大力培育农业专业大户和农场主,推动农业专业化、产业化水平不断提高。当前尤其要加强对农民工的培训教育,在保障农民工合法权益的同时,对农民工进行岗位培训,对待岗转移的农村劳动力进行转移就业的技能培训。此外,还要重视农村后备劳动力的教育培训,要给农民子女以平等的受教育权利,让农村学生也能享受到优质的基础教育和职业技能教育,使农民工子女不再成为缺乏专业技能的农民工。

第二编

就业增收

第六章

农民增收与就业的一体化思考

人们的传统观念和治国者的传统关怀,城乡迥异,农工分治。人们普遍认为,农村最重要的问题是增产与增收问题,城市最重要的问题是就业问题。不管是普通老百姓,还是政府官员都存在一种潜意识:农村不存在就业问题,农民没有就业问题。"土地即就业""增产即增收"等思维沿袭至今。传统"治农"的观念不利于农民增收和就业,更不利于"三农"问题的最终解决。如何顺势而为,因势制宜,打破传统思维习惯,跳出制度路径依赖,选择适合当今社会经济发展形势的"主导就业—增收"模式尤为重要。对此,本书从甄别和寻找两个方面着手:甄别"传统就业—增收"模式的有效性,寻找"主导就业—增收"模式,提出农民就业增收的对策建议。

一、就业增收问题的传统思维

观念是行动的先导,它指导着制度的安排,制约着社会变革的方向。在"农本商末"观念的导向下[①],中国形成了一系列诸如"土地即就业""增产即增收""就业增收系于农"等传统的就业、增收理念和制度安排。

"土地即就业"。政府官员和普通老百姓都有一个潜意识:农民有地就能够就

---

① 该思想在中国有渊远的历史,又称为重农轻商、重农抑商,起源于先秦法家,最早由西汉政治学家晁错整理提出,尔后成为儒家的主导思想,而且一直被各朝各代统治者所采纳和运用。

业,就业靠土地,"土地即就业""土地等同就业"。① 这一观念在传统农业社会并不存在问题。土地是人们投资的渠道,也是财富的象征,更是追逐的对象,有了土地就有了财富、地位、权势,更不用说就业。土地与农民结合天经地义,土地是农民就业的载体和渠道,也是农民赖以生存的基础。土地的重要性掩盖了农民就业的重要性,人们往往只看到土地的重要性,忽视了土地所掩盖就业问题的严重性;往往以土地代替就业,忽视了就业所具有的独立性。土地能够吸纳就业,是农民就业的主要载体,但是"人—地—就业"之间存在一定的比例关系,只有当人均土地能够养活一家人,能够保证家庭简单再生产时,才能说土地可以解决农民的就业问题。当人均耕地面积下降,农民生活要求提高,不再局限于生存目标,而是要求生活得更好时,当农民与时俱进,要求分享经济增长的"红利",攀比城市居民的生活质量时,有限的土地及其增值、增收功能的局限性就显露无遗,"人—地—就业"之间的矛盾性超过其同一性,土地自然无法完全胜任就业的重任。显然,"土地即就业""土地即增收"有一定的条件,它是农民以生存为目标导向下的一种生活理念和发展要求,一旦条件发生变化,"土地即就业"的观念和制度安排就会遇到挑战。20世纪90年代,农民纷纷外出务工经商,人们对此现象和趋势难以理解,年纪较大的农民甚至认为外出打工是"不务正业",政府部门及其官员称打工农民为"打工仔",城市居民及政府称往返于城乡之间的农民为"盲流"。在他们眼中,农民外出就业谋生是"舍本逐末""舍近求远"。即使现在,仍有不少官员存在类似的观念。人们之所以不能正确认识和对待农民外出务工经商,主要受制于"土地即就业"的潜意识支配,受"农本商末"的传统思维误导。②

"增产即增收"。长期以来,人们还存在一个普遍的认识误区,即以增产代替增收,以增产等同增收。事实上,增产与增收之间的关系,既可以同向,也可以异向。如果是前者,增产可以等同于增收,但是必须满足两个条件:一是农民以农产品为最终目标,即生产的目标是为了增加粮食、棉花等农产品产量。在这种条件下,剔除市场价格变化因素,增产能够满足目标需求,增产能够达到增收的"同等效果"。一旦农民不再以生存和产量为生产目标,而是以货币收入、利润为

---

① 以地就业和增收可见于孔子在《论语·卫灵公》中所说的"耕也,馁在其中",墨翟在《墨子·七患》中所说的"以时生财,固本而用财,则财足",李悝的《法经》所提出的"尽地力之教",以及《汉书·食货殖》所记载的李悝的"农伤则国贫",《商君书·错法》记载的"地诚任,不患无财",《管子·乘马》记载的"地者,政之本也",《管子·水地》记载的"地者,万物之本也,诸生之根也",《管子·问》记载的"理国之道,地德为首"。

② 温铁军先生持此类观点,认为土地是农民的生存和就业保障,保障是不能用来流动的,即土地不能流动。

生产目标，增产与增收就势必产生矛盾。① 二是短缺经济时期，即农产品供不应求阶段，增加的产量通过市场价格机制的调节不会产生反作用，增产以及增产增加的需求不会导致价格下降，增产等同增收的关系存在。一旦市场供求大体相当，产量变化对价格的影响机制产生反向作用，就有可能出现"增产不增收""增产反而减收"的现象。其实，增产增收观点是农民和政府官员对短缺经济的一般反应和习惯认识。这种反应和习惯在短缺经济时期不会产生较大的问题，一旦短缺经济结束，如果继续沿袭"增产即增收"的逻辑，则会适得其反，导致增产减收。事实上，近几年来，部分农民已经跳出了"增产即增收"的思维定式，但政府政策和制度逻辑仍然停留在增产增收模式中，特别在增加粮食产量以增加收入的层面，农民与政府的目标南辕北辙、大相径庭，"三农"许多问题都源于此。②

"就业增收系于农"。"土地即就业""增产即增收"③ 还可以引申出一个结论：就业、增收在于"农"。这个"农"并非是"三农"（农业、农村、农民）的"农"，而是侧重于农村和农业"二农"的"农"，即农民就业系于农村，增收源于农业。在政府及其官员的眼中，"三农"的地位依次为农业、农村和农民。增收在于农业，就业系于农村，农业和农村都具有积极的意义，唯独农民，不仅没有积极意义，反而是"包袱"。将农民这一"包袱"系于农村、缚于农业、囿于土地就成了传统政府的理想和目标。城市排斥农民、居民歧视农民、政府限制农民。农民俨然"他类异族""洪水猛兽"。以增产和生存为目标的传统农业社会，就业和增收系于"农"尚有一定的道理，也不会引致更大的矛盾和对立。但是社会化、市场化席卷城乡的今天，仍然坚持"就业增收系于农"的传统思维，则不利于农民的增收和就业，甚至会成为遏制农民就业增收的障碍。现代社会，农业、农村、农民的重要性排序已经颠倒为农民、农村、农业，即要从最重视农业转为最重视农民，否则，对农民就业增收问题的治理只能隔靴搔痒，难以标本兼治④。

---

① 徐勇、邓大才：《社会化小农：解释当今农户的一种视角》，载《学术月刊》2006年第7期。
② "增产即增收"的观念非常多，此种观念以杂交水稻专家袁隆平最为典型，他认为杂交水稻产量的不断突破，能够解决农民增收，笔者曾经写文章与他商榷过。
③ 商鞅最早提出农业为"本"的观点，如"事本不可不抟"，认为务农可以增收和富国，"农则易勤，勤则富"，见《商君书·农战》，"民之欲利者，非耕不得"，见《商君书·慎法》。
④ 此种观念和思想自古以来皆有，唐甄在他所写的《更币》《存言》中说，"古者言富，唯在五谷"。新中国成立以后至1985年以前，政府官员和学者都持类似观念，并见诸文字，但是此后类似观念只存在于部分官员的思维之中。

二、传统认识演绎的增收模式

在传统治国理念和问题意识导向下,农民和政府都是从"地"、从"农"、及其产出物——"粮"的本身寻找就业和增收的渠道和路径,很少从"农民"本身,从"就业"的角度,拓宽农民增收的视野与空间。"地""农""粮"成了农村制度的目标中心和农业政策的促进中心。

改革开放以来,农民实践、政府倡导与选择的增收模式较多。从战略层面看,有增产增收模式、提价增收模式①、结构调整增收模式②和政策激励增收模式。③ 从战术层面看,或者说从财富创造的源泉看,可以分为土地扩张(规模经营)增收模式④、资本扩张增收模式⑤、劳动投入增收模式。⑥ 从要素使用(也称为技术利用)的角度看,可以分为粗放经营增收模式、集约经营增收模式。⑦ 从增收区域的角度看,可以分为农村内部增收模式和农村外部增收模式。⑧ 从增收的动机来看,可以分为生存增收模式、利润增收模式和消费压力增收模式。⑨ 从增收动力来看,可以分为外因型增收模式和内因型增收模式(见表6-1)。

表6-1　　　　　　　　农民增收模式的分类

以战略分类	增产增收模式	价格增收模式	结构调整增收模式	政策增收模式	就业导向增收模式
以内外分类	内向型就业收入系统				外向型就业收入系统
以人物分类	物质导向增收模式				就业导向增收模式
以性质分类	以物为本的增收模式				以人为本的增收模式
从协调程度分类	城乡、工农对立增收模式				城乡、工业协调增收模式
从现代性分类	传统增收模式				现代增收模式

---

① 增产增收和提价增收,陈锡文对此的有效性提出过质疑,但是没有进行过具体的计量实证分析。
② 陈锡文、万宝瑞、张红宇、傅晨等专家学者持类似的观点。
③ 林毅夫:《中国的农村改革与农业增长》,见《制度、技术与中国农业发展》,上海三联书店1994年版。
④ 李义平、韩俊、张忠根、黄祖辉等专家主张走土地规模经营、促进农民增收的路子。
⑤ 马晓河持类似的观点,可以参见其作《结构转换与农业发展》,商务印书馆2004年版。
⑥ 黄宗智持类似的观点,参见其作《长江三角洲小农家庭与乡村发展》,中华书局2000年版。
⑦ 林毅夫、罗必良、刘凤芹等专家主张通过农业技术进步促进农民增收。
⑧ 邓大才:《论农村内源性增收机制的构建》,载《河北学刊》2005年第3期。
⑨ 徐勇、邓大才:《社会化小农:解释当今农户的一种视角》,载《学术月刊》2006年第7期。

虽然农民增收模式种类繁多,但是完全可以用战略层面的分类进行替代,资本扩张增收模式、劳动投入增收模式、管理和技术驱动增收模式、土地扩张增收模式等,这些模式的目标都大致相同,增加农产品产量,通过增产带动增收,可以总括为"增产增收模式"。粗放经营和集约经营增收模式则可以归于"结构调整增收模式"。内因型增收模式和外因型增收模式也可以归于"政策增收模式",还有改革初期政府运用得得心应手、屡试不爽的"提价增收模式"。笔者称以上四种模式为传统增收模式,① 它们有五大共同特点:

以地为主。四大增收模式都直接或间接与土地有联系,要么以土地为载体增收,要么通过土地及其产出物促进农民增收。依靠土地,搞活土地,最大限度的利用土地,挖掘土地的潜能是四大增收模式的共同特点。增产增收模式以土地为工具;结构调整增收模式以土地为手段;提价增收模式以土地产出品为对象;政策增收模式以土地为载体。以地为主的增收模式最大的弊端是将农民束缚在土地上,将农民增收的希望寄托于土地。以地为主的就业增收模式与奴隶社会将农民限制在土地上有所不同,后者是国家强制奴隶与土地结合,前者是农民自愿与土地结合,即农民在国家制度、政策鼓励和诱导下,自愿选择以地生财、刨地增收,农民主动将自己局限于土地,它是一种孤立的、僵化的就业增收方式。

以物为本。四大增收模式都具有"拜物性质",即以物质作为增收就业的目标、载体、对象等。为了扩大就业和增加收入,政府和农民都不约而同地选择"以物为本"实现就业和增收目标。增产增收模式必须增加技术、肥料的投入;结构调整增收模式必须以资金为保障;提价增收模式必须以产品、产量为载体;政策增收模式必须以土地和产量为对象。"以物为本"主要体现在投入和产出两个方面。"以物为本"的政策和行为比较简单,"拜物性质"具体分为"投入崇拜"和"产出崇拜",认为有了投入和产出就能够解决农民的就业和增收问题。"以物为本"的增收模式最大的问题是将农民就业与增收问题简单化、抽象化、唯物化。

以产为标。四大增收模式大都以产量为目标,通过增产来增收。增产增收模式是题中之意;政策增收模式以增加粮食产量、确保粮食安全为目标;提价增收模式以农产品及其产量为载体,没有产量的增长,收入也就无法增加;结构调整增收模式相对比较复杂,一部分以产量为目标,一部分以货币收入为目标。后者当然也存在产量导向问题,如政府提倡粮食结构调整,在提高粮食品种质量的同时,也要求提高产量。显然四大增收模式都离不开产量,全部或者部分以产量为

---

① 四种主导增收模式中的两种增产增收模式、提价增收模式系徐勇教授与笔者讨论时提出,另外他还提出一体化增收模式,即本书所研究的以就业为导向增收模式的原型,笔者根据徐勇教授的启发和提示总结出五种主导增收模式。

目标。

以农为体。晚清洋务派对于经济社会发展的动力有"体""用"之争。① 农民增收也有"体"与"用"的争论。中国治国历来有"农本商末"的传统,改革开放以后的中国"重农轻末"理念——"农"为体,"非农"为用,主导政府的政策安排和农民的行为。专家学者和政府官员反复强调,就业在农村,增收在农业。20世纪90年代以来,虽然"以农为本"的观念开始改变,但是中央和地方政府"以农为本"的制度和政策安排并没有发生根本性的变化:地方政府担心,农民外出务工会减少管理对象和财政收入;学者和政府担心,农民外出变成"盲流",甚至成为"流民",影响国家和社会稳定;城市居民和政府则担心,农民"抢饭碗",损害城市形象。

以分为果。四大增收模式都会演绎出一个结果:城乡分割、农工分离、农民与农业对立。笔者将其概括为"以分为果"。以地、以农、以产为目标的增收模式都是孤立的整合农村资源、挖掘农业资源的潜力,势必导致城乡分立,工农分离,产业分割。政府和农民对农业的过度重视还导致了农民与农业的对立。② 这种对立在传统农业社会只是潜在的,但是在现代农业社会,特别是温饱问题基本解决、粮食供求相对稳定的条件下,政府继续强调农业、对农业进行政策倾斜,农民与农业的潜在对立将会显性化。显然,"以分为果"的增收模式无疑与现代社会的要求背道而驰。

三、农民就业增收需要新选择

农户在以生存为目标、以产量为导向、以土地为最终财富的短缺经济时期,农民的增收目标与增产目标一致,政府的粮食安全目标与农民的增产增收目标一致。此时,农民就业并不是一个独立的问题,它依附于土地、依附于农业,就业目标从属于增产目标,两者的目标相对一致,即使偶尔出现偏差,就业目标也必须服从增产目标。因此,只要内部条件和外部环境不发生变化,四大增收模式就能够长期存在,就业目标必然内生于增收目标。改革开放以后,传统模式存在的条件已发生了变化,就业与增收、农民与农业、国家与农民潜在的矛盾开始显现,传统增收模式面临严峻的挑战。

传统模式存在的经济条件改变。改革开放以后传统增收模式存在的条件已经发生改变,增收效应正在逐步减弱甚至消失。20世纪90年代,粮食供给问题基

---

① 张之洞在《劝学篇·设学》中首先提出"中学为体、西学为用"的观点。
② 2005年5月10日钟甫宁教授在浙江大学管理学院成立20周年暨农经论坛上的演讲观点。

本解决，困扰中国几千年的粮食危机得以缓解，增产与增收之间的线性关系已经改变，增产并不一定能增收。农业、农村、土地及其粮食已不再是农民就业和增收的唯一选择，工业化、城市化为农民就业增收提供了广阔的空间。土地再也不是人们投资的唯一渠道，也不是财富的唯一象征，更不是农民生存的唯一途径。土地、农业、农村的重要性逐步下降，有些年份土地、农业甚至成为农民增收和就业的包袱。因此，选择适应现代社会经济形势的增收模式成为一种必然。

传统模式无法缓解农民的社会化压力。四大增收模式是一种内向型的收入系统，目的在于满足传统农业社会和内敛性的农户需求。改革开放以后农户社会化程度提高，生产、生活、交往方式全方位市场化，农户的货币支出压力加大，传统增收模式的收入系统已经无法支撑社会化农户的支出需求，传统的物质导向的增收模式无法满足社会化农户的货币支出需求。因此，适应社会化农户的需求，改变传统增收模式，建立以货币收入为导向、以社会化收入网络为目标的就业增收模式成为当务之急。①

传统模式不适应现代农业的需要。传统增收模式要么是单一的、孤立的；要么是对立的、互斥的；要么是局部的、非持续的；要么是内敛的、内向的。它们适应传统农业、家庭农业和粮食农村，但不适应社会化家庭、市场化农村、全球化分工的农业，围绕农业、农村、土地及其相关载体的增收模式已经走到尽头。现代增收模式要求从就业和劳动使用最大化的角度建构增收模式，将物质导向的增收模式转变为就业导向增收模式（与传统的四大增收模式并列），将内向就业收入系统转变为外向就业收入系统，将以物为本的增收模式转向以人为本的增收模式，从城乡分割、工农对立的增收模式转向城乡一体、工农协调的增收模式。

不管是从传统增收模式的存在条件看，还是从传统增收模式的性质来看，或者是从传统增收模式的应变能力来看，它都已经不适应现代农户和现代农村社会的需求，以就业为导向的增收模式、增收路径才是小农和政府的现实选择。

四、就业导向增收模式的历史必然性

改革开放以来，农民增收先后经历了增产增收、提价增收、结构调整增收、政策增收和就业导向增收五种主导模式，五种主导增收模式并不是平行出现，也不是随机选择，更不是人为安排，而是经济社会发展的产物，它依次更替，前后互换，模式之间的更替和转换有一定的规律和内在逻辑。概括地说就是"五个模式，四个阶段，相继跟进，前后更替"（见表6-2）。

---

① 邓大才：《社会化小农：行为与动机》，载《华中师范大学学报》2006年第3期。

表6-2　　　　　　　　　农民增收主导模式的更替

发展阶段	第一阶段	第二阶段	第三阶段	第四阶段	未来
增收的主导模式	政策增收模式 增产增收模式	增产增收模式 提价增收模式	结构调整增收模式	就业导向增收模式 政策增收模式	就业导向增收模式 结构调整增收模式
主要时期	1978~1982年	1983~1992年	1993~2002年	1993~2005年 2002~2005年	2006年以后
主要特征	通过释放政策利好促进农民增收	通过农产品增产,特别是粮食增产增收	在粮食增产增收、原有政策增收走入死胡同以后,以结构增收	在结构调整增收效应有限的前提下,反思终极的增收模式:就业增收,辅之以政策减压	
主要性质	内向型就业——增收系统			外向型就业——收入网络	
系统性质	物质导向的增收模式或"以物为本"的增收模式			就业导向的增收模式或"以人为本"的增收模式	

第一阶段,1978~1982年,政策增收模式起主导作用。20世纪70年代末期和80年代初期,国家将农村制度从计划转向市场,每一项制度改革对农民来说都是增收的"利好",基本不需要其他增收模式辅佐,只要放手让农民自主经营,就能够带来农村经济发展和农民收入提高。此阶段农民增收主要依靠政策和制度变迁,政策增收模式起主导作用。

第二阶段,1983~1992年,增产增收模式与提价增收模式起主导作用。随着承包制的增收效应不断下降,农民增收遇到了障碍,加上城乡居民购买力的提高,加剧了原本就存在的农产品供求矛盾,粮食供给问题尤为突出。农产品供不应求,增产就意味着增收,增产增收模式成为农民和政府的必然选择。同时,国家还以提价的方式帮助农民增收,所谓的提价也就是将政策扭曲的价格矫正,或者将"黑市价格"转为"市场价格"或"均衡价格",提价增收模式也起了巨大的作用。

第三阶段,1993~2002年,结构调整增收模式起主导作用。随着农产品供求趋向平衡，原有的增产增收模式难以为继，"增产减收"成为农村最头痛的问题。农民和政府将增收目标转向提高农产品质量，生产高、精、尖、稀的农产品，维持较高的价格，获取局部地区的超额利润，持续推动农民增收。因此，结构调整增收便成为优先选择。

第四阶段，2003年至今，结构调整增收是一种战术性的增收模式，只能够解决少数地区、少数产业、少数农民的增收问题。另外，结构调整增收是以其他地区、其他农民不调整、不增收为前提，如果其他地区进行同向结构调整，势必导致结构趋同，价格优势消失，况且结构调整还受粮食安全制约，空间和潜力有限。此时具有普遍性、持续性的以就业为导向的增收模式脱颖而出，成为首选。

所谓就业导向增收模式是指通过就业带动农民增收，[①] 它以人为中心，通过用活、用足农村最丰富的资源——劳动力带动农民增收，此模式打破了城乡分割、农工分立的格局，促进了城乡平等、农工一体化。它将农业的生存功能和非农业的增收功能融为一体，将农业的增产功能和农民的增效功能化为一体，既能够解决农民的就业问题，又能够解决农民的增收问题。它使传统的农业、农村、农民"三农"重要性排序改为农民、农村、农业。上述分析都是假设，需要进一步的计量论证与实践检验。

---

① 邓大才：《湖村经济：中国洞庭湖区农民的经济生活》，中国社会科学出版社2006年版，第361页。

第七章

传统增收模式的有限性

增产增收模式是通过增加农产品产量增加农民收入。增产既是目的,也是手段。增产增收模式历经千年,一直是农民的主导增收模式,也是政府促进农民增收屡试不爽的农耕政策。增产增收模式存续时间最长,对农民增收贡献最大,但是在新的经济社会背景和条件下,增产增收模式已经失去了往昔的光环,日渐式微,难以继续担当农民增收的大任。

一、增产增收模式:日渐式微

农产品供给短缺是中国最大的政治经济问题。虽然某些年份会出现叶圣陶先生在《多收三五斗》中所描述的"增产减收""减产增收"的悖论现象。但是在漫长的中国农耕历史中,"增产减收"只能够算作统计学上的异常数据,并没有普遍性和一般意义。长期以来中国农民的生存、增收依赖于增产。

在农产品短缺为常态的时期,在中国农产品供给没有彻底解决的时期,特别是在粮食安全没有保障的时期,增产与增收之间是正向关系,产量是收入的增函数,增产意味着增收。在此时期,农民与政府的目标就是增产,增收的主要途径也是增产。增产的主要对象是人所共需的"衣"和"食"两大类农产品。20世纪90年代以后,主要农产品逐渐实现平衡或者紧平衡,使粮食、棉花、油料等农产品从战略物质、安全产品还原为普通商品,增产与增收之间出现了一个中间调节机制,即市场价格调节机制。增产与增收之间的正向关系发生了变化,产量可能是收入的增函数,也可能是收入的减函数,增产并不意味着增收。

(一) 增产增收模式一：总产增收模式

本章的假设是：农民增产增收模式是改革开放初期、中期的最优模式，但是现在已经难以维持农民的持续增收。本章拟用相关系数及偏相关系数考察增产与增收之间的相关性，用格兰杰（Granger）因果检验考察增产与增收之间的因果关系，用邹（Chow，邹至庄）转折点检验和多因素方差检验增产增收模式的转折点，利用不同阶段的多元回归分析考察增产增收模式作用的下降程度。分析主要利用历年的粮食、棉花、油料、黄红麻、糖料以及对农民收入影响比较大的茶叶、水果、水产品和猪牛羊肉的产量指标，收入指标采用农民人均纯收入指数。[①]

第一步骤：考察增产增收模式的存在性：相关性分析和格兰杰检验。

农民人均纯收入与主要农产品产量有较大的相关性。从相关系数看，1978～2004 年农民人均纯收入指数与粮食、棉花、油料、茶叶、水产品、糖、猪牛羊、水果产量的相关系数分别为 0.85、0.66、0.98、0.99、0.95、0.92、0.98、0.86（见表 7-1）。农民人均纯收入与主要农产品产量的相关系数都比较大，可能存在增产增收模式。从偏相关系数来看，1978～2004 年的农民人均纯收入指数与茶叶、水产品、黄红麻、棉花产量的偏相关系数较大，分别为 0.88、0.71、0.56、0.50（见表 7-2），与粮食的偏相关系数为 0.36。偏相关系数相对于相关系数有较大幅度的下降，但可以得出同样的结论，农民人均纯收入与主要农产品产量有较大的相关性，即增产增收模式存在。

表 7-1　农民人均纯收入指数与主要农产品的产量相关系数

时期	收入指数	种植业					林果业		养殖业	
		粮食	棉花	油料	黄红麻	糖	茶叶	水果	水产品	猪牛羊
1978～1990 年	1	0.93	0.69	0.92	0.10	0.96	0.98	0.92	0.89	0.95
1978～1996 年	1	0.96	0.63	0.95	-0.3	0.94	0.98	0.88	0.86	0.93
1978～2004 年	1	0.85	0.66	0.98	-0.57	0.92	0.99	0.86	0.95	0.98

注：利用 SPSS 统计分析软件进行分析。

资料来源：《中国农村统计年鉴》，相关各年。

[①] 本编均使用农民人均纯收入指数，主要目的是为了剔除价格波动的影响，下同。

表7-2　农民人均纯收入指数与主要农产品的产量偏相关系数

时期	收入指数	种植业					林果业		养殖业	
		粮食	棉花	油料	黄红麻	糖	茶叶	水果	水产品	猪牛羊
1978~1990年	1	0.74	0.14	-0.47	0.489	0.36	0.75	0.54	-0.61	0.42
1978~1996年	1	0.28	0.44	0.25	0.61	-0.26	0.89	-0.18	0.38	0.46
1978~2004年	1	0.36	0.50	0.20	0.56	-0.10	0.88	0.05	0.71	-0.13

注：利用SPSS统计分析软件进行分析，当进行收入指数与某一种产品做偏相关分析时，控制其他七种变量的影响。

资料来源：《中国农村统计年鉴》，相关各年。

从表7-2的两组偏相关系数可以判断，增产增收模式并非是指所有农产品，改革开放初期农民收入增长主要依靠粮食、茶叶、水果、黄红麻、猪牛羊产量增长，后期主要依靠茶叶、水产品、棉花、黄红麻的产量增长。随着时间的推移，粮食、水果和猪牛羊增产的增收效应逐渐下降，水产品、棉花增产的增收效应逐渐递增。茶叶与黄红麻一直保持较高的增产增收效应。

农民收入指数与主要产品产量的相关性和偏相关性，说明了增产增收模式的确存在，但是并非所有产品在各个时间段都具有增产增收效应，大宗农产品的增收效应随着时间推移而衰减。相关性检验只是表明收入与增产有一定的关系，但并不表明增产与增收之间有因果关系。下面再对农产品产量与收入做格兰杰因果检验。

大部分农产品产量与农民收入存在因果关系。从格兰杰因果检验来看，"粮食不是农民收入的原因"的相伴概率达到了0.22310（表7-3），基本假设不成立，反之说明粮食是收入的原因，即粮食增产是收入增加的原因，收入增加是粮食增产的结果，这表明粮食产量是收入的增函数。在5%的显著水平下，棉花、油料、黄红麻、茶叶的相伴概率大于5%，即棉花、油料、黄红麻、茶叶"不是收入的原因"的假设不成立，说明这四种农产品产量的增加是收入增长的原因。糖、水果、猪牛羊肉和水产品的相伴概率小于5%，说明这四种农产品的产量增加"不是收入的原因"的假设成立，前者与后者之间没有因果关系。

格兰杰因果检验表明，大部分农产品、大宗农产品产量与农民收入之间存在因果关系，表明改革开放以来增产增收模式的确存在。收入与大部分大宗农产品产量有因果关系并没完全证实假设：增产增收模式已经随着时间的变化出现了结构性的变化。下面拟用邹间断点和方差考察增产增收模式发生显著变化的时间。

表 7–3　　1978~2004 年农民人均纯收入指数与主要农产品的因果关系

原假设	Obs	F 值	相伴概率
粮食不是农民收入的原因	25	1.61851	0.22310
棉花不是农民收入的原因	25	0.04902	0.95228
油料不是农民收入的原因	25	3.44423	0.05184
黄红麻不是农民收入的原因	25	0.33060	0.72235
糖不是农民收入的原因	25	4.85636	0.01909
茶叶不是农民收入的原因	25	2.37749	0.11849
水果不是农民收入的原因	25	10.9449	0.00062
猪牛羊不是农民收入的原因	25	7.09503	0.00469
水产品不是农民收入的原因	25	6.66545	0.00605

注：利用 EVIEWS 统计分析软件进行分析。

第二步骤，分析增产增收模式的结构性变化：邹检验和方差检验。

在 20 世纪 80 年代中期，大部分种植业产品产量对农民收入的影响发生了显著变化，在 20 世纪 90 年代中期养殖业产品发生了显著变化。我们用邹检验来对每一个产量序列与农民收入指数的回归方程的系数进行检验，突变点选择 5% 的显著性水平，从高于 5% 的年份走向低于 5% 的年份，或者从低于 5% 的年份走向高于 5% 的年份作为系数发生较大变化的年份。从表 7–4 可以发现，粮食、棉花、油料产量分别于 1985 年、1984 年、1986 年对农民收入的影响发生结构性的变化，1992 年粮食产量对农民收入指数又再次出现了结构性变化；1987 年茶叶产量对农民收入的影响发生结构性变化；1993 年糖和猪牛羊肉的产量对农民收入发生显著性变化；1996 年水产品产量对农民收入的影响发生显著性变化；2002 年黄红麻产量对农民人均纯收入产生结构性影响；水果产量对农民收入基本没有发生结构性的影响。结合前面的结论，可以进一步推断：改革开放以来存在增产增收模式，邹检验证明增产增收模式已经发生了显著变化。现在不清楚的是增产增收模式有利于农民增收，还是不利于农民增收。根据常识判断可能是后者，但需要进一步的考察。下面用多因素方差分析进一步分析主要农产品产量对农民收入指数影响的结构性变化。

表7-4　　农民收入指数与主要农产品产量的邹检验

	粮食	棉花	油料	黄红麻	糖	茶叶	水果	猪牛羊	水产品
间断点一	1985	1984	1986	2002	1993	1987	0	1993	1996
间断点二	1992	0	2001	0	0	1991	0	0	0
间接点三	0	0	0	0	0	1997	0	0	0

注：间断点是指低于5%显著水平的间断点，如果此点后或者此点前各年份的概率都低于5%的显著性，则以转折点为间断点。1985年的间断点主要是考虑到邹检验的F值的相伴概率变动非常大，当然用5%或者10%的显著水平衡量，1985年粮食没有间断，在此是相对而言。

1985年和1993年前后大部分农产品产量对农民收入指数产生显著性影响。邹检验表明，除了水果以外，其他农产品产量与收入的关系都发生了结构性变化，变化的间断点比较多，大体位于两个年份附近：1985年和1993年。按照年份可以将农产品与农民收入的关系分为三个时间段：1978~1985年、1986~1993年、1994~2004年。以农民收入为因变量，其他农产品为自变量，用SPSS统计分析软件对三个时间段进行分析，检验三个分组是否存在结构性变化。表7-5表明，农产品产量整体分组对农民收入的影响非常显著，F值61.526，相伴概率为0，表明三组之中至少存在一个组和其他两个组有显著性差异；农产品产量三个组别对农民收入方差分解的相伴概率几乎为0，说明三个组之间都存在显著差异（见表7-6）；从表7-7可以看出，三个组之间的方差差别较大，表明三个组之间的差异比较大。总体上可以得出如下结论：1985年和1993年是农产品产量对农民收入产生结构性影响的转折点。这只是总体上的，不同产品发生结构性变化的时间稍稍有点差异，并且对农民收入影响的程度也不同。

表7-5　　农民收入指数与农产品三阶段分组方差分解

			平方和	自由度	均值	F值	相伴概率
组间			398 538.873	2	199 269.437	61.526	0.000
	一阶均值多项式	未加权	390 802.007	1	390 802.007	120.662	0.000
		加权	397 421.876	1	397 421.876	122.706	0.000
		离差	1 116.997	1	1 116.997	0.345	0.563
组内			77 731.327	24	3 238.805		
合计			476 270.200	26			

表7-6　　农产品三阶段分组对农民收入指数的影响 LSD 比较结果
（多重比较）

(I)组	(J)组	均值差（I-J）	标准误差	相伴概率	95% 置信区间	
					低值	高值
1	2	-131.10000*	28.45525	0.000	-189.8288	-72.3712
	3	-290.47841*	26.44404	0.000	-345.0562	-235.9006
2	1	131.10000*	28.45525	0.000	72.3712	189.8288
	3	-159.37841*	26.44404	0.000	-213.9562	-104.8006
3	1	290.47841*	26.44404	0.000	235.9006	345.0562
	2	159.37841*	26.44404	0.000	104.8006	213.9562

注：* 表示相伴概率小于 5% 的显著性水平。

表7-7　　农民收入指数与农产品产量分组影响 S-N-K 比较结果

	组　别	观察数目	alpha 值 =5%		
			1	2	3
S-N-K(a,b)	1	8	181.1125		
	2	8		312.2125	
	3	11			471.5909
	相伴概率		1.000	1.000	1.000

综上分析可以对增产增收模式的考察做一个阶段性的结论：一是增产增收模式的确起过作用，改革初期较为明显，以播种面积最多、影响最大的农产品——粮食最明显；二是增产增收模式已经发生了结构性改变，有衰减作用，也有递增作用，从整体上看衰减作用大于递增作用。

第三步骤，计算增产增收模式的衰减效应：回归分析。

根据格兰杰因果检验，在5%的显著水平下，糖、水果、猪牛羊肉、水产品的产量与农民收入没有因果关系，按理讲应该将这四种农产品剔除，考虑到猪牛羊肉和水产品在农村经济和农民增收中的巨大作用，仍然将其纳入方程进行考察。另外，黄红麻的偏相关系数非常不显著将黄红麻剔除。[①] 按照农产品产量对收入影响的间断点，将整个改革开放后的时间分成三个阶段进行回归分析：1978~

[①] 另外，考虑到27年分成三个阶段进行回归，如果解释变量多后，将降低自由度，因此剔除没有因果关系的水果和糖。

1985年、1986~1993年、1994~2004年。由于农产品产量之间存在严重的共线性问题,我们利用statistica统计分析软件做岭回归分析,以消除多重共线性的影响(见表7-8)。1978~2004年回归模型模拟效果比较好,分组回归模型的效果较差,我们不准备进行预测,只考察参数变化,分组回归模型大致反映了总产量与收入之间的变动关系。

表7-8 农民收入指数与主要农产品总产量的岭回归方程
(Y=收入指数对数)

时 期	1978~1985年	1986~1993年	1994~2004年	1978~2004年
常数	-6.51728 (-0.572532)	2.223516 -0.481394	0.518627 (0.095766)	-3.65716 (-1.43680)
粮食总产对数	0.53814 (0.437187)	0.122034 (0.241867)	0.011643 (0.026561)	0.43968 (1.66518)
棉花总产对数	0.13337 (0.390381)	0.004482 (0.026088)	0.0094875 (0.457567)	0.22822 (1.72490)
油料总产对数	0.16713 (0.475141)	0.032938 (0.130748)	0.164786 (0.805777)	0.16650 (1.97757)
茶叶总产对数	0.30257 (0.439454)	0.233511 (0.594543)	0.263073 (0.98627)	0.26589 (2.04125)
猪牛羊肉总产对数	0.19747 (0.420249)	0.076838 (0.450862)	0.171236 (0.811858)	0.12136 (0.80560)
水产品总产对数	0.26141 (0.367621)	0.059445 (0.483823)	0.130547 (1.155450)	0.07606 (1.70654)
R^2	0.84	0.76	0.78	0.84
调整R^2	0.65	0.64	0.47	0.79
F值	0.92	0.54	2.47	17.545
P值	0.66	0.78	0.20	0.00
样本数目	8	8	11	27

1978~2004年6种主要农产品总产量的收入弹性大于零,总产量增长具有正向的收入效应。粮食总产量的收入弹性最大为0.43968,其次是茶叶和棉花,分别为0.26589和0.22822,水产品总产量的收入弹性最低,仅为0.07606。说明安

全性农产品的重要性超过改善生活质量的农产品。具体来看不同的阶段总产量的收入弹性有较大的变化。

从粮食总产量来看，1978~1985年、1986~1993年、1994~2004年粮食总产量的收入弹性分别为0.53814、0.122034、0.011643，粮食增产的边际效应递减，第三阶段总产量的收入弹性只有第一阶段的2.16%，几乎可以忽略不计，也就是说第三阶段粮食总产量的增长已经无法促进农民收入的增长。

从棉花总产量来看，1978~1985年、1986~1993年、1994~2004年棉花总产量的收入弹性分别为0.13337、0.004482、0.0094875，棉花增产的边际效应递减，第二个阶段总产量的收入弹性最低，第三阶段有所上升，但仍然只有第一阶段的7.11%。棉花总产量的收入弹性下降，农民无法再通过总产量增长促进收入增长。

从水产品总产量来看，1978~1985年、1986~1993年、1994~2004年棉花总产量的收入弹性分别为0.26141、0.059445、0.130547，水产品增产的边际效应总体上递减，第二阶段总产量的收入弹性最低，仅为第一阶段的5.94%，第三阶段有较大幅度的上升，但是也只有第一阶段的49.94%，改革开放以来水产品的增产增收效应已经折半。

另外，油料、猪牛羊肉、茶叶总产量的收入弹性总体上也呈现边际递减的趋势，特别是第二阶段与第一阶段相比，下降幅度比较大，分别下降80.29%、22.82%、61.09%，虽然在第三阶段有所上升，但是与第一阶段相比，总产量的收入弹性有所下降，下降幅度分别为1.4%、13.05%、13.29%。也就是说，与第一阶段相比，现在油料、猪牛羊肉和茶叶总产量的增产增收效应也开始下降，产量的增长并不能保证农民收入的增长。

根据上述分析可以得出如下结论：主要农产品的增产增收效应已经出现衰减，其中以大宗农产品粮食、棉花和水产养殖衰减程度最高。粮食、棉花播种面积占总播种面积的七成左右（2004年粮食和棉花播种面积占总播种面积的66.17%、3.7%），可以说将近七成的播种面积增产已经无法带动农民增收。其他主要农产品总产量的增长，即使能够带来农民收入的增长，但是由于收入弹性不大，不能够解决大部分农户的增收需求。显然，增产增收模式已经走到了尽头，不能再承担农民增收的重任，增收必须寻找其他途径。

（二）增产增收模式二：单产增收模式

总产量与农民收入的关系可以考察多方面的内容，但是无法将技术变革因素和亩均产量变化因素与收入增长的关系厘清。在此我们再对技术和亩产因素对收入的影响进行考察。

我们利用主要种植业农产品的产量与农民收入指数，建立柯布—道格拉斯函数进行回归。

$$Y = AX_1^{\alpha} X_2^{\beta} X_3^{\gamma} X_4^{\lambda} X_5^{\kappa} X_6^{\pi} X_7^{\rho} X_8^{\zeta}$$

$$\ln(Y) = \ln(A) + \alpha\ln(X_1) + \beta\ln(X_2) + \gamma\ln(X_3) + \lambda\ln(X_4) + \kappa\ln(X_5) + \pi\ln(X_6) + \rho\ln(X_7) + \zeta\ln(X_8)$$

Y 表示农民人均纯收入指数，A 表示技术进步对农民收入的影响。X_1 至 X_8，表示粮食、棉花、花生、油菜籽、芝麻、甘蔗、甜菜、烤烟产量，α、β、γ、λ、κ、π、ρ、ξ 分别表示上述农产品的收入弹性。

中国统计年鉴、中国农村统计年鉴及相关统计年鉴都缺少1979年、1981年、1982年、1983年和1984年的数据，我们只能利用1978年和1985年的数据代表前7年的数据。总共22年的数据，不能像总产量一样分成三个阶段进行回归，而是分成两个阶段进行分析，即1994年以前与1994年以后两个阶段。① 由于农产品之间存在严重的共线性和序列相关，为了避免共线性和序列相关的影响，我们利用 statistica 统计分析软件进行岭回归分析，回归结果参见表7-9。

表7-9 农民收入指数与主要农产品的岭回归方程

[$\ln(Y)$ = 农民收入指数对数]

时　期	1978~1994年	1997~2004年	1978~2004年
$\ln(A)$	-8.79656	-10.0520	-10.5311
	(-0.818848)	(-0.529886)	(-1.95409)
A	0.00015	0.00004	0.00003
粮食亩产对数	0.43743	0.0790	0.4112
	(0.710376)	(0.039031)	(1.43065)
棉花亩产对数	0.29104	0.1402	0.2396
	(0.668753)	(0.213995)	(1.29201)
花生亩产对数	0.22875	0.1826	0.2065
	(0.455314)	(0.165837)	(1.08280)
油菜亩产对数	0.25790	0.2658	0.2751
	(0.524499)	(0.438989)	(1.29031)

---

① 因为20世纪90年代的间断点在1993年附近，此后的点皆可以作为间断点，为此将22年平均分配，以1994年间断点进行分组。

续表

时期	1978~1994年	1997~2004年	1978~2004年
芝麻亩产对数	0.11157	0.0057	0.1217
	(0.314569)	(0.008844)	(0.92301)
甘蔗亩产对数	0.43493	0.5447	0.5210
	(0.551161)	(0.502827)	(1.34808)
甜菜亩产对数	0.19652	0.1705	0.1850
	(0.587130)	(0.307001)	(1.24360)
烤烟亩产对数	-0.27174	0.4587	-0.0733
	(-0.265162)	(0.318699)	(-0.13165)
R^2	0.81	0.69	0.83
F值	1.59	0.28	8.34
P值	0.38	0.90	0.00048
样本数目	12	10	22

两个阶段回归对比可以发现，粮食、棉花、花生、芝麻、甜菜的回归系数分别从第一阶段的 0.43743、0.29104、0.22875、0.11157、0.19652 下降为第二阶段的 0.0790、0.1402、0.1826、0.0057、0.1705，下降幅度分别达到 81.94%、51.83%、20.17%、97.79%、12.78%。第一阶段粮食亩产增加 1 个百分点，可以带来收入增长 0.43743 个百分点，而第二阶段只能带动 0.0790 个百分点，下降幅度最大。也有部分农产品单产提高带来了边际收益的增长，主要是油菜籽、甘蔗和烤烟，两个阶段相比分别增长了 2.77%、25.56%、220.39%。

虽然亩产增加导致的收入弹性有增有减，但是必须看到，收入弹性增加的农产品所涉及的播种面积和农户数量远远小于收入弹性减少的农产品所涉及的播种面积和农户数量。2004 年粮食、棉花、花生、芝麻、甜菜的种植面积占全部播种面积的 73.09%，而油菜籽、甘蔗和烤烟的种植面积只占 6.38%。也就是说，73.09% 播种面积的亩均产量增长的增收效应已经大大减退，仅有 6.38% 的播种面积亩均产量增长能够带来增收效应。另外，我们可以再看一看，技术进步的增收效应，第一阶段技术进步的收入弹性为 0.00015，第二个阶段为 0.00004，后者只有前者 26.67%，而且收入弹性非常低，即企图通过技术进步增加亩产量，再通过增加亩平产量而增加农民收入的想法显然难以实现。

通过上述分析，可以得出如下结论：通过技术进步，促进农产品单产的增加，从而带动农民收入增长的增产增收模式，其增收效应已经大不如从前，对于占播种面积六成六的粮食，收入弹性只有 0.0665 个百分点，通过提高粮食单产增收是杯水车薪。回归分析的结果可以证实我们的假设：增产增收模式已经无法成为农民增收的主力，技术进步和单产的增长对农民收入增长效应微乎其微。

（三）增产增收模式三：人均产量增收模式

产量因素还受市场与人口因素的影响，人均产量通过影响市场供求从而影响农民的收入。我们仍然沿用上述柯布—道格拉斯生产函数考察人均产量与农民收入的关系。设农民人均纯收入指数对数为因变量，粮食、棉花、油料、茶叶、水果、猪牛羊肉和水产品为自变量，利用 1978~2004 年共 27 年的数据进行分段回归，分组间断点为 1993 年。为了减缓人均产量之间的共线性问题，利用 statistica 统计分析软件进行岭回归分析，结果见表 7-10。总体上看，1978~2004 年人均产量对农民收入的影响与总产量大体一致，人均粮食产量增长的收入弹性最大为 0.54，其次为茶叶、油料和棉花，水果、水产品最小，但是不同阶段农产品的收入弹性有较大的变化。

从人均粮食产量来看，第一阶段人均粮食产量的收入弹性约为 0.70，第二阶段约为 -0.04，也就是说人均粮食的增产增收效应在第一阶段比较明显，第二阶段则是反向作用，人均产量的增长反而导致农民减收，也就是说人口增长对农民收入的增长效应已为负，企图通过人口及人均粮食需求的增长促进农民增收会适得其反。从人均棉花产量来看，第一阶段人均粮食产量的收入弹性约为 0.17，第二阶段约为 0.07，人均棉花的增产增收效应在第一阶段比较明显，第二阶段增产增收效应基本消失。从水果的人均产量来看，第一阶段人均水果产量的收入弹性约为 0.11，第二阶段约为 0.06，人均水果的增产增收效应在第二阶段也消失殆尽。油料、茶叶、猪牛羊肉人均产量的收入弹性也出现了下降。第一阶段其产量收入弹性分别为 0.22、0.33、0.16，第二阶段已下降到 0.18、0.28、0.15，分别下降 18.18%、15.15%、6.25%。只有水产品的人均产量的收入弹性在两个阶段呈增长态势，第一阶段为 0.10，第二阶段为 0.12，上升了 20%。

通过对人均农产品产量与农民收入指数的回归分析可以发现，人均产量的增产增收模式的确存在，早期非常明显，现在已大不如从前，特别是大宗农产品——粮食、棉花、水果人均产量的增产增收效应已经消失殆尽，这三种农产品涉及 70% 以上的耕地和大部分农户，可以说试图通过提高人均农产品产量，特别是大宗农产品的消费需求以促进农民增收已经没有现实性。

表7-10 农民人均纯收入指数对数与人均产量对数的岭回归分析

[ln(Y) = 农民收入指数对数]

时　　期	1978~1993年	1994~2004年	1978~2004年
ln(A)	-0.060594	4.746441	1.099580
	(-0.014326)	(1.593964)	(0.400868)
粮食人均产量对数	0.702593	-0.040381	0.540823
	(0.950557)	(-0.096828)	(1.153273)
棉花人均产量对数	0.169730	0.068061	0.203328
	(0.935880)	(0.271425)	(1.264146)
油料人均产量对数	0.215798	0.179983	0.207405
	(1.305351)	(0.706456)	(1.960119)
茶叶人均产量对数	0.338294	0.282454	0.385990
	(1.281545)	(0.710392)	(2.061314)
水果人均产量对数	0.112213	0.056996	0.079545
	(0.929609)	(0.759924)	(1.683575)
猪牛羊肉人均产量对数	0.159451	0.149762	0.146724
	(1.066001)	(0.548800)	(1.795995)
水产品人均产量对数	0.104646	0.123521	0.086346
	(0.851645)	(0.941454)	(1.663049)
R^2	0.84	0.81	0.84
F值	5.99	1.8	14.40
P值	0.11	0.33	0.000
样本数目	16	11	27

　　经过总产增产增收模式、单产增产增收模式、人均产量增产增收模式的实证分析，现在可以对增产增收模式进行一个总体评估：改革开放以来，增产增收模式的确存在，改革开放初期增产增收模式作用巨大，1993年以后开始减弱，有些农产品甚至出现了"增产减收"趋势，显然增产增收模式已经日趋式微，难以再承担农民增收的重任。

二、价格增收模式：走到尽头

改革开放以来，政府还有一个屡试不爽的使农民增收的法宝：价格增收模式。价格增收模式分为两种：一是政府提价增收模式；二是价格变动增收模式。后者仰赖市场机制作用，前者是政府调控农民收入的重要工具。1978年以来提价和价格的自动变化对农民增收具有较大的作用。有鉴于此，我们将这种通过价格变动增加农民收入的方式称为价格增收模式。

价格增收模式分为两个阶段：改革开放初期价格制度还没有完全放开，国家可以直接控制价格，通过提高价格增加农民收入。价格完全放开以后，政府通过调控市场供求，影响农产品市场价格，促进农民增收。前者属于计划经济范畴的提价，后者属于市场经济范畴的调控，前者增收效应明显，后者增收效应不太明显。

（一）价格增收模式的存在性和有效性检验

影响农民收入增长的因素比较多，但都可以通过产量和价值表现出来。增产增收模式已经用农产品产量进行过分析，在此我们用农产品价值量，即第一次产业的增加值指数、农产品价格指数与农民收入指数进行回归分析。第一次产业增加值指数与农产品价格指数存在严重的共线性，我们利用 statistica 统计分析软件对相关变量做岭回归分析。用农民收入指数与第一次产业增加值指数、农产品价格指数做最小二乘法回归，并用 Eviews 统计软件做邹氏间断点检验（Chow breaking test），间断点为1989年，以此点将改革开放后27年分成两个时期——1978~1988年、1989~2004年进行回归分析，结果见表7-11。

价格增收模式的增收作用持续下滑。第一阶段价格指数的收入弹性为0.70740，在其他条件不变的前提下，价格指数每增长1个百分点，可以拉动收入指数增长0.70740个百分点，而第二阶段价格指数的收入弹性为0.386993，其增收效应较第一阶段下降45.29%。1989年以后，依靠价格推动农民增收的效应已经下降，同样的价格增长只有过去一半的增收效应。另外，总体模型和分阶段模型也印证了前面增产增收模式效应下降的结论，1978~2004年第一次产业增加值的收入弹性为0.475371，其中第一阶段第一次产业的收入弹性为0.68910，第二阶段为0.523997，下降了23.96%，说明第一次产业对农民收入的增收效应已经有较大幅度下降。

表 7-11　农民收入与第一次产业增加值、农产品价格指数的岭回归分析
〔两阶段对比 ln(Y) = 农民收入指数对数〕

时期	1978~1988年	1989~2004年	1978~2004年
常数项	-1.60777	1.009415	0.682945
	(-0.884569)	(0.767290)	(0.885104)
第一次产业增加值指数的对数	0.68910	0.523997	0.475371
	(2.113410)	(3.097362)	(3.507574)
农产品价格指数的对数	0.70740	0.386993	0.480246
	(1.844529)	(1.548284)	(3.104184)
R^2	0.66	0.59	0.65
调整 R^2	0.56	0.53	0.62
F 值	7.49	9.55	22.07
P 值	0.015	0.0028	0.000
样本数目	11	16	27

　　涨价性质不同，对农民收入的影响也不同。在两个价格指数分析周期中，有四次价格的大幅上涨：一是1979年农产品价格指数上涨22.1%；二是1987年、1988年、1989年，3年农产品价格指数分别上涨12%、23%和15%；三是1993年、1994年、1995年，3年农产品价格指数分别上涨13.4%、39.9%和19.9%；四是2003年、2004年的价格指数分别上涨13.4%和26.8%。在分析农产品价格上涨对农民收入的影响时，必须注意价格上涨的性质差异。第一次价格上涨是国家利用行政力量，调高农产品收购价格，属于行政式调价。第二、第三次价格上涨，属于国民经济均衡被打破导致的物价上涨，即通胀式的价格上涨。第四次价格上涨是粮食总产量大幅减少，供给和需求失衡导致的价格上涨，属于市场引导的价格上涨。四次价格上涨可以分为三个类型：一是行政式调价；二是通胀式涨价；三是市场供需失衡的涨价。由于存在三种类型的价格上涨方式，我们可以用statistica 统计分析软件做岭回归考察三种价格上涨方式对农民收入的影响，并可以对表7-11的两阶段回归分析进行检验。对此，我们再将改革开放以来的27年分成三个阶段：1978~1985年为行政提价阶段；1986~1997年为通胀涨价阶段；1998~2004年为市场供需失衡涨价阶段。模型设定和变量、参数假定与两阶段回归模型相同，结果见表7-12。

表7-12 农民收入与第一次产业增加值、农产品价格指数的岭回归分析
[ln(Y) = 农民收入指数对数]

时期	1978~1985年	1988~1997年	1998~2004年	1978~2004年
ln(A)	-2.84695	2.799328	0.792203	0.682945
	(-1.05969)	(1.937155)	(0.168820)	(0.885104)
第一次产业指数对数	0.74119	0.326261	0.677428	0.475371
	(1.55694)	(1.937155)	(0.346378)	(3.507574)
农产品价格指数对数	0.90151	0.239268	0.287606	0.480246
	(1.72127)	(2.122199)	(2.037853)	(3.104184)
R^2	0.66	0.65	0.54	0.65
调整 R^2	0.52	0.57	0.31	0.62
F值	4.79	8.25	2.34	22.07
P值	0.06885	0.00923	0.21271	0.000
样本数目	8	12	7	27

第一阶段、第二阶段、第三阶段的农产品价格指数的收入弹性分别为 0.90151、0.239268、0.287606，总体而言价格变化的增收效应逐步下降。第二、第三阶段价格指数的收入弹性比第一阶段分别下降 73.46% 和 68.10%。第一阶段行政提价方式增收效应最好，主要原因是当时只对农产品提价，其他产品没有提价，而且其他行业的改革尚未启动，提价效应几乎大部分由农民获得。第二阶段通胀涨价带来的增收效应最差。第三阶段供求失衡导致涨价的增收效应稍稍上升，不过是对长期低价的补偿，即 2003 年和 2004 年农产品价格上涨的增收效应，只是对 1997~2002 年农产品价格下跌导致收入下跌的补偿。可以得出如下结论：价格增收模式的确存在，但是增收成效逐步递减；不同性质的价格增收模式的成效也不同，行政性的涨价的增收效应最显著，供求失衡和通胀性的涨价的增收效应并不太显著。

（二）价格增收模式的潜力评估

价格增收模式空间和潜力有限。改革开放以来，农产品价格指数上涨对农民收入增长的贡献较大，价格上涨的增收效应呈逐渐下降趋势，价格上涨的增收仍然存在。现有几个问题值得思考：为什么价格增收模式还在起作用？今后价格增收模式是否还会起同样作用？是否可以直接或者间接利用价格上涨促进农民增收？

对于农产品价格还在支撑农民收入增长的解释，我们估计主要有两个方面：

一是 2004 年和 2005 年以粮食为主的农产品价格上涨的结果——近期影响效应，它是对 1997～2002 年农产品价格持续下滑的反弹，如果剔除 2003 年、2004 年的价格数据，用 1998～2002 年农民人均纯收入与第一次产业增加值指数、农产品价格指数做岭回归分析，可以看到农产品价格指数的收入弹性为 -0.81，农产品价格指数对农民增收作用是负数，可见此阶段价格对农民收入增长是负效应，只不过是 2003 年、2004 年价格的剧烈上涨平抑了负效应。二是 1998～2004 年农产品价格指数的收入弹性较高，可能是四轮价格上涨对农民收入的总体增收效应大于价格疲软和价格下滑的总体减收效应，即价格的增收效应抵消了价格的下降效应后净效应仍然为正。

首先评估价格增收模式的可行性。1985 年物价改革特别是 20 世纪 90 年代粮食价格放开以后，再试图利用行政提价促进农民增收，已经没有可行性。政府除了对战略性物质进行间接的价格调控外，没有能力直接控制农产品价格。当然政府间接调控农产品价格影响农民收入还是有操作空间，通过粮食储备、农产品分类、放开或者缩紧外贸市场等方式间接影响农产品供给和需求，进而影响农民收入还有很强的能力。政府的间接影响必须利用市场机制，必须保证市场的正常运行，政府的干预能力能否发生作用，还取决于市场机制对相关措施的转化作用。因此，政府利用价格工具促进农民增收的方式已经纳入市场经济体系，无法单独发挥作用。农产品价格的波动主要是市场本身供求的反应，而且市场本身价格上涨并不一定能够带来农民收入的增长，因为需求增加是以需求长期的减少为前提的，如第三阶段供需价格的变化，涨价只是对降价的一种补偿，从长期趋势看，涨价和降价对收入的作用大致持平，供需价格变化的增收作用只是正常的价格波动，并不能给农民带来额外的收入增量。对于经济结构失衡导致通货膨胀而推动的农产品价格上涨，固然可以增加农民收入，如 1988 年、1996 年农产品价格上涨，但是通货膨胀推动了所有物价上涨，不仅农业生产资料价格上涨，而且农民生活资料价格也上涨，涨价所获可能还比不上涨价所失，得不偿失。如果我们将农产品涨价以后的生产、生活资料纳入考察范畴，将会看到另一番情景，这个问题留在后面具体分析。在政府没有直接控制价格的职能，农产品价格已经全面纳入市场体系的背景下，试图通过价格增长方式促进农民增收，不亚于缘木求鱼，但是政府通过间接调控农产品价格（如粮价）的再分配效应却比较明显。

其次评估价格变动增收模式的可能性。虽然现在价格增收机制还是农民收入增长的重要渠道，但是通过价格上涨拉动收入增长的空间和潜力已经很小。从表 7-13 可以看出，2005 年土地密集型农产品，大米、玉米、大豆、小麦国内市场的价格已经全面超过国际市场价格，前者比后者分别高出 19.01%、44.44%、

41.74%、21.88%。劳动密集型产品棉花的国内市场价格也比国际市场价格高出25个百分点。加入WTO以前，专家学者说，中国的农产品是"天花板价格"，中国加入WTO 5年以来其价格已经戳破"天花板"，变成"屋顶"价格。在经济全球化的今天，在国内农产品生产完全纳入国际生产、交易分工体系的今天，国内价格不可能再长期高于国际市场价格，而且是整体高出20%。当前国内农产品市场持续维持高于国际市场的价格都举步维艰，要涨价增收更难以想象。显然价格增收模式已经走到了尽头，而且今后农民还要承受降价对收入的负效应。如果将今后的负效应纳入整个分析框架，价格增收模式的作用将微乎其微。当然我们还必须看到，畜牧业产品、水果等劳动密集型产品的国内市场的价格与国际市场的价格还有一定的距离，有一定的增长空间，有一定的增收空间。但是畜牧业、水果只是少部分农户的选择，而且畜牧业是粮食、棉花、油料等农产品的替代，与粮食有一定的资源竞争关系，在确保粮食安全的条件下，究竟可以允许多少耕地改种饲料和牧草值得探讨。总而言之，价格增收模式起作用的范畴仅仅局限于从事畜牧业、水果业的少部分农民，大部分从事种植业和水产养殖业的农民已经无法享受价格增长所创造的"红利"。

表7-13　　　　　2005年国内市场与国际市场主要农产品价格对比　　　　　单位：元/公斤

	大米	玉米	大豆	小麦	棉花	牛肉	活猪
国内市场价格	2.42	1.30	3.26	1.56	12.50	17.66	7.60
国际市场价格	1.96	0.90	2.30	1.28	10.00	19.88	12.40

注：(1) 大米的国内价格是利用的晚籼米的价格。(2) 美元与人民币的兑换比率采用2005年12月底的8:1。(3) 大米、玉米、大豆、小麦的价格是根据农业发展研究报告获得，属于全年平均数据，国内市场的牛肉、活肉和羊肉是根据农业发展研究报告的"菜篮子价格"获得，国际价格是根据农业部经济信息中心提供的资料。

资料来源：根据农业部的农业发展研究报告整理获得。

最后评估价格增收模式在农民收入增长中的地位。不管是两阶段的回归分析，还是三阶段的回归分析都可以清晰看出，回归方程的调整判定系数已经大幅下降。判定系数和调整判定系数是衡量自变量对因变量的解释程度的重要指标。判定系数和调整判定系数的下降，说明了自变量的解释能力下降，解释能力下降就是自变量的增收效应下降。从两阶段回归分析看，1978~1992年的调整判定系数是0.56，1993~2004年为0.43，也就是说前一阶段，第一次产业增加值和价格可以解释56%的农民收入增长，而后一阶段只能够解释43%的农民收入增长，其他没有纳入回归分析的增收因素的作用增强，第一次产业增加值和价格的增收效应下降。从三个阶段回归分析看，1978～1985 年、1986～1997 年、1998～2004 年的调整判定系数分别为 0.52、0.57、0.31，第三阶段与第一阶段相比，第一产业增加值和价格的增收效应已经下降 40.38%。而在 31% 的解释能力中，价格只能起到 47.38% 的作用，也就是价格只能解释 14.69% 的农民收入增长。换句话说，农民收入增长 1 个单位，价格的贡献是 14.69%，其他因素的贡献是 85.31%。价格增收模式几乎变成了一个"小马拉大车"的增收模式。而且这种增收模式不可持续，是一种"自杀式"的增收模式，长期以此模式增收不仅成效难彰，而且是饮鸩止渴。

通过对价格增收模式的评估和测算，可以得出如下结论：改革开放以来，价格增收模式曾经起过较大作用，特别是改革初期曾是推动农民收入增长的主要动力。但是随着政府职能的调整和市场主导价格机制的形成，政府提价增收模式让位于通胀增收模式和供求变动增收模式，但是两者的成效有限，价格增收模式风光难再。特别是国内农产品的"屋顶"价格决定了种植业农户可能再也无法享受价格增长所创造的"红利"，反而要"连本带利"的偿还过去因涨价所获得的好处。虽然畜牧业、水果产业还有一定的国际市场价格优势，但是涉及的农户、耕地较少，要想通过畜牧业、水果业的价格增长带动农民收入的增长，不亚于"蚂蚁撼树"，而且还要考虑"价格红利"的"双刃剑"效应，价格增收的可能性更低。可以肯定地说，以提价、涨价为手段的增收已经走到尽头，价格增收模式已经寿终正寝，农民增收要另辟蹊径。

三、结构调整增收模式：潜力有限

所谓结构调整增收模式是通过农业产业结构的转换促进农民增收的一种模式。它是增产增收、政府提价增收模式失效后，政府提倡和鼓励的一种增收模式，也是政府和农民应对市场需求变化而主动提出的一种增收模式。

结构调整有两种方式：一是粮食结构调整；二是农业的战略性结构调整。为了确保粮食安全，必须保证大部分的耕地种植粮食，但是普通粮食增收效应有限，于是政府和有些专家提出了通过调整粮食品种结构，鼓励农民种植优质粮食、市场需求量大的粮食，确保粮食价格稳定、甚至升高，促进农民增收。但是粮食的收入弹性相当低，需求量难以随着人均收入增长而扩张，特别是难以随着粮食自给率的提高而增长。官员和学者们倡导，调减粮食面积，调增经济作物面积；调减土地密集型产品，调增劳动密集型产品。调增市场需求量大的农产品，调增劳动密集型农产品，既可以解决市场供需结构失衡问题，又可以发挥农户的劳动力优势。改革开放以来，农业结构调整模式经历了三个阶段。

第一阶段：增产型的结构调整模式。虽然结构调整是政府和农民对增产和提价增收模式失灵以后的策略性反应，但是三者之间并没有明确的时间界限。改革开放初期就存在结构调整问题，不过当时结构调整的主要目的是为了增产。因为当时正处于农产品供给短缺时期，增产就意味着增收，农业生产经营活动都围绕增产而设计。当时结构调整是用单产较高的品种替代单产较低的品种，农产品质量是否提高则在其次。这一时期结构调整模式的终极目标是增产，增产的目标掩盖了增收的目标，增产的动因超过了提质（提高农产品质量）的动因。此类结构调整可以归属于增产增收模式。

第二阶段：增质型的结构调整模式。20世纪90年代以后，大宗农产品供需逐渐平衡，此时依靠产量增长带动增收已经比较困难。政府和农民都将眼光转向优质高产的农产品，企图通过农业产业结构调整，种植高质量的农产品，以"好价钱"促进农民增收。增质型结构调整通过较高的质量获取较高的价格来增收，在某种程度上具有价格增收模式的性质。

第三阶段：增收型的结构调整模式。虽然增产、增质型结构调整的终极目标都是为了增加农民收入，但是结构调整的方式和载体不同，前者是以提高产量为目标，后者是以提高质量为手段，两者分别归属于增产增收模式和价格增收模式。1998年左右也就是农产品价格不断下滑的时期，增产型和增质型结构结构调整已经无法帮助农民增收，政府和专家提出了增收型结构调整模式，结构调整目标既不是增产，也不是增质，而是增收。只要能够增加收入，减产也在所不惜，产量和质量变成了农民增收的工具。因此，我们将直接以增加农民收入为目标的结构调整，称之为增收型结构调整。

（一）结构调整增收模式的实态描述

1. 现状描述：考察结构调整效果

从我国种植业面积来看，1978~2004年九大类以土地为载体的农作物，除粮食和麻类产品的播种面积比重下降外，其他农作物的播种面积比重都有不同程度的增长（见表7-14）。1978年粮食占农作物播种面积的80.34%，2004年只占66.17%，下降了14.17个百分点。播种面积比重增长较快的分别是蔬菜、果园、油料，1978年分别为2.22%、1.1%、4.15%，2004年上升到11.44%、6.36%、9.4%，增长幅度高达415.32%、478.18%、126.51%。1978年播种面积比重居前四位的农作物是粮食、油料、棉花和蔬菜，2004年变成了粮食、蔬菜、油料和果园。①

---

① 《中国农村统计年鉴》，相关各年。

1990 年以后农业产业结构调整速度加快，调减和调增的速度都在增加。1990～2004 年粮食播种面积下降了 10.31 个百分点，占下降总幅度的 72.76%。蔬菜、果园和油料分别上升了 7.17 个百分点，2.87 个百分点、2.05 个百分点，分别占总上升幅度的 77.76%、54.56%、39.05%。这与前面的结论比较一致，由于增产增收模式、提价增收模式的作用降低，结构调整模式成为替代性的选择。

土地密集型农产品播种面积的比重下降，劳动密集型农产品播种面积的比重上升。表 7-14 显示，粮食、麻类等土地密集型农产品的播种面积下降，传统的劳动密集型农产品如棉花播种面积缓慢增长，而蔬菜、果园等提高生活质量的劳动密集型农产品的播种面积增加。

表 7-14　　　　　　　我国主要农产品播种面积的比重　　　　　单位:%

年份	粮食	油料	棉花	麻类	糖料	烟叶	蔬菜	茶园	果园
1978	80.34	4.15	3.24	0.50	0.59	0.52	2.22	0.70	1.10
1980	80.09	5.42	3.36	0.45	0.63	0.35	2.16	0.71	1.22
1985	75.78	8.22	3.58	0.86	1.06	0.91	3.31	0.75	1.90
1990	76.48	7.35	3.77	0.33	1.13	1.07	4.27	0.72	3.49
1995	73.43	8.74	3.62	0.25	1.21	0.98	6.35	0.74	5.40
2000	69.39	9.85	2.59	0.17	0.97	0.92	9.75	0.7	5.71
2004	66.17	9.40	3.71	0.22	1.02	0.82	11.44	0.82	6.36
1987-1980	-4.31	2.8	0.22	0.41	0.43	0.56	1.15	0.04	0.68
1990-1985	0.7	-0.87	0.19	-0.53	0.07	0.16	0.96	-0.03	1.59
1997-1990	-3.05	1.39	-0.15	-0.08	0.08	-0.09	2.08	0.02	1.91
2000-1995	-4.04	1.11	-1.03	-0.08	-0.24	-0.06	3.4	-0.04	0.31
2004-2000	-3.22	-0.45	1.12	0.05	0.05	-0.1	1.69	0.12	0.65
2004-1978	-14.17	5.25	0.47	-0.28	0.43	0.3	9.22	0.12	5.26
(2004-1978)/1978	-17.64	126.51	14.51	-0.56	82.69	57.69	415.32	17.14	478.18

资料来源:《中国农村统计年鉴》，相关各年。

从农产品人均产量来看，包括养殖业在内的 11 类农产品中，除黄红麻人均产量绝对降低外，其他各类农产品都不同程度上升。

增长幅度最大的是能够改善人们生活的养殖业农产品、水果和油料，增长幅度最小的是粮食。在人均产量增长的农产品中，粮食只增长 21.75 公斤，增长幅度为 13.65%。禽蛋、牛奶、水果、水产品、猪牛羊产品增长幅度较大，增长率分别为 3 788.89%、1 833.33%、1 633.53%、671.43%、396.11%。在传统农产品中，油料、糖、茶叶的增长幅度也比较大，增长率分别为 330.91%、196.39%、128.57%（见表 7-15）。

表 7-15　　我国主要农产品人均产量及其增长率　　单位：公斤/人、%

年份	粮食	棉花	油料	黄红麻	糖	茶叶	水果	猪牛羊	水产品	牛奶	禽蛋
1978	159.35	1.15	2.75	0.57	12.45	0.14	3.42	4.50	2.45	0.45	0.27
1980	163.35	1.40	3.90	0.56	14.85	0.16	3.44	6.11	2.30	0.60	0.80
1985	180.35	1.95	7.50	1.95	28.15	0.21	5.55	8.32	3.35	1.20	2.55
1990	196.55	2.00	7.10	0.32	31.80	0.24	8.25	10.99	5.45	1.85	3.50
1995	189.20	1.90	8.80	0.16	31.70	0.25	16.00	17.61	10.45	2.30	6.55
2000	183.05	1.35	11.70	0.05	30.25	0.27	24.65	19.15	16.95	3.30	7.40
2004	181.10	2.45	11.85	0.04	36.90	0.32	59.20	22.30	18.90	8.70	1.65
1987-1980	34.00	1.1	7.2	2.78	27.8	0.1	4.22	4.42	2.1	1.2	3.5
1990-1985	32.40	0.1	-0.8	-3.26	6.1	0.07	5.4	5.35	4.2	1.3	1.9
1997-1990	-14.7	-0.2	3.4	-0.32	-0.2	0.01	15.5	13.24	10	0.9	6.1
2000-1995	-12.3	-0.3	5.8	-0.21	-2.9	0.05	17.3	3.08	13	2	4.7
2004-2000	-3.90	1.40	0.3	-0.03	13.3	0.1	69.1	6.3	3.9	10.8	3.2
2004-1978	43.50	2.60	18.2	-1.06	48.9	0.36	111.57	35.61	32.9	16.5	20.46
(2004-1978)/1978	13.65	113.04	330.91	-93.81	196.39	128.57	1 633.53	396.11	671.43	1 833.33	3 788.89

注：禽蛋 1978~1981 年的数据根据 1982~1987 年增加值的平均数推算获得，有一定的误差。
资料来源：《中国农村统计年鉴》，相关各年。

1990 年以后农业产业结构调整的速度加快，不同产品提速时期不同。2000~2004 年是水果和牛奶结构调整速度最快的时期，两者的增长幅度分别占总增长幅度的 65.45%、61.93%。1990~1995 年是猪牛羊和禽蛋增长最快的时期，5 年间两者的增长幅度占总增长幅度的 29.81%、37.18%。1995~2000 年是水产品增长最快的时期，5 年的增长幅度占总增长幅度的 39.51%。

总体来说，1990 年以后农业结构调整的速度加快，但是加速的时间先后不一致，最先加速的是猪牛羊和禽蛋，然后是水产养殖加速，接着是水果和牛奶产品加速。

从农林牧渔产值结构来看，传统农业的比重下降，牧业、渔业的比重大幅度上升，林业上升幅度较小（见表 7 – 16）。2004 年与 1978 年相比，农业产值比重由 79.99% 下降至 50.05%，下降幅度达 37.43%。牧业和渔业产值比重分别由 14.98% 和 1.58% 上升至 33.59% 和 12.69%，上升幅度高达 124.23% 和 703.16%。总体上可以看出，农业产业结构出现了战略性调整，传统的农产品只占总产值的一半，而林、牧、渔产值几乎占据半壁江山，特别是牧业产值已经达到 33.59%。

表 7 – 16　　　　　　　　我国农林牧渔产值及其结构

年份	绝对值（亿元）					结构（%）				
	总值	农	林	牧	渔	总值	农	林	牧	渔
1978	1 397	1 117.5	48.1	209.3	22.1	100	79.99	3.44	14.98	1.58
1980	1 922.6	1 454.1	81.4	354.2	32.9	100	75.63	4.23	18.42	1.71
1985	3 619.5	2 506.4	188.7	798.3	126.1	100	69.25	5.21	22.06	3.48
1986	4 013	2 772	201	876	164	100	69.08	5.01	21.83	4.09
1990	7 662.1	4 954.3	330.3	1 967	410.6	100	64.66	4.31	25.67	5.36
1995	20 340.9	11 884.6	709.9	6 045	1 701.3	100	58.43	3.49	29.72	8.36
2000	24 915.8	13 873.6	936.5	7 393.1	2 712.6	100	55.68	3.76	29.67	10.89
2004	36 238.99	18 138.36	1 327.125	12 173.8	3 605.602	100	50.05	3.66	33.59	12.69

资料来源：《中国农村统计年鉴》，相关各年。

改革开放以来，农业产业结构就处于不断的调整状态：先是增产型结构调整，后是增质型结构调整，再是增收型结构调整；先是战术型结构调整，然后是战略性结构调整。从结构调整的速度来看，20 世纪 90 年代以后农业结构调整加速，先是畜牧养殖，再是水产养殖，然后是牛奶、水果产品。

2. 产业结构描述：考察结构调整与收入的关系

农业产业结构发生了显著变化，这些变化是否推动了农民增收？是否存在结构调整增收模式？结构调整增收模式的潜力和空间还有多大？为了解决这三个问题，我们准备从三个方面进行实证分析：一是利用 1978～2004 种植业播种面积与农民收入指数进行回归，探讨两者之间的关系；二是利用农林牧渔产值结构与农民收入指数，探讨产业结构变动对收入指数的影响；三是利用人均农产品产值与农民收入指数，侧面考察产业结构变动对农民收入的影响，同时检验增产增收模式的相关结论。

调减粮棉等主导农产品可以促进农民增收。从表 7 – 17 可以看出，播种面积增加并非都能带来农民收入的增长。对 1978～2004 年（缺少 1979 年、1981 年、1982 年、1983 年、1984 年资料）九大类农作物播种面积的比重与农民收入指数的对数做岭回归分析,结果显示,传统主导农产品,如粮食、棉花、麻类的播种面积比重的系数为负,即播种面积减少,农民收入增加。油料、蔬菜、茶园、果园、糖料、烤烟播种面积比重的系数为正,即播种面积扩大,农民收入增长。

表7-17　农民收入指数与农产品播种面积的回归分析

[ln(Y) = 农民收入指数对数]

时　期	1990~2004年	1978~2004年
常数	6.349973	5.291570
	(5.010198)	(3.57940)
粮食面积比重	-0.009864	-0.014520
	(-0.944196)	(-1.17229)
油料面积比重	0.028205	0.066846
	(0.648070)	(1.83034)
棉花面积比重	-0.024898	-0.036391
	(-0.459373)	(-0.44828)
麻类面积比重	-0.447098	-0.131528
	(-0.723825)	(-0.52756)
糖料面积比重	-0.071035	0.364455
	(-0.218026)	(1.42226)
烤烟面积比重	-0.042649	0.123289
	(-0.305546)	(0.77505)
蔬菜面积比重	0.014531	0.018884
	(1.009663)	(1.11509)
茶园面积比重	0.214033	0.594000
	(0.263512)	(0.47067)
果园面积比重	0.040544	0.043147
	(1.032359)	(1.34686)
R^2	0.81	0.80
调整 R^2	0.46	0.64
F值	2.35	5.2
P值	0.18	0.05
样本数目	15	22

从 1990~2004 年的岭回归分析中可以看出,糖料和烤烟的系数变为负,1990 年以前,糖料和烤烟播种面积的扩大能够使农民收入较大幅度地增长,1990 年以后,播种面积的扩大反而导致农民收入下降。1990 年以后的减收效应大于 1990 年以前的增收效应。综合两个回归模型来看,油料、蔬菜、茶园、水果播种面积的扩大,始终能够带来农民收入的增长,其他农作物都是先有增收效应,然后出现减收效应,而且后者大于前者。由此可以得出如下结论:农产品播种面积不断增加,可以持续提高农民的生活水平。

这里还可以得出另一个结论:减少粮食、棉花、麻类等传统农作物的播种面积,增加蔬菜、瓜果、茶叶、油料等农作物的种植面积,这类结构调整路径和方向可以带动农民收入的增长,即此类结构调整增收模式有一定的成效。

从播种面积的结构考察农民收入的变化毕竟只能够考察以土地为载体的农作物,畜牧业、水产业等农产品则无从考察。为了全面考察结构变化对农民收入的影响,我们使用农林牧渔产值结构与农民收入指数对数进行岭回归分析。

农业产业结构由生存物品向改善生活物品转变能够促进农民增收。表 7-18 显示,1978 年以来农业产值比重与农民收入是负相关关系,产值增加,收入减少。牧业和渔业产值增长能够促进农民增收。从长期关系看,农民收入与农业产值一直是负相关,而农民收入与牧业和渔业一直是正相关。农民收入与林业产值的关系比较复杂,第一阶段是正相关关系,第二阶段是负相关关系,第三阶段是正相关关系,整体上是正相关关系。这些说明:产业结构从解决衣食需求的农产品向提高生活质量的农产品转变可以带动农民增收,结构增收模式确实存在。

表 7-18　　农民收入指数与农林牧渔产值结构的回归分析

[$\ln(Y)$ = 农民收入指数对数]

时期	1978~1985 年	1988~1995 年	1998~2004 年	1978~2004 年
常数	9.33118	6.904269	5.630838	7.419119
	(0.835216)	(3.74600)	(2.218269)	(4.04751)
农业产值结构对数	-1.44575	-0.371487	-0.382871	-0.835833
	(-0.625551)	(-1.02654)	(-0.938590)	(-2.34261)
林业产值结构对数	0.64791	-0.178877	0.163061	0.040923
	(1.029202)	(-1.01412)	(0.398486)	(0.13688)
牧业产值结构对数	0.30993	0.146404	0.440107	0.443807
	(0.435534)	(0.73954)	(1.153791)	(2.24729)

续表

时　　期	1978~1985 年	1988~1995 年	1998~2004 年	1978~2004 年
渔业产值结构对数	0.30238 (0.855451)	0.109540 (1.34212)	0.166344 (0.804870)	0.182456 (2.59850)
R^2	0.71	0.75	0.72	0.71
调整 R^2	0.32	0.54	0.44	0.65
F 值	1.82	3.69	2.58	13.21
P 值	0.33	0.093	0.19	0.00
样本数目	8	10	9	27

农业产业结构调整的增收效应主要体现在近期。从结构调整的总体增收效应来看，第一阶段和第三阶段最明显。第三阶段增收效应明显在我们的预期之中，因为其他增收模式的增收效应下降后，结构调整增收模式起主导作用。第一阶段结构调整增收模式的增收效应明显，不能从结构变化的角度解释，而应从增产带来的增收效应来解释，即第一阶段增收效应显著应该是增产的结果。这些说明：在衣食类农产品供求基本平衡，或者说在生存问题基本解决后，农民增收必须转向产业结构调整。近期产业结构调整增收效应优于远期的产业结构调整增收效应，表明农民增收已由增产型产业结构调整模式转向增收型产业结构调整模式。

总体而言，产业结构调整经历了三个阶段：增产型产业结构调整、提质型产业结构调整和增收型产业结构调整。结构调整增收模式在过去 27 年中的确存在，并且在近期还是农民增收的重要来源，具有重要的增收效应。增收型结构调整的路径和方向是减少生存性农产品，增加具有改善生活功能的农产品。

(二) 结构调整增收模式的潜力与空间

证实结构调整增收模式的存在不是我们的目的，我们的期望是全面评价结构调整增收模式的存在性、可能性和可行性。简单地说，过去的作用怎样，现在的作用如何，将来有何潜力，还有多大的空间？我们拟从两个方面着手：一是考察历史上实际运作空间；二是以日本、韩国、印度的粮食自给率为基准，计算中国结构调整增收模式的潜力和空间。

结构调整是以减少种植业播种面积为前提，或更具体地说是以减少粮食播种面积为前提。粮食是一个比较敏感的产品，供给不足时就是战略商品、经济安全品，供求均衡或者供过于求就是普通商品。粮食是结构调整增收的约束因素，按照"木桶理论"，一个木桶装水的容量取决于最短一块木板的长度，粮食就是结构调整的

"短木板",它的容许度决定结构调整的规模,它的约束条件决定结构调整增收模式的空间和潜力。1978 年以来粮食减产所引起的波动大致有三次:一是 1985 年和 1986 年;二是 1995 年和 1996 年;三是 2002 年和 2003 年。现在我们对比分析,粮食减产引起国民经济波动的粮食自给率、粮食安全播种面积和粮食供给比较正常时期的粮食自给率、粮食安全播种面积,以此分析结构调整增收的潜力和空间。

根据表 7-19,1983~2004 年 22 年粮食供给余缺率按照简单算术平均计算为 99.01%,我国几乎采取完全自给的粮食政策,进口粮食只是品种的余缺调剂。22 年中粮食供给余缺率最低的年份是 2004 年为 94.98%,最高年份是 1993 年为 101.38%。完全自给的年份有 7 年,低于完全自给的年份 15 年。从 22 年的平均数来看,人均粮食产量大约是 376.94 公斤,人均供给量为 379.11 公斤,人均供给量比人均生产量高 2.17 公斤,这是粮食净进口所致。从过去的经验来看,人均产量和人均供给量位于 376~380 公斤之间既不会影响整个国民经济的发展,也不会导致物价的大幅上涨或者下跌(当然这是根据过去的经验进行保守估计),根据"料敌从宽"的原则,我们取 380 公斤作为粮食的人均需求量,然后再用粮食的需求量测算粮食播种面积调减的空间和潜力。

表 7-19   粮食自给率与人均粮食产量、供应量

年份	粮食供给余缺率(%)	人均产量(公斤)	人均供给量(公斤)	年份	粮食供给余缺率(%)	人均产量(公斤)	人均供给量(公斤)
1983	97.12	378.5	387.11	1994	100.59	373.5	369.19
1984	98.34	392.8	396.89	1995	95.95	378.4	401.49
1985	100.88	360.7	355.02	1996	97.96	414.1	420.83
1986	100.43	367.0	362.6	1997	100.3	401.7	398.53
1987	97.84	371.7	376.84	1998	100.39	412.4	409.03
1988	97.97	357.7	362.29	1999	99.97	405.5	404.27
1989	97.6	364.3	370.5	2000	100.1	366.1	364.3
1990	98.26	393.1	397.2	2001	98.19	355.9	361.2
1991	99.41	378.3	378.06	2002	100.21	357.0	355.06
1992	100.43	380.0	376.17	2003	99.88	334.3	333.7
1993	101.38	387.4	379.91	2004	94.98	362.2	380.27

注:粮食供给余缺率 = 净进口粮食 ÷ 粮食供给总量。
资料来源:根据《新中国五十五年统计资料汇编》的数据计算而得。

以人均 380 公斤作为粮食完全自给分界线,这个标准是根据 1978 年以来人均占有产量和人均供给量推导出来的,并以此计算粮食自给率,根据人均 380 公

斤计算的粮食自给率只能算作一个确保经济正常运转的需求—生产率。因为在这一点周围，国民经济能够稳定运行，粮食供给和需求大体平衡。根据此点测算1983年以来的粮食需求—生产率（见表7-20），2003年粮食需求—生产率最低，仅有87.71%。粮食需求—生产率最高的年份是1996年，然后为1998年，接着为1999年，按照人均380公斤正常需求量的标准，需求—生产率最高三年能够调减的粮食播种面积分别为1.32亿亩、1.27亿亩和1.01亿亩，如果按照近年1.56的耕地复种指数进行调整，能够调减的耕地面积分别只有0.85亿亩、0.81亿亩和0.65亿亩，分别只占当年耕地面积的5.58%、5.31%和4.26%。要达到人均正常需求量的标准，2000~2004年还要增加粮食播种面积，分别为0.68亿亩、1.14亿亩、1.06亿亩、2.09亿亩、0.79亿亩，按照1.56的复种指数约合耕地0.44亿亩、0.73亿亩、0.68亿亩、1.34亿亩、0.51亿亩。可见，从历史来看，粮食面积调减的空间极其有限，在不影响国民经济运转的前提下，能够进行结构调整的粮食占用耕地面积不会超过1亿亩，占耕地总面积的6%左右。

表7-20　　　　　1983~2004年的粮食自给率及粮食面积调减的空间

年份	粮食需求—生产率(%)	粮食可以调减播种面积(万亩)	调减面积占播种面积(%)	年份	粮食需求—生产率(%)	粮食可以调减播种面积(万亩)	调减面积占播种面积(%)
1983	98.94	-1 835.52	-1.06	1994	97.73	-3 812.97	-2.27
1984	102.71	4 468.22	2.71	1995	101.38	2 249.57	1.38
1985	94.25	-9 959.31	-5.75	1996	108.48	13 202.51	8.48
1986	95.84	-7 276.28	-4.16	1997	105.19	8 359.86	5.19
1987	97.02	-5 120.37	-2.98	1998	108.06	12 728.18	8.06
1988	93.41	-11 660.37	-6.59	1999	106.36	10 149.77	6.36
1989	95.16	-8 559.51	-4.84	2000	95.96	-6 846.23	-4.04
1990	102.71	4 491	2.71	2001	93.33	-11 370.78	-6.67
1991	98.9	-1 872.33	-1.1	2002	93.64	-10 591.59	-6.36
1992	99.42	-971.04	-0.58	2003	87.71	-20 900.55	-12.29
1993	101.36	2 223.71	1.36	2004	95.04	-7 948.80	-4.96

注：总的需求量=380公斤×总人口；粮食自给率=总的生产量÷总的需求量；粮食可以调减面积=总的需求量-总的生产量；调减面积占粮食总的播种面积=粮食调减空间÷粮食播种面积（152 409万亩）。

资料来源：《根据新中国五十五年统计资料汇编》的数据计算而得。

从农作物的角度看，允许自由调整产业结构的耕地占二至三成。上面是从粮食播种面积来考察农业结构调整的空间，仅从粮食来考察产业结构调整的空间有一定的合理性，也有一定的缺陷。因为在各类农作物中只有粮食具有刚性约束，是农业产业结构调整的"短木板"。从总体上看，除粮食作物所占的耕地面积外，其他耕地面积都应该属于可以进行产业结构调整的范畴，可以推算出非粮食作物所占的播种面积的比重。根据人均380公斤粮食安全占有量，我们可以计算粮食需求决定的粮食面积和非粮食需求决定的面积，从理论上讲，后者可以自由进行农业结构调整。1998年能够进行产业结构调整的播种面积最高，占播种面积的32.37%（见表7-21）；然后为1999年，占播种面积的31.96%；接着是2004年占播种面积的30.38%。总体而言，改革开放以后，满足粮食安全以后能够自由进行产业结构安排的播种面积大约占二成至三成，大约占耕地面积的4亿亩至6亿亩。从实践来看，这些所谓非粮食种植耕地，也无法完全自由安排，必须满足城乡居民基本的油料供应、糖料供给和棉花供给。

表7-21　　按照基本粮食需求测算的结构调整空间　　单位：%

年份	粮食需求决定的面积（刚性约束耕地）	非粮食需求决定面积（可以自由安排耕地）	年份	粮食需求决定的面积（刚性约束耕地）	非粮食需求决定面积（可以自由安排耕地）
1983	80.05	19.95	1994	75.61	24.39
1984	76.21	23.79	1995	72.43	27.57
1985	80.41	19.59	1996	68.08	31.92
1986	80.27	19.73	1997	69.71	30.29
1987	79.11	20.89	1998	67.63	32.37
1988	81.38	18.62	1999	68.04	31.96
1989	80.46	19.54	2000	72.31	27.69
1990	74.46	25.54	2001	73.00	27.00
1991	75.92	24.08	2002	71.75	28.25
1992	74.63	25.37	2003	74.37	25.63
1993	73.8	26.2	2004	69.62	30.38

注：需求决定的耕地=380公斤×人口总量÷当年粮食单产；需求决定的耕地比重=需求决定的耕地÷当年的播种面积；非粮食需求决定的耕地=1-需求决定的耕地比重。

1983年以来粮食结构调整的空间极其有限，有些人可能会质疑，我国过高的需求—生产比率是因为当时没有加入WTO，无法从国际市场上取得粮食，一旦能够从国际市场上购得粮食，就能够降低粮食需求—生产比率。① 对此，我们利用中国农村统计年鉴和国际统计年鉴提供的资料，对人多地少的国家日本、韩国、印度进行对比分析，1995年、2000~2004年6年间日本谷物平均需求—生产比率为82.46%，韩国为96.63%，印度为136.49%。印度需求—生产比率超过了自身需求，谷物是完全供给。韩国大部分时间都在90%以上，6年平均为96.63%，外购谷物数量较少。日本从整体上看谷物自给率比较低，只有82.46%，不是日本不想提高粮食需求—生产比率，而是日本的耕地资源有限，无法生产更多的谷物，如果能够提高自给率日本也会当仁不让，1995年日本的谷物需求—生产比率曾经达到96.43%，就足以证明这一观点。日本、韩国和印度都是WTO成员国家，还是美国的盟国和所谓的民主国家，能够自由从粮食出口大国美国、澳大利亚、法国和巴西进口粮食，但是它们的谷物需求—生产比率依然很高，任何一个国家都没有将自己国家的粮食安全系在别人的"裤腰带上"。1983年以来虽然中国整体需求—生产比率达到98.75%，但是与日本、韩国、印度三个国家相比，谷物需求—生产比率下调的空间非常有限。赶上印度水平，我国没有条件，当然也不符合比较优势的原则；赶上韩国水平，只能够下降2.12个百分点；赶上日本水平风险太大，需要进一步评估。也就是说，按照国际同类标准，中国农民通过调减粮食面积，促进增收的空间极其有限（见表7-22）。

表7-22 人多地少国家的需求—生产比率 单位：%

年份	日本	韩国	印度
1995	96.43	95.42	142.47
2000	86.34	105.51	149.62
2001	82.07	104.37	136.72
2002	73.34	93.06	126.89
2003	72.73	84.78	141.61
2004	83.84		133.60
平均比率	82.46	96.63	138.49

注：需求总量=2002年的食物供给×全国总人口，各个年份都借用2002年的食物供给量；需求-生产比率=谷物生产总量÷需求总量。

资料来源：《国际统计年鉴》，相关各年。

---

① 林毅夫、卢峰教授持此类观点。

从 1983 年以来的历史实态和人多地少国家的对比分析中，得出的结论是我国调减粮食面积的空间和潜力有限。有些专家可能会进一步提出，降低需求—生产率，通过进口粮食来替换被束缚在粮食生产中的耕地，通过调减粮食促进农民增收。为此，我们以 2004 年的粮食生产条件为基准进行测算，如果以 380 公斤为标准，即人均占有粮食达到 380 公斤假定粮食的自给率为 100%，然后在此基础上放松自给率（需求—生产率），测算可以调减的耕地面积和进口粮食占国际谷物贸易总量的比重（见表 7-23）。

表 7-23　　不同需求——生产比率的结构调整空间（以 2004 年为基准）

指　　标	100% 标准	95% 标准	90% 标准	85% 标准	80% 标准
人均粮食数量（公斤）	380	361	342	323	304
粮食需求总量（万吨）	49 395.44	46 925.67	44 455.90	41 986.12	39 516.35
播种面积需求总量（万亩）	160 359.19	152 341.23	144 323.28	136 305.29	128 287.34
需要进口粮食（万吨）	—	2 469.77	4 939.54	7 409.32	9 878.09
占当年国际谷物贸易总量比重（%）	—	10.50	21.00	31.50	42.00
可以调减粮食播种面积（万亩）	—	8 017.96	16 035.91	240 539	32 072.19
占粮食播种面积（%）	100	5.26	10.52	15.78	21.04

注：100% 标准是按照人均 380 公斤粮食为基础；95% 标准是 380 公斤的 95%，即 380×95% = 361；90% 标准 = 380×90% = 342；85% 标准 = 380×85% = 323。粮食需求总量 = 人均需求粮食×2004 年人口总量（129 988 万人）；耕地需求总量 = 粮食需求总量÷2004 年粮食单位面积产量（308.03 公斤/亩）；需要进口粮食 = 100% 标准需求总量 - 相关标准的需求总量；占当年国际谷物贸易总量比重 = 需要进口粮食总量÷当年国际谷物贸易总量（23 518 万吨）；可以调减粮食面积 = 100% 标准的耕地需求总量 - 相关标准的耕地需求总量；占粮食播种面积比重 = 可以调减粮食面积÷2004 年粮食播种面积（152 409 万亩）。

以 95% 的需求—生产比率来看，与 380 公斤的 100% 标准相比，需要进口粮食 2 469.77 万吨，占 2004 年世界粮食贸易总量的 10.50%，可以调减粮食播种面积 8 017.96 万亩，占粮食播种面积的 5.26%。95% 的需求—生产比率是 1978 年以来中国粮食供给的底线，从历史发展来看是可行的，进口总量占世界谷物贸易总量的 10.50%，能够从国际市场购买到粮食，且对国际粮食价格的影响不大。

以 90% 的需求—生产比率来看，与 380 公斤的 100% 标准相比，需要进口粮食 4 939.54 万吨，占 2004 年世界谷物贸易总量的 21%（见表 7-24），可以调减粮食播种面积 16 035.91 万亩，占粮食总播种面积的 10.52%。90% 的需求—生产比率对世界粮食市场的冲击比较大，因为中国进口粮食占到世界谷物贸易总量的20%，要达到此目标难度比较大。

以85%的需求—生产比率来看，与380公斤的100%标准相比，需要进口粮食7 409.32万吨，占2004年世界谷物贸易总量的31.5%，可以调减粮食播种面积240 539万亩，占2004年粮食播种面积的15.78%。85%的需求—生产比率实现难度更大，关键问题是进口粮食占世界贸易总量的比重太高。中国粮食采购将会拉动国际市场粮价的上涨，到时是否有外汇购粮值得考虑。更为重要的是一旦中国粮食对外依存度升高，粮食将会与石油一样，变成国际外交、政治的"武器"，代价是否值得要进一步评估。

以80%的需求—生产比率安排国内粮食生产几乎不可取，进口量要占到2004年世界谷物贸易总量的42%（见表7-24），几乎达到了美国全年谷物出口的总量，或者几乎达到了除美国以外所有谷物出口大国的出口总量。如此大的粮食购买量，世界粮食市场将会被搅得天翻地覆。而且世界粮食出口集中在少数几个国家，而且这几个国家都是美国的盟国（阿根廷、巴西除外），一旦如此，中国经济、政治、外交将丧失一切主动权。

表7-24　　　　世界主要国家（地区）的谷物进出口贸易　　　　单位：万吨

国家（地区）	谷物出口总量	国家（地区）	谷物进口总量
美国	8 890	中国	1 049.37
澳大利亚	2 207	日本	2 079
加拿大	1 980	墨西哥	1 152
欧盟	1 550		
阿根廷	2 006		
合计	16 633		4 280.37

注：2004年中国粮食进口2 998.3万吨，其中谷物1 049.37万吨。

资料来源：《国际统计年鉴》，相关各年。

可见，中国能够进行农业产业结构调整的空间就是围绕95%的标准，即人均供应量控制在361公斤左右，能够调减的粮食播种面积占2004年粮食播种面积的5.26%左右，大约是8 017.89万亩，按照1.56的复种指数折算成耕地面积为5 139.67万亩。显然，企图通过调减粮食面积，降低粮食需求—生产比率，以结构调整带动农民增收的空间极为有限。

上面是以降低粮食安全（或粮食需求—生产比率）为前提的考察，没有考虑人口的变动，如果考虑人口变动，则调减粮食面积的空间会更小。按照改革开放以来，确保经济正常运行和粮食安全的人均需求量为标准进行分析。随着人口的增长，粮食种植面积不仅不能调减，反而还要逐渐增加。如果要维持380公斤的人均供给量，2007年粮食种植面积要比2004年增加5 699.88万亩（见表7-25），占2004年耕地面积的5.83%。此后9年种植粮食的耕地分别需要增加6.45%、7.07%、7.70%、8.33%、8.96%、9.95%、10.23%、10.88%、11.52%。如果考虑人口的增长，要确保国民经济稳定运行，不仅不能调减粮食面积，反而要增加种植粮食的耕地。

表7-25　　　固定需求量、变动人口的耕地调整空间分析

年份	预测人口总量（万人）	人均需求量（吨/人）	粮食需求总量（万吨）	折算播种面积（万亩）	折算耕地数量（万亩）	在2004年基础上增加粮食耕地面积（万亩）	占2004年粮食耕种面积的百分比（%）
2007	130 751.3	380	49 685.49	161 300.81	103 397.96	5 699.88	5.83
2008	131 514.2	380	49 975.40	162 241.99	104 001.28	6 303.20	6.45
2009	132 281.5	380	50 266.97	163 188.55	104 608.04	6 909.96	7.07
2010	133 053.3	380	50 560.25	164 140.69	105 218.38	75 203	7.70
2011	133 829.6	380	50 855.25	165 098.37	105 832.29	8 134.21	8.33
2012	134 610.4	380	51 151.95	166 061.58	106 449.73	8 751.65	8.96
2013	135 395.8	380	51 450.40	167 030.48	107 070.82	9 372.74	9.59
2014	136 185.8	380	51 750.60	168 005.06	107 695.55	9 997.47	10.23
2015	136 980.4	380	52 052.55	168 985.16	108 323.82	10 625.74	10.88
2016	137 779.6	380	52 356.25	169 971.27	108 955.94	11 257.86	11.52

注：人口预测数据是对改革开放以来（1978~2004年）人口时间序列进行平滑指数预测获得（利用statistica统计分析软件）；人均需求量使用改革开放以来的平均供给量；粮食需求总量=380×当年人口总量；折算播种面积=粮食需求总量÷2004年粮食的平均产量（308.03公斤/亩）；折算耕地数量=折算播种面积÷1.56（复种指数）；在2004年基础上增加粮食耕地面积=折算耕地数量-2004年粮食种植耕地面积（当年粮食播种面积除以1.56获得约为97 698.08万亩）。

总体上讲，改革开放以来，以降低粮食种植面积、增加其他经济作物种植面积的农业结构调整，在促进农民收入增长方面起了重大的作用。但是从宏观层面看，在技术水平没有出现较大进步（即单产没有提高）的前提下，继续降低粮食种植面积，增加经济作物种植面积的空间和潜力已经非常有限。不管是从历史实

态研究来看，还是与人多地少国家对比来看，中国的粮食种植面积调减的空间已经不大。这说明，以减少粮食种植面积为前提的结构调整增收模式已经走到了极限。

四、政策增收模式：空间狭窄

所谓政策增收模式是通过制度或者政策变迁促进农民增收。政策、制度增收是我国政府常用、善用的方法和手段。长期以来，政策增收是政府的"法宝"，许多人也对政策增收寄予了很高的期望。本书在此对政策增收模式的绩效进行实证分析，并对未来的潜力进行评估。

（一）政策增收模式的定义与分类

政策激励措施，主要包括两种：一是创新影响农民增收的制度，如改革初期的家庭联产承包责任制。这属于一种释放积极性的措施，能够提高农民生产积极性，促进农民收入增长。二是给予农民优惠政策来增收，如某些地方为了推动农业结构调整，对按照政府要求种植的产品提供种苗、贷款等。

政策减负措施，主要有两种方式：一是体制内减负增收，如农村税费改革就是通过"费改税"，降低农民的税费负担；二是体制外的减负增收，通过减少外部政策的收费，帮助农民增收，如减少交通运输费用、减少疫苗的费用等。

政策直接增收措施，如粮食补贴政策、农村合作医疗政策、救灾救济政策、扶贫政策等，政策本身就是农民增收渠道和途径。

三种政策增收措施应用于不同的时期，都对农民增收有较大的作用。相对而言，政策激励增收措施主要存在于改革开放初期，政策减负措施是改革开放中后期，政策直接增收措施则是最近几年。

（二）政策增收模式的历史考察和评估

改革开放以来，国家出台的农村经济政策非常多，但是对于农民收入具有重大冲击作用的政策大体有三个：一是家庭承包责任制；二是农村"费改税"及减负政策；三是粮食直接补贴政策。我们选择农民收入指数对数为因变量 $\log(Y)$，人均第一次产业增加值对数 $\log(X1)$、家庭承包责任制的生产队（组）数量（$X2$）、"费改税"政策的虚拟变量 $D1$（$D=0$ 或 1，政策实施年份为 1，否则为 0）、粮食直接补贴政策的虚拟变量为自变量 $D2$（$D2=1$ 或 0，政策实施年份为 1，否则为 0）为自变量，利用 Eviews 统计分析软件及表 7-26 的数据将上述变量进行回归分析，结果见表 7-26。方程不存在序列相关和异方差，也不存在共线性问题。F 值非常大，相伴概率几乎为 0，AIC 和 SCI 都比较小，方程拟合的效果比较好。

表 7-26　人均第一次产业 GDP、家庭责任制以及其他政策变量

年份	人均第一次产业 GDP（元）	家庭责任制（%）	税费改革	粮食直接补贴	年份	人均第一次产业 GDP（元）	家庭责任制（%）	税费改革	粮食直接补贴
1978	176.8	0	0	0	1992	1 068.84	100	0	0
1979	214.81	1	0	0	1993	1 288.37	100	0	0
1980	241.64	14	0	0	1994	1 838.27	100	0	0
1981	260.45	45	0	0	1995	2 366.68	100	0	0
1982	309.70	80	0	0	1996	2 627.22	100	0	0
1983	340.62	98	0	0	1997	2 826.00	100	0	0
1984	400.05	99	0	0	1998	2 951.41	100	0	0
1985	448.20	99	0	0	1999	2 988.74	100	0	0
1986	494.57	99	0	0	2000	3 082.23	100	0	0
1987	572.86	99	0	0	2001	3 290.42	100	1	0
1988	712.07	100	0	0	2002	3 500.82	100	1	0
1989	785.80	100	0	0	2003	3 863.55	100	1	1
1990	910.66	100	0	0	2004	4 786.87	100	1	1
1991	963.96	100	0	0					

注：人均第一次产业数据来自中国统计年鉴；家庭责任制数据来自林毅夫的《制度、技术与中国农业发展》第 83 页，税费改革和粮食直接补贴变量，1 表示实施，0 表示没有实施。

从方程的系数来看，所有自变量的系数都为正，都从正面影响农民收入，只是两个虚拟变量不太显著，可能与实施时间太短有关。我们可以看到家庭承包责任制的生产队或者组每增加 1 个百分点，农民收入就增加 0.007022 个百分点（见表 7-27），"费改税"政策的实施带动了农民 0.086385 个百分点的收入增长，粮食直接补贴也带来了 0.053553 个百分点的收入增长，即家庭承包责任制的实施可以为农民带来约 0.70 个百分点的收入增长，"费改税"和免征农业税可以带来约 8.64 个百分点的收入增长，粮食直接补贴可以带来约 5.36 个百分点的收入增长，第一次产业增加值可以带来 29.01 个百分点的收入增长，三种政策的

增收效应分别只有第一次产业增加值增收效应的 2.41%、29.78%、18.48%。

表 7-27　农民收入与人均第一次产业增加值、承包责任制及费改税、粮补虚拟变量模型

变量	系数	标准误差	t 值	相伴概率
C	3.080441	0.122232	25.20150	0.0000
$\log(X_1)$	0.290107	0.012188	23.80175	0.0000
X_2	0.007022	0.001350	5.203034	0.0000
D_1	0.086385	0.033013	2.616716	0.0161
D_2	0.053553	0.028263	1.894790	0.0720
MA(4)	-0.945703	0.025193	-37.53785	0.0000
判定系数	0.994617	因变量均值方差		5.729737
调整判定系数	0.993335	因变量方差标准差		0.471719
回归标准误差	0.038511	赤地信息准则		-3.482621
残差平方和	0.031145	施瓦茨准则		-3.194657
对数似然估计	53.01538	F 值		775.9931
DW 统计量	1.485985	概率		0.000000
Inverted MA Roots	0.99	0.00 + 0.99i	-0.00 - 0.99i	-0.99

综合上述分析,可以得出如下结论:改革开放以来,国家不断释放政策利好,清除阻碍农民增收的政策,出台激励农民增收的政策,促进了农民收入的增长,政策增收模式在农民增收中起到了重大作用。换句话说,政策增收模式存在,而且仍然在起作用。1978~2004 年以税费改革的增收效应最大,然后为农业税免征,接着为家庭承包责任制,不过当前家庭承包责任制的增收效应几乎忽略不计。

(三) 政策增收模式的潜力和空间

证实政策增收模式的存在,并计算出不同政策对农民收入影响的程度并不是目的,我们最关心的是政策增收模式的潜力和空间。

首先分析家庭承包责任制,我们用农民收入指数与第一次产业增加值和采纳承包责任制的生产队数量进行分段回归,即用 1978~1985 年数据的回归分析与 1978~2004 年数据的回归分析对比,观察家庭承包制的系数变化。表 7-28 显示,1978~1985 年家庭承包责任制的推行可以带来 0.002219 个百分点农民收入

的增长，1978~2004 年回归的系数则低于阶段性回归的系数，只有 0.001983。与前面的回归方程结合起来看，在方程中间加入另外两个政策变量后，家庭承包责任制的回归系数增加（见表 7-27），为 0.007022。第二个方程还将前面年份的增收效应包括进来了，如果剔除 1978~1985 年的增收效应，家庭承包制的增收效应将会更低。可见，随着时间的推移，家庭承包责任制的政策增收效应逐渐释放出来而趋于下降。

表 7-28　农民收入指数与人均第一次产业增加值、承包责任制的回归方程
[ln(Y) = 农民收入指数对数]

时　期	1978~1985 年	1978~2004 年
常数	0.370823	3.634872
A	(0.887732)	(8.739372)
第一次产业增加值对数	0.822589	0.292583
	(10.42951)	(6.278958)
承包责任制的生产队或组	0.002219	0.001983
	(3.983615)	(1.935757)
AR(1)		0.783638
		(10.32447)
MA(1)		0.656045
		(3.685617)
R^2	0.99	0.99
调整 R^2	0.99	0.99
F 值	934.7116	1909.356
P 值	0	0
样本数目	9	27

其次分析减负增收模式。2001 年开始推行的农村税费改革政策，特别是有关减轻农民负担的政策。从政策和理论层面看，农业税免征已经一次性地卸掉农民的负担，而且过渡性的"以资代劳"也在 2005 年或者 2006 年结束，也就是说农民该减掉的费用已经完全减了，很多地方已经无"费"可减。"减负就是增收"，此话并不假。减负的确就是增收，同时也必须看到，减负是"一锤子的买卖"，政策实施当年，可以增加农民收入，第二年没有负担可减就无法增收。显然减负增收是一种消极的增收模式，一次性的增收政策，无法促进农民收入可持

续增长,何况现在农民负担的确已经压到了较低程度,剩下的负担不是政策所能够减免的,如农村公共用水、水利建设、农村交通建设等所需要的费用,属于生产成本或者间接费用。总体而言,经过"费改税""减免农业费""规范一事一议",农民的负担已经压缩到较低的程度,以减负增收模式带动农民增收的空间和潜力比较小。

最后分析政策补贴增收。在农民负担问题"彻底"解决以后,政府利用补贴杠杆刺激农业发展和农民增收提上了日程,但是必须客观的评价国家的补贴能力和补贴空间。

从农业人口创造的财富来看,2004年中国58.24%的乡村人口创造了15.2%的财富(GDP),两者之比是1:0.26(农业人口创造财富的弹性,见表7-29),而其他国家的农业人口所创造财富比重与其农业人口比重之比高出很多,即农业人口创造财富的弹性比中国高多了,2001年美国为0.72,日本为0.39,韩国为0.54,法国为0.91,巴西为0.58,印度也有0.47。按照马克思收入分配原则,财富的增长速度要适当低于生产率增长的速度,2004年中国乡村人口只创造了15.2%的财富,农业人口的财富创造率只有0.26,远低于其他国家,更低于高额补贴农民的国家。因此,中国实施补贴以增加农民收入,必须受人口的财富创造率制约,0.26是其约束线。可见农业人口的财富创造弹性是考察对农民进行补贴和支持的一根客观约束线。

表7-29　　　　中国与主要国家农业人口、第一次产业
增加值的比重对比　　　　　　　　单位:%

指标	中国	美国	日本	韩国	法国	巴西	英国	澳大利亚	印度
农业人口比重	58.24	2.2	3.6	8.2	3.2	15.9	1.8	4.5	53.2
第一产业增加值比重	15.2	1.6	1.4	4.4	2.9	9.3	1.0	—	25.1
农业人口的财富创造率	0.26	0.72	0.39	0.54	0.91	0.58	0.56	—	0.47
非农业人口与农业人口比重	0.72	44.45	26.78	11.20	30.25	5.29	54.56	—	0.88
中央财政收入占GDP比重	10.62	20.7	14	17.5	39.7	22.8	36	23.9	13

注:农业人口比重、第一次产业增加值比重,中国是2004年数据,其他为2001年数据;中央财政收入占GDP比重,中国是2004年数据,韩国、法国、巴西和英国的数据是1990年的,澳大利亚和英国的数据是2000年;其他数据来源于《2002年国际统计年鉴》和《2005年中国统计年鉴》。农业人口的财富创造率=第一次产业增加值比重÷农业人口比重。

从非农业人口与农业人口比率来看,如果用非农业人口创造的财富对农业人口进行补贴,2004年中国是0.72个非农业人口补贴1个农业人口,2001年美国是44.45∶1,法国是30.25∶1,日本是26.78∶1,巴西是5.29∶1。农产品高补贴的原则是,"一个有难,众人相帮",中国不仅达不到"多数人支持少数人"的目标,甚至连"一帮一"的要求都相差甚远。在农产品高补贴国家是"杀鸡用牛刀",而中国是"杀牛用鸡刀"。在农产品高补贴国家是"大马拉小车",而中国是"小马拉大车"。笔者曾经提出通过区域性的补贴政策形成局部"多数人补贴少数人"的建议,① 可以解决目前非农业人口小于农业人口的困境。但是这也只使少数农户得益,无法解决大部分农民的增收问题。

从补贴的国际约束来看,按照WTO农业协定,农业补贴分为三个方面:"绿箱政策""蓝箱政策"和"黄箱政策"。前两项属于改善农业生产条件的政策,不影响农产品价格和农民收入的间接支持政策,只能间接帮助农民增收,可以归入增产增收模式和结构调整增收模式。只有"黄箱政策"能够直接增加农民收入,我们将这类政策纳入政策增收范畴。按我国承诺的微量允许标准8.5%计算,以1999年为基期,我国用于"黄箱政策"特定产品(小麦、玉米、稻谷和棉花)的支持为459亿元,剩余空间还有452亿元;非特定产品补贴约为1 793.6亿元,尚有大约1 004.3亿元支持空间。两项相加只有1 456.3亿元。② 如果我国将"黄箱政策"空间用完,可以转换为农民收入的政策增收大约为1 456.3亿元。这笔增加的经费相当于2004年中央财政收入的10.04%,相当于全国财政收入的5.52%。所有"黄箱政策"补贴与2004年中央财政、全国财政收入相比,其比重分别为18.65%和10.24%。如果包括其他的农业支持项目,农业补贴占财政收入的比重还要高,国家财政难以为继。假设能够用完剩余"黄箱政策"的补贴额度,按照2004年的农村人口计算,大约人均增收192.37元,只占当年农民人均纯收入7.30%。这个比例很高,但是它是政策增收的极限约束。

从补贴效果看,首先政府补贴并非能够完全公平的转换成农民的收入。美国的农产品补贴政策是"帮富不帮穷",得到好处的还是大农场、富人。中国实施补贴政策同样也避免不了"抑贫帮富"的错位效果。如实施"黄箱补贴",像粮食补贴一样"撒胡椒面",当然农民能够得到好处,但是仍然会产生地区歧视,对于人均耕地比较多的地区可以得到更多的好处,而人均耕地比较少的地区得到的好处则相对较少,更需要帮助的地区可能得不到帮助。其次补贴管理成本和补

---

① 邓大才:《粮食支持保护应该选择区域支持》,载《农民日报》2004年6月5日。
② 马晓河、蓝海涛:《加入WTO后我国农业补贴政策研究》,载《农业经济导刊》2002年第10期。

贴漏洞也会影响补贴效率。据经济合作与发展组织（OECD）测算，发达国家价格补贴政策的效率仅为25%左右，即政府的价格补贴1元钱，农民只能获得0.25元左右。[①] 也就是政府经济学所说的"好心做了坏事"。

总体而言，改革开放以来，政策增收模式对促进农民收入增长的确起到了巨大的作用，但是政策增收模式受到政策、财力、贸易规模的约束，要期望像从前一样大幅度增加农民收入显然再无可能。激励政策增收效应可以归入增产增收模式、结构调整增收模式考察，前面已经得出结论——增收空间有限。减负政策增收模式是"一锤子的买卖"，而且农民负担已经压缩到最小，很难再减负增收。补贴政策增收的极限是在2004年的基础上增长7.3%，即人均只有192.37元的增收空间。如果再加上补贴管理成本、"漏出效应"等导致补贴效率下降的因素，增收空间和潜力还要缩小。

[①] 马晓河、蓝海涛：《加入WTO后我国农业补贴政策研究》，载《农业经济导刊》2002年第10期。

第八章

就业导向增收模式的新选择

增产增收模式、价格调整增收模式、结构调整增收模式和政策增收模式的增收空间不大,潜力有限,将被就业导向增收模式所取代。

一、就业导向增收:基本界定

所谓就业导向增收模式是相对于增产增收模式、价格增收模式、结构调整增收模式和政策增收模式的一种具有独特适用范围、独立运行逻辑的增收模式。这种模式通过农民就业最大化、农民就业时间最充分化、农民劳动时间最有效化来促进农民增收。就业导向增收模式取代传统增收模式具有必然性。

(一) 就业导向增收模式是农户社会化的理性选择

农户卷入社会化大分工网络。1978年以来农户经济生活和资源配置更深、更广地卷入社会化进程。生产环节分工程度加深,社会化服务替代农户自我服务;家庭资源配置体系外部化,劳动力、土地、资金配置全方位走向市场和社会;农户生活货币化,打破了家庭自给性供给边界,农户经常面临短期性货币支出压力和周期性家庭赤字;人际、户际交往范围扩大、频率增加、程度加深,农户深深卷入全球化分工网络,农民由"家庭人"变成"社会人"。[①]

---

① 徐勇、邓大才:《社会化小农:解释当今农户的一个视角》,载《学术月刊》2006年第7期。

社会化分工导致巨额货币支出。农户家庭生产、生活、交往，农民吃、穿、住、行全方位社会化，生产、生活中的每一个环节、每一个步骤都需要以现金购买商品和服务。社会化的潜台词就是货币支出，社会化需要货币媒介。巨额的货币支出导致农户持续性的现金压力。1978年农村居民现金支出占总支出的比重为44.77%，1990年为70.74%，2004年高达83.45%，与1978年相比，农村居民现金支出比重提高了38.68个百分点，增长了86.40%（见表8-1）。

表8-1　　　　　　农村居民现金支出占总支出的比重

指　标	1978	1985	1990	1995	2000	2004
农村居民现金支出（元）	60.8	331.2	639.1	1 545.8	2 140.4	2 862.5
农村居民总支出（元）	135.8	485.5	903.5	2 138.3	2 652.4	3 430.1
现金占总支出比重（%）	44.77	68.22	70.74	72.29	80.70	83.45

资料来源：《2005年中国农村住户调查年鉴》，中国统计出版社2005年版。

农业是生存问题解决前的主导产业，承包地是解决温饱问题的手段。传统种植业、小块承包土地可以解决衣食及生存问题，但是无法解决货币需求问题，无法缓解农民面临的巨大货币支出压力。要解决货币支出压力，农民必须走出家庭，通过劳动力的外部配置获取增量收入。这就是就业导向增收模式。[1] 显然就业导向增收模式是农民理性的选择。

（二）就业导向增收模式是农户的必然选择

社会化的农户面临货币支出压力有三个选择：一是扩大土地经营面积；二是增加资本投入；三是增加劳动投入。其中，增加劳动投入又可以分为两类：增加家庭内部劳动投入和增加家庭外部劳动投入。

土地扩张增收几乎没有空间。在均分土地的家庭承包责任制下，扩大土地的经营面积几乎没有可能。也许有人会说，随着农民进城，土地会多起来，农户的土地经营规模会扩大。我们以1978~2004年的全国总人口、乡村人口和耕地总面积为基础，使用statistica统计分析软件分别对上述三个变量进行指数平滑法预测（结果见表8-2）。10年后，即2015年乡村人均耕地也只有2.92亩，与2004年的2.43亩相比，只增加0.49亩。再过10年，即2025年乡村人均耕地只有3.46亩，只比2004年增加1.03亩，2030年时乡村人均耕地也只有3.76亩，只比2004年增加1.33亩。一个四口之家，也只有15.04亩，比2004年的四口之家

---

[1] 邓大才：《湖村经济：中国洞庭湖区农民的经济生活》，中国社会科学出版社2006年版，第361页。

只多 5.32 亩耕地，年均增长 1.69%，相当于每年增加 0.16 亩，显然依靠家庭经营面积扩张增收是缓不济急，远水难解近渴。按照农村土地承包法，承包农户拥有 30 年的承包经营权，农户想扩大土地也没有法律依据。扩大土地经营增收近期显然没有空间。

表 8 – 2　　　　　　2007 ~ 2025 年全国、乡村人均耕地预测

年份	总人口（万人）	农村人口（万人）	耕地面积（万亩）	全国人均耕地（亩）	乡村人均耕地（亩）	年份	总人口（万人）	农村人口（万人）	耕地面积（万亩）	全国人均耕地（亩）	乡村人均耕地（亩）
2005	130 751.3	74 485.33	183 894.45	1.41	2.47	2018	141 023.3	60 689.39	186 526.20	1.32	3.07
2010	134 610.4	68 842.42	184 902.15	1.37	2.69	2023	145 185.6	56 091.64	187 548.45	1.29	3.34
2015	138 583.4	63 627.01	185 915.55	1.34	2.92	2028	149 470.8	51 842.21	188 576.25	1.26	3.64
2016	139 392.0	62 632.34	186 118.80	1.34	2.97	2029	150 342.9	51 031.77	188 782.50	1.26	3.70
2017	140 205.3	61 653.21	180 319.35	1.33	3.02	2030	151 220.1	50 233.99	188 988.90	1.25	3.76

资料来源：总人口、乡村人口来源于《中国统计年鉴》，耕地面积来源于《2005 年农业发展研究报告》。

资本扩张增收几乎没有可能。增加资本投入面临两个障碍：

一是资本从哪里来？农户资本来源有两个途径：农户积累和外部借贷。我们先看农户积累（见表 8 – 3），1978 ~ 2004 年共 27 年，农民人均累计积累大约为 5 730.20 元，年均 212.22 元。[①] 如果要进行扩大再生产，投资一个 2 万元左右的项目，一个四口之家的农户需要拿出全家 27 年的积蓄。如果该家还有小孩读书，还要建房，或者有小孩要结婚，势必入不敷出，根本没有剩余资金进行投资。按照建一栋新房 2 万元计算，27 年的积累只够建一栋住宅，按照结婚 2 万元成本计费，27 年的积累只能够娶个媳妇。显然依靠家中积蓄进行资本扩张不现实。即使 27 年农民人均积累 5 730.2 元也值得怀疑。根据中国统计年鉴，2003 年农户存款 18 177.7 亿元，乡村人口人均存款只有 2 401.12 元，不到农民人均积累的一半。当然这不排除农民将钱放在家中，或者农户将钱存在大中城市。再看看外部借贷，即农民从正规金融机构贷款。从我们对中部三村的调查中发现，[②] 改革开放以来湖南省湖村所有农户从正规金融机构获得的贷款还没有超过 10 万元，其他两个村庄也是如此。农民没有增加资本投入的来源。按照《2005 年农业发展研究报告》提供的数据，2004 年农业贷款余额 9 843.1 亿元，[③] 但是这部分贷

[①] 《2005 年中国农村统计年鉴》，中国统计出版社 2005 年版。
[②] 中部三村是指河南省的平原村庄、湖北省的山村、湖南省的湖村，本课题的一个子课题的调研对象。
[③] 《2005 年农业发展研究报告》，来源于中国农业信息网，统计信息。

款不是以农户为主要贷款对象，而是以企业或者其他组织为货款对象，即所谓的农业贷款也是贷给农村企业，而不是贷给农户。在现有的金融体制下，农民几乎无法获得正规金融的资金支持。① 资本扩张增收是无源之水。

表 8-3　　　　　农村居民总收入、总支出与家庭积累　　　　单位：元/人

年份	总收入	总支出	家庭积累	年份	总收入	总支出	家庭积累
1978	151.80	135.80	16.00	1992	1 155.40	1 055.90	99.50
1979	179.84	159.41	20.43	1993	1 333.80	1 211.20	122.60
1980	216.90	196.20	20.70	1994	1 798.40	1 635.50	162.90
1981	253.97	240.20	13.77	1995	2 337.90	2 138.30	199.60
1982	306.28	282.13	24.15	1996	2 806.70	2 527.50	279.20
1983	412.10	380.47	31.63	1997	2 977.20	2 536.80	440.40
1984	475.65	421.70	53.95	1998	2 995.50	2 457.20	538.30
1985	547.30	485.51	61.79	1999	2 987.80	2 390.40	597.60
1986	593.02	535.82	57.20	2000	3 146.20	2 652.40	493.80
1987	653.58	603.90	49.68	2001	3 306.90	2 780.00	526.90
1988	785.30	737.26	48.04	2002	3 431.70	2 923.60	508.10
1989	874.97	830.74	44.23	2003	3 582.40	3 025.00	557.40
1990	990.40	903.47	86.93	2004	4 039.60	3 430.10	609.50
1991	1 046.10	979.60	66.50	累计	43 386.31	37 656.11	5 730.2

资料来源：《中国农村统计年鉴》，相关各年。

二是资本投向哪里？假设农民有资金来源，农民投向什么产业、怎样使产品增收呢？我们调查的三个村庄，1978 年以来种植结构基本没有改变，仍然属于传统产业结构。小农是否具有结构调整的惰性呢，或者说农业结构调整是否具有路径依赖性质呢？这不是本书的研究目标，但是三个村庄的情况表明，农户很少进行结构调整。我们还从三个村庄了解到，在传统产业结构下农户进行简单再生产，不需要贷款，不需要增加资金投入，农户贷款主要是生活方面的需求，不是生产方面的需求，也就是纳尔逊教授所说的农民已经实现了"低水平均衡陷阱"。② 资本扩张增

---

① 曹力群：《目前我国农村民间借贷市场形成的原因、特点及其影响》，载《中国农村经济》2001 年第 26 期。

② 纳尔逊（Nalson. R. F）教授于 1956 年提出，见胡代光、高鸿业主编：《西方经济学大辞典》，经济科学出版社 2000 年版。

收既没有资金来源,也没有资金投向,此种增收方式只能停留在理论层面,在实践方面鲜有意义。

劳动力社会化是现实选择。增加资本和增加土地两大途径无法解决农民的货币收入需求,只能够求助第三条增收途径,即劳动增收。劳动增收又可以分为家庭内部劳动投入增收和家庭外部劳动配置增收。家庭外部劳动配置增收又可以分为村庄内部劳动投入增收和村庄外部劳动投入增收。家庭内部劳动增收是否有可能呢?我们不讨论黄宗智先生所说的"过密化"问题,即随着劳动投入增加,农户的边际收益递减。① 我们从总体上探讨家庭内部劳动投入的空间和潜力。按照2004年劳动用工和生产条件测算,一个劳动力可以种植25.32亩水稻,或者种植37.04亩小麦(见表8-4)。按照2004年全国家庭人均2.8个劳动力,全国种稻农户平均需要70.90亩的播种面积,即使按照2.0的复种指数也需要35.45亩耕地,才能够满负荷的工作,即表示劳动力没有被闲置。同样按照2.0的复种指数(其实小麦一般与花生轮作,种植时期跨年度,但是可以将1亩耕地视为种植作物)计算,种麦农户平均需要51.86亩耕地,劳动力才能够实现家庭充分就业。玉米、高粱、大豆等粮食作物也是如此,按照2004年标准计算,一个农民充分就业分别可以经营玉米30.09亩、高粱42.98亩、大豆57.92亩,如果再折算成农户经营耕地,家庭内部满足农民充分就业或者充分劳动的需要缺口更大。

如果说稻谷和小麦是土地密集型产品,那么我们再看看劳动密集型产品,棉花、苎麻、苹果属于典型的劳动密集型产品,一个劳动力满负荷工作可以经营12.18亩棉花、7.88亩苎麻、7.03亩苹果,如果按照户均2.8个劳动力计算,户均可以经营34.10亩棉花、22.06亩苎麻、19.68亩苹果(指播种面积),按照1.56的复种指数折算(全国平均),三者分别为21.86亩、14.14亩、12.62亩(实际耕地面积)。我们再看一看,2004年中国农户平均经营面积和耕地面积,据《2005年中国农村住户统计年鉴》,2004年每个农村居民经营耕地面积2亩(播种面积),户均耕地8.2亩。从稻谷和小麦来看,只占满负荷工作量所需要耕地面积的一小部分,水稻占23.30%,小麦占8.16%。从劳动密集型产品棉花、苎麻、苹果来看,分别只占满负荷工作所需耕地的37.51%、57.99%、64.97%。与粮食作物比较,劳动密集型产品的确可以容纳更多的劳动力就业,即便如此,目前户均耕地也无法满足家庭劳动力充分就业的需要,还有近四成的家庭劳动力要闲置。因此在家庭内部增加劳动投入显然不现实。

---

① 黄宗智:《长江三角洲小农家庭与乡村发展》,中华书局2000年版,第13~17页。

表8-4　　2004年主要农作物劳动消耗及满负荷经营规模比较

项目	三种粮食平均	水稻	小麦	玉米	高粱	大豆	棉花	苎麻	花生	油菜	苹果
每亩用工（个）	9.97	11.85	8.1	9.97	6.98	5.18	24.63	38.08	12.56	10.17	42.7
农民充分劳动可经营规模（亩）	30.09	25.32	37.04	30.09	42.98	57.92	12.18	7.88	23.89	29.50	7.03
与农业劳力人均作物播种面积缺口（亩）	22.56	17.79	29.51	22.56	35.45	50.39	4.65	0.35	16.36	21.97	-0.5
与农村劳力人均作物播种面积缺口（亩）	25.46	20.69	32.41	25.46	38.35	53.29	7.55	3.25	19.26	34.13	2.4
与农业劳力人均粮食播种面积缺口（亩）	25.11	20.34	32.06	25.11	38	52.94	7.2	2.9	18.91	24.52	2.05
与农村劳力人均粮食播种面积缺口（亩）	27.02	22.25	33.97	27.02	39.91	54.85	9.11	4.81	20.82	26.43	3.96

注：劳动力充分劳动时，全年工时日按照300天计算。充分劳动经营规模＝300÷每亩用工；2004年全国农业劳动力为30 596万人，农村劳动力为49 695万人，全国农作物播种面积为230 329.5万亩，粮食播种面积为1 599.9万亩，农村劳动力人均农作物播种面积4.63亩，农村劳动力人均农粮食播种面积3.07亩，农业劳动力人均农作物播种面积7.53亩，农业劳动力人均粮食播种面积4.98亩。

资料来源：《2005年全国农产品成本收益资料汇编》，中国统计出版社2005年版；同时借鉴了严瑞珍程漱兰主编的《经济全球化与中国粮食问题》，中国人民大学出版社2001年版，第37页。

再从大农业的角度看，能否将更多的劳动及劳动力投入农林牧渔产业，我们可以从表8-5和表8-6清楚地看到，如果按照满负荷工作标准计算，2004年种植业只需要12 993.50万个劳动力，养殖业只需要3 880.15万人，两者合计只有17 126.03万人。也就是说2004年大农业只需要大约1.72亿劳动力就能够完成生产。2004年乡村劳动力人数为4.97亿，农业劳动力人数为3.06亿，[①]与前者比较（并不完全准确，因为农村内部的非农产业也提供了部分就业），乡村劳动力过剩3.25亿人，与后者比较，农业劳动力过剩1.34亿人。农村、农业劳动力

[①] 这个数据是根据农业部《2005中国农业发展研究报告》所提供的数据，与《2005年中国农村统计年鉴》所提供的农村劳动力资源有一定的出入，我们以前者进行核算，全书皆是如此。

严重过剩,将农民增收的希望寄托在增加家庭内部劳动投入,增加大农业的投入显然不太现实。

表 8-5　　2004 年主要农作物对劳动力的理论需求及剩余

种类	播种面积（万亩）	每亩用工（日）	充分就业经营规模（亩/人）	理论劳动力需求量（万人）
稻谷	42 568.50	11.85	25.32	1 681.46
小麦	32 439.00	8.10	37.04	875.85
玉米	38 169.00	9.97	30.09	1 268.48
高粱	850.50	6.98	42.98	19.79
谷子	1 374.00	9.60	31.25	43.97
其他谷物	3 625.50	9.97	30.09	120.49
大豆	19 198.50	5.18	57.92	331.49
薯类	210 810.00	14.52	20.66	1 020.32
花生	7 117.50	12.56	23.89	297.99
油菜籽	10 906.50	10.17	29.50	369.73
其他油类	3 622.50	11.37	26.39	137.29
棉花	8 539.50	24.63	12.18	701.09
熟红麻	309.00	16.00	18.75	16.48
苎麻	189.00	38.08	7.88	23.99
甘蔗	2 067.00	22.62	13.26	155.85
甜菜	285.00	9.57	31.35	9.09
烤烟	1 899.00	39.87	7.52	252.38
蔬菜瓜果	26 340.00	50.44	5.95	4 428.63
药材	1 887.00	27.69	10.83	177.91
其他	11 497.50	27.69	10.83	1 061.22
累计	234 006.00	—	—	12 993.50

注：大豆播种面积是指大豆与杂豆的合计数；薯类是指所有的薯类产品；柑橘用工是柑用工量与橘用工量的平均数；各类药材用工数量差距比较大,但是数量较小,用其他类的用工核算；其他类用工用所有农作物的加算术平均数替代（以土地为权数）。充分就业经营规模＝300÷每亩用工；理论劳动力需求量＝播种面积÷充分就业经营规模。

资料来源：每亩用工数据来源于《2005 年农产品成本收益资料汇编》,其他数据来源于《中国统计年鉴（2005）》。

表8-6　　　　　　　主要养殖业对劳动力的理论需求

养殖种类	养殖业总产量	每头、只、百只、亩用工（日）	充分就业生产量（头、只、百只、亩/人）	理论劳动力需求（万人）
生猪（万头）	61 800.7	7.31	41.04	1 505.87
肉牛（万头）	5 018.9	23.05	13.02	385.48
肉羊（万只）	28 343.0	7.81	38.41	737.91
禽类（亿只）	90.7	5.05	59.40	152.69
奶牛（万头）	1 108.0	55.12	5.44	203.68
水产品养殖（万亩）	11 020.5	36.51	18.48	1 341.78
合　计	—	—	—	3 880.15

注：水产品养殖面积是内陆养殖和海水养殖面积之和，其用工是用淡水一般养殖与规模精养用工的算术平均数（以两者面积为权数）。

资料来源：《中国统计年鉴（2005）》，中国统计出版社2005年版。

另外，家庭内部的劳动投入取得的成果（增产、提质）仍然需要市场机制转换，增量劳动价值能否转换成增量劳动收入不得而知。可见家庭内部劳动投入的效果要通过增产增收模式起作用，可以将家庭内部劳动投入归并到增产增收模式进行分析。经过排除可以得出如下结论：第三个途径——劳动增收应该指家庭外部的劳动增收，即劳动社会化增收，其实就是从以土地为载体、以大农业为载体的就业转变成以社会为载体的就业，即将家庭劳动力社会化。显然劳动力社会化增收，就是就业导向增收模式。它是农民不得已的选择，也是农民可以控制、可以实现的选择，并是最终的选择。

（三）就业导向增收模式是历史发展的必然

增产增收、价格增收、结构调整增收、政策增收以及从属于上述四个部分的资本扩张增收、土地扩张增收、家庭劳动投入增收都属于一种阶段性、战术性、非持续性的增收模式。因为它们与历史发展趋势不一致，与经济内部运行逻辑不一致。历史发展的趋势是什么呢？城市化、工业化、城乡一体化、家庭资源社会化，还有现在非常时髦的"和谐化"。上述所谓趋势都离不开人，城市化就是要让农民进城，工业化就是要让农民进厂；社会化就是农民要走出家庭；城乡一体化就是要让包括劳动力在内的城乡资源互通有无；"和谐化"还要让人有事做，利用更多的时间赚钱，以减少"人与人"之间的矛盾。这些历史发展大趋势，浩浩荡荡，势不可当。农民增收模式只能在这一大趋势进程中进行选择，并主动适应这一大趋势。大趋势决定农民增收模式的选择集合，主导增收模式只能够在这中间选择。根据大趋势的"五大特征"，[①] 我们可以从中抽象、归纳出农民增收模式，必须以人为载体，必须超越家庭，必须让人有事做，减少闲置时间。这些要求和特征归纳起来就是就业，即通过就业来增收，将就业视为增收的主要途径、主要渠道，即我们一直倡导的"就业导向增收模式"。可见，就业导向增收模式是社会经济历史发展的必然，是顺应历史趋势的选择。

二、就业导向增收：实证检验

本部分将从三个方面进行分析：一是农民收入结构变化的描述；二是就业对农民增收的影响；三是就业结构变化对增收的影响。

（一）农民收入结构变化的描述

农民工资性收入比重大幅上升，1985年工资性收入占农民人均纯收入的比重是18.04%，家庭经营性收入是74.44%（见表8-7），后者是前者的4.13倍。2004年工资性收入的比重已经达到34%，家庭经营性收入比重下降为59.45%，后者是前者的1.75倍，工资性收入比重上升15.96个百分点，家庭经营性收入下降了14.99个百分点，这是农民从家庭走向社会的结果，就业社会化导致农民工资性收入的增长，进而导致家庭收入增长，即就业导向增收模式发生了作用。

表8-7　　　　农民人均纯收入的构成（按收入来源分）

年份	绝对数（元）					比重（%）				
	工资性收入	家庭经营收入	财产性收入	转移性收入	合计	工资性收入	家庭经营收入	财产性收入	转移性收入	合计
1985	71.71	295.98	0	29.91	397.60	18.04	74.44	0	7.52	100
1995	353.7	1 125.79	41.00	57.25	1 577.74	22.42	71.35	2.60	3.63	100
2004	998.46	1 745.79	76.60	115.55	2 936.40	34.00	59.45	2.61	3.94	100

注：数据来源于2005年《中国统计年鉴》和2005年《中国农村统计年鉴》，两者的数据有一定微小的差别，原因是前者保留两位小数，后者只保留一位小数。

[①] 笔者的简要归纳，可能还有其他的特征。

非农收入大幅增长。农民人均纯收入按照是否从事农业生产可以分为从农业获得的收入和从非农产业获得的收入,前者称为务农收入,后者称为非农收入。1985年务农收入占农民人均纯收入的比重为66.35%,非农收入为33.65%。2004年两者分别为47.61%和52.39%(见表8-8),非农收入已经超过务农收入,成为农民增收的主要来源,说明农民已经无法完全依靠务农增收。要增收只能从务农以外想办法,即农民增收要从家内转向家外、要从农内转向农外,同时劳动力配置也要社会化。

"农外收入"大幅增长。农民人均纯收入按照来源地区可以分为"农内收入"和"农外收入"。"农内收入"是指村庄内部的收入,"农外收入"是指村庄外部的收入。1985年农民人均纯收入中来自村庄内部的份额为74.44%,来自村庄外部的份额为25.56,2004年两者分别变为59.45%和40.55%(见表8-8)。后者已经占到农民人均纯收入的四成。"农外收入"比重的增长,说明农民增收已经不能局限于村庄内部,必须将劳动力向村庄外部配置,即通过外出就业带动收入增长。

表8-8　　　　　　务农收入与非农收入对比　　　　　　单位:%

年份	务农收入与非农收入比重			"农内收入"和"农外收入"比重		
	务农收入	非农收入	农民人均纯收入	务农收入	非农收入	农民人均纯收入
1985	66.35	33.65	100	74.44	25.56	100
1995	60.63	39.37	100	71.35	28.65	100
2004	47.61	52.39	100	59.45	40.55	100

资料来源:《中国农村统计年鉴》,相关各年。

农民从第二、第三次产业中获得的收入比重增大。首先从生产性纯收入来看,农民收入可以分为生产性纯收入和非生产性纯收入,生产性纯收入主要包括工资性收入和经营性收入。[①] 1978年农民从第一次产业中获得的纯收入占生产性纯收入的91.47%,从第二、第三次产业中获得纯收入的比重为8.53%。2002年从第一次产业获得的收入占生产性纯收入的50.19%,而从第二、第三次产业获得收入的比重为49.81%,后者年均增长7.02%(见表8-9)。生产性收入中来自非农就业的收入几乎已经占据半壁江山。其次从家庭经营性收入来看,1978年家庭纯收入中直接从农业中获得的收入占到总额的94.41%,2004年下降为

---

① 农民生产性收入,中国统计年鉴只统计到2002年,我们就分析1978~2002年的生产性纯收入的结构变化情况。

80.08%，其中从第二、第三次产业中获得的收入达到了 19.92%。就业的社会化促进了收入的多元化，推动了农民收入的增长。

表 8-9　　　　　　　　　　生产性纯收入的构成

年份	生产性纯收入的构成（元）				家庭经营性纯收入构成			
	一次产业	二次产业	三次产业	合计	一次产业	二次产业	三次产业	合计
1978	91.47	8.53	0	100	94.41	0	5.59	100
1985	81.12	8.01	10.86	100	89.12	3.24	7.64	100
1990	77.72	10.75	11.53	100	87.95	4.11	7.95	100
2002	50.19	25.22	24.59	100	76.35	7.31	16.35	100
2004	—	—	—	—	80.08	6.2	13.72	100

资料来源：《中国农村统计年鉴》，相关各年。

通过上面的分析可以看出，农民就业已经从农业走向非农业，从家庭走向社会，从村内走向村外，同时农民的收入来源也从农业走向非农业、从务农走向非农、从"农内"走向"农外"，从第一次产业为主走向与三个产业并重，大致可以推断就业的多元化、就业的社会化、就业的非农化带来了收入的多元化、社会化、非农化。

（二）就业对农民增收的总体影响

就业与农民增收的关系将从两个层面进行计量分析：一是从总体上探讨就业与农民人均纯收入之间的变化。二是从不同的就业变化探讨对农民人均纯收入的影响。

假定农民人均纯收入指数为 Y，乡村劳动力就业量为 X，利用中国统计年鉴 1983~2004 年的相关数据，用两者的对数进行回归分析（Eviews 统计分析软件），不存在异方差，但是存在较严重的序列相关，我们用 AR（1）、AR（2）进行校正，回归结果比较理想，消除了序列相关问题，回归系数相当显著。再进行分段回归，具体结果见表 8-10。

1983~1993 年在其他因素不变的情况下，乡村劳动力的就业量每增加 1 个百分点，农民人均纯收入指数增长约 1.59 个百分点。1993~2004 年乡村劳动力的就业量每增加 1 个百分点，农民人均纯收入指数增长 3.98 个百分点。1983~2004 年乡村劳动力的就业量每增加 1 个百分点，农民人均纯收入指数增长 3.01 个百分点。

表8-10 农民人均纯收入指数对数与乡村劳动力就业对数的回归方程
[ln(Y) = 农民收入指数对数]

时 期	1983~1993年	1994~2004年	1983~2004年
常数	-11.14191 (-7.442879)	-36.63407 (-12.71820)	-26.28708 (-4.475738)
乡村劳动力对数 log(X)	1.587947 (11.23488)	3.976392 (14.85205)	3.013996 (5.506304)
AR(1)			1.330507 (6.481791)
AR(2)			-0.516696 (-2.488526)
R^2	0.93	0.96	0.99
调整 R^2	0.93	0.96	0.98
F值	126.22	220.5835	414.85
P值	0.00001	0	0
样本数目	11	11	22

三个回归方程表明,农民就业量的增长对收入增长的作用非常大,而且第二阶段的作用大于第一阶段。同时也说明,改革开放以来,以就业为导向的增收模式的确存在。在此必须看到,虽然方程模拟得比较好,但是单一变量的回归模型,很可能存在模型设定的问题,且有些变量没有引入,虽然如此,但是仍不能否定就业与收入之间的正向关系。

(三) 就业结构变化对增收的影响

乡村就业结构的影响将从四个方面进行分析:一是农业就业与非农就业;二是农业就业与非农就业中的内部就业;三是按照产业分类的就业;四是探讨为什么就业导向增长模式具有最大的潜力。

1. 按照农业与非农业就业标准分类

按照农业与非农业标准,就业可以分为农业就业和非农业就业。农业就业与非农业就业之间存在此多彼少的关系,一方增加的数量是另一方减少的数量。我们利用 Eviews 统计分析软件及表8-11的数据,用农民人均纯收入指数的对数与非农就业比重进行回归(半对数模型)。设农民人均纯收入指数为 Y,非农就业量占乡村劳动力就业量的比重为 X，利用 1983～2004 年、1983～1993 年、1994～2004 年的数据进行回归。两个变量之间存在异方差和序列相关问题，用 MA（1）进行校正，消除异方差和自相关，自变量的系数显著，模拟效果较好（见表 8-12）。

表 8-11　　　　　　乡村劳动力就业结构　　　　　　单位：%

年份	农村劳动力就业结构		非农劳动力就业结构					按三次产业乡村就业人口结构		
	农业劳动力	非农业劳动力	工业	建筑业	交通运输	餐饮业	其他	一次产业	二次产业	三次产业
1983	91.22	8.78	28.67	15.86	5.29	6.77	43.42	91.22	3.91	4.87
1984	88.09	11.91	24.14	18.94	7.38	9.85	39.69	88.09	5.13	6.78
1985	81.89	18.11	40.83	16.83	6.46	6.90	28.98	81.89	10.44	7.67
1986	80.20	19.80	41.73	17.40	6.73	7.07	27.07	80.20	11.71	8.09
1987	79.15	20.85	40.55	17.60	6.92	7.47	27.45	79.15	12.12	8.72
1988	78.51	21.49	39.64	17.72	7.05	7.63	27.96	78.51	12.33	9.16
1989	79.24	20.76	38.31	17.67	7.23	7.67	29.11	79.24	11.62	9.14
1990	79.35	20.65	37.23	17.56	7.32	7.99	29.90	79.35	11.31	9.34
1991	79.33	20.67	36.69	17.22	7.35	8.12	30.61	79.33	11.14	9.53
1992	77.71	22.29	35.51	16.99	7.23	8.34	31.93	77.71	11.70	10.59
1993	75.15	24.85	33.27	17.16	7.27	8.63	33.67	75.15	12.53	12.32
1994	73.21	26.79	32.17	17.19	7.59	9.06	33.99	73.21	13.23	13.57
1995	71.79	28.21	31.25	17.34	7.74	9.21	34.46	71.79	13.71	14.50
1996	71.23	28.77	30.85	17.68	7.89	9.69	33.89	71.23	13.96	14.81
1997	70.57	29.43	29.80	17.54	7.82	10.22	34.62	70.57	13.93	15.50
1998	70.27	29.73	28.46	17.34	7.88	10.59	35.73	70.27	13.96	16.12
1999	70.18	29.82	28.27	18.11	7.98	11.33	34.32	70.18	13.83	15.99
2000	68.80	31.20	27.10	17.75	7.72	11.55	35.88	68.80	14.18	17.02
2001	67.29	32.71	27.23	17.73	7.64	11.82	35.59	67.29	14.71	18.01
2002	65.92	34.08	27.25	17.89	7.61	12.08	35.17	65.92	15.38	18.69
2003	63.83	36.17	27.88	18.07	7.50	11.63	34.93	63.83	16.62	19.55
2004	61.57	38.43	28.48	17.70	7.73	14.15	31.94	61.57	17.75	20.68

资料来源：《中国农村统计年鉴》，相关各年。

表8-12　农民人均纯收入指数对数与农民非农就业比重的回归方程
[ln(Y) = 农民收入指数对数]

时　期	1983~1993年	1994~2004年	1983~2004年
常数	5.28817 (59.49902)	5.02795 (31.13947)	5.008107 (92.19462)
农民非农就业比重 X	0.020665 (4.735241)	0.035547 (7.093131)	0.035766 (17.58984)
MR(1)	0.989945 (567 662.9)	0.989949 (1 174.698)	0.715366 (4.802977)
R^2	0.95	0.97	0.98
调整 R^2	0.94	0.96	0.98
F值	81.32	112.53	455.29
P值	0	0	0
样本数目	11	11	22

1983~1993年农民非农就业比重每提高1个百分点,农民人均纯收入指数就增加约为2.07个百分点;① 1994~2004年农民非农就业比重每提高1个百分点,农民人均纯收入指数就增加约为3.55个百分点。说明后一阶段,农民非农就业对农民收入的拉动作用比前一阶段要大。

从1983~2004年总体来看,农民非农就业与农民收入指数之间是正相关的关系,非农就业量比重每增长1个百分点,农民收入指数就增长约为3.58个百分点。简单地将此系数与表8-10比较,可以发现非农就业量结构变动对农民收入指数的拉动作用要大于所有农民就业量的拉动作用,前者有3.01个百分点,后者为3.58个百分点,后者的增收作用大于前者。这说明,农民就业从农业转向非农业、从家庭转向社会能够带来更大的收入增量。

2. 按照非农就业结构分类

再将非农劳动力就业进一步划分,可以分为工业、建筑业、交通运输业仓储邮电、商业餐饮业及其他产业就业。我们利用5个产业就业量的对数与农民收入指数对数进行回归,结果见表8-13。设农民人均纯收入指数的对数为Y,工业、建筑业、交通运输仓储邮电业、商业餐饮业及其他产业就业量对数分别为Z1、Z2、Z3、Z4、Z5。我们利用 statistica 统计分析软件进行岭回归分析,以消除共线

---

① 半对数模型,讨论系数含义时,必须对系数乘以100,然后予以讨论。

性的影响，回归结果见表 8-13。

表 8-13　农民收入指数对数与非农产业就业量对数回归模型

[ln(Y) = 农民收入指数对数]

时　期	1983~1993 年	1994~2004 年	1983~2004 年
常数	3.539291 (6.599839)	-0.047159 (-0.025871)	2.571179 (4.895097)
农民工业就业量对数 Z1	0.034258 (0.729267)	0.137335 (0.569400)	0.047281 (0.706020)
农民建筑就业量对数 Z2	0.055391 (0.861606)	0.167430 (0.954916)	0.098615 (1.473347)
农民交通运输仓储邮电就业量对数 Z3	0.049052 (0.890608)	0.196337 (1.000083)	0.081771 (1.387844)
农民商业餐饮就业量对数 Z4	0.059622 (0.988168)	0.101624 (1.016437)	0.092756 (1.891674)
农民其他产业就业量对数 Z5	0.101749 (1.203848)	0.187255 (1.005882)	0.127496 (1.927699)
R^2	0.81	0.81	0.78
调整 R^2	0.62	0.61	0.71
F 值	4.31	4.19	11.18
P 值	0.067	0.071	0.00014
样本数目	11	11	22

工业、建筑业、交通运输仓储邮电业、商业餐饮和其他产业就业量的增长都能够促进农民收入增长，其就业收入弹性分别为 0.047281、0.098615、0.081771、0.092756、0.127496。就业收入弹性最大的是其他服务业，第二为建筑业，第三为商业餐饮，第四为交通运输仓储邮电，第五为工业，建筑服务业的就业收入弹性要大于工业的就业收入弹性。

从分段回归来看，1994~2004 年的回归系数均大于 1983~1993 年的回归系数，说明第二阶段农民在各项非农产业就业对收入的拉动作用均大于第一阶段。第二阶段农民在交通运输仓储邮电业的就业收入弹性最大，为 0.196337，其他产业、建筑业、工业就业收入弹性分别为 0.187255、0.167430、0.137335，最低是商业餐饮业的就业收入弹性为 0.101624。不管谁的弹性最大，都说明了非农就业量的增长能够促进农民收入较大幅度的增长。

3. 按照就业的产业分类

现在学者和官员对收入增量的影响都习惯从产业的角度进行考察,即第一、第二、第三次产业就业结构变动对收入的具体影响程度。笔者也采用产业就业量对农民收入的影响进行回归分析。我们用农民第二、第三次产业就业量占乡村劳动力就业量比重进行分析。设农民人均纯收入指数 y,$Y = \ln(y)$,第二、第三次产业就业比重为 E1、E2。由于第二、第三次产业就业比重之间存在严重的多重共线性,利用 1983~2004 年的数据(statistica 统计分析软件)进行岭回归分析,得到结果见表 8 - 14。

表 8 - 14 农民收入指数对数与第二、第三次产业就业比重的回归模型
[ln(Y) = 农民收入指数对数]

时 期	1983~1993 年	1994~2004 年	1983~2004 年
常数	5.302267	5.311573	5.291474
	(50.17139)	(20.56357)	(44.34292)
第二次产业就业比重 E1	0.013299	0.027938	0.025563
	(1.67729)	(1.44170)	(2.59031)
第三次产业就业比重 E2	0.027022	0.025412	0.023557
	(2.24605)	(2.08385)	(3.48327)
R^2	0.63	0.60	0.64
调整 R^2	0.54	0.51	0.61
F 值	6.80	6.12	17.221
P 值	0.018809	0.024	0.000054
样本数目	11	11	22

第二、第三次产业就业比重与农民收入呈正相关。1978~2004 年第二次产业就业比重每增长 1 个百分点能够带来 2.56 个百分点的收入指数增长,第三次产业就业比重每增长 1 个百分点能够带来 2.36 个百分点的收入指数增长。整体上看,第二次产业就业结构变化的收入弹性要稍稍大于第三次产业的就业结构变化弹性。不管怎样都说明了一个问题,劳动力从第一次产业、农业、家庭转向非农产业、转向社会都能够较大幅度促进农民收入的增长。

综上所述,农民就业量的增长能够促进收入增长,说明以就业为导向的增收模式过去一直存在,最近作用更加突出。非农产业就业对农民收入增长的作用比较大,其中第二次产业作用最大,第三次产业次之。如果将非农产业进一步细分,交通运输业就业增长对增收作用最大,然后为商业餐饮,接着为建筑业,工业就业的增收作用在非农产业中最低。

(四) 为什么就业导向增收模式是农民必然选择

虽然上述模型可以从一定程度上说明就业及其结构变化与农民收入增长的关系,但是模型存在一定的设定问题,因为忽略了不少重要变量,如农产品产量、物价变化、政策变化、播种面积的变化等。在此构建一个综合型的模型,将影响农民增收的主要变量都纳入分析框架,以此考察就业对增收的影响。

农民人均纯收入指数对数设为 Y,农民非农就业劳动力比重为 X_1,农作物播种面积设为 X_2,农产品价格指数为 X_3,非粮食播种面积占总播种面积的比重为 X_4,X_5 表示农村税费改革及粮食直接补贴政策的实施(1 表示实施,0 表示没有实施,2001~2004 年为 1,其余为 0)。我们利用 statistica 统计分析软件进行岭回归分析,以消除共线性问题,样本区间是 1983~2004 年,回归结果见表 8-15。

在其他条件不变的条件下,农村税费改革及粮食补贴政策的实施能够带来 7.75 个百分点收入增长,在所有自变量的边际效应中居第一位。粮食播种面积的比重每增加 1 个百分点,农民收入增加 1.34 百分点,在各个变量中居第二位。农民在非农产业中的就业比重每增加 1 个百分点,农民收入增长 0.79 个百分点,在 5 个变量中居第三位。物价指数每增长 1 个百分点,农民收入增长 0.10 个百分点,农作物播种面积每增长 1 个百分点,农民收入可以增长 0.0012 个百分点。

X_5、X_4、X_1、X_3、X_2 分别代表政策增收模式、结构调整增收模式、就业导向增收模式、价格增收模式和增产增收模式。在过去 27 年中,政策增收模式的增收效应最好,结构调整增收模式位居其次,然后为就业导向增收模式,比较差的是增产增收模式,最差的为价格增收模式。

表 8-15　农民收入指数对数与相关变量之间的回归模型 (1983~2004 年)

	B 值	B 值的标准误差	系数	系数的标准误差	T 值	概率
常数			3.274278	0.818650	3.999606	0.001033
X_1	0.212606	0.101423	0.007875	0.003757	2.096223	0.052317
X_2	0.197905	0.096117	0.000012	0.000006	2.058997	0.056157
X_3	0.185211	0.096642	0.001043	0.000544	1.916454	0.073347
X_4	0.188577	0.100960	0.013369	0.007157	1.867848	0.080210
X_5	0.110318	0.090727	0.077543	0.063773	1.215938	0.241644

$R^2 = 0.80393810$　　调整 $R^2 = 0.74266875$
$F(5, 16) = 13.121$　　$P < 0.00003$　　估计标准:0.14076

上述模型是对 1983～2004 年的总体考察，模型无法区别改革开放初期和当前之间的区别。为了体现时间差别，我们再对 1993～2004 年进行岭回归分析，变量假设相同，只改变样本数量和时期，回归结果见表 8-16。

表 8-16　农民收入指数对数与相关变量之间的回归模型（1993～2004 年）

	B 值	B 值的标准误差	系数	系数的标准误差	T 值	概率
常数			3.406592	1.275396	2.671008	0.036977
X_1	0.254867	0.184283	0.010786	0.007799	1.383017	0.215926
X_2	0.226982	0.157073	0.000012	0.000009	1.445072	0.198564
X_3	0.063315	0.153111	0.000615	0.001486	0.413525	0.693596
X_4	0.220068	0.183664	0.010562	0.008815	1.198214	0.276012
X_5	0.159132	0.177319	0.053435	0.059792	0.897433	0.404058

$R^2 = 0.74539815$　调整 $R^2 = 0.53322994$
$F(5, 6) = 3.5132$　$P < 0.07893$　估计标准误差：0.11296

1993～2004 年回归结果与 1983～2004 年回归结果比较可以发现，最大的变化是就业导向增收模式已经从第三位跃居第二位，非农就业对农民增收的拉动作用已经超过结构调整的拉动作用，以就业的社会化、非农化推动农民增收的效果非常显著。价格增收模式、增产增收模式的增收效应更加衰微。政策增收模式的效应仍然最大，主要原因是 2001 年以后国家利农政策集中出台，抬升了政策增收模式的作用，考虑到政策增收模式的非持续性，今后农民增收势必依靠就业导向的增收模式。

通过上述分析，可以对 1983 年以来的五大增收模式进行总体评估。从历史来看，政策增收模式对农民的增收作用效应最大，然后是结构调整增收模式和非农就业导向的增收模式。最近一段时间，后者的作用开始超过前者。当前增收作用比较差的是增产增收模式和价格增收模式，其中最差的是增产增收模式，即增产增收模式已经走到了尽头，价格增收模式已经式微。

从未来潜力来看，如果结合对四大增收模式未来的潜力和空间分析，政策增收模式受农民的财富创造能力、农产品支持保护的国际约束以及国家财力的实际约束，未来的增长空间和增长潜力有限；相对而言，近几年居于第二位，增收作用逐渐增强的就业导向增收模式有着广阔的前景和空间。因此，在此可以证实全文的假设：就业导向的增收模式是最优的增收模式，它将是今后较长一段时间农民和政府的必然选择。

三、就业导向增收：历史动因

就业导向增收模式是农民和政府的必然选择，其结论是使用排除法得出，对于就业增收模式的潜力和空间也只是进行一些定性分析，农民非农就业空间到底有多大还需要定量分析。首先对就业增长进行历史分析，然后对未来的潜力进行推断，最后进行具体的测算。

（一）经济增长对农民非农就业的拉动作用

经济增长能够促进就业的增长，同样也能够促进农民的非农化。改革开放以来，特别是最近几年，我国大力发展经济促进农民的非农就业，究竟经济增长对农民的非农就业有多大的影响呢？

设 GDP 为 X，农民非农就业劳动力为 Y，利用 1983~2004 年的相关数据，用 Eviews 统计分析软件进行了一阶差分回归以消除序列相关，差分后存在序列相关，我们用 MA（1）对其进行校正，不存在异方差和序列相关。回归得到如下方程：

$$\Delta Y = 456.25 + 0.066407 \Delta X + 0.989597 MA(1) \qquad R^2 = 0.35$$
$$(3.67) \quad (2.52) \qquad (1\,694.32)$$

上述方程系数都非常显著，判定系数只有 0.35，也就是说经济增长只能解释 35% 的农民非农就业。1983~2004 年 GDP 每增长 1 亿元，平均可以带来 664.07 位农民的非农就业，经济增长能够带来较大数量的农民非农就业。可见要解决农民就业问题，必须大力发展经济，通过增长促进农民就业。

（二）工业化、城市化、外向化、服务化对农民非农就业的影响

经济增长的主要动力是城市化、服务化、工业化、外向化，它们的发展都能带动农民非农就业的增长，分别设为 X_1、X_2、X_3、X_4。用上述四个变量与农民非农就业量进行回归分析。城市化用城镇人口占总人口的比重表示（X_1），工业化用工业增加值占 GDP 的比重表示（X_2），外向化用对外出口总额占 GDP 的比重表示（X_3），服务化用第三次产业增加值占 GDP 的比重表示（X_4），非农产业就业率就用农民非农就业劳动力占乡村劳动力的比重表示，设为 Y。自变量之间存在严重共线性问题，我们利用 statistica 统计分析软件做岭回归分析，用 1983~2004 年的数据进行考察。回归结果如下：

$$Y = -27.33 + 0.2863X_1 + 0.5098X_2 + 0.5852X_3 + 0.2254X_4 \qquad R^2 = 0.74 \quad F = 12.2$$
$$(-2.16) \quad (2.04) \qquad (2.08) \qquad (2.00) \qquad (2.01)$$

从上述方程可以看出，城市化、服务化、工业化和外向化对农民非农就业的拉动作用分别是 0.2863、0.5098、0.5852、0.2254，工业化的拉动作用最大，其次是服务业，再次为城市化，产品出口的拉动作用最小。虽然产品出口的拉动作用最小，但必须看到它仅仅比城市化低 0.0609 个百分点，几乎可以与城市化对农民非农就业的拉动作用媲美。

从具体的数量来看，按照 2004 年的农民非农就业劳动力计算，城市化水平每提高 1 个百分点可以为农民提供 54.68 万个非农就业岗位（见表 8-17），工业化水平每提高 1 个百分点，可以为农民提供 111.77 万个非农就业岗位，服务业产值每提高 1 个百分点，可以为农民提供 97.37 万个非农就业岗位，产品对外出口每提高 1 个百分点，可以为农民提供 43.05 万个非农就业岗位。

表 8-17　　　　　　　　每年农民平均非农就业增加量

	城市化	服务化	工业化	外向化
增长 1 个百分点拉动农民非农就业率（%）	0.2863	0.5098	0.5852	0.2254
2004 年农民非农产业就业人口（万人）	19 099	19 099	1.9099	1.9099
农民非农就业增加量（万个）	54.68	97.37	111.77	43.05

四个拉动农民非农就业的变量中，谁的潜力最大呢？

第一考察工业化。按照库兹涅茨的研究，就业人口先是从农业向工业转移，再向服务业转移。① 2004 年中国工业就业比重要达到 1995 年中等发达国家的就业比重，工业（包括建筑业，即第二次产业）尚有 4.5 个百分点的差距，距离发达国家的工业就业比重尚有 8.5 个百分点的差距。也就是说，随着工业的进一步发展，工业还有一定的就业空间。按照 2004 年工业化的农民非农就业弹性，达到发达国家的标准可以提供 464.78 万个岗位，达到中等发达国家的标准可以提供 246.46 万个岗位（见表 8-18 和表 8-19）。

第二考察城市化。中国城市化水平比较低，2004 年只有 41.75%，距离发达国家尚有 40.34 个百分点，距离中等发达国家尚有 26.34 个百分点，如果中国赶上发达国家和中等发达国家的标准，分别可以为农民提供 2 564.73 万个、3 927.91 万个非农就业岗位。

第三考察服务业。中国的服务业发展水平也较低，2004 年服务业产值占 GDP 的比重只有 31.9%，分别距离发达国家和中等发达国家 10.4 个和 33.4 个百分点，赶上发达国家可以为农民提供非农就业岗位 1 162.41 万个和 3 733.12 万个。

---

① 西蒙·库兹涅茨：《各国的经济增长》，商务印书馆 1985 年版，第 28 页。

表 8-18　　　　　　　　　　GDP 及就业结构　　　　　　　　　　单位：%

	中国			中等发达国家			发达国家		
	农业	工业	服务业	农业	工业	服务业	农业	工业	服务业
GDP	15.2	52.9	31.9	12.1	35.5	52.2	1.9	29.8	66.3
就业结构	46.9	22.5	30.6	32	27	41	5	31	64

注：中国的农业是第一次产业，工业是第二次产业，服务业是第三次产业。

资料来源：《中国统计年鉴》相关各年；世界银行《世界发展报告》相关各年。中等发达国家的 GDP 结构是 2001 年发展中国家的平均数据。

表 8-19　　　　　　相关变量的就业空间（静态计算）

	距中等发达国家				距发达国家			
	工业化	城市化	服务业	出口	工业化	城市化	服务业	出口
潜力（%）	4.5	26.34	10.4	-19.71	8.5	40.34	33.4	-19.44
每百分点边际就业率（万人）	54.68	97.37	111.77	43.05	54.68	97.37	111.77	43.05
非农就业空间(万人)	246.06	2 564.73	1 162.41	-848.52	464.78	3 927.91	3 733.12	-836.89

注：发达国家出口比重根据的是 2001 年的平均数据，中等发达国家是发展中国家的平均水平；发达国家的城市化水平根据的是 2001 年日本、美国、法国、德国、意大利、荷兰、英国、澳大利亚 8 个国家的平均数，为 82.1%，中等发达国家城市化水平根据的是 2001 年墨西哥、白俄罗斯、保加利亚、捷克、波兰、罗马尼亚、俄罗斯、乌克兰的平均数，为 68.1%。

第四考察出口产业。中国出口依赖程度比较高，2004 年出口额占 GDP 的比重达到了 35.85%，比发达国家和中等发达国家分别高出 19.44% 和 19.71%，按照发达国家和中等发达国家的标准，农民的非农就业岗位还要分别减少 836.89 万个和 848.52 万个。

静态角度分析是一种比较理想化的预测模式，随着农民非农就业量的增加，四大变量的就业弹性可能不变，但是增长的基础是增加的，因此农民的非农就业量应该是递增的，理论化的预测小于实际状态。但它至少给我们提供了一个分析农民非农就业渠道和潜力的依据。从上面的分析可以看出，四个变量中，城市化水平的提高对农民非农就业的拉动作用最大，其次是服务业，最后是工业。我国对外出口占 GDP 的比重已经非常高，再想通过对外出口拉动农民非农就业的空间最小。因此，大力提高城市化水平，推进服务业的发展是提高农民非农就业岗位，促进农民增收的最有效途径。

(三) 不同产业的就业结构弹性比较

为了准确地测算两者之间的互动关系，我们计算各个行业产值的农民非农就业弹性。具体来看，工业产值的农民非农就业弹性从第一阶段（1983~1993 年）的 0.64 下降到第二阶段（1994~2004 年）的 0.18，下降了 0.46，下降幅度高达 71.88%（见表 8-20）。建筑产值的农民非农就业弹性从第一阶段的 0.39 下降到第二阶段的 0.30，下降了 0.09，下降幅度达 23.08%。交通运输仓储邮电的农民非农就业弹性从第一阶段的 0.57 下降到第二阶段 0.34，下降了 0.23，下降幅度达 40.35%。商业餐饮的农民非农就业弹性由第一阶段的 0.29 上升到第二阶段的 1.00，上升了 0.71，上升幅度达 144.83%，它是五个变量中就业弹性唯一上升的变量。其他产业的农民非农就业弹性由第一阶段的 0.28 下降到第二阶段的 0.23，下降了 0.05，下降幅度为 28.57%。

表 8-20　　　　不同产业增加值的农民非农就业弹性

	1983~1993 年	1994~2004 年	1983~2004 年	农民非农就业量（万人）
工业	0.64	0.18	0.21	40.11
建筑	0.39	0.30	0.17	15.47
交通运输仓储邮电	0.57	0.34	0.29	55.39
商业餐饮	0.29	1.00	0.28	53.48
其他	0.28	0 23	0.12	22.92

注：根据 2004 年的农民非农就业人口进行折算。

按照具体数量考察，以 2004 年农民非农就业量为基础，以 1983~2004 年农民非农就业弹性为工具，2004 年工业、建筑业、交通运输仓储邮电、商业运输和其他产业对农民非农就业量的拉动效应分别是 40.11 万人、15.47 万人、55.39 万人、53.48 万人和 22.92 万人。交通运输仓储邮电对农民非农就业的拉动作用最大，其次为商业餐饮，工业位居第三，第四是其他服务业，作用最小的是建筑业。

整体来看，1983~2004 年农民非农就业弹性最高的是交通运输仓储邮电，其次为商业餐饮，再次为工业，最差的为服务业中的其他产业。但按照不同阶段分析则有所不同。第一阶段农民非农就业弹性最高的是工业，其次为交通运输仓储邮电业。第二阶段农民非农就业弹性最高的是商业餐饮，就业弹性达到了 1，其次为交通运输仓储邮电，再次为建筑业，工业的农民非农就业弹性最小。

总体而言，工业对农民的非农就业拉动作用主要处在第一阶段，第二阶段农民的非农就业主要依靠服务业。经过 20 多年的发展，交通运输仓储邮电、商业餐饮和工业对农民非农就业率的提高做出了巨大的贡献，但是建筑业和其他服务业的作用发挥不够。这也从一个侧面说明，建筑业和其他服务业还有很大潜力可以挖掘。

四、就业导向的增长模式：前景预测

虽然前面对未来农民非农就业和增收进行了多角度的考察，并进行了局部预测，但是我们无法看到农民非农就业的整体轮廓。在此专门对农民未来非农就业和收入增长情况进行测算。测算的方法比较多，大体上可以分为两类：一是根据测算对象的时间序列进行分析，主要是根据序列所具有的内在特征进行分析；二是根据回归方程进行测算，后者必须赋予未来相关变量的数值，而未来相关变量的数据又存在预测的问题。笔者在此应用时间序列方法对农民的非农就业和增收进行测算。

我们利用直线趋势法预测今后12年的农民非农就业结构和农民收入水平。直线趋势预测法对于过去和近期的预测误差非常小，相对比较准确，远期则无法保证。根据1983~2004年的数据，利用statistica统计分析软件进行预测分析。预测结果见表8-21。

表8-21　　2005~2016年农民非农就业与收入水平预测

年份	农村劳动力（万人）	农民非农就业结构（%）	非农就业劳动力（万人）	农民收入水平（元）	农民收入指数
2005	50 237.10	39.84190	20 015.42	3 132.268	605.6476
2006	50 779.20	41.25381	20 948.35	3 401.169	623.1952
2007	51 321.31	42.66571	21 896.6	3 670.069	640.7429
2008	51 863.41	44.07762	22 860.16	3 938.969	658.2905
2009	52 405.51	45.48952	23 839.01	4 207.870	675.8381
2010	52 947.61	46.90143	24 833.19	4 476.770	693.3857
2011	53 489.71	48.31333	25 842.66	4 745.671	710.9333
2012	54 031.82	49.72524	26 867.45	5 014.571	728.4810
2013	54 573.92	51.13714	27 907.54	5 283.471	746.0286
2014	55 116.02	52.54905	28 962.94	5 552.372	763.5762
2015	55 658.12	53.96095	30 033.65	5 821.272	781.1238
2016	56 200.22	55.37286	31 119.67	6 090.173	798.6714

注：非农就业劳动力是根据预测的乡村劳动力和农民非农就业结构计算得出，其余均是利用时间序列进行线性预测获得。

从非农就业来看，2013年农民非农就业比重将会超过农业就业比重，这是一个具有历史意义的时刻，从此以后中国务农劳动力数量将少于非农的劳动力数量。2016年农民的非农就业比重将会达到55.37%。这一时期，乡村劳动力总数也达到了56 200.22万人，农民的非农就业量为31 119.67万人，与2004年的19 099万人相比，大约有12 020.67万劳动力要从务农转向非农。12年要转移将近1.2亿人，即每年要转移约1 000万乡村劳动力，难度可想而知。1992~2004年12年只转移了9 334万人，今后12年要比过去12年多转移2 686.67万人，每年多转移223.89万人，有希望，也有难度。

从农民人均纯收入来看，农民收入水平将在2008年超过4 000元，2012年超过5 000元，2016年超过6 000元。与2004年相比，12年农民收入要增长3 153.77元，名义增长率年均增长6.27%。过去12年即1992~2004年名义增长率年均增长11.62%。从收入指数来年看，2016年将会达到798.6714，与2004年相比，年均增长2.58%，过去12年年均增长率为4.77%。不管是实际增长率，还是名义增长率，2016年农民收入超过6 000元。

根据预测的数据及其可能性来看，农民非农就业结构变化是基础，因为农民收入增长需要乡村劳动力向非农产业转移，如果农民非农就业率不能如期达到，农民收入增长率也难以达到。农民非农就业增长率和农民收入增长率，前者难度较大。正因为农民非农就业预期实现难度大，我们才提出就业导向增收模式，将两种具有内在因果关系的目标变量结合起来综合考察。

第九章

就业导向增收模式的制度环境建设

实施和推广以就业为导向的增收模式,无疑将对沿袭了两千多年的"农本商末"思想和"躬耕劝农"政策产生巨大的冲击,并策动中国"农政思想"的大变革。专家学者都将农村土地承包、税费改革视为改革开放以来中国农村的"两次革命"。但是如果将之放在中国农业发展和政策变迁的历史长河中间,就不难发现历史上有许多类似的政策和制度。农村土地承包和税费改革只不过是1949年以来的两次大变革而已,是在"以农为本"的制度框架内的政策调整,并没有动摇中国两千多年的"农政""地政""粮政""农战"思想和理念。就业导向增收模式,即不能像农村土地承包一样给农民赋予承包经营权,也不像农村税费改革一样带来税费免征,更不可能对"三农"发展起到立竿见影的效果,但是它能够从根本上改变中国两千多年来的"农政思想"和"治农理念",达到"纲举目张""润物细无声"的效果。实施就业为导向的增收模式牵一发而动全身,要求政府和农民彻底转换观念,要求国家制度从传统的"重农固本"转向"农末并举",要求政府政策从"就业增收分治"转向"就业增收一体",建构适应就业导向增收模式的新环境。①

---

① 按照休谟的观点,研究人员不能从实然中推出应然,不能从历史推出未来,因此从学术的角度来看,第九章,即就业增收的对策研究是一种规范分析,从前面分析无法得出这一章的政策。但是考虑到本项目是一应用研究,需要提供一定的政策措施,因此笔者在此根据前述研究,当了一次政策研究人员,提出了一些政策研究的观点。如果除去第九章,本编也是一项完整的实证研究。

一、意义层面：策动新的"农政变革"

确立就业导向增收模式的主导地位，不仅能够拓宽农民就业增收的领域，打通国民经济各部门之间的联系，促进农民就业增收模式的更替，而且能够矫正传统的"乡城关系""农工关系""增收—就业关系"。从"农本观念""治农思想"的角度看，就业导向增收模式的实施不亚于一次"农政变革"。具体而言，其革命性主要体现在四个方面。

"治农思想"的变革。传统的"治农"思想倡导"农业中心论""土地一元论""粮食战略论""农村稳固论"，强调农村、土地、农民的粮食安全和农业产出责任，以农业为中心，将土地、粮食、产出等物质性的追求变成了终极目标。在就业与增收方面，抛开农民就业谈增收，客观上造成就业与增收的割裂。就业导向的增收模式则与此不同，要求以就业为手段带动农民增收，就业变成农民增收的载体、工具和途径，成为政府关注的重心。它与以土地为根本、以农业为中心、以粮食为目标的"农政思想"大相径庭。就业导向增收模式以就业为中心和载体并不否认土地、农业、粮食的重要性，关键在于它不坚持"一点论""一元论"，不切割就业与增收之间的联系，而是坚持"二元论""多元论"，强调就业与增收之间的内部逻辑关系。它既强调农民的农村就业，也强调农民的城市就业；既强调农民的农业就业，也强调农民的非农就业；既强调农民的土地就业，也强调农民的资本就业。就业导向增收模式的"二元论"和"多元论"改变了传统治农之道，它超越了狭隘的"农本思想"，超越了土地、农业、粮食这些"物"的层面，迈向了"人"的层面，"以物为本"的传统"农政思想"为"以人为本"的现代"农政思想"所替代，农业、农村、农民的传统"农政排序"演变为农民、农村、农业的现代"农政排序"，这一替代和改变将使中国"农政思想"完成"惊险的一跃"，从传统迈向现代。

"农民身份"的革命。在传统农业社会和传统增收模式中，农民不仅是一种职业，一种身份，一种国家和社会所期待、所要求的身份，即农民就是刨地为食、以农为生，务农种地是天职，流动化、非农化就是不务正业，是"盲流"。虽然宪法规定城乡居民平等、官民一致（当然政府官员还是老百姓的公仆），实际上在传统的"农本思想"和治农之道下，"农民身份"是"世袭"的，农民成了实实在在的"二等公民"，进城务工经商的农民被称为"农民工"，属于城市"编外人员"，农民进城就业亦要"暂住证"。打工农民与城市居民有天壤之别，前者不能享受城市福利，只是暂时性工作，打完工就得"卷铺盖走人"。非农就业的农民没有养老保险，他们赖以生存的、赖以养老送终的只有一块移不动、搬不走、卖不出的"份地",在城市打了一辈子工也得"落叶归根",如果农家子弟不能抓住升学的唯一机会"鱼跃龙门","农民身份"将可能从"摇篮到坟墓"相伴相随。在就业导向的增收模式中,农民地位跃居"三农"之首,重于农业、农村,更重要的是就业导向的增收模式以城乡平等就业为导向,以非农就业为重点,以就业为增收载体。在就业导向增收模式中,"农民"的内涵已经"干干净净","身份"职能消失,"职业"职能归位。"农民职业"随着就业的改变而流动,务农则为农民,进城则为工人,"世袭"身份成为历史。因此,就业导向的增收模式通过变革治农之道带动了"农民身份"的变革。

"乡城关系"的革命。就业导向的增收模式也将彻底改变乡城关系和农工关系。传统的增收模式将乡城分割、农工对立,要求农民躬耕于乡,以稼穑获益,乡为其居,农为其业,村为其所,安"居"乐"业"成为农村的终极治理目标。在传统增收模式下,城市和乡村、工业和农业、居民和农民各有不同的职业、不同的任务、不同的工作居住区域,各自在划定的区域内部循环。按理说,城乡分工、工农分业是社会进步的标志,但是中国传统的增收模式、治农之道却将城市与乡村、工业与农业、农民与居民强制分割、严重对立、各自循环。就业导向的增收模式倡导农民的"非农化"就业,强调乡城平等、乡城互动、工农互补,主张通过农业就业保障生存,非农就业增加收入,它鼓励农民进城入厂,鼓励农民从事工商业。就业导向增收模式的实施颠覆了传统增收模式和治农之道对农村与城市、农业与工业的定位。它是连接城市和乡村、工业和农业的桥梁,是农民与城市居民角色转换的途径,是重塑乡城、农工关系的载体。从这个意义来看,就业导向的增收模式将是变革乡城关系、农工关系的策动者。

"增收模式"的革命。传统增收模式的增收路径是土地、农业、粮食、农村,具体来说即增收载体是土地,增收产业是农业,收入来源是农村,增收依靠粮食,以物增收、以地增收、以农增收、以粮增收是传统增收模式的主要路径。而就业导向的增收模式则反其道而行之。一方面,它以就业为增收的路径,通过就业来实现增收。就业导向增收模式在坚持传统增收模式的路径的同时,开辟了新的就业路径。除了以农业、土地、粮食为路径外,还以农村内部的非农业、非土地载体为路径,特别是以农村外部的非农产业为路径。另一方面,它以就业为增收前提,就业先于增收,且将就业与增收结合起来,形成就业与增收的一体化。就业导向的增收模式并非全盘否定传统增收路径,它追求的是增量收益和增量就业效应,力图强调就业与增收的内在关系,它从就业与增收一体化的角度建构增收模式。与传统增收模式相比,就业导向的增收视野更开阔、范围更广泛、人文关怀更浓厚,从而彻底走出了以地就业、以粮增收、以农发财的狭隘传统。因此，从就业增收的广度和就业增收的内部逻辑来看，就业导向增收模式不亚于一场革命。

二、观念层面：树立现代"治农之观"

因为就业导向型增收模式的"革命性"、系统性、复杂性，无论政府，学者，还是普通老百姓都应顺应时势，更新观念，摒弃传统的"农本""农战"思维，树立"农末并举""农存末富""城乡合作、工农一体"的就业增收新观念。

摒弃"劝农固本"的思维，树立"劝农务末"的观念。纵观中国农业思想史，实际上就是一部"劝农固本"的思想史，从管仲、李悝、商鞅、孟轲、荀况、韩非子、董仲舒、晁错，到王安石、司马光、张居正、朱熹、叶适、顾炎武、黄宗羲等政治家和思想家概莫如此，鼓励农民从事农业、鼓励农民种植粮食，限制农民务工经商。传统农业时期，农民的生存问题和粮食供给问题没有解决，"劝农固本"有其必要性和必然性，而且增产和增收的目标一致，政府与农民的目标一致。但是随着社会经济发展水平的不断提高，农民的生存问题和粮食供给问题基本解决，增产不再保证增收，而且农民追求货币收入的最大化，"务农""固本""增产"不能确保收入增长，不能确保货币收入的增长。因此，政府必须转变治农理念，摒弃"劝农固本"的思维，树立"劝农务末"的观念，通过减少"务本"劳动力，提高"务农"的生产效益；通过农民"务末"充分提高农民的就业率，增加农民的增量收入。

摒弃"以物为本"的思维，树立"以人为本"的观念。传统增收模式强调"物"的作用，增收的载体——土地是物，增收的投入——资金是物，增收的目标——农产品，特别是粮食也是物，增收政策刺激的对象——粮、地都是物。"以物为本"的增收模式和治农之道适合"生存农业"和"口粮农业"，一旦进入商品农业、市场农业，其局限性就显露无遗。为了适应现代农业和社会化农户的需求，政府必须摒弃"以物为本"的思维，树立"以人为本"的观念，挖掘农民的潜力，用活农民的劳力，通过最优化农民就业，最大化农民就业时间，最有效化农民就业效率增加农民收入。"以人为本"要求农民具有就业的权利，要求正式得到政府就业管理部门的支持和帮助，要求将农民的就业权利和就业要求纳入政府的工作职责范围。

摒弃"恐农思想"的思维，树立"农民资源"的观念。传统增收模式视农民为"包袱"，并认为中国"三农"之所以成为问题，中国农民增收之所以成为问题，关键在于中国农民太多，有限的财富被摊薄。再者，传统增收模式是"恐农思维"的结果,担心农民流动、担心农民失去土地、担心农民"扎堆"。但是在农村、农业、农民分工被纳入全球体系、社会化体系的今天,在信息流动迅速的今天,农民的流动势不可当。我们必须用新的眼光、新的思维、新的就业增收模式来适应新的变化。换个角度看,农民不仅不是包袱,可能还是资源,是财富,是新的增长点。廉价劳动力是我国当前经济增长、城市建设、社会发展的必要条件。而有些城市政府及市民"谈农色变","远农""歧农""拒农""斥农",甚至还妖魔化农民,"伤农""害农""损农",这非常危险。如"墨非定律"所言,如果将农民视为"包袱",它可能真会变成"包袱",如果将农民视为"妖魔",它也可能真会变成"妖魔",但是当我们将农民当成资源、当成财富、当成潜力、当成机遇时,农民就能够成为资源、成为财富、成为潜力、成为机遇。因此,要将传统增收模式转变为现代增收模式必须先将政府和社会的"恐农思想""包袱思想"变成"农民资源""农民财富""农民潜力""农民机遇"思想。

摒弃"城尊乡卑"的思维,树立"农工平等"的观念。长期以来,中国农民、农业的地位都非常高,新中国成立以后也不例外。从历史上看,中国"好像"重农,其实"重农"不是为了农民的利益,而是为了国家的利益,"重农"实际重的是国家利益、粮食安全、国家治理。"重农"实质上带来了"损农"的后果,通过牺牲农民的就业权利、迁移权利保障国家的利益,牺牲农户的权利保障国家大团体的权利。国家、政府固然对农业、农民进行较多的投资,给予较高的地位,但是实际上束缚了农民,无形中产生了"城尊乡卑"的思维,形成了城乡对立、工农分立的格局。这种格局与就业导向的增收模式背道而驰。因此,政府、社会和城乡居民必须转变"城尊乡卑"、城乡对立、工农分立的传统思维,牢固树立乡城一体、农工平等的思想,为农民进城务工经商以及享受平等的公民待遇清除思维和观念障碍。

摒弃"就业增收分立"的思维,树立"就业增收一体"的观念。中国传统的治农之道,将就业与增收分立,彼此互不相关。这在地方政府中体现得最为明显,如地市级政府中,农民增收是由党委部门负责,就业是由政府部门负责。具体来说,增收是农委负责,就业是劳动保障部门负责。抓就业的只负责就业,抓增收的只负责增收,两者分立。抓增收的农委只能在农口环节抓,以农业、土地、农村为载体抓。劳动保障部门只负责城市劳动力的统计和管理,并没有管理农村劳动力的职能,也没有促进农村劳动力就业的功能。对政府的工作而言,不仅就业和增收分立,而且就业管理部门根本无视农民就业,甚至连完整的统计资料都没有。因此,实施就业导向的增收模式必须改变"就业增收分立"的治农思维,树立"就业增收一体化"的治农观念,不仅要关心农民的就业问题,而且要将农民的就业问题与增收问题放在一个系统中抓,以就业来抓增收,促进就业与增收机制一体化。

三、内容层面:拓展多维"治农之道"

就业导向增收模式要突出就业,以就业为农民增收的核心,以就业为政府工作的重点。事实上,就业与增收,只要有前者,就必然有后者,突出了前者,也就抓住了后者,即"就业等同于增收"。以"就业即增收"代替"增产即增收""土地即就业",必须树立"大就业观念",并在"大就业观念"的导向下充分就业,增加农民的就业时间,提高农民的就业效率。

(一)以"增量方式"拓展就业——增量就业方式

所谓"增量就业方式"就是在农民拥有承包地的基础上增加农民就业时间。农民与城市居民不同,农民拥有一定的承包地,就业时间总有一定基础和保障,即有一定的基数,此基数、基础能够保证农民有一定的生存来源,但是无法持续增收、无法致富。鉴于此,农民就业就需要更加重视农民个人、农户家庭的增量就业,增加农民、家庭的增量就业时间,可以说"增量就业方式"就是要拓展农业、土地以外的就业时间,以此来增加收入。

农民就业时间有两类:一是能够自我控制和调节的就业时间,如在家庭内部、农业、土地方面的工作时间。二是农民不能够控制和调节的就业时间,如非农就业时间。对于增量就业时间来说,前者的空间相对较小,后者的空间相对较大,拓展农民的就业时间主要依靠后者。

对于可控就业时间的增量拓展,就是在原有就业时间的基础上增加劳动时间,主要有三种类型:一是结构不变的前提下增加劳动投入。如种植粮食,可以在原有的基础上更加精细耕作、集约耕作。二是通过家庭内部产业结构的转换增加就业时间。如原来种植土地密集型的产品——水稻,现在种植劳动密集型的产品——棉花、苎麻等。三是在原有种植结构的基础上,增加家庭养殖业、家庭手工业生产。如果在产业结构不变的基础上增加劳动时间,可能会出现黄宗智所说的"过密化生产",更多的劳动投入可能会导致边际收益下降。因此,对于农民可控就业时间,我们主张在结构调整的基础上进行,达到就业和收入同步增加的效果(前面已经分析,结构调整增收和就业的空间有限,但是对于单个的农户来说,不失为一种就业、增收的可控选择)。

对于不可控制就业时间的增量拓展,不可控就业时间从客观上看是不可控的,但是并非没有努力的空间,其拓展程度取决于农民和政府的努力程度。农民只要肯走出家庭、走出农村，总能找到有酬工作；只要农民适当安排家庭劳动力，总能够挤出劳动力外出务工经商。农民有两种方式增加不可控就业时间：一是对于以务农为主的农民，要放下面子，放下"小钱看不起，大钱挣不了"的观念，抓住农闲季节，勇敢地走出家庭，走进城乡劳动力市场，争取更多的增量劳动时间和劳动报酬。二是家庭劳动力较多的农户，可以通过家庭劳动力配置，安排部分成员从事全职非农产业，即安排部分劳动力外出打工，增加家庭总体的劳动时间，从而增加家庭总收入。

（二）以"多维方式"拓展就业——多维就业方式

农民就业包括家庭内部就业和家庭外部就业。家庭内部就业一般以年为单位或者以月为单位，家庭外部就业既不是以年为单位计算，也不是以月为单位计算，甚至不以天为单位计算，而是以小时为单位计算。按照劳动就业统计，只有工作六个月以上的劳动力才算就业，否则算失业。但是农民工作方式和劳动条件与城市居民有一定的差别，不能用六个月的标准衡量。主要有四个方面原因：一是农民拥有承包地，如果不完全放弃，农民总会有一定的就业基数，也相应会有一定的就业时间。二是正因为农民有承包地，兼业农民必须在农忙时节回家务农，回家务农是外部就业的中断。三是务工经商农民的家在农村，父母、子女在农村，兼业农民要"心顾两端"。四是以务农为主的农民，农忙时节主要集中在春季、夏季和秋季的部分时间，其他时间则相对比较清闲。鉴于这四个特点，农民就业的拓展要以天或者小时来计算，即务农农民完成农活，打工农民完成季节性工作后的剩余时间，能够利用1个月、1天，甚至1小时间都是就业的充分化过程，都值得肯定和提倡。

大力发展季节性就业方式。曾经有段时间，学界对农民季节性就业持批评性的态度，认为季节性就业是一种"候鸟方式"，既不利于农民安心打工，也不利农民安心务农。其实对于以外部就业为主的农民来说，季节性就业的确对打工影响比较大，不值得提倡。但是对于以务农为主的农民来说，季节性打工，增加了就业时间，增加了有酬工作时间，带来了增量收入，未尝不是一件好事。因此，拓展农民的就业时间，还要想办法增加以农为主农民的外部季节性工作时间，政府和企业也要创造出适合农民特征的就业制度，通过就业制度的变革增加农民的就业时间，同时基层政府要通过介绍、引导的方式，鼓励以农为主的农民从事季节性的非农工作。

大力发展临工就业方式。增加农民的就业时间，提高农民就业充分程度还应大力发展临工就业方式。季节性就业方式在一定的时间内具有连续性，比如四至五月、八至十月等。临工时间则比季节务工时间更短，可以是几天，也可以是几小时。临工就业方式比较适合离城镇、乡镇企业比较近的农户，采取早出晚归的方式，进城镇、企业、餐馆等从事临时性的工作。临工方式在农村也有一定的空间，如经营大户、农村建房等也需要临工，同样可以增加农民的就业时间。临工是以务农为主的农民增加就业时间的重要选择。城镇政府和企业也可以根据临工的特点，将某些工作集中在农忙间隙期间，从而降低生产经营成本。

大力发展代工就业方式。代工就业方式是指企业将某些生产环节转让给农户家庭完成。代工就业方式在晚清的江南地区、中世纪的欧洲比较普遍。虽然在人们看来，此种方式较为落后，但是从降低企业的生产成本，增加农民的劳动时间来看，至少在相当长一段时间内还是较适合中国的国情。为此建议大力发展农业生产环节的中介服务组织，负责企业和农民、市场与农民之间的联络，将企业的生产车间延伸至农户，利用农民的闲暇时间创造财富。代工就业方式要集中于劳动密集型产业，尤其是对生产设备要求不高的产业可以大力推广。此外，基层政府和村庄可充当企业和农民之间的联络中介，提高农民的就业时间，增加农民的非农就业收入。

（三）以"多向方式"拓展就业——大就业方式

从就业的领域看，农民就业可以分为两大类，即家庭内部的就业和家庭外部的就业，家庭外部的就业可以分为农村内部的就业和农村外部的就业。如果说家庭内部的就业称之为传统的就业方式或正常的就业方式，包含外部就业的就业方式可以称为"大就业方式"。拓展农民的就业就是要采取"大就业方式"，从多领域、多维度推动农民就业。

家庭内部就业的拓展方向。家庭内部就业方式的拓展与家庭可控就业方式有一定的交叉，其拓展的领域主要有两个方面：一是从土地密集型、资金密集型产业向劳动密集产业调整，如从粮食种植转向棉花、苎麻种植，从种植业转向养殖业，从农业种植转向庭院经济，以此增加农民的劳动时间，提高就业的充分程度。二是大力发展家庭手工业、加工业、代工产业，以此提高农民的劳动时间，形成"农户+企业"的加工生产模式，增加农民的劳动时间。虽然家庭内部就业的拓展空间相对有限，但通过家庭管理、家庭劳动力的重新配置仍然还有一定的增进空间。

农村内部就业的拓展方向。非家庭就业的农村内部就业的拓展主要是大力发展农村非农产业以及农业衍生产业。农村的非农产业主要包括农村工业、商业、运输业等第二、第三次产业。农业衍生产业主要是指农业生产社会化、市场化过程中衍生出来的就业岗位，如收割环节的社会化和市场化，可形成专业化的收割队伍；销售环节的社会化、市场化，可形成粮贩子、棉贩子；犁田环节的社会化，可形成犁田专业户。这种方式通过农业生产、农村生活的社会化、市场化拓展农民的就业岗位，增加农民的就业时间。农村内部就业岗位的拓展是农村就业增长的重要领域，有较大的发展空间。

农村外部就业的拓展方向。农村外部就业的拓展也就是一般意义上说的农民外出务工经商，即农村外部的非农就业方式。这种就业方式前景最广阔、潜力最大。农村外部就业方式可以分为长年外出务工、季节性外出务工以及临时性外出务工。农村内部的非农就业实质上是农村财富的再分配过程，而农村外部的非农就业，农民多少都能够获取一定收入，对整个农村来说能够带来增量收入，增加整个农村的财富。可见，农村内部非农就业和农村外部非农就业不可同日而语，前者不会增加"财富蛋糕"，后者却能够带来"财富增量"。因此，要拓展农民就业，增加农村财富，增加农民收入，必须尽力拓展农村外部就业，增加外部就业时间。

（四）以"多点方式"拓展就业——政策创造就业方式

在经济发展和农民自身努力带动农民就业岗位增长的同时，国家、政府、村庄也可以通过政策、投资、以工代赈等方式带动农民就业的充分化，即通过政策或者政策投资创造新的就业岗位，带动农民就业（不考虑政府投资对私营投资的"挤出效应"），政策创造的就业是以"点"的方式进行，点点相加，积少成多，集腋成裘。政策创造就业方式可以从以下四个方面进行：

国家公共投资＋农民劳动结合，实施"以劳代投"。国家每年都有大量的公共投资支出，许多项目采取招标制，一包了之。其实对于部分与农民有关、涉及或者经过村庄的投资项目，在不影响建设成本和建设工期的前提下，完全可以将农民就业作为一项考察指标，并要求工程部门在同等建设成本和质量的前提下尽可能地利用当地劳动力，政府对利用农村劳动力的企业或者项目予以优惠或者鼓励。

新农村建设＋农民劳动结合，实施"以劳代建"。新农村建设是一项所有农民都参与且与所有农民都息息相关的活动。新农村建设过程中，政府投资、村庄投资、农民合资都尽量多使用农村劳动力，让农民参与自己的家园建设。新农村建设除了要达到社会、生活目标外，还要尽可能地扩大农民就业，增加农民收入，使农民以就业的方式成为新农村建设的主力军。相对国家大型的基础设施建设而言，新农村建设的启动基金是最适宜与农村劳动力结合的项目和资金，各级政府应该将新农村建设当成拓展农民就业、增加农民收入的机会和途径。

乡村公共产品＋农民劳动结合，实施"以劳代资"。在乡村内部的公共产品维修、湖区的水利建设等方面，应尽量减少以资代劳，组织愿意从事劳动、愿意以劳动换取报酬的农民从事农村公共产品的建设和维修,更多地为农民提供就业机会。过去乡村为了省事,对于乡村内部的公共产品及水利建设,往往"一包了之"。其实乡村内部的公共产品完全可以采取"投劳"与"投资"相结合的方式,"人力"与"机械"相结合的办法,在同等的效率条件下,尽量多的使用农村劳动力,扩大农民的就业,增加农民的收入。

政策性支灾、扶贫 + 农民劳动结合,实行"以工代赈"。各级政府每年都有不少扶贫、支灾项目和资金,完全可以与农民劳动和就业结合起来,扩大农民的就业。过去扶贫和支灾都是一次性或者几次性无偿投入,"一投了之""一分了之",只追求效果。扶贫、支灾项目和投资以追求效果为目标无可厚非,但是这些项目和资金完全可以更加充分地发挥社会效率,通过将无偿的扶贫和支灾资金、项目与农村劳动力相结合,尽可能多吸纳农村劳动力。因此,政策性支灾、扶贫项目可以采取以劳代赈,或者以劳代资的方式扩大农民就业,增加农民的收入。

四、环境层面:培育新的"治农之势"

确立就业导向增收模式的主导地位,还需要形成有利于实施该模式的社会经济环境、人文环境和政策制度环境,形成就业导向模式的合力。

从社会参与主体来看,各个主体之间观点和行为应趋于一致,从而形成实施就业增收导向的合力,具体来说,中央政府要从"重农"转向"惠农",基层政府要从"固农"转向"拓末",城市政府要从"拒农限农"变成"纳农受责",整个城市要从"斥农"转向"亲农";资源要从"兴农(业)"转向"活农(民)";涉农企业要从"拒农"转向"支农";社会要从"轻农"转向"重农";农民工输出地政府和村庄要从"限农"转向"和农",从而形成支持农民就业、支持农民增收的社会合力。

从社会舆论导向来看,社会各个阶层要身体力行,为农民的非农就业和融入城市社区提供宽松的环境。城市居民要自觉地认识到,农民工不仅仅是城市社会和城市社区的"破坏者"、竞争者,他们更是城市社会的建设者、服务者,没有农民工,城市社会将寸步难行。城市居民要通过自己的努力将身边的农民工引导进入城市社会,融入城市社区。社会媒体也要利用自己的优势,将农民工的贡献、农民工的困难如实的报道,让大家认识到农民是城市社会和肌体的必要组成部分,只有大家和谐相处,才能推进城市进步和文明。

从社会服务内容来看,各部门要本着平等、廉价的原则为农民外出务工经商提供良好的服务环境。农民工外出打工首先面对的是社会服务部门,它们的服务质量、服务价格直接关系到外部就业的成功概率和就业成本。就业中介服务部分要有诚信，不能欺骗农民和外地人；交通服务部门要树立薄利多销的原则，通过将更多的农民引向城市来赢得市场；电信部门也要有农民工的概念，推出适合农民工的电信服务。另外，输出地和输入地的其他服务部门也要根据自己的服务内容，为农民吃、穿、住、行提供特质化服务，降低农民工外部就业的成本。

从建构社会大势来看，确立就业导向的增收模式除了形成合力外，还要从各个方面培育有利于实施该模式的大势，形成一种变革传统"农本思想"，促进主导增收模式更替的大环境、大趋势。对此必须进行四个方面的转变：将"小农业"转变成"大农业"；将"小粮食"转变成"大粮食"；将"小农村"转变成"大社会"；将"小农民"转变成"大社员"①，以便为就业导向增收模式替代传统增收模式创造更好的条件，形成更好的社会、市场、政策大势。

---

① 所谓"大社员"就是社会化大家庭中的成员，也就是邓大才教授所说的"社会化小农"。

第三编

乡镇改革

第十章

改革的背景

农村税费改革的意义和影响非常深远，它最终不仅导致了"以农养政"时代的终结，而且开启了百年"乡政"① 的根本性转型——"治理"与"服务"开始逐渐取代"整合"与"汲取"而成为它的主要功能。不过，"乡政"的这一转型才刚刚开始，契机与挑战同在。乡镇政府何去何从，还将取决于乡镇改革实践的智慧以及各种体制的创新。

乡镇改革是一个系统工程，需要政府系统内部的上下联动、左右配合，需要政府系统内外各种因素的综合推动。当下基于财政压力而进行的乡镇改革，如果没有其他力量的配合与推动，其成效必然有限；很显然，乡镇改革的目的不仅仅是乡镇机构和人员的精简，其最终目的是在政府系统上下、内外相关因素和压力的综合推动下迫使乡镇政府诱致性地制度变迁，以构建现代乡镇制度，为现代乡村治理体制的转型创造条件。

一、百年乡政转型

"乡"和"镇"真正成为我国农村基层政权组织，始于清末"新政"。1908年，清廷颁布《城镇乡地方自治章程》，规定：凡府厅州县治厢地方为城，其余市镇村庄屯集等各地方，人口满五万以上者为镇，人口不满五万者为乡；地方自

---

① "乡政"是乡镇政权的简称，又指广义的"乡镇政府"，在一定时期甚至包括设在乡镇的事业性乃至经营性的各种机构和组织（如"七站八所"、中小学校、卫生院等）。

治以专办地方公益事宜,辅佐官治为主。① 自此至今,乡镇历史已经百年。此百年"乡政",基本上都是现代化国家建设的结果。这个现代化国家建设的过程,实质上是以民族—国家为中心,力图对整个国家进行制度和文化的整合,从而建立一个能对社会与全体民众实行有效动员与监控,并借此也能为现代化成功汲取资源的国家政权体系。② 国家政权向乡村社会的延伸,一方面是为了加强对基层社会的控制,另一方面是为了加大对乡村社会的汲取力度。

简言之,近百年来,我国"乡政"主要承担着两项功能:一是"整合",二是"汲取"。所谓"整合",又称国家一体化,即通过国家的经济、政治、文化等力量将国家内部的各部分和各要素结合为一个有机的整体;③ 所谓"汲取",是国家基于自身的存在和发展的需要,对基层社会进行资源抽取。在中国这样一个农业大国,国家对乡村社会的资源汲取主要表现为对农村人口及农业收入的赋敛,赋敛也因此而成为国家和乡村社会关系的一个主要内容,国家政权和农民大众在此方面的接触最深。④ "农民作为分散孤立的经济个体,成为一个国家的政治国民,主要取决于向谁提交税负。"⑤ 尽管在历史的不同时期,我国乡镇一级的建制、名称各有不同,但始终担纲着"整合"和"汲取"的功能,而且,这两项职能相互配合、相互影响,共同推动着"乡政"的变迁和发展。

包括国民党政权在内的一切旧政权由于"汲取"过度、"整合"不足——缺乏乡村社会的支持,或者说其权力不能融入乡村的"文化网络"(culture nexus of power),以及"掠夺经纪人"的存在,不但没有如愿以偿地在农村基层建立一级稳固的政权组织,反而导致了政权的"内卷化"(state involution)。⑥ 诚如费孝通先生所言,像乡村国家政权建设这样"从上而下的轨道的延伸是企图有利于执行政府的命令。通过保甲体系,一个权力更加集中的行政当局的确是实现了,但也仅仅实现了形式上的更高效率。因为当底部有一个僵局时,命令实际上得

---

① 《城镇乡地方自治章程》(光绪三十四年十二月二十七日颁布),见徐秀丽编:《中国近代乡村自治法规选编》,中华书局2004年9月北京第1版,第3页。这一自治章程对"城""镇""乡"做了较为清晰的区分,对于今天的乡镇区划仍然不失参考价值。

② 龙太江:《乡村社会的国家政权建设——一个未完的历史话题》,载《天津社会科学》2001年第3期。

③ 徐勇:《国家整合与社会主义新农村建设》,载《社会主义研究》2006年第1期。

④ [美]杜赞奇(Prasenjit Duara):《文化、权力与国家——1900~1942年的华北农村》,江苏人民出版社1994年版,第37页。

⑤ 徐勇:《在乡镇体制改革中建立现代乡镇制度——对税费改革后乡镇体制改革的思考》,载《社会科学》2006年第7期。

⑥ [美]杜赞奇:《文化、权力与国家——1900~1942年的华北农村》,江苏人民出版社1994年版,第66~68页。

不到执行。"①

　　1949年新中国成立以后，国家出于政权建设、经济建设（特别是工业经济的建设）和城市建设的实际需要，不得不从农村汲取资源，"乡政"的汲取与整合功能在一定的历史时期内仍然有其存在的必要。在这段特定的历史时期内，无论是"人民公社"还是"撤社建乡"都是根据当时土地的生产、经营方式等客观经济基础的变化而在基层政权形式上发生了一定的改变，但从实质上而言，这种汲取与整合的权力运行原则并未发生根本性变化。

　　农村土地改革以后，4亿农民成为土地所有者和经营者，纳税的主体由原来农村人口的10%一下子变成了100%，其征税的成本大幅提升。为了解决这一难题，新中国成立后不久，国家不得不在农村地区推行农业合作化、集体化以及公社化，使土地由农民私有转变为集体所有，纳税主体也随之由4亿农民变为400万个合作社和随后的7万个人民公社。② 这样一来，可以更加方便国家从农村汲取资源。

　　20世纪80年代初期，由于农村土地的家户经营模式的普遍推行，我国农村基层政权虽然也发生了"社改乡"的重要变化，但是，只要向农民征收农业税依然作为乡镇政府的一项主要职能，恢复重建后的乡镇政府在对乡村社会的汲取和整合中依旧扮演着关键性角色，延续着"人民公社"式权力运行逻辑。这种现象直到2000年实行农村税费改革以后才逐渐有所改观。

　　总而言之，近百年以来，国家政权渗入乡村社会，在乡镇一级建立正式的国家政权组织，其主要动机是"国家需要以更好一些的方式来控制地方社会，以便从那里获得更多的资源"③。尽管其间"乡政"变化较大，但依旧没有改变"整合"与"汲取"两个基本功能，"整合"为了"汲取"，"汲取"也是为了"整合"。诚如吉登斯（Anthony Giddens）所言："绝对主义时期，税收成为严格意义上的'财政'……现代'税收国家'的发展在许多方面集中体现了非个人的主权的形成以及政治和经济的分离……只有伴随着现代国家的发展，国家的行政权限才开始同所有的人联系起来，才开始将它的活动同所有人的日常生活整合起来……税收也开始同国家的监控措施密切联系起来了。税收政策开始既用于控制人员的分布，又用于管制人们的活动，而且它们还开始成为日益发展的全部监

---

① 费孝通：《中国绅士》，中国社会科学出版社2006年第1版，第56页。
② 温铁军、朱守银：《中国农村税费制度改革试验研究》，见智识学术网（http://www.zisi.net/htm/wwzh/2005-05-24-27833.shtml）。
③ ［美］孔飞力（Philip A. Kuhn）：《地方政府的发展》，见［美］费正清主编：《剑桥中华民国史·第二部》，上海人民出版社1992年版，第360页。

控措施的一部分。"① 中国近代政权兴衰以及新中国成立以来乡镇政权的历次变迁和后来的多轮改革，实际上都与国家对乡村社会的"整合"与"汲取"相关联，甚至可以说，二者之间的互动、强弱变化都使得我国"乡政"不得不随之起舞。②

对于农村基层政府而言，这一汲取与整合的权力运行原则的一个实践结果是农村基层政府的"非农化"。设在农村基层的政府组织，从其制度属性上而言，原本是为农民服务的，为农村社会发展提供必要的公共产品。但是，整合与汲取（尤其是汲取）的权力运行原则却严重地扭曲了这一制度属性，使得农村基层政府主要地服务于各种"非农"建设，诚如刘尚希所言，"乡镇这个基层政权尽管身在乡村，但其使命是为城市服务，而不是为乡村居民服务。乡镇的任务就是把八亿农民稳定在农村有限的土地上，同时，从农村、农业和农民身上尽可能地汲取资源，以支撑在城市展开的国家工业化运动。"③

如果说，在财政包干体制改革之前，从农村社会汲取资源，主要是服务于国家宏观经济建设的需要，符合国家的整体利益；那么，自从财政上逐级实行"分灶吃饭"以后，从农村社会汲取资源，不仅仅是为了国家的整体利益，同时还要满足各级政府及其部门的自利性需要。这种利益博弈的结果，只能是农民负担的日益加重，并最终演化为农村的治理性危机。④

为了治理这一危机，国家在农村地区进行税费改革。在农村经济改革之前，我国的乡村政治制度，无一例外的都是与其相应的乡村税费体制相配合，具有内在的统一性。因此，从这个意义上来说，农村税费改革不仅是农村税费体制自身的改革，它还涉及乡村关系的调适、农村基层政治结构的转型及其功能的优化等一系列社会、政治领域的改革。⑤

从 2006 年开始，国家全面废除了农业税。从春秋时期的鲁宣公十五年（公元前 594 年）"初税亩"到 2006 年废止农业税，这段历史长达 2600 年。中国终于走出了延续两三千年的"以农养政"的农业社会时代，也走出了近现代以来

---

① [英] 安东尼·吉登斯（Anthony Giddens）著，胡宗泽等译：《民族—国家与暴力》，生活·读书·新知三联书店 1998 年版，第 194～195 页。
② 关于新中国成立以来乡镇政权职能的变化，可参阅武力《1949 年以来中国乡村政权职能与农民负担关系研究》，载《江苏行政学院学报》2004 年第 5 期。
③ 刘尚希：《谨防乡镇机构改革落入"循环改革"陷阱》，载《中国经济时报》2006 年 2 月 20、21 日。
④ 李芝兰、吴理财：《"倒逼"还是"反倒逼"——农村税费改革前后中央与地方之间的互动》，载《社会学研究》2005 年第 4 期。
⑤ 吴理财：《农村税费改革与"乡政"转型》，见张平主编：《安徽农村税费改革实践与探索》，当代中国出版社 2001 年版，第 322～323 页。

"以农养工"的现代化起飞时的向内积累期。① 农业税的废除,以及国家宏观政策转向城乡统筹发展、建设社会主义新农村以后,我国"乡政"转型面临着前所未有的好时机。

首先,在农村政策和乡村治理理念上发生了根本性变化,农村治理体制(特别是乡镇体制)转向服务"三农"上来,从而扭转了长期以来农村基层政权建设理念中的"非农化"取向,将农村基层政府建设为"为农服务"的政府。换言之,"治理"与"服务"逐渐取代"整合"与"汲取"而成为"乡政"的主要功能。相比较而言,以往的"整合"更多地强调国家对乡村社会的控制和管理,如今的"治理"(governance)更多地强调国家与乡村社会之间的合作;过去,国家主要通过赋敛这样的"汲取"行为与农民发生联系,现在,国家主要通过提供公共服务跟农民发生关联,即"把服务作为联系群众的一条重要纽带"②。

其次,乡村治理结构也悄然发生变迁。例如,村民自治得到进一步发展,乡村之间开始依据法律—契约进行治理。虽然早在乡镇政府重建之时,中央就力图在村一级推行"村民自治",重构乡村之间法理式"指导性"关系;但是,征税收费的需要非但没有取消,却逐年增加任务,使这种法律文本意义上的"指导性"关系流于形式。农村税费改革以后特别是取消农业税以后,农村的利益结构发生了重大变化,"乡政"已经没有足够的资源,也没有足够的积极性继续维持原来的支配性乡村关系,反而倾向于推进村民自治,谋求与"村治"之间的合作。③ 与此同时,各地在最新一轮乡镇改革中,实现了乡镇站所与乡镇政府的分离,彼此重构一种契约式"以钱养事"关系;县乡之间也由于乡镇领导体制、农村财政体制、农村教育体制和农村事业管理体制等项改革而改变原有的体制结构;政府与社会、市场之间也逐渐明晰各自的权力范围。乡村治理的这些结构性变迁也内在地推动着"乡政"的转型。

最后,农村社会经济基础的改变要求"乡政"随之转型。30 年来,由于我国农村改革的不断推进,农村社会经济基础发生了历史性转变。第一波以家庭承包经营为核心的农村经营体制改革,再造了农村市场经济的微观基础,使农户成为独立的市场主体;第二波以农村税费改革为核心的分配关系的改革,不但着力解决了农民负担问题,而且进一步把农民从土地的束缚中解放出来,使之成为自

---

① 徐勇、刘义强:《"湖北新政"与中国乡镇政府改革实践研究——兼论中国现代乡村治理体制的构建》,2005 年(未刊)。
② 温家宝:《不失时机推进农村综合改革,为社会主义新农村建设提供体制保障》,载《求是》2006 年第 18 期。
③ 吴理财:《从税费征收视角审视乡村关系的变迁》,载《中州学刊》2005 年第 6 期。

由的社会主体；第三波以农村上层建筑变革为核心的综合改革，关键是要改革乡村治理体制，使之与农村社会经济基础的变革相适应，使农民逐渐成为自主的政治主体。

但是，"乡政"的这种转型才刚刚开始，契机与挑战同在。乡镇政府何去何从，还将取决于乡镇改革实践的智慧以及各种体制的创新。

二、财政压力下的乡镇改革

自农村改革开放以来，我国农村实际上已经进行了多轮乡镇改革，每一次乡镇改革均有不同的动因。应该说，新一轮乡镇改革更主要的是导源于财政的压力，正是由于县乡财政这一除去权力魅影的"骨骼"[①] 的变化作用直接推动了乡镇行政本身的自我改革。

不容否认，第一波农村经营体制改革和随后的农村村民自治的发展在一定程度上促进了农村治理的发展。特别是村级直接民主选举，内在地激发了乡村人民的民主意识和民主诉求，他们要求改变乡镇政府传统的权威来源方式，将民主直选扩大到乡镇一级，进一步开放乡镇政治，使农民能够实际地参与到乡村治理的诸项事务之中[②]，并因此而导致近年乡镇民主选举的发展。尽管如此，我们同时也必须看到，这个自下而上的推力作用仍然十分有限。虽然农地的家户承包经营促使乡村社会的农户分化和主体意识的觉醒，但这种以分散农户为主体的利益结构却没有及时得到整合，形成内源性的自治力量，"民权进"十分有限，而"官权退"也仅仅停留在文本意义上，有限的"民权"进步的"浪花"却被国家的基层政权重建的大潮所淹没。农地的家户承包经营虽然在一定意义上解放了"农户"，使之成为农村市场经济的微观主体，但并未因此进一步解放"农民"，农民依然没有享受到作为"公民"应该享受的所有权利。[③] 所谓村民自治式基层民主，也不过是农村政权重建的一种方式而已。[④] 乡镇改革实际上并不是沿着某些学者所规划的那种"民权进、官权退"的路线图演进。

真正推动最新一轮乡镇改革的力量，主要是县乡财政压力。农村税费改革进一步加剧了县乡财政收支压力，为了缓解这一压力，巩固农村税费改革的成果，

---

① 笔者同样欣赏熊彼特（Schumpeter, Joseph A.）常常引用戈德沙伊德的那句话："（财政）预算是一个国家除去所有迷惑人的思想意识之后的骨骼。"（参见熊彼特《税收国家的危机》（*The Crisis of the Tax State*），1918 年）。

② 吴理财：《中国乡镇政府往何处去?》，载《二十一世纪》双月刊 2003 年 8 月号。

③ 吴理财：《效能优先：安徽乡镇体制改革路径初探》，见张德元、何开荫等：《变迁——安徽农村改革述论》，安徽大学出版社 2007 年版。

④ 吴理财：《村民自治与国家重建》，载《经济社会体制比较》2002 年第 4 期。

不使农民负担问题"反弹",各地纷纷开展乡镇改革(这个改革过程可以归纳为"减压(减负)倒逼式改革"①)。乡镇改革在一定意义上是"消除加重农民负担的体制性因素,从制度上防止农民负担反弹"②,诚如温家宝总理所言,"取消农业税减轻了农民负担,但造成农民负担重的一些深层次问题还没有根本解决。一个问题是,多数地方县乡财力紧张,农村基层政府和村级组织运转困难,农村公益事业发展缺乏资金……一是因为经济社会在发展,政府从事社会管理的职能要加强、提供公共服务的范围要扩大,财政支出需求会随着各项事业的发展而相应增加;二是因为基层政府职能转变滞后,仍然管了、办了一些不该管、不该办的事,花了不少不该花的钱。另一个问题是,乡镇机构多、人员多,'食之者众、生之者寡'的状况没有根本改变。目前农村乡镇机关和事业站所少则几十人、多则上百人甚至几百人,增加的支出主要用在养人、养机构上。如果这两个问题不能根本解决,农民负担就有可能反弹,税费改革的成果就难以巩固……农村税费改革要跳出'黄宗羲定律',摆脱'加重—减轻—再加重'的恶性循环,必须不失时机地推进农村综合改革,从根本上消除农民负担反弹的隐患。"③

需要特别指出的是,县乡财政压力并不是农村税费改革以后才出现的,而是肇始于辐辏式财税体制改革——无论是最初的包干式财税体制还是随后的分税制改革,实际上都是一个财力逐层向上集中、事权逐级下移的过程。乡镇政府作为最基层的一级政府,所谓"上面千条线、下面一根针",事无巨细最终都会落在乡镇政府身上。这样,一方面乡镇政府承担着大量上级下压的各种事务,另一方面国家留给它的又是一些零散、难征收的小额税种,以致形成"中央财政喜气洋洋,省级财政勉勉强强,县乡财政哭爹喊娘"的局面。

财政压力对于乡镇政府以及乡镇干部而言其作用是两面的:一方面,财政压力及干部的自利性和政府的营利化在一定条件下可以驱使政府和基层干部投身于"发展经济"之中,成为乡村经济发展的一种推动力;另一方面,财政紧缺的压力及干部的自利性和营利化倾向同样也可能成为加大对农民的索取及减少公共服务的动力。④ 一旦"发展经济"失效,甚至使乡镇政府背负沉重的债务,加大对

---

① 李芝兰、吴理财:《"倒逼"还是"反倒逼"——农村税费改革前后中央与地方之间的互动》,载《社会学研究》2005年第4期。
② 国务院:《关于做好农村综合改革工作有关问题的通知》,2006年10月8日。
③ 温家宝:《不失时机推进农村综合改革,为社会主义新农村建设提供体制保障》,载《求是》2006年第18期。
④ 项继权:《短缺财政下的乡村政治发展——兼论中国乡村民主的生成逻辑》,见项继权主编:《走出"黄宗羲定律"的怪圈——中国农村税费改革的调查与研究》,西北大学出版社2004年第1版,第393页。

农民的汲取便成为乡镇政府的唯一选择。20世纪90年代中后期以后，农民负担问题之所以愈演愈烈，与当时乡镇企业大量破产或地方政府"发展经济"失效不无关系。

总而言之，辐辏式财税体制改革是形成农村基层政府财政压力的一个重要的体制性根源。换言之，如果这次乡镇改革仅仅局限于乡镇本身乃至县乡范围之内，如果不从根本上触及这一辐辏式财税体制，如果上下级政府之间不建立比较规范、明晰的财权与事权相统一的关系，这轮以缓解基层财政压力的乡镇改革的实际效果必然是有限的。

财政压力推动的乡镇改革的局限性不仅如此，还表现在其他方面：

其一，一旦乡镇财政状况得到好转，乡镇改革可能由于缺乏持续动力（或压力）而裹足不前，甚至出现"反弹"现象而陷入"减负—改革—再减负—再改革"的怪圈之中。前几次的乡镇机构改革一再印证了这一点。

其二，如果仅仅以财政压力作为乡镇改革的动力，其作用力矩原本就很短，一般只能传递到机构改革这一层，很难导致整个体制的变革。[①] 这也就解释了一些地方在新一轮乡镇改革中，为什么仅仅在乡镇机构、人员精简和乡镇撤并上做文章，而不去从深层次上进行体制创新。

其三，财政压力推动的乡镇改革毕竟是一种行政自改革。行政自改革在遭遇既得利益的巨大抵制的情况下，如果触碰到社会稳定这根"底线"，可能停滞不前。

正是基于这些原因，有学者不无悲观地断定：新一轮乡镇改革并不会导致县乡村三级体制的变革，更不可能导致整个乡村治理模式的转换，甚至也不会导致目前这种"大包干"式政府财政体制的变革，只可能导致政府内部财政利益分配格局的逐步调整，导致政府内部"条块分割"格局的调整，并进一步导致"条条"权力的增强与"块块"权力的弱化。[②] "乡财县管"改革就是一个比较好的例证。

尽管这位学者的论述不无道理，但也不是全然如此。在这一轮乡镇改革中，仍然不乏基于财政压力下极具特色的地方制度创新。虽然财政压力推动的乡镇改革有一定的限度，但是，也不排除在其他一些因素的合力作用下突破其限度，开辟一条新路。这些因素包括：财政压力的强度、主政者的改革思维、激励机制、乡镇干部的态度、政府之外的各种力量的作用（如民主的压力、非政府组织的作用等）等。

从现有的乡镇改革来看，制度创新主要集中在中西部地区（尤其是中部地

[①②] 石磊：《中国新一轮乡镇改革：一个简略的评论》，载《青年研究》2005年第7期。

区），这与乡镇财政压力强度的地区性差异有关。相对而言，东部沿海地区由于工商业较为发达，乡镇财政压力较小，乡镇改革方面的动作也相对较小；即便有所改革，一般也仅局限于乡镇撤并和机构精简而已，有的地方甚至还出现"逆风"扩权式改革（后文将详述）。与东部沿海地区不同，中西部地区的乡镇财政以农业税收为主要收入来源，农村税费改革以后这些乡镇的财政压力急剧加大，迫使其不得不进行乡镇改革；然而，改革又必须让财政承担相应的改革成本，由此形成了财政压力下的乡镇改革的一个悖论：财力资源约束与改革成本之间的矛盾问题。如何解开这个悖论难题，考验着每一位改革者的信心和决心。有些地方之所以在乡镇改革上犹豫不前，主要是因为担心改革成本的支付问题。

所以，主政者的改革思维也是一个极为关键的因素，一个地方在改革上的卓有成效与主政者的创新意识、政治勇气、政策选择有很大关系。以湖北省为例，主政者的改革思维对乡镇改革的推进和体制创新具有不可忽视的作用。[①] 最初的"咸安政改"，曾引发大量争议。一些县乡领导干部不能理解，认为撤销乡镇"站、所"之后，政府承担社会责任和提供公共服务的组织载体就没有了。而一些上级政府部门因为没有了基层对应的"腿"或"脚"，也对咸安施加压力。在这个关键时刻，当时履新的省委书记俞正声给予了积极的支持。原咸安区委书记宋亚平坦言："俞书记肯定了咸安改革的勇气和魄力，给了我们极大的精神支持和鼓舞，同时对有争议的改革内容做出肯定。"[②] 俞正声曾三下咸安，深入乡村，专门就乡镇综合配套改革进行调研，倾听广大干部群众的意见和建议，鼓励基层干部把"体制性造福"作为"造福一方"的根本，让基层干部明确地意识到"没有体制性造福，就没有持续的经济社会发展"。[③] 随后不久，2003年11月湖北省委省政府出台《关于推进乡镇综合配套改革的意见（试行）》，该文件以咸安改革为蓝本，将其推广到全省。在湖北省整个乡镇改革进程中，俞正声扮演着积极推动者的角色。主政者显然已经将乡镇改革从资源性调整转向体制性重建，开始追求新的基于体制性稳定基础上的乡村社会秩序，以取代资源性稳定基础上的旧秩序。[④]

在实际的改革中建立相应的激励机制也很重要。河南省在2005年的乡镇改革中，省委、省政府强化了相关配套措施的跟进，统筹考虑各方利益主体之间的

[①] 徐勇、刘义强：《"湖北新政"与中国乡镇政府改革实践研究——兼论中国现代乡村治理体制的构建》，2005年（未刊）。
[②] 翁仕友：《俞正声治鄂新政》，载《决策》2005年第7期。
[③] 宋亚平：《乡镇管理体制改革与政府公共服务》，中国（海南）改革发展研究院第50次改革发展论坛"建设公共服务性政府——政府转型与中国经济社会的协调发展"会议论文（2004年10月30~31日）。
[④] 徐勇、项继权：《资源性稳定向体制性稳定转型》，载《华中师范大学学报：人文社会科学版》2005年第5期。

关系协调，着力解决改革中所引发的各种复杂矛盾，最终形成了整合有力、协调一致的合作型博弈机制。① 为了推进乡镇改革，河南省还出台了一系列奖励性政策，保障了这次改革的顺利推进。

此外，乡镇干部对乡镇改革的态度以及政府外的力量的影响也起着一定的作用。以笔者2004年11月至2005年3月对湖北省4个县（市）408名乡镇干部的问卷调查为例，在问卷中有一个问项是"您对乡镇领导班子交叉任职的态度"，有70.3%的人明确表示赞成这一做法，说明湖北省在乡镇改革中推行"交叉任职"具有一定的群众基础；同时，有54%的乡镇干部赞成撤销乡镇站所，将其推向市场或社会，实现乡村公共产品的市场化生产，这说明乡镇干部大多认同农村公共服务市场化改革。② 这些乡镇干部对乡镇改革的正面态度，也在一定程度上推进了湖北省乡镇改革。而江苏、四川等地之所以在乡镇民主选举上有所进步，也与这些地方农村基层民主的发展、农民民主意识的增长和各种公民社会力量的成长等因素有关。

三、乡镇问题及改革办法

很明显，当前之所以要进行乡镇改革，是因为乡镇存在一些问题需要通过改革加以解决。关于乡镇问题，大家可以轻易地列出许多出来：例如，乡镇财政问题、乡镇的事权问题、乡镇的机构问题、乡镇的公共服务问题、乡镇站所及条块关系问题、乡镇权力来源及合法性问题、乡镇党政关系问题，等等。

针对这些问题，笔者于2004年11月至2005年10月在安徽、湖北、湖南、山东4省18个县（市、区）对1 471名乡镇干部进行了问卷调查，③ 通过正交旋转因子分析（factor analysis），从因子负载（factor loadings）的分布结构来看（参见表10-1），乡镇当前一系列问题可以归结为下列三个因子：（1）"机构—人员"因子，主要涉及乡镇机构和人员问题；（2）"结构—功能"因子，主要涉及乡镇政府的权力结构及其功能问题；（3）"事权—财权"因子，主要涉及乡镇的事权和财权问题。其中，"事权—财权"因子最为突出，其次是"机构—人员"和"结构—功能"因子。三个因子之间相互关联、相互影响，要想解决乡

---

① 张新光：《河南省乡镇机构改革的动力机制研究》，载《山东科技大学学报：社会科学版》2006年第2期。

② 吴理财、朱红萱：《乡镇改革：乡镇干部所思所想——对湖北省乡镇干部的问卷调查》，载《中国农村经济》2005年第11期。

③ 在此要诚挚感谢徐勇教授、项继权教授、吴治平研究员、冯毓奎教授、李远行教授、张德元教授、邓大才教授、吴兴国副研究员、刘岳副教授以及谭同学、罗峰、杨振杰、张传玉、朱红萱等同学在问卷调查中提供的帮助。

镇当前所存在的问题，必须同时在"事权—财权""机构—人员"和"结构—功能"三个方面进行综合改革。①

表10-1　　关于乡镇问题的因子分析（正交旋转）

当前乡镇存在的问题		因子		
		结构—功能	机构—人员	事权—财权
A	党政机构太多	0.292	0.634	-0.085
	党政机构人员太多	0.295	0.607	-0.116
	站所机构太多	0.192	0.770	0.112
	站所人员太多	0.135	0.781	0.091
	学校教职员工太多	0.013	0.537	0.401
B	条块关系不顺	0.512	0.265	0.342
	党政不分，以党代政	0.680	0.190	0.068
	乡镇人大没有职权，形同虚设	0.615	0.261	0.019
	彼此责任权利不分	0.681	0.093	0.211
	工作作风老一套，行政命令多	0.704	0.092	0.006
	职能没有转变	0.636	0.211	0.100
	公共服务能力差	0.719	0.158	-0.053
	在保障农民民主权利和经济利益方面做得不够	0.678	0.161	-0.066
	乡镇领导基本上由上级指定，缺乏民意基础	0.732	0.133	-0.036
C	乡级政府权小事多	0.140	0.086	0.804
	乡镇财政困难，难以正常运行	-0.010	-0.045	0.762

注：N=1 471；Bartlett值=3 769.381，Sig.=0.000；KMO值=0.893。

换言之，当前的乡镇主要存在三个方面的问题：第一，机构—人员方面的问题，也就是通常所说的人浮于事、机构膨胀、"食之者众、生之者寡"的问题；第二，结构—功能方面的问题，譬如条块关系、党政关系、人大职权和权力来源等乡镇权力结构性问题，乡镇职能、工作作风、公共服务能力等乡镇功能性问

---

① 关于这项问卷调查的数据分析，可进一步参阅吴理财《乡镇干部视角中的乡镇改革——四省乡镇干部问卷调查》，载《比较》2006年第27辑。

题；第三，事权—财权方面的问题，主要是农村财政体制和县乡关系问题。

　　从现有的乡镇改革实践来看，以上三个方面的问题都有涉及：针对第一个方面问题，通常的做法是精简机构和人员、撤并乡镇；针对第二个方面问题，主要采取了乡镇领导班子"交叉任职"、乡镇领导人民主选举和乡镇站所"整合""转制"等改革措施；针对第三个方面问题，有"乡财县管""委托扩权"等项改革。为此，我们将在后文中，分别以机构精简为导向的乡镇改革、以权力重组为导向的乡镇改革、以关系重构为导向的乡镇改革依次展开论述，对各地的乡镇改革实践进行实证分析和研究。

第十一章

以机构精简为导向的乡镇改革

从各地改革情况来看，在乡镇改革上主要有：机构改革、乡镇撤并、任职交叉、选举创新、站所转制、财政统管（乡财县管）和委托扩权等模式。前两种是比较普遍的做法，其他都是地方创新的改革模式。

本章首先论述机构改革和乡镇撤并这两种以机构精简为导向的乡镇改革模式。我国乡镇政府曾多次进行机构改革，但是乡镇机构膨胀问题却一直未能得到切实解决，总是跳不出"精简—膨胀—再精简—再膨胀"的怪圈。从历史上来看，尽管每次乡镇机构膨胀都有其特定的历史原因，但是，却有一条根本的因素贯穿其间，导致乡镇机构反复膨胀，这个因素就是乡镇政府的"赋敛"职能。农村税费改革以后取消了乡镇政府的这一"赋敛"职能，乡镇政府逐渐向服务型政府转型并因此而迎来新的契机。乡镇撤并的初衷也是精兵简政，然而，那些自上而下、行政主导的乡镇撤并行为由于不以乡镇最佳的公共服务和乡村治理半径为依据，而是片面追求近期的政绩（考核）效应，其结果往往与乡镇改革的根本目的——增强它的公共服务和乡村治理能力相背离。

一、机构改革

在农村税费改革背景下，为了巩固改革的成果、缓解乡镇财政压力，全国各地均进行了大规模的乡镇改革，基本做法主要是"精简机构"和"撤并乡镇"。

以精简机构、裁减人员为主要内容的机构改革是我国20多年来乡镇改革的常规做法。众所周知，我国乡镇政府基本上是在1983~1985年间恢复重建的。

20 多年时间里,曾进行过数次机构改革。

(一)"简政放权"与乡镇机构膨胀

山东省莱芜市早在 1986 年就曾进行"简政放权"式改革。不过,这次改革主要是解决乡镇"条块分割"问题,向乡镇政府下放事业站所的管理权。"当时存在的主要问题是乡镇政府肢体不健全,职能不完备:乡镇政府的设置只有'一正二副三个兵',即一个正乡镇长、两个副乡镇长,还有一个文书、一个民政助理员和一个司法助理员。它既没有自己的财政;也没有归自己管理的职能部门,由于条块分割的壁垒,它无权施令于七站八所等职能部门,因为后者只听命于各自所属的市(县)直部门。"① 为克服条块分割的矛盾,莱芜市进行了"简政放权"的尝试,并得到了中央的肯定。1986 年 9 月,中共中央、国务院联合发出《关于加强农村基层政权建设工作的通知》,认为"目前,县级许多部门在乡设有分支机构,并且统得过多过死,使乡政府难以统一组织和管理本行政区域内的各项工作。这种条块分割的管理体制必须逐步改革",要求"简政放权,健全和完善乡政府的职能""凡属可以下放的机构和职权,要下放给乡",同时,"各地要尽快把乡一级财政建立起来"。"随着政企分开和条块矛盾的逐步解决,要提高乡政府的工作效率,减少管理层次,凡是设了镇政府的地方,就不再设立乡政府;要坚决撤销那些不必要的临时机构;大力精简以农代干的行政人员。除边远山区、交通不便的地区以外,县以下一般不要设立区公所。"②

这次改革,总体上来看,体现了一贯的国家政权建设的思想,而且,当时的农村基层政权建设依然没有摆脱将乡镇政府建设为一级完备的科层制组织的惯性思维。莱芜市把市直 20 多个涉农部门分支机构下放给乡镇政府管理,分流机关干部和事业单位职工多达 12 874 人。③ 尽管在短期内起到了一定的"简政"作用,然而,它却为日后的乡镇机构膨胀埋下了"伏笔"。

"简政放权"的初衷是欲解决"条块分割"问题,"健全和完善乡政府的职能",但是,实践的逻辑往往并不沿着最初设想的路线演进,地方基层政府出于当时工作(和利益)的实际需要,在既定的体制结构之中,经过多方利益博弈,其结果却是:(1)乡镇权力机构日趋完备化,在乡镇一级也相应地建立了"党委""人大""政府""政协"等多个权力机构;(2)乡镇政府不断科层化,乡

---

① 李媛媛、陈国申:《从"放权"到"收权":"简政放权"的怪圈——"莱芜经验"的反思》,载《社会主义研究》2005 年第 5 期。
② 中共中央、国务院:《关于加强农村基层政权建设工作的通知》,1986 年 9 月 26 日。
③ 山东省民政厅:《健全乡镇政府职能促进农村商品经济发展——山东省莱芜市加强农村基层政权建设的经验》,山东人民出版社 1989 年版。

镇政府原来的助理员设置逐渐演化为各种部门科室（如经贸、教育、农业、计生、民政等各种"委""办""科""所"）；（3）乡镇站所再次条块化，特别是在实行财政"分灶吃饭"和"分税制"改革以后，有利可图的乡镇站所再次被"条条"（即上级政府部门）所控制，成为"条条"深入乡村社会的"吸管"，从乡村直接汲取利益或资源；无利可图的站所则被当作"包袱"甩给乡镇政府，成为乡镇的"块块"组织。即便是作为先进典型的莱芜市，也难以逃脱权力"放—收"循环的怪圈，在权力和利益的博弈过程中，乡镇被迫做出让步，部分有钱有权的站所被收回，最后在乡镇只剩下了一些如农机站、广播站之类的"包袱"站所属于乡镇管辖（对此，后文还将论述）。①

（二）乡镇机构膨胀与机构改革

"简政放权"带来的不良后果就是乡镇机构日趋完备化、科层化和乡镇站所再次条块化，很快地，县乡机构的膨胀问题日益突出。在此背景下，20世纪90年代初期，全国进行了一场声势浩大的县乡机构改革。这次机构改革的主要原因是"要转变政府职能，以适应社会主义商品经济发展的需要""改革方向是走'小机构、大服务'的路子，减少对企业和基层的行政干预，进一步发展服务体系"。② 当时，依据乡镇社会发展总产值、人口和面积三个因素，将乡镇分为大、中、小三种类型，行政编制分别控制在45人、30人和15人以内。全国核定乡镇机关人员编制（不包括事业编制）总额200万人。③

类似的机构改革基本上是自上而下进行的，由于它没有触及结构性或体制性问题，其成果往往难以保持长久，一旦改革政策松动、自上而下的压力解除以后，很快又恢复机构精简前的状态，甚至比原来更加膨胀，仿佛一节弹簧一样压缩得越短松开后反弹得越长。

以河南省为例，该省在1998年和2001年，进行了两次乡镇机构改革，"结果都变成了虎头蛇尾的'假改革'"，前一次改革所谓的"河南十万乡官大裁员"，实际是分而不流，流而未走，工作照样干，工资照样拿，"一个都不能少"；后一次改革同样走了过场。④ 安徽省在1995年也进行过县乡机构改革，这次机构改革的实际效果同样不尽如人意，乡镇机构臃肿、人员过多的问题并未得

---

① 李媛媛、陈国申：《从"放权"到"收权"："简政放权"的怪圈——"莱芜经验"的反思》，载《社会主义研究》2005年第5期。
② 李鹏：《积极推进县级机构改革》，载《人民日报》1992年5月23日头版。
③ 詹成付：《关于深化乡镇体制改革的研究报告》，载《开放时代》2004年第2期。
④ 张新光：《地方政府变革的动力机制分析》，载《华中师范大学学报：人文社会科学版》2006年第5期。

到切实解决。直到农村税费改革之前,安徽省的乡镇机构基本情况一般都是:"党委系统有正副书记 3~5 人,党委委员 5~7 人,包括组织、宣传、统战、纪检、政法、武装、妇女、共青团等部门;乡政府系统有正副乡长 3~5 人,下设 6 个办公室;另外,还有人大、政协联络组,单副科级以上的领导班子成员就有 20 多人。总的编制是行政编制 50 人,事业编制 50 人,教师 250 人,吃财政饭的为 350 人。自从 1994 年实行分税制乡镇财务包干以后,乡镇人员迅速膨胀,到 2000 年税改时,淮北地区乡镇人员普遍增加了一倍,全省大体上每个乡镇约有 550 人,包括教师、公务员、事业单位人员和聘用人员以及'计生纠察队''征收小分队'等等。朱镕基说全国平均每 27 个人养活一个吃财政饭的;而在农村,有学者估测每 15 个人就要养活一个不从事生产的'公家人'。"① 实际上,在 20 世纪整个 90 年代期间,我国乡镇政府的机构膨胀问题一直未能得到切实解决,总是跳不出"精简—膨胀—再精简—再膨胀"的帕金森定律怪圈。它与农民负担问题一道成为人们诟病乡镇政府的两大"证据"。

(三) 农村税费改革与乡镇机构改革

自国家实行农村税费改革以来,作为一项配套改革,各地在农村税费改革中又纷纷进行了以"减人减事减支"为主线的乡镇机构改革。安徽省早在 2000 年率先在全国进行农村税费改革试点的时候,就进行了相应的乡镇机构改革,后来,大部分省(区、市)在实行农村税费改革时基本上借鉴了安徽省的这次乡镇机构改革模式。安徽省的这一轮乡镇机构改革从 2000 年下半年开始,一直持续到 2002 年。这轮乡镇机构改革实际上包括了乡镇党政机构改革、乡镇事业机构改革和农村中小学布局调整以及确定"以县为主"的农村基础教育投入管理体制等三个方面的内容②。

1. 乡镇党政机构改革

一是内设机构的合并与精简。虽然省委、省政府文件规定"乡镇机构设置要区别对待,分类指导。中心建制镇和城关镇可设置 3 个综合性机构,即党政办公室、经济发展办公室、社会事务办公室(同时挂计划生育办公室牌子),其他乡镇可设 1~2 个综合性机构:党政办公室(同时挂计划生育办公室牌子)、经济发展办公室,或者只设必要的助理员",但是,在实际上基本上都是设置为 3 个办

---

① 何开萌:《依靠现代农业企业实现乡村民主自治——乡镇村级改革必须与市场经济小城镇建设紧密结合》,2005 年 4 月 15 日(未刊稿)。
② 中共安徽省委、安徽省人民政府:《关于乡镇党政机构改革的实施意见》(皖发[2000]15 号),2000 年 9 月 16 日;中共安徽省委、安徽省人民政府:《关于乡镇事业单位机构改革的实施意见》(皖发[2000]16 号),2000 年 9 月 16 日。

公室，即"党政办公室、经济发展办公室、社会事务办公室"。后来，其他省（区、市）的乡镇机构改革方案，在乡镇政府的内设机构设置上基本与此类似。

二是减少乡镇领导职数。在这次机构改革中，乡镇的政协机构被撤销；乡镇党委设书记1名，副书记2~3名（其中1名兼纪委书记）；乡镇人大主席团主席由党委书记兼任的可配专职副主席1名，不兼任的配专职主席1名；乡镇政府设乡镇长1名，副乡镇长2~3名，不再设立乡镇长助理。值得注意的是，安徽省的这次乡镇机构改革方案中，最早提出了"提倡党政领导交叉任职"，但在实际上并未推行；而湖北省咸宁市咸安区却在2003年1月的横沟桥镇改革试点中，较早地实行了乡镇党政班子"两票推选、交叉任职"①，进而最先从单纯的机构改革进一步深入到乡镇领导体制改革上来，并扩展到整个湖北省所有乡镇②。直到2004年5月，安徽省宣城市才在部分乡镇试行"主官合一"式改革，实行乡镇党政领导"交叉任职"。2005年以后，安徽省巢湖等地也逐步推行了"主职合一"。③

三是精简编制和人员分流。按照要求乡镇行政编制精简10%；清理清退临时、自聘人员和借调人员；并多渠道分流机关的富余人员。在这次机构改革中，临时、自聘人员被全部清退。例如，安徽省阜阳市当时就一次性集中清退了21 829名临时、自聘人员，其中县聘1 151人、乡镇聘15 903人、村聘4 745人。尽管如此，乡镇政府正式人员并未有多大的精简。④

2. 乡镇事业机构改革

在这次乡镇机构改革中，乡镇事业单位的人员相对而言有了较大的精简。全省乡镇事业单位的财政供给人员平均由43.2名精简至30名以内，实行限额配备。虽然省委省政府要求在进行人员精简的同时，要理顺乡镇事业单位的管理体制（包括条块体制的调整；合理界定乡镇政府与乡镇站所之间的职责任务，实行"政事分开"；"确立事业单位法人地位，增强事业单位生机和活力"），对事业单位进行优化重组、调整布局，但实际上这些问题几乎没有触及。

3. 农村基础教育改革

一是对农村中小学校布局进行较大规模的调整；二是将农村中小学校教师工资上划县财政统一发放，确立"以县为主"的农村基础教育投入管理体制。

---

① 吴理财：《咸安政改：体制内的增量改革——咸安横沟桥镇综合配套改革调查》，载《社会主义研究》2006年第1期。

② 可参阅中共湖北省委、湖北省人民政府：《关于推进乡镇综合配套改革的意见（试行）》（鄂发[2003]17号），2003年11月4日。

③ 《巢湖市改革透视：扩版图减官员，党政正职合一》，新华网（http://www.news.cn）。

④ 吴理财：《农村税整改革与"乡政"转型》，见张平文编：《安徽省农村税费改革实践与探索》，当代中国出版社2001年版。

从总体上而言，这次乡镇机构改革的实际效果并不理想，乡镇财政供养压力并未因此有了很大的缓解。所谓的机构精简，往往只是简单地合并和调整了一些乡镇机构、减少了部分人员，但乡镇政府的职能未有根本的转变，这与省委、省政府当初规划的"切实把政府职能转变到提供公共服务、加强社会管理上来"，"政事分开"等职能转变目标相去甚远。

例如，笔者在安徽省中部一个县调查了解到，该县乡镇机构改革从2000年12月开始到2001年5月结束，通过改革，全县乡镇政府内设机构由160个精简到64个，减少60%；领导职数由482名精简到398名，减少17.4%；乡镇事业单位站所由339个精简到202个，减少了40.4%，人员由2 195名精简到770名，减少了64.9%。如果仅从以上几个数字来看，这个县的乡镇机构改革效果似乎十分显著。其实不然，乡镇党政机构精简，只是在形式上将过去的几个办公室合并为2~3个综合性办公室而已；而且，机构的精简并不代表人员也随之减少。例如，原来的"民政办""综治办"和"计生办"等机构合并在一起，成立新的"社会事务办公室"，其人员基本上仍然是原来几个办公室的，他们只是"合署办公"而已。领导职数数字上的精简，只不过是将原来的一些乡镇领导改任为"主任科员"而已，他们的待遇保持不变。

虽然这一轮乡镇机构改革从总体上来说在"减人""减支"和"减事"方面的成效不尽如人意，但是也有少数地区，例如，黑龙江省、湖北省、河南省，在机构和人员的精简方面做出了非常有益的探索，取得了不错的成效。下面对这三省的机构改革做一个简单的介绍。

较早进行乡镇机构改革的黑龙江省，要求每个乡镇党政机构合并设置2个综合办公室，或只设少量综合性岗位，"乡镇事业单位承担的行政职能，一律收归乡镇政府。乡镇事业单位的改革按照公益性职能和经营性职能分开的原则，整合乡镇事业单位，乡镇不再设立自收自支的事业单位。乡镇可根据工作需要设置事业性综合服务中心，具体设置由县（市）根据当地实际需要自行确定，最多不能超过3个（含单独设立的计划生育服务中心）。有条件的地方，乡镇可以不设事业性综合服务中心，由县（市）按专业整合技术力量，分区域设立事业性综合服务中心"[①]。例如，该省克山县乡镇内设机构只设了"平安办""经济办"和"服务办"三个办公室，分别承担"社会稳定""发展经济"和"社会服务"三项职能；乡镇原有事业单位全部撤销，所有干部重新"洗牌"，竞争上岗。兰西县则取消了乡镇行政性办公室，除5个乡镇领导以外，另外设置11~13个综合

---

① 黑龙江省农村税费改革领导小组办公室、黑龙江省人事厅、黑龙江省机构编制委员会办公室、黑龙江省财政厅：《关于印发〈关于全部免征农业税后乡镇机构改革的意见（试行）〉的通知》（黑农改办[2004] 34号），2004年8月23日。

岗位（即党委秘书、组织委员、宣传统战委员、团委书记、妇女主任、政府秘书、人事科员、民政科员、计生科员、统计科员、交通与乡建科员、土地科员、科教文卫科员等），采取一人多职，囊括了乡镇党委、政府部门的所有职能；在事业编制方面，将原来的五个中心（即农业综合服务中心、农村经济管理中心、文化体育服务中心、特色产业开发服务中心、经济发展服务中心）合并为两个中心（即农村经济管理服务中心、农业发展综合服务中心），共有事业编制20人。讷河市在大规模撤并乡镇的基础上，撤销乡镇政府内设办公室，每个乡镇设21~22个综合岗位；事业单位则只设两个中心，把原来的乡镇农业综合服务中心、畜牧兽医中心和经营管理中心合并，成立新的农村经济技术服务中心，保留计划生育服务中心。[1]

湖北省在这轮乡镇改革中，在乡镇机构设置方面基本上与安徽省相同，全省统一设置为"三办一所"（即"党政综合办公室""经济发展办公室""社会事务办公室"和1个直属事业单位"财政所"）。具有地方特色的是：（1）该省全面"实行领导班子交叉任职"，每个乡镇党委设党委委员7~9名，由党委书记兼任乡镇长，党委副书记兼任人大主席团主席、纪委书记；党委委员兼任副乡镇长、人武部长等职；（2）乡镇站所面向市场转换机制，建立"以钱养事"新机制。[2] 经过2004年1年时间的试点，湖北省7个试点县（市、区）118个乡镇（办事处）通过改革减少内设机构391个，精简领导职数850多个，分流机关工作人员1 820多人，各项精简比例接近或超过50%；此外，近千个乡镇事业单位脱离政府"怀抱"，整体转制为面向市场、提供服务的经济实体，两万多名干部职工在全员参加养老保险后实现身份转换，由"单位人"变成"社会人"。[3] 自2005年起湖北在全省实施了乡镇综合配套改革。

2005年，河南在全省范围刮起了一阵乡镇机构改革"风暴"。在这次乡镇机构改革中，该省将乡镇机构统一规范为"三办、四中心、两所"（行政编制的"三办"与安徽、湖北相同，乡镇事业单位规范设置为四个中心和两个所：即农业服务中心、文化服务中心、村镇建设发展中心、计划生育技术服务中心和财税所、劳动保障所）。乡镇的行政编制控制在35名以内，事业编制不得突破47名；乡镇领导班子提倡"交叉任职"，领导职数由原来的平均12名精简为7~9名。将乡镇事业单位的行政性职能收归政府，强化公益性职能，把经营性服务推向市

---

[1] 参见常红晓：《乡权之变》，载《财经》2004年第19期。
[2] 可参阅中共湖北省委、湖北省人民政府：《关于推进乡镇综合配套改革的意见（试行）》（鄂发[2003]17号），2003年11月4日。关于乡镇领导"交叉任职"和农村公益事业"以钱养事"，后文将详述，此处不再赘述。
[3] 陈剑文、张胜利、罗序文：《适时的"瘦身运动"：来自全省乡镇综合配套改革试点的报道》，载《湖北日报》2005年2月21日。

场；农村公益事业逐步由"养人"为主向"养事"为主转变。同时，他们还对乡镇进行了大规模的合并。① 河南省委、省政府决定，每分流 1 名全供（全额供养）、差供（差额供给）编制人员，省财政就对县级财政分别补贴 5 000 元和 3 000 元；对于编制管理较好、超编在 50 人以下的县（市、区），省财政奖励 50 万元；同时，省财政对乡镇撤并也进行了一定的补贴。省级财政在这次乡镇人员分流上和乡镇撤并上分别向县级财政补助 5.9 亿元和 0.6 亿元，对困难县追加一次性专项补助 6 亿元。通过改革，河南省共撤并乡镇 236 个，改建为"办事处" 42 个，全省乡镇总数由 2 106 个减为 1 911 个；分流人员 170 022 人（其中行政人员 20 165 人，事业人员 149 857 人），清退临时人员 20 551 人，计划定岗职位 162 078 个；乡镇行政机构由改革前的 19 811 个减为 16 694 个，精简 15.7%；乡镇领导职数由改革前的 25 119 名减为 17 490 名，精简 30.4%。②

虽然在这一轮乡镇机构改革中，一些地方的乡镇机构有了一定的精简，但是，乡镇政府所要办的"事情"并未随之改变；更为值得注意的是，这类改革几乎没有触及"科层化治理"的问题，改革后的乡镇政府尽管内设机构减少了，但依然是按照科层制的原则进行设置的。

很显然，如果继续原来的科层化治理，乡镇政府将会很快地正式或非正式地增设一些机构，即便省级政府有比较严格的统一规定，下面也会采取变通的办法，设立一些非正式的机构。因此，要确保乡镇改革达到"精简、效能"的效果，必须从根本上舍弃科层化治理形式；结合乡村社会的权力运行规则，实施有效的乡村治理方式。在这个方面，黑龙江省兰西县、讷河市的改革经验值得借鉴。

科层化治理在乡镇缺乏乡土基础。笔者在乡镇调查时，有个乡镇干部打趣地说："我是社会事务办公室的主任，改革以后，我们是不是可以像上面的机关那样，每天按时坐在办公室里等待老百姓主动上门搞计划生育？"他说，在乡镇政府这一级根本没有必要设立这样的办公室。他认为，一个乡镇政府只要设立一个办公室就可以了，这个办公室承担乡镇政府的一些日常性工作和技术性事务；其他的主要工作，可以成立"专班"，大家合在一起干事。

乡镇政府实际上处于"国家"和"乡村社会"的"第三领域"，因此，它的权力来源、运行规则、治理方式，都要符合这个"领域"的特点。"第三领域"这一概念，是由黄宗智提出来的。他认为："第三领域"是"国家"与"社会"共同作用并且双方都参与其间的一个特殊领域。在这个领域中，"单纯从社会组

---

① 关于乡镇撤并，后文详述。
② 宋健：《每撤并一个乡镇奖励 50 万，河南刮起乡镇撤并风暴》，见中国政府新闻网。

织或国家权能出发，都无法领会其内涵"；"我们可以讨论国家或者社会或者两者一起对第三领域的影响，但却不会造成这一区域会消融到国家里或社会里或者同时消融到国家与社会里的错觉。我们将把第三领域看作具有超出国家与社会之影响的自身特性和自身逻辑的存在。"①

乡村治理，固然要贯彻国家的意图，但也不能忽视国家的每项政策、制度安排以及实际的治理形式都要具有一定的社会基础。尤其是乡镇政府，更须植入乡村社会的"权力的文化网络"之中，科层化治理根本不可能在这个"文化网络"中立足、生存。②

（四） 乡镇机构膨胀的原因

显然，乡镇机构膨胀的原因是多方面的。从历史上来看，每次乡镇机构膨胀都有其特定的历史原因，但是，究竟有没有一条根本的因素贯穿其间呢？

农村家庭承包责任制普遍推行以后，旧有的高度集中的人民公社管理体制在解体后面临着许多管治问题，实际上，撤社建乡初期的乡镇机构膨胀主要是为了解决这些管治问题。特别是，农村土地的家户分散经营，大大地增加了乡镇政府的征税成本，加之诸如"计划生育"和社会治安的需要，也在一定程度上直接导致了乡镇机构的膨胀。在"简政放权"的背景下，乡镇机构的膨胀，不过是这一国家基层政权重建的一个"副产品"而已。

为了方便从村庄征收税费，乡镇机构不断地膨胀着。特别是到了20世纪90年代以后，由于财政上"分灶吃饭"及随后"分税制"改革，乡镇政府在日益增长的自利性和自上而下的目标考核压力的双重驱动下，其机构和人员得以全面扩张，达到了历史的最高水平，在湖北省监利县一个乡镇由财政全额供养和差额供养的人员就达1 541人（其中正式干部职工1 317人，临时工55人，退休人员169人），该乡财政所的人员就有105人，号称"天下第一所"！③ 为了能够完成上级的考核指标任务（特别是税费征收任务）、扩大自己的财政收入，乡镇不得不聘用大批人员、成立专门机构加大对农民（和乡镇企业）的汲取力度。由于这些非正式人员、非正式机构没有纳入国家的正式编制之内，其工资和经费基本上是从相应的收费项目中列支或按照一定的比例从上

---

① 黄宗智：《中国的"公共领域"与"市民社会"？——国家与社会间的第三领域》，见邓正来、J. C. 亚历山大编：《国家与社会：一种社会理论的研究路径》，中央编译出版社，2002年版，第429～430页。
② 吴理财：《科层化治理：乡村治理的一个误区》，载《学习月刊》2005年第12期。
③ 张晓冰：《政府部门的"脚"》，载李昌平、董磊明主编：《税费改革背景下的乡镇体制研究》，湖北人民出版社2004年第1版，第141页。

缴的税费中提成,这样难免使他们沦为"营利型经纪人"(entrepreneurial brokerage)。"尽管正式的国家政权可以依靠非正式机构来推行自己的政策,但它无法控制这些机构",①诚如杜赞奇(Prasenjit Duara)所言,这种营利型经纪人行为的恶性膨胀和蔓延,容易导致"国家政权的内卷化"(state involution),它在财政方面的最充分表现是,国家财政每增加一分,都伴随着非正式机构收入的增加,而国家对这些机构缺乏控制力。② 这也是当时乡镇机构膨胀的一个不可轻视的原因。

尽管每次乡镇机构膨胀都是在特定历史条件下特定体制的产物,但是,总结历次乡镇机构膨胀原因时,不难发现:乡镇政府只要作为一种国家从农村社会汲取资源的"工具",它就摆脱不了"精简—膨胀—再精简—再膨胀"的宿命;只有取消乡镇政府"赋敛"职能,它才有可能寻找到新生之路。由此可见,乡镇改革仅仅在机构精简上做文章是不够的,最关键和最核心的是从根本上改变乡镇政府的性质、切实转变它的职能。农村税费改革之后,特别是全面取消农业税,对于乡镇政府而言或许是一个新的契机。

二、乡镇撤并

(一)乡域扩大化:20多年来乡镇建制的变化

自撤社建乡以来,我国乡镇撤并几乎未曾中断过。伴随着乡镇数量的减少,乡镇区域呈现扩大化趋势。1985年,乡镇数量高达9.1万个,1986年遽然减到7.2万个,1988年降至6万个以下,从1992年开始乡镇数目降到5万个以下,2001年进一步减少到4万个以下,到2005年底乡镇数量减为3.5万多个,比1985年减少了61.08%,跟1986年相比也减少了一半以上。与此同时,乡域规模不断扩大。1986年全国乡镇平均人口才超过1万人,1988年达到1.5万人,1996年超过2万人,2003年以后我国乡镇平均人口达到2.5万人。③ 在这持续长达20年的乡镇撤并过程之中,建制乡的数量逐年减少,建制镇的数量不断增加。在2001年,建制镇的数量首次超过建制乡的数量,到2002年底达到20 601个,随后几年略有减少(见表11-1)。

---

①② [美]杜赞奇著,王福明译:《文化、权力与国家——1900~1942年的华北农村》,江苏人民出版社2003年版,第51页。

③ 乡镇平均人口数2003年数据转引自项继权:《论我国乡镇规模扩大化及其限度》,载《开放时代》2005年第5期;其他年份数据均来自"三农数据网"(http://www.sannong.gov.cn)。

表11-1　1985~2007年间全国乡镇数量变化情况

年份	1985	1986	1987	1988	1989	1990	1991	1992	1993	1994	1995	1996
镇（个）	7 956	10 717	11 103	11 481	11 873	12 084	12 455	14 539	15 806	16 702	17 532	18 171
乡（个）	83 182	61 415	58 739	45 195	44 624	44 397	42 654	33 827	32 445	31 463	29 502	27 056
合计（个）	91 138	72 132	69 842	56 676	56 497	56 481	55 109	48 366	48 251	48 165	47 034	45 227
增长率（%）		-20.9	-3.17	-18.9	-0.32	-0.03	-2.43	-12.2	-0.24	-0.18	-2.35	-3.84

年份	1997	1998	1999	2000	2001	2002	2003	2004	2005	2006	2007	
镇（个）	18 925	19 216	19 756	20 312	20 374	20 601	20 226	19 883	19 522	19 369	19 249	
乡（个）	25 966	25 712	24 745	23 199	19 341	18 639	18 064	17 451	15 951	15 306	15 021	
合计（个）	44 891	44 928	44 501	43 511	39 715	39 240	38 290	37 334	35 473	34 675	34 270	
增长率（%）	-0.74	0.08	-0.95	-2.22	-8.72	-1.2	-2.42	-2.5	-4.98	-2.25	-1.17	

数据来源：1986~2007年数据来自民政统计年报，见民政部网站（http://www.mca.gov.cn），此数据与统计部门数据有出入。

在 1985～2007 年的 20 余年间，我国乡镇有三次大规模的数量调整。第一次是在撤社建乡的初期（1985～1988 年），乡镇数量急剧减少，乡镇行政区划调整频繁。1989 年和 1990 两年短暂平稳。第二次是 1991～1992 年间，浙江、安徽、四川、云南等省"撤区并乡"，乡镇数量又大幅减少，这次"撤区并乡"一直持续到 1997 年。1995～1997 年是"收尾"阶段，在这 3 年里乡镇数量也有较大幅度的下降。第三次是农村税费改革以来，各地在乡镇配套改革中再次掀起乡镇撤并风潮。2001 年乡镇撤并达到高潮，2003 年以后又逐年提速。

在农村税费改革中，许多地方都将乡镇撤并（包括建制村[①]的合并）作为乡镇配套改革的一个主要内容。有的地方是与农村税费改革同步进行的，有的地方是为了农村税费改革创造更好的条件先期进行的。我们可以对 2001 年底和 1999 年底的乡镇数量和建制村数量做一个简单的对比。全国乡镇数量 2001 年底比 1999 年底减少了 4 580 个，减幅达 10.24%；全国建制村数量同期减少了 28 172 个，减幅达 3.82%。如果仅从 2002 年进行农村税费改革试点的 20 个省、自治区、直辖市看，其乡镇总量 2001 年底较 1999 年底减少了 3 443 个，减幅达 10.32%；建制村数量同期减少了 27 701 个，减幅达 4.67%。其中，黑龙江、江苏、浙江、山东和湖北 5 省的乡镇撤并幅度最大，减幅分别为 21.2%、33.0%、20.1%、36.5% 和 28.5%，平均减幅达 29.3%，据统计，仅这 5 省的乡镇总量在这期间就减少了 2 525 个。另外，建制村撤并力度较大的是黑龙江、江苏、浙江和湖北 4 省，减幅分别为 33.6%、40.5%、5.4% 和 2.75%，平均减幅为 17.8%，仅这 4 省的建制村总量在这期间就减少了 22 127 个。特别需要指出的是，在这次撤并风潮中，有一部分县（市、区）的乡镇、建制村撤并幅度超过 50%。[②]

2005 年河南等省再次刮起撤并乡镇"风暴"，每撤并一个乡镇省财政奖励 50 万元。[③] 仅 2005 年 1 年，河南省就撤并乡镇 236 个，其中改建为街道办事处 42 个，全省乡镇总数由 2 106 个减为 1 911 个。从全国来看，2005 年底的乡镇数量比上一年减少近 5%。

（二）行政主导下的乡镇撤并

从 20 世纪 90 年代初的"撤区并乡"，到新一轮大规模的乡镇撤并，其发动者和主导者都是中央和省级政府。尤其是农村税费改革以来的乡镇撤并，更是在

---

① "行政村"一词不符合村民自治的精神，本书改称为"建制村"。
② 引自项继权：《改革与重建：乡村治理体制的转型》，未刊稿。
③ 宋健：《每撤并一个乡镇奖励 50 万，河南刮起乡镇撤并风暴》，见中国政府新闻网。

中央倡导下，由地方政府合力推进的。倡导撤并乡镇最初出现在 2000 年 9 月中共中央、国务院转发国家发展计划委员会的一份通知①中，接着，在 2000 年 12 月中办、国办《关于市县乡人员编制精简的意见》、2001 年 3 月 15 日九届全国人大第四次会议批准的《中华人民共和国国民经济和社会发展第十个五年计划纲要》中，也分别再次予以提倡。2001 年 7 月 27 日，经国务院同意，民政部、中央编办、国务院体改办、建设部、财政部、国土资源部、农业部 7 部门，联合发出《关于乡镇行政区划调整工作的指导意见》，② 在肯定各地撤并乡镇做法的同时，也提出了进一步完善的措施意见。③ 2004 年中共中央《关于促进农民增收若干政策的意见》再次提出："进一步精简乡镇机构和财政供养人员，积极稳妥地调整乡镇建制，有条件的可实行并村，提倡干部交叉任职。"④

在农村税费改革中，地方政府之所以积极推动这次乡镇撤并风潮，"更多的是基于经济需求及财政压力"⑤：一是通过减少乡镇建制数来减少乡镇机构和人员，据此提高效率，减轻财政压力，减轻农民负担，建立适合税费改革后农村经济发展的乡镇政府布局；二是基于加快农村城镇化发展的目的，以扩大乡镇范围作为发展小城镇，实现乡镇规模经济发展的体制支撑。但是，也不排除地方政府"政绩竞争"方面的考量，因为在一些地方乡镇撤并已经超出了合理的限度，甚至出现了"一大二空"以及"空心化"和"离农化"倾向，⑥诚如一位学者所言："从乡镇改革的方法论来看，如果这些指标不是以为农村居民提供公共服务为目的，或者说不是以乡镇政府在新时期的功能定位为判断标准，而是以诸如过去规定的乡镇编制、财政负担能力、农民负担等为依据，则恐怕这样大规模的撤并乡镇与裁员只是具有某种政绩的象征意义，而无助于'真问题'（乡镇功能重建）的实际解决，与建设社会主义新农村的方向背道而驰。"⑦

撤并乡镇导致农村基层政府治理的半径成倍增大，但并非是治理效率的同步增大。人民公社制度解体后，乡镇规模一般是建立在以前的公社规模上的，而公社的规模又是经历了大小公社试错基础上的（早期大公社的并乡并村最终还是回到以历史形成的自然集市为中心的小公社）。人民公社时期，为了应对因公社规

---

① 中共中央、国务院：《关于转发〈国家发展计划委员会关于当前农村经济发展中几个主要问题和对策措施的意见〉的通知》，2000 年 9 月 28 日。
② 民政部、中央机构编制委员会办公室、国务院经济体制改革办公室、建设部、财政部、国土资源部、农业部：《关于乡镇行政区划调整工作的指导意见》，2001 年 7 月 27 日。
③ 参见詹成付：《关于深化乡镇体制改革的研究报告》，载《开放时代》2004 年第 2 期。
④ 中共中央、国务院：《关于促进农民增加收入若干政策的意见》，新华网，2004 年 2 月 8 日。
⑤⑥ 项继权：《论我国乡镇规模扩大化及其限度》，载《开放时代》2005 年第 5 期。
⑦ 刘尚希：《谨防乡镇机构改革落入"循环改革"陷阱》，载《中国经济时报》2006 年 2 月 20、21 日。

模较小而导致的中观治理缺乏效率的问题,国家所采取的办法是增加区公所一级(县的派出机构),这也是历来政府在治理过程中出现断档时所采取的常规措施。一般来说,即使在治理过程中出现断档,国家也不会采用合并基层行政区划的方式来强化治理效率,这与政府治理的有效性边界是相关的。①

乡域规模是由多种因素综合决定的,如自然因素、社会因素、历史因素、政治因素、经济因素、文化因素,等等,而不可以主观随意调整。其价值判断标准也不尽一致,如有以控制农民为目的,有以节省行政成本为目的;有以保持乡村生活自然、自在、自由特性为目的,有以合理配置农村资源为目的,等等。② 在传统中国,我国农村基层组织设置总体上朝着小规模化、精致化方向发展,"为了控制目的而把民众分成小单位的基本思想,连同其变异形式和更细致的形式(最著名的是保甲制)在以后的帝国时代,甚至晚至民国时代仍行之不辍"。③ 尤其是在政权建立初期,基本上都是以小规模化、精致化的基层组织设置为特征,一旦政权稳固以后,又基于节约治理成本的需要而不断调整其规模,逐渐扩大管辖区域范围,精简管理层级。不可否认,撤社建乡以来我国乡镇的持续撤并、乡域规模的不断扩大化,也有这方面的原因。

总之,现阶段的乡镇撤并必须限定在合理的范围之内,其合理限度在于能否实现乡村社会的有效治理和满足农民群众的公共需求。④

(三)撤并乡镇与转变政府职能

不可否认,一些地区的乡镇合并在提高乡镇综合经济实力、加强资源配置能力和产业调整与规划能力等方面确实起到了一些积极的作用,但是,每个地区的情况是千差万别的,乡镇撤并在不同地域发挥的作用也是不相同的。从实际情况来看,简单地撤并乡镇并不一定提高效率、减轻财政压力,反倒因为合并中的乡镇债务问题、管理幅度问题、不同乡镇的整合问题等降低了工作效率,浪费了人力物力。其中河南省就是一个比较典型的例子。

早在2001年9月,河南省委、省政府就联合下发了《河南省撤并乡镇工作实施意见》,要求对平原、丘陵地区3万人以下,山区区域面积不足100平方公里、人口不足2万人的乡镇进行撤并。按照这一标准,全省有470多个乡镇需要

---

① 李远行:《对后税费改革时期乡村治理的沉思》,载《小城镇建设》2006年第4期。
② 张新光:《论我国乡镇的建制规模、职能定位与机构设置》,载《西南民族大学学报:人文社科版》2005年第9期。
③ [英]崔瑞德、鲁惟一主编,杨品泉译:《剑桥中国秦汉史》,中国社会科学出版社1994年版,第52页。
④ 项继权:《论我国乡镇规模扩大化及其限度》,载《开放时代》2005年第5期。

撤销或合并。按照两个、三个并一个的原则，全省可以减少乡镇 200 余个。实际运作中，只有虞城县选取 3 个乡作为试点，分别并入近邻的乡镇，但在运作一年后，3 个新乡镇又不得不分开了。乡镇机关干部也是"分而不流，流而未走"。①据了解，造成虞城县乡镇撤并失败的主要原因：一是乡镇机构庞大，人员精简困难。即便勉强合并，如果人员分流问题得不到解决，撤并乡镇的目的就很难达到。二是乡镇财政缺口大，债务负担不平衡。②这种现象不仅存在于河南省，在其他地方也比较普遍。2002~2004 年，赵树凯实地调查了 10 省区 20 个乡镇，其中 12 个乡镇涉及过乡镇撤并。在这 12 乡镇中，9 个乡镇的领导人认为撤乡并镇对于精简人员、提高效率的效果不明显，对乡镇工作没什么影响，对农村基层工作影响不大；2 个乡镇表示，集中财力的效果比较明显，人员精简效果不明显；一个乡镇的书记则尖锐地批评，因撤乡并镇，变卖、私分公有资产，乡镇政府元气大伤。③

可见，以精简机构人员、撤并乡镇为内容的乡镇机构改革并未收到预期效果。④截至 2004 年底，河南全省 2 100 个乡镇总编制数为 16.21 万人，实有人员 30.23 万人，超编 86.5%，平均每个乡镇超编 66.8 人，超编 200 人以上的乡镇就有 60 多个，个别乡镇甚至超编 300 多人。此外，全省乡镇还有临时聘用人员 1.25 万人。对此，当时履新的省委书记徐光春深感忧虑："超编人员这么多，在农业税取消、乡镇财政收入大幅减少的情况下，一些地方靠举债和转移支付资金发工资，长期下去，财政开支和农民负担就很难真正减下来，即使一时减下来，也很难长久巩固。"⑤为了破解"黄宗羲怪圈"，2005 年河南省进行了第二次大规模的乡镇撤并，仅用 3 个月时间就初战告捷，全省共撤并乡镇 200 多个。据一位学者分析，河南省这一轮改革之所以成效显著，主要是由于省委、省政府强化了相关配套措施的跟进，统筹考虑各方利益主体之间的关系协调，着力解决改革中所引发的各种复杂矛盾，最终形成了整合有力、协调一致的合作型博弈机制。⑥不可否认，这些改革技术的综合运用，尤其是建立一种合作型博弈机制和激励结构，对于推进改革十分必要。但是，要想避免乡镇撤并走回头路，还必须进行相应的配套改革，其中最关键的还是转变政府职能。

---

① ⑤ 宋健：《每撤一个乡镇奖励 50 万河南刮起撤并乡镇风暴》，载《人民政协报》2005 年 10 月 21 日。

② 李钧德：《乡镇撤并：虞城县的反复与反思》，载《半月谈》内部版 2005 年第 5 期。

③ 赵树凯：《乡镇改革：检讨与展望——10 省（区）20 乡（镇）调查》，见《社会蓝皮书 2005 年：中国社会形势分析与预测》，社会科学文献出版社 2005 年第 1 版。

④ 张晓山：《简析中国乡村治理结构改革》，载《管理世界》2005 年第 5 期。

⑥ 张新光：《地方政府变革的动力机制分析》，载《华中师范大学学报：人文社会科学版》2006 年第 5 期。

根据笔者对 1 471 名乡镇干部的一项问卷调查，仅 3.5% 的被访者认为撤并乡镇很关键，28.8% 的人则认为，转变政府职能、增强其公共服务能力，是乡镇改革的最关键之所在（参见表 11-2）。

表 11-2　乡镇改革：您认为最关键的是什么？（N = 1 471）

	频数（个）	有效比例（%）
撤并乡镇	51	3.5
精简机构和人员	250	17.0
乡镇领导人实行竞争性选举	103	7.0
转变政府职能，增强公共服务能力	423	28.8

资料来源：笔者 2004~2005 年对安徽、湖北、湖南、山东 4 省 1 471 名乡镇干部的问卷调查。

过去的乡镇政府承担了过多的汲取功能，主要体现在从农村社会汲取资源服务于国家宏观建设、服务于城市发展。如果乡镇政府的汲取功能不改变的话，即便是在数量上减少得再多，也仍然要消耗农村资源，并最终损害农民的利益而成为其"负担"。乡镇政府的职能从向农汲取转为为农服务，才是农村税费改革之后乡镇改革的根本目的。精简机构和人员、撤并乡镇，仅仅是乡镇改革的一个必要手段而已。如果把手段视为目的，岂不是舍本逐末！

第十二章

以权力重组为导向的乡镇改革

乡镇领导班子"交叉任职"以及各种乡镇民主选举创新,实际上是以权力重组为导向的乡镇改革。"交叉任职"主要是改变乡镇的"党""政"和"人大"的权力结构;民主选举创新主要改变乡镇领导人的权力来源问题。很显然,这种"交叉任职"的乡镇领导体制,只有建立在一定的民主选举基础之上,才有可能在一定程度上克服"交叉任职"所带来的集权倾向。由此可见,乡镇改革是一个系统工程,乡镇的每一个方面改革,都必须有其他方面的制度安排相配合,单兵突进是很难达到改革目的的。

一、交叉任职

我国乡镇改革中的一些新做法,有不少直接源自近年村级治理的制度创新。例如,乡镇领导班子"交叉任职",就是在村党支部书记、村委会主任"一肩挑"的基础上发展而来的;乡镇领导人"两票制""两推一选""公选"乃至"直选"等制度创新,也大量借鉴了各地村级民主选举的成功经验。不言而喻,村级治理中的制度创新,对于乡级改革有着直接的推动作用。

(一)咸安"试水"

尽管安徽省在2000年的乡镇机构配套改革方案中,最早提出了"提倡党政领导交叉任职",但在实际的乡镇机构改革中并未立即推行;湖北省咸宁市咸安区①则在2003年较早实行了乡镇党政班子的"两票推选、交叉任职"。

2002年底，咸安区就开始酝酿包括乡镇领导实行"交叉任职"在内的乡镇机构改革，并确定于次年1月在该区横沟桥、贺胜桥两镇首先进行试点。这次试点主要包括两个方面的内容：一是乡镇内设机构改革及人员分流；二是实行"交叉任职"的领导体制。内设机构统一设置为"党政综合""经济发展""社会发展"和"财政税务"四个办公室，②乡镇机关超编人员一律分流。乡镇党政职位设置及"交叉任职"的具体情况如下：

党委和政府部门的职位设置：设书记兼镇长1人；副书记3人，其中1名副书记兼常务副镇长，1名副书记兼人大主席团主席③和纪委书记，1名副书记兼政协工作委员会主任；④副镇长3人，由党委委员兼任。另设组织委员，宣统委员，政法委员；人大主席团副主席、政协工作委员会副主任；纪委副书记；党政综合办公室主任、经济发展办公室主任、社会发展办公室主任、财政税务办公室主任；干事、助理员。

群团部门的职位设置：设武装部长、工会主席、妇联主任（以上群团部门正职可由党委委员兼任）。其编制如下：（1）党委委员9~11名，其中党委书记1名，副书记3名，委员5~7名（兼任）；（2）镇长、副镇长5名，其中镇长1名（由党委书记兼任）、副镇长4名（由党委委员兼任）；（3）人大主席团主席1名（由党委副书记兼任），人大主席团副主席1名；（4）政协工作委员会主任1名（由党委副书记兼任），政协工作委员会副主任1名；（5）纪委委员3~5名，其中纪委书记1名（由党委副书记兼任），纪委副书记1名，委员1~3名（兼任）；（6）四个办公室各设主任1名；（7）四个办公室可视工作需要和编制情况分别配备干事、助理员；（8）非领导职数的配备，严格按不超过科级领导职务的50%配备。

党政领导班子成员产生办法：实行"两票推选、竞争择优"（党员、群众代表推荐党政班子成员，党代会选举党委班子成员，人代会选举政府班子成员）产

---

① 咸安区即原县级咸宁市，1999年3月，撤销县级咸宁市建立咸安区。

② 在2001年的乡镇机构改革中，咸安区曾规定乡镇内设机构统一设置为"综合办公室""工业办公室""农业办公室"和"村镇建设办公室"（参见中共咸安区委：《关于乡镇建制调整后的工作机构、职位设置和人员配备的意见》（咸发［2001］4号），2001年3月9日）；2004年又按照湖北省委［2003］17号文件，将乡镇内设机构调整为"三办一所"，即将"社会发展办公室"更名为"社会事务办公室"，撤销"财政税务办公室"及"农税分局"，恢复"财政所"事业单位设置（参见中共咸安区委办公室、区政府办公室：《关于乡镇办有关机构设置调整的通知》（咸办发［2004］35号），2004年4月26日）。

③ 根据《中华人民共和国地方各级人民代表大会和地方各级人民政府组织法》的规定，应称之为"人大主席"，不过有许多地方仍然习惯地称之为"人大主席团主席"。

④ 在安徽省，这一职位则称为"政协联络组长"。

生党政班子成员……由全体党员以无记名投票的方式直接选举产生 9 名镇党委委员，从得票达到投票人总数一半以上的候选人中，按得票多少依次取前 9 名；新当选的 9 名镇党委委员产生后，召开新一届党委全会，选举书记、副书记。两名党委书记候选人，分别在党委会上（党代表列席参加）作竞职演讲，时间不超过 20 分钟，党代表现场提问，再由党委全体成员以无记名投票的方式产生党委书记、副书记；镇人大、政府班子成员人选，在党员、群众代表推荐的基础上，由党委依法提名，经镇人代会选举产生。①

在人代会上，新当选的乡镇党委书记作为乡镇长候选人进行等额选举。其余 3 名副乡镇长则由党委依法提名，人大代表进行差额选举产生。②

"交叉任职"在两个镇试点成功以后，于当年 5~6 月份便推广至全区所有乡镇（办事处）。通过"交叉任职"，乡镇领导职数大幅精简。在改革前，由于党委、政府、人大、政协和武装部等组织的领导职位分设，横沟桥镇整个领导班子有 18 名成员。通过交叉任职，该镇领导职数比改革前减少了 38.9%。推广到全区以后，整个咸安区 12 个乡镇（办事处）通过"两票推选，竞争择优"产生 132 名乡镇领导，比改革前减少 102 名，精简 44%。③ 后来，全区各乡镇领导职数进一步控制在 9 名以内，乡镇领导再次减到 108 名，与改革前相比精简率达 61.2%。④

"交叉任职"不但达到了精简人员的目的，而且实现了党政权力的统一，有利于提高工作效率。他们告诉笔者："四大班子成员实现交叉任职后，权力相对集中，指挥更加得力，党委想办的事情，同时也是政府要办的事情，从而形成了一个目标、一个声音，党政班子也不为协调矛盾而操心，可以集中精力抓工作，一心一意搞发展。"⑤ 横沟桥镇组织委员坦言，过去党政分开时，书记和镇长总是"面和心不和"，以致经常影响乡镇工作的正常开展，这个镇曾经因为党政领导人的矛盾，导致整个班子成员的降职任用。

更重要的是，乡镇领导的"交叉任职、竞争择优"引进了民主、开放和竞争机制，彻底打破了过去由上级组织提名、指定乡镇领导候选人甚至直接任命

---

① 节选自中共咸安区委、咸安区人民政府：《关于在横沟桥镇、贺胜桥镇进行机构和领导体制改革试点的实施意见》，2003 年元月 11 日。

② 中共咸安区委、咸安区人民政府：《关于进一步深化乡镇办管理体制改革的决定》，2003 年 2 月 9 日。

③ 参见中共咸安区委、咸安区人民政府：《推进乡镇综合配套改革，巩固农村税费改革成果——咸安区乡镇综合配套改革情况汇报》，2004 年（工作汇报）。

④ 参见中共咸安区委、咸安区人民政府：《精兵简政添活力，创新体制增效能——咸安区深化乡镇综合配套改革情况》，2005 年（工作汇报）。

⑤ 参见横沟桥镇：《配套改革动真格，创新机制促发展——咸安区横沟桥镇综合配套改革情况》，2004 年 5 月（工作汇报）。

的一贯方式，在现有的体制内实现了最大限度的民主"竞选"，是一种体制内的增量改革。横沟桥镇当时共有 23 人报名参选，在这 23 人中除了原班子 17 名成员以外，还有 6 名一般干部，其中包括后来成功竞选成为党委委员的镇计划生育办公室主任、26 岁的刘琼。这些报名者经过组织审查合格以后，即为初步候选人。

从"交叉任职、竞争择优"的操作程序来看，它在现有的体制架构内用足了"民主"资源，使这个权力相对集中的新班子建之于较大范围的民意基础之上，充分体现了"民主集中制"的权力运行原则。不过，笔者在实地调查中还是直率地表露了自己对"交叉任职"后的权力集中、缺乏民主监督和权力制衡的忧虑。

还有一个问题就是，这个"交叉任职"的推选程序仍然无法避免党委书记和镇长不能"一肩挑"的可能，也就是说，当选的党委书记并不必然会在人代会上当选为镇长。咸安区的所有乡镇、办事处的领导班子在"交叉任职"中之所以没有出现这种现象，这显然与其选举前和选举中的积极宣传动员、较大范围的"两票"推选候选人和细致的组织工作有关；更为重要的是，相对于过去的仪式化选举，这是咸安区第一次真正具有广泛民意的选举，参加投票的代表们已经很满足了，他们暂时还不会有进一步扩大民主的诉求。随着基层民主的进一步发展，迟早会有一天会突破现有的体制束缚。

咸安区的乡镇改革具有较强的增量改革特点。这一改革"增量"不仅仅体现在乡镇领导班子的民意基础扩展和选举的开放竞争上，还体现在它从乡镇领导的"两票推选、竞争择优"随后向一般工作人员的"竞聘上岗"以及乡镇站所市场化转制的路径上演进。由于咸安区在乡镇改革中运用了从"内核"到"边层"的改革策略①，被改革者感觉到他们在改革面前是平等的。因为大到乡镇党委书记，小至站所的一般职工，都同样面临着下岗、分流的竞争性压力，而且这种压力是持续性的，机会是比较公正、公平的，一般干部、职工没有相对的"剥夺感"。② 从而保证了该区乡镇改革的增量推进。

(二)"交叉任职"的扩展

包括乡镇党政班子"交叉任职"在内的一系列"咸安政改"模式被湖北省委、省政府所及时采纳，写进了该年 11 月发布的《关于推进乡镇综合配套改革

---

① 关于这一问题的讨论，请参见徐勇：《内核—边层：可控的放权式改革——对中国改革的政治学解读》，载《开放时代》2003 年第 1 期。
② 可进一步参阅吴理财：《咸安政改：体制内的增量改革——咸安横沟桥镇综合配套改革调查》，载《社会主义研究》2006 年第 1 期。

的意见（试行）》①之中，成为全省乡镇改革的统一蓝本。

该《意见》要求乡镇"实行领导班子交叉任职"，并做出统一规定：每个乡镇党委设党委委员7~9名。其中，党委书记原则上兼任乡镇长；党委副书记2名，1名担任人大主席团主席，1名兼纪委书记；兼任副乡镇长的党委委员2~3名；兼任人武部长等职务的党委委员2~3名。同时，取消乡镇政协机构，其工作由1名乡镇领导兼管。乡镇领导班子成员的产生，要扩大民主。"逐步推行党员推荐、群众推荐、党代表大会和人民代表大会选举的办法产生乡镇党委和政府班子成员，对党委书记、副书记进一步试行乡镇党代表大会'差额直选'。党委书记产生后，将其作为乡镇长候选人，由人大依法选举产生"。

2004年老河口、安陆、监利、京山等10余个县（市、区）先行改革试点，②2005年在湖北全省推广。由于实行"交叉任职"，到2005年10月之前，湖北省已有60%以上的乡镇实行了党政"一肩挑"，领导干部职数由10 543人减少到6 204人，精简率达41.4%。③

安徽省直到2004年5月，才在宣城市部分乡镇试行"主官合一"式改革，实行乡镇党政领导"交叉任职"。该市首先在7个县（区）各选择1个乡镇试点，然后逐步推广。这次改革的内容被总结为："主官合一，减少副职；明确职责，分工不重；扩大民主，强化监督；科学管理，依法行政；提高效率，促进发展。"一是实行乡镇党政正职"一人兼"，乡镇党委书记兼任乡镇长；二是减少乡镇领导职数。党政班子一般由5~7人组成，班子成员实行双向进入，交叉任职。1名党委副书记担任乡镇人大主席团主席，1名副书记兼纪委书记，副乡镇长从党委委员中选举产生，班子成员分工不重，责任明确；三是乡镇内设机构不搞上下对口，设立"四室一部"，即党政办公室、经济发展办公室、社会事务办公室、计划生育办公室和人武部。人员实行双向选择、竞争上岗。11个先行改革的乡镇，班子成员由120人减少到76人，减少了37%；四是班子成员的文化程度普遍提高，平均年龄下降3.43岁。④

其中，泾县在这次"主官合一、交叉任职"改革中，引入竞争机制，对试点的4个乡镇领导班子实行"公推公选"，变"伯乐相马"为"赛场选马"。全县

---

① 中共湖北省委、湖北省人民政府：《关于推进乡镇综合配套改革的意见（试行）》（鄂发［2003］17号），2003年11月4日。

② 其中，老河口、安陆、咸安、麻城、监利、洪湖、天门为湖北省确定的试点县（市、区），京山、远安、嘉鱼为自行改革县。

③ 《湖北乡镇机构全面精简转制，党政干部交叉任职》，见人民网（http://politics.people.com.cn/GB/14562/3749561.html）。

④ 安徽省人大工作研究会农村调查组（陆子修、朱克映执笔）：《积极推进乡镇机构改革，构建农村基层经济社会运行新机制——宣城市部分县（区）乡镇调查报告》，2005年6月10日。

有172人报名参加4个乡镇的26个领导职位的竞争,其中乡镇140人,县直机关32人,在这些报名者中女性有22人。经过资格审查,166人进入角逐行列。经过考试、驻点调研、竞职演讲、投票推荐、差额考察、依法选举等程序,最终产生"交叉任职"的新班子。通过"公推公选",苏红、茂林、蔡村、丁家桥四个乡镇领导班子成员由47人减至27人,平均年龄由42.9岁下降到37.8岁,大专以上文化程度由74.5%提高到92.5%,班子结构得到明显优化。①

宣城市的"主官合一、交叉任职"改革经验得到了安徽省委、省政府的肯定,安徽省在2005年6月《关于开展农村综合改革试点建立农村基层工作新机制的意见》中提出:"扩大乡镇领导体制改革试点,提倡乡镇党政领导交叉任职,减少领导职数。完善乡镇用人激励机制,积极推进民主选拔干部进程。"② 并要求全省17个(地级)市各选择1个县进行试点。实际试点的县(市、区)达18个。到2005年底,安徽巢湖市庐江、无为、和县和居巢区全部推行了"主职合一、减少副职、交叉任职、不交叉分工"的做法,全市乡镇党政班子成员由原来的1 559人精简为630人,减幅达60%。③ 此外,南陵、颍泉、肥西、来安、广德、宁国等县(市、区)也实行了"交叉任职",休宁、铜陵、濉溪、怀远、当涂、青阳等地逐步推行这一做法。④

除了湖北省、安徽省以外,河南、黑龙江、湖南和四川等地的一些县(市)也有乡镇领导班子"交叉任职"的试点。不唯如此,湖北省罗田县在县级党代会常任制改革试点中,大胆取消县级常委会,实行"委员制"。尽量扩大党员副县长进入县委委员,增加党政交叉任职;同时,在工作上又尽量减少交叉分工现象,实行县委委员"一人管一事、一人管一线",并赋予相应的人权、事权和财权;提倡县委、县政府"分工不分家"。从而构建了"一个核心、三个党组"的新型权力结构。这个核心即是县委,三个党组即是县人大、县政府、县政协党组。居于核心地位的县委,"总揽全局、协调各方"。⑤ 浙江省台州市椒江区也实行了类似的党代会常任制改革。安徽省黄山市在新一轮县(区)委换届中,也尽量"减少领导职数、扩大交叉任职",使一些政府副职领导人进入县(区)委常委之列。⑥ 党政"交叉任职"正逐步由乡镇向县一级扩展,这是一个值得关注的发展趋势。

---

① 中共泾县县委:《泾县乡镇领导体制改革试点工作情况》,2005年3月(工作汇报)。
② 中共安徽省委办公厅、安徽省人民政府办公厅:《关于开展农村综合改革试点建立农村基层工作新机制的意见》,2005年6月27日。
③ 李仁虎、葛如江:《巢湖市改革透视:扩版图减官员,党政正职合一》,载《经济参考报》6月5日。
④ 冯长福:《十八试点县农村综合改革稳步推进》,载《安徽日报》2005年10月21日。
⑤ 吴理财:《罗田政改:从党内民主启动的县政改革》,载《学习时报》2005年第321期。
⑥ 《地方党委换届副书记减少,大量政府副职进入常委》,见新华网(http://local.xinhuanet.com/dfyw/2006-10/19/content_11813.htm)。

(三)"交叉任职":一个可行的改革选择

长期以来,在我国基层权力的实际运作中,"党政"往往难以真正分开。基层的"党政分开"体制存在着诸多的弊端:其一,"党政"交叉(重叠)分工很容易在工作中滋生推诿扯皮、责权不一、政出多门等弊端;其二,片面强调形式上的"党政分开",容易造成机构重叠、人员膨胀,进而徒增政府运行成本,降低运作效率;其三,基层"党政分开"甚至还经常引起党政之间不团结、班子内耗等问题。因此,"党政分开"并不适合我国基层。笔者倒是认为,像"交叉任职"这种"党政合一"的领导体制,(至少)在县和县以下的层级中是一个比较符合我国政治社会实际的、切实可行的改革选择。一些地方的改革实践也证明了这一点,在地方基层走"党政合一"之路,不但可以在相当程度上避免上述的体制性弊端,而且能够在一定意义上增强党在地方治理中的执政能力,提升党组织的权威,有效地实现党委在地方工作中的领导作用。相反,如果一味地强调形式上的"党政分开",那么,党在地方治理中领导作用如何才能得以体现?"执政能力"又何以能提高?[①]

但是,"交叉任职""党政合一"会不会导致权力过分集中而难以监督呢?对于这一问题,笔者基本赞同曾经主导宣城市"主官合一"改革的市委书记方宁的意见:"在我看来,这种担心没有必要。过去分设两个一把手,表面上看可以相互监督,事实上谁也监督不了谁。乡长怎么监督书记?多数情况下,大家都是按照各自的规矩办事的。第二,最大问题是监督的对象不明确。因为责任不明确,一个地方出了问题、工作没有搞好,乡长可以怨书记,书记也可以怨乡长,这不就扯皮了吗?所以,过去的所谓两个一把手的监督是很难做到的。现在这种监督反而明确了,书记乡长一肩挑后,一个乡镇出了事或经济上不去,就是你一把手的责任。所谓的集体负责,实际上是没有人负责。而我们这项改革,最重要的就是通过明确责任、明确监督对象,把相互监督落到实处。权力大了以后,监督和被监督的意识都强了。一把手感觉到大家都在看着他,其他同志也觉得他权力比较集中,应该监督他。从监督角度讲,实际上比以前大大前进了一步。"[②] 在乡镇这个特定的权力场域中,即便是多种权力集于一身的书记(乡镇长),也必须遵循这个场域的游戏规则,而不可能任意妄为。

不过,从当下"交叉任职"的实行情况来看,某些环节的确有待进一步完

---

① 吴理财:《罗田政改:从党内民主启动的县政改革》,载《学习时报》2005 年第 321 期。
② 王和岩:《宣城乡镇领导体制改革"伤筋动骨"》,见中国商报网(http://www.cb-h.com) 2004 年 12 月 9 日。

善。一是由乡镇党委副书记兼任人大主席团主席不利于民主发展。如果能够将乡镇人大改为民选产生，即乡镇人大代表实行竞争性选举，乡镇人大主席团主席可视实际条件由乡镇人民直接选举或者由人大代表选举产生。同时，减少代表职数，以利于乡镇人大开展经常性活动，切实发挥乡镇人大的民主监督、民主决策的职能。这样就能在乡镇一级更好地实现"国家"与乡村社会之间的民主合作，并能主动适应农村基层民主发展、治理转型和社会经济发展的需要。①

二是乡镇领导人的选举缺乏竞争性和开放性，必须完善相应的民主选举机制，让"交叉任职"的乡镇领导具有较强的民意基础。在我们对湖北省4个县（市）408名乡镇干部的问卷调查中，有一个专门的问项是"您对乡镇领导班子交叉任职的态度"，有70.3%的人明确表示赞同这一做法，这说明"交叉任职"有一定的合理性。同时，这项调查还表明，"乡镇领导人缺乏民意基础"是当前乡镇比较严重的问题之一。有66.2%的人认为应该改变过去一贯的任命方式，由全体党员或党员代表直选或"公选"产生乡镇党委书记；有32.1%的人赞成"公选"或"两票制"的方式产生乡镇长，有27.7%的人同意乡镇长由乡镇人民直选，有24.3%的人主张由乡镇人大代表直接选举乡镇长，以此来提升他们的民意基础。绝大部分被调查者（至少占92.4%）认为实行乡镇领导人的竞争性选举很有必要，至少有65.2%的人认为乡镇领导人的竞争性选举应尽早推行。② 这也从另一个侧面说明，至少在当下，还有相当一部分乡镇没有实行领导人的民主选举或竞争性选举，仍然是由上级组织直接任命或间接指派的。"交叉任职"虽然是当下我国基层政治领导体制改革的可行选择，但是，毫无质疑的是，它必须建基于一定的民主基础之上。

二、选举创新

（一）乡镇选举创新的发展

1998年以来，四川省、广东省深圳市、湖北省、江苏省、云南省等地都有乡镇民主选举方面的创新（见表12-1）。这些选举创新形式被冠以"（公推）公选""两票制""三轮两票制""海推""两推一选""公推直选""直选"等名称，它们为我国乡镇选举制度改革积累了重要经验。

---

① 吴理财、朱红萱：《乡镇干部如何看待乡镇改革？——对湖北省4个县市乡镇干部的问卷调查》，载《咨询报告》（内刊）2005年6月6日。

② 吴理财、朱红萱：《乡镇改革：乡镇干部的所思所想——对湖北省乡镇干部的问卷调查》，载《中国农村经济》2005年第11期。

表 12-1　　　　乡镇选举制度创新一览（1998～2004 年）

选举方式	改革所在地	时间	选举对象
代表提名制	四川省绵阳市10个县（市、区）11个乡镇	1998.11～1999.2	乡镇长
公选	四川省遂宁市市中区保石镇	1998.5～1998.6	镇长
	四川省南部县大桥镇	1998.5	副镇长
	四川省遂宁市市中区莲花乡、东禅镇、横山镇	1998.9～1998.11	乡镇党委书记、镇长
	四川省南部县79个乡镇	1998.10～1998.12	副乡镇长
	广西壮族自治区恭城瑶族自治县恭城镇	2001.3～2001.4	副镇长
两票制	山西省临猗县卓里镇	1999.4～1994.5	党委书记、镇长、镇人大主席团主席
三轮两票制	广东省深圳市龙岗区大鹏镇	1999.1～1999.4	镇长
	河南省新蔡县孙召乡、佛阁寺镇	1999.12	乡长、镇长
海推	湖北省京山县杨集镇	2002.8～2002.9	镇党委书记、镇长
直选	四川省遂宁市市中区步云乡	1998.12	乡长
	四川省眉山市青神县南城乡	1998.12	乡长
	云南省红河哈尼族彝族自治州石屏县7个乡镇	2004.2～2004.4	乡镇长

注：本表为不完全统计。其中的选举方式在不同的媒体报道、研究文献中有各种不同的名称，例如，"公选"有的称之为"公推公选"。实际上，"公选"1999年以后已在四川等地得到大面积的推广；"两票制"或称之为"两票选任制"；"三轮两票制"有名之为"两票制"，有名之为"两推一选"；湖北省京山县杨集镇"海推"镇党委书记、镇长，有的称之为"海推直选"，也有人称之为"两推一选"，甚至有报道称之为"海选"，实际上，它只是"海选"候选人而已。

资料来源：吴理财：《中国农村乡镇的党政负责人选举制度创新及改革设想》，载《当代中国研究》2003年第4期。

从选举方式来看，从初期的"代表提名"，到"公开推荐"（"公推"）、"海推"，再到"直选"，乡镇领导人选举的民主范围在逐渐扩大。还有，"主职"从"等额"到"差额"；"竞选"从"竞争性选拔"到"竞争性选举"，① 这表明开放和竞争机制逐步引进到乡镇选举之中。

从选举的对象来看，从副职扩展到正职，从乡镇长扩大到乡镇党委书记，越来

---

① 关于"竞争性选拔"与"竞争性选举"的讨论，请参阅杨雪冬、托尼·赛奇：《从竞争性选拔到竞争性选举？——对乡镇选举的初步分析》，载《经济社会体制比较》2004年第2期。

越接近乡镇权力核心的改革。特别是 2004 年以后，四川、江苏等省有意识地推行乡镇党委书记的"公推直选"，大大增强了乡镇党委的民意基础和执政能力。2005 年 8 月，四川省省委组织部专门下发了《关于推进党内基层民主深化先进性教育长效机制建设的意见》，该意见要求："除民族地区外，乡（镇）、村和街道、社区党组织负责人的产生，原则上要实行公推直选，并逐步扩大基层党组织领导班子成员直接选举的范围。"[①] 2005 年江苏省在宿迁市泗洪县等地较大范围试点的基础上，于 2006 年上半年在全省乡镇党委的换届选举中大面积推行"公推直选"，全省 893 个乡镇中有 70% 通过"公推"产生党委书记。[②] 云南省红河哈尼族彝族自治州在总结 2004 年泸西县 10 个乡镇"公推直选"乡镇党委班子经验的基础上，于 2006 年初在全州 2 市 10 县（除泸西县）126 个乡镇全面推广"公推直选"。[③] 此外，重庆市、贵州省、河南省、湖南省等地也相继进行了"公推直选"方面的试点（参见表 12 - 2）。

表 12 - 2　乡镇党委各种形式的民主选举创新（1998 ~ 2006 年）

省份	选举创新发展情况
四川	1998 年 3 月，省委"巴中会议"要求把"群众参与、民主推荐、竞争上岗、承诺就职"等"公推公选"村干部的做法扩大到选拔乡镇领导干部上来。
	1999 年初，全省"公推公选"乡镇领导干部已达 413 名。同年，青神县南城乡用"公推直选"方式产生乡党委书记，成为全省甚至全国率先探索公推直选乡党委书记的地方。
	在 2001 年底的乡镇换届选举中，全省 1/3 以上的乡镇实行"公推公选"乡镇领导干部。全省除 3 个少数民族自治州外，有 1 729 个乡镇实行了"公推公选"，共"公选"产生乡镇领导干部 5 447 名。巴中、泸州、雅安等市所有的乡镇领导干部都是通过"公推公选"产生的。
	2003 年 12 月，四川省成都市新都区木兰镇"公推直选"镇党委书记。
	2004 年，成都、德阳、遂宁、广元、南充、宜宾、达州、巴中、雅安、甘孜 10 个市（州）的 30 个县试点"公推直选"，产生 45 名乡镇党委书记。[①]
	2005 年 8 月 24 日，中共四川省省委组织部下发《关于推进党内基层民主深化先进性教育长效机制建设的意见》，将公推直选乡镇党委书记的试点工作扩大到全省 18 个市、州 30 个县（市、区），并规定："除民族地区外，乡（镇）、村和街道、社区党组织负责人的产生，原则上要实行公推直选，并逐步扩大基层党组织领导班子成员直接选举的范围"。[②]

---

① 中共四川省省委组织部：《关于推进党内基层民主深化先进性教育长效机制建设的意见》，2005 年 8 月 24 日。

② 王海平：《江苏乡镇党委换届大面积"公推"》，载《东方早报》2006 年 7 月 13 日。

③ 周梅燕：《党内民主与人民民主结合的有益尝试——云南省红河州乡镇党委换届直选观察报告》，载《人大研究》2006 年第 6 期（总第 174 期）。

续表

省份	选举创新发展情况
江苏	2003年5月，宿豫县曹集乡、侍岭镇"公推竞选"乡镇党委书记。
	2004年2月，宿迁市沭阳县的十字、汤涧等13个乡镇"差额直选"乡镇党委书记。
	2004年4月，宿迁市宿豫区蔡集镇"公推直选"镇党委书记。
	2004年5月，盐城市射阳县特庸镇"党代表常任制"下"公推公选"镇党委书记。
	2004年9月，常州市武进区卜弋镇"公推直选"党委领导班子；金坛市洮西镇"公推直选"党委班子。
	2005年11月，徐州市新沂市王庄镇"公推直选"镇党委班子。
	2005年苏州市常熟市董浜镇"公推直选"党委领导班子。
	2005年11月，南京市江宁区土桥镇"公推直选"党委班子。
	2005年7月，宿迁市泗洪县全县"公推直选"乡镇党委班子，选出乡镇党委委员184人、纪委委员72人。8月，宿城区全区"公推直选"乡镇党委班子。
	2006年上半年，全省893个乡镇完成党委换届。其中625个乡镇在换届选举中实行"公推"产生党委书记，共有3 125人报名竞争该职位，其中1 125人为"毛遂自荐"，占36%。③
云南	2004年7~8月，红河哈尼族彝族自治州泸西县10个乡镇（现撤并为8个）"公推直选"乡镇党委。
	2006年1~3月，红河哈尼族彝族自治州全州2市10县（除泸西县）126个乡镇"公推直选"乡镇党委（书记/副书记、纪委书记/党委委员、纪委委员）。④
	2006年初，丽江市在玉龙县太安乡、华坪县船房乡、古城区和永胜县光华乡试点"公推直选"乡镇党委班子。
	2006年3月，昆明市呈贡县七甸乡"公推直选"党委、纪委班子试点。
安徽	2004年5月，宣城市泾县苏红、茂林、蔡村、丁家桥四个乡镇"公推公选""交叉任职"乡镇党政班子。
重庆	2004年7月，渝北区龙兴镇"公推直选"镇党委书记。
吉林	2004年8月，白城市龙沼镇"民主推荐，差额直选"镇党委书记。
	2004年10月，通榆县七井子乡"民推直选"乡党委书记。
江西	2004年10月，吉安市寮塘乡、富滩镇"公推差选"乡镇党委书记。
河南	2005年1月，三门峡市卢氏县瓦窑沟乡、安阳县铜冶镇、郑州市荥阳汜水镇、商丘市梁园区张阁镇"公推直选"乡镇党委书记。
贵州	2005年6月，遵义市红花岗区新蒲镇"公推直选"党委书记。12月，遵义县马蹄镇"公推直选"镇党委书记。
陕西	2005年5月，南郑县湘水镇"公推直选"镇党委书记。

续表

省份	选举创新发展情况
湖北	2002年8月，京山县杨集镇"海推"党委书记。 2003年元月，咸宁市咸安区横沟桥镇"两票推选、党员直选"镇党委班子。 2005年7月，房县九道乡"公推直选"党委书记和党政领导班子。
山东	2006年2月，东台市头灶镇"公推直选"试点。
湖南	2006年2月，娄底冷水江市三尖镇"公推直选"镇党委书记、委员、纪委书记。3月，岳阳临湘市江南镇"公推直选"党委班子。
内蒙古	2006年7月，林西县新城子镇"公推直选"党委书记。
全国	截至2005年10月，全国一共有13个省的217个乡镇开展了"公推直选"的试点。⑤

注：本表为不完全统计。

资料来源：①李伟：《公推直选民主政治建设的方向——看乡镇党委书记公推直选扩面》，载《四川日报》2005年8月31日；刘云飞：《四川30个县乡镇党委书记公推直选全面推开》，载《华西都市报》2005年8月26日；②四川省委组织部：《关于推进党内基层民主深化先进性教育长效机制建设的意见》，2005年8月24日；③王海平：《江苏乡镇党委换届大面积"公推"》，载《东方早报》2006年7月13日；④周梅燕：《党内民主与人民民主结合的有益尝试——云南省红河州乡镇党委换届直选观察报告》，载《人大研究》2006年第6期（总第174期）；⑤2006年3月1日上午10时国务院新闻办举行新闻发布会，见人民网（http://politics.people.com.cn/GB/8198/44160/44162/59358/）；其余引自陈家喜《十六大以来党内民主建设的实践与思考》，载《理论探讨》2005年第5期，以及相关报道。

（二）典型案例

在诸多选举制度创新中，较有影响的是：四川省遂宁市步云乡直选乡长，四川省南部县"公推公选"副乡镇长，深圳市大鹏镇"三轮两票制"选举镇长，山西省临猗县卓里镇推行"两票制"选举，湖北省京山县杨集镇"海推"镇党委书记、镇长，以及云南省红河哈尼族彝族自治州、四川省和江苏省大面积推行的"公推直选"等。以下是一些典型案例介绍。

1. 四川省遂宁市步云乡"直选"乡长

步云直选主要是在遂宁市市中区区委主导下进行试验的。为了使这次直选具有一定的合法性，首先由步云乡人大主席团做出由选民直接选举乡长的决定，经乡党委同意后，报区人大常委会同意，由区委批准试行直选。然后共同研究制定了《遂宁市市中区步云乡选民直接选举乡人民政府乡长试行办法》，并提交人大主席团讨论通过后作为直选的基本规则。

一是步云直选的第一个较大的特色是制定了竞选规则,允许候选人公开竞选。在正式选举前,3 个最终候选人到 10 个村及 1 个居委会共举行了 13 场竞选演说答辩会,还分别在选委会人员的陪同下到各村进行竞选游说活动,以便选民更充分地了解候选人;选举委员会保证每个候选人公平地利用媒体进行竞选活动。

二是提倡多元化的候选人提名方式。允许个人自由报名,但须得到 30 名以上选民联合推荐;同时,政党、人民团体、群众组织可以联合或单独推荐乡长候选人。全乡共推荐了 15 名候选人。经由村干部、村民代表、村民小组干部、乡人大主席团成员、乡党政机关负责人共 163 人组成的选区联席会议对这 15 名候选人投票预选,提名得票最多的 2 人成为正式乡长候选人,同执政党提出的 1 名候选人一起共同参加这次乡长竞选。

三是采取"交叉排名"、秘密划票、当场公布等措施,确保投票选举的公正、合理。①

步云乡长直选在直接诉诸选民意志、开放选举"市场"、提倡竞争性政治选举方式方面具有里程碑式意义。步云直选对于改善党的领导管理体制、有效动员农民群众政治参与和缓和干群紧张关系、提升基层政府合法性权威均具有积极作用。

由于步云乡这次直选突破了现有的体制框架,被一些人指责"违宪",②2001 年底期满换届时,直选乡长不得不改为"直选"乡长候选人。

2. 四川省南部县"公推公选"副乡镇长

四川省南部县对全县副乡镇长的"公推公选",严格而言属于综合考核选拔方式。整个过程分五个阶段:第一,县委制定《公推公选副乡镇长候选人竞选办法》,公开公推公选职位、参选资格、条件和具体操作步骤,发动宣传。第二,通过组织推荐、群众举荐和个人自荐的方式,报名参加"公推公选"。全县共有 1 057 人报名,与竞职岗位比例达 5.9∶1。第三,资格审查。报名者须经县委组织部考察、审定后才能成为初步人选。第四,演讲答辩。初步候选人在由县、区领导和县委组织部、纪委、县人事局等相关部门负责人组成的评委面前进行公开的竞争性演讲和答辩,然后由评委和代表评分;根据得分对每个副乡镇长职位产生 1 名得分最高的优胜者作为正式候选人,再由乡镇人大代表 10 人以上联名,从得分较次者中提出另一位正式候选人。第五,由乡镇人大代表进行差额选举,当场公布选举产生的副乡镇长,颁发当选证书。当选的副乡镇长与所在乡镇党委、政府签订目标责任书,实行动态管理。

---

① 张锦明、马盛康主编:《步云直选:四川省遂宁市市中区步云乡直选实录》,西北大学出版社 2004 年版。
② 查庆九:《民主不能超越法律》,载《法制日报》1999 年 1 月 19 日头版。

南部县"公推公选"副乡镇长的最大亮点是,它是在全县范围内展开,试点范围较大,并在正式选举副乡镇长过程中采用较大差额的选举方式,突破了以往单一的干部选任方式,变组织部门封闭式提名为在一定范围内开放式、竞争式提名,在现有的制度框架内将所能采用的方式尽量用足。不过,其"考选"的色彩过浓,限制了它在扩大民主方面的创新。①

3. 深圳市大鹏镇"三轮两票制"选举镇长

深圳市大鹏镇镇长选举所谓"三轮两票制"包括以下几道程序:第一轮,全体选民无记名推荐镇长候选人,共有76人获得提名,其中5人因为获得100名以上选民提名、通过资格审查而被确认为镇长初步人选。第二轮,由该镇全体党员、干部、职工和农户代表测评候选人,在任镇长李伟文以813张推荐票高票胜出。第三轮,为法定的人大代表正式选举,李伟文作为唯一正式候选人由镇党委推荐给镇人大,并最终以全票再次当选。②

大鹏镇的"三轮两票制"借鉴了村级党支部选举"两票制"的做法。"三轮两票制"只是在镇长候选人的提名和确认过程中扩展了民意基础,整个改革没有突破现有的制度框架。经过所谓的"三轮两票"程序以后,镇长候选人的范围逐步收缩,最后变成没有竞争性的等额选举,民众的利益诉求、民主意愿被乡村"精英"(即党员、干部职工、农户代表)所取代。这或许是其三年后退回到改革的起点的一个主要原因。

4. 山西省临猗县卓里镇"两票制"

山西省临猗县卓里镇在村级党支部选举中首创了"两票制",这次镇领导换届选举直接借鉴了村党支部"两票制"的创新经验。在换届选举前,组织全镇选民对镇党委、镇政府和镇人大主要负责人进行信任投票,信任投票有三个选项:信任、基本信任、不信任。选举方案规定:信任票和基本信任票不过半数者不得成为下届镇党政、人大领导成员的候选人;信任票和基本信任票不足六成者,由上级党委责成专人与其谈话,给以诫勉,亮"黄牌"警告;信任票和基本信任票不足七成者,上级党委组织部门要进一步了解情况,帮助其改进工作;信任票和基本信任票超过85%者,县委给以通报表扬。民意调查结果在随后召开的镇党代会和镇人代会上向与会代表通报。

卓里镇"两票制"选任范围包括党委、政府和人大负责人,通过投信任票的方式检验了乡镇党政和人大机关领导人的公信力,有利于全面加强乡镇以及党

---

① 中共四川省南部县委组织部:《四川省南部县公推公选副乡镇长资料汇编》;黄卫平、邹树彬主编:《乡镇长选举方式改革:案例研究》,社会科学文献出版社2003年版,第262~268页。

② 杨雪冬、托尼·赛奇:《从竞争性选拔到竞争性选举?——对乡镇选举的初步分析》,载《经济社会体制比较》2004年第2期。

委、政府和代议机关的建设。卓里镇"两票制"在坚持党管干部的现行原则基础上进行了结合民意的改进，对于优化基层政府和干部的形象很有意义。卓里镇的探索也有尚待完善之处，例如，全体选民的信任投票只有否决不称职的现任负责人的功能，而没有推荐新一届领导班子候选人的功能，新班子候选人的产生方式基本还是传统做法。①

5. 湖北省京山县杨集镇"海推"书记、镇长

杨集镇2002年实验的"海推"，与村级党支部选举"两推一选"相同，也是在镇党委、政府正式选举之前，分别通过群众推荐、党员推荐提名党委书记、委员候选人，通过选民推荐产生镇长初步候选人。经镇党代会、人代会差额直接选举产生书记、镇长。②

杨集改革的价值在于将"海选"（或"海捞"）方式应用于乡镇领导人候选人的提名上，增强了民意基础。但是，杨集实验不鼓励竞争，使得紧张性很高的选举表面上却十分沉寂。③

6. 云南省红河哈尼族彝族自治州乡镇党委换届实行"公推直选"

2006年1月至3月，全州2市10县126个乡镇党委换届选举。本次选举采取"公推直选"的办法。整个过程分为宣传发动、推荐候选人、确定候选人、正式投票选举和报告选举结果五个阶段进行。

候选人采取党内与党外同时推荐的"两推"提名方式，即在党内，以党总支为单位，组织党员民主推荐乡镇党委书记、副书记、委员和纪委书记、纪委委员初步候选人；在党外，须由年满18周岁的群众30人以上联名推荐上述初步候选人。正式候选人是由党群联席会议投票产生的。以村总支为单位推荐初步候选人时，已经组织党员投票选出党委分配的党员代表和党群联席会议的部分成员。按州委规定，党群联席会议中的党外群众比例不得低于20%，由各村委会按选举委员会分配的名额组织推选产生。在选举委员会主持下，乡镇党委书记初步候选人要在会上进行竞职演说，副书记和委员做自我介绍，然后采用无记名投票方式选举产生乡镇党委书记正式候选人2名（含落选1名）、副书记正式候选人3名（含落选1名）、委员正式候选人7名。另外，选举委员会按纪委书记等额、纪委委员差额1名确定正式候选人。党群联席会议确定乡镇党委班子正式候选人后，由选举委员会报同级乡镇党委、乡镇党委报市委或县委批复后，再张榜公布。接

---

① 黄卫平、邹树彬、张定淮、杨龙芳：《中国大陆乡镇长选举方式改革研究》，载《当代中国研究》2001年第4期；史卫民：《公选与直选——乡镇人大选举制度研究》，中国社会科学出版社2000年版，第350~383页。

② 徐勇、贺雪峰主编：《杨集实验：两推一选书记镇长——嵌入乡村社会的事件及其侧重学术角度的解读》，西北大学出版社2004年版。

③ 刘义强：《选举背后的村庄生活逻辑》，载《中国农村观察》2004年第2期。

下来,两名党委书记正式候选人要到各村党总支巡回演讲,回答群众提问。然后,进行正式投票选举。所有的选举均采用无记名投票方式分3场进行,即第1场直接选举乡镇党委书记;第2场直接选举乡镇党委副书记和纪委书记;第3场直接选举乡镇党委委员和纪委委员。①

(三) 几种选举模式比较

在这里,我们就"公选""两票制""三轮两票制""海推""公推直选"和直选等几种比较有影响的创新模式进行比较。

1. 公选

"公选"又称为"公推公选",其基本程序大致分为3个阶段:首先是参选者公开报名和资格审查;其次是在一定范围内(通常是由县(区)、乡和村干部、党员和群众代表组成)通过考评、演讲答辩等形式筛选候选人;最后举行乡镇人代会或党员(代表)大会选举乡镇负责人。其创新之处主要是在候选人提名过程中扩大了群众参与,增加了民意基础。这种选举方式属于比较开明的"公开选拔",既维护了党管干部的体制,又做到了任人唯贤、德才兼备,还坚持了群众公认、注重实绩的原则和公开、平等、竞争、择优的原则,同时也体现了民主集中制和依法办事的原则。

"公选"与西方意义上的民主选举是两种不完全相同的概念。在"公选"(以及"两票制""三轮两票制""海推"等选举方式)中,一方面充分体现了执政党的"群众路线"传统,另一方面又贯彻了中国传统的"选贤任能"的吏治理念(在这一点上它符合中国古汉语中"选举"的意思)。这二者的结合,使"公选"更加具有中国政治文化的特质。"群众"这一概念与公民的概念有很大差别,诚如邹谠所言,虽然"群众"和"群众路线"的概念重视民众在有组织的政治行动中积极参与并履行义务,但一般并不像"公民"那样主动地要求或实现自身的各种政治权利,即"公民"的权利主体性要更强一些。② 显而易见,在"公选"这种选举方式中,"群众"的参与是被动员的,而且限制在一定的范围内,选举自始至终仍然控制在预定的轨道之中:上级党组织一般是选举规则的制定者,可以通过规则的制定把不符合其意愿的选民从参选过程中排除出去,即使是正式候选人仍然要经过党组织较为严格的审查、考评,并最终由党组织确定。

---

① 周梅燕:《党内民主与人民民主结合的有益尝试——云南省红河州乡镇党委换届直选观察报告》,载《人大研究》2006年第6期(总第174期)。
② 参见邹谠著,甘阳、何高潮等编译:《中国革命再阐释》,(香港)牛津大学出版社2002年版,第130、15页。

2. 两票制、三轮两票制和海推

"两票制"是一种介乎旧的选举方式与"公选"之间的一种选举形式，相对于"公选"而言，实行"两票制"的情况下民众的参与似乎更加被动，因为候选人的提名权并不在选民手中，民众的作用仅在于对党组织推荐或提名的人选表示肯定或否定的意见而已（这个程序被称为"民意调查投票"或"群众测评"）。尽管民众在"两票制"选举方式中的主动性十分有限，但他们的意见却是党组织确定候选人的重要参考。

深圳市大鹏镇的"三轮两票制"显然借鉴了"两票制"的一些做法，但它又更接近"公选"，可以说，它是"两票制"和"公选"相结合的一种选举方式。与"公选"相比，它在产生初步候选人和正式候选人这两个环节上采取了"票决制"。"三轮两票制"的设计是：初步候选人由全镇选民投票产生；正式候选人则在全镇党员、干部、职工和农村户代表共同参加的会议上，在初步候选人发表"竞选演说"之后投票产生；最终将此次会议上得票最高者作为唯一的正式候选人，提交镇人代会投票选举。由于它前后有三次投票过程，故称之为"三轮两票制"。表面上看来，这种选举方式同时具有"两票制"票决的优点和"公选"制公开、竞争和择优的优点，但如果真正从民意或公民权利这个角度来考量，第二轮投票似乎是一种画蛇添足的做法；而且，一旦第二轮的票决结果与首轮的得票情况有出入，那又该如何去解决公民投票（即公民权）与代表投票（代表制）之间、直接民主和间接民主之间的分歧或冲突呢？因此，取消第二轮投票从整个程序上来看似乎更加合理、民主，更加简便可行。另外，"三轮两票制"相对于"两票制"程序更繁杂，选举成本更高。

"海推"实际上是针对"三轮两票制"上述缺点，而将之加以合理改造、完善，并借鉴其他各种直接民主选举形式的一种新的选举方式。从湖北省京山县杨集镇的试验来看，所谓"海推"就是由群众或选民通过投票直接提名乡镇党委、政府负责人候选人，再分别交由乡镇党员（代表）大会和人代会选举。但"海推"毕竟不是直选，因为"海选"仅局限于提名候选人阶段，最终还必须经过党员（代表）或人大代表投票选举才产生乡镇党委、政府的主要负责人。

总而言之，无论是"两票制"还是"公选""三轮两票制"或是"海推"，这些选举改革都在扩大民众的政治参与、增加选举的民意基础方面做了有益的探索，并在不同程度、不同层次上引入了竞争机制。但这些探索基本上（有意识地）都局限在现行的乡镇选举制度框架内，只是在候选人的产生方式或提名环节上有所创新，而最终的正式选举仍然是一种间接选举方式。

3. 公推直选

"公推直选"是在"公选"和"海推"（或"两推一选"）等方式基础上发展起来的，是更加具有直选色彩的一种竞争性选举方式。由于党组织的选举必须最终在党内进行，所以其"直选"的范围仅局限于党内，因此它最初主要应用于乡镇党委的选举上。在"公推直选"中，"直选"实际上包含了两层意思：一是指由全体党员直接选举；二是指直接选举乡镇党委书记、副书记，而不是通过党委委员选举或者上级组织指定。目前，这种选举方式，也应用到群团组织领导人、政府部门和事业单位负责人的选举上来。

4. 直选

乡镇长直选目前仅发生在四川省遂宁市步云乡和云南红河哈尼族彝族自治州石屏县等少数地方。一是 1998 年底步云乡的乡长直选，二是 2004 年初石屏县 7 个乡镇的乡镇长直选。① 一般认为直选在中国当今特定的政治社会条件下缺乏一定的社会经济基础，因此推行缓慢；并且，由于它完全突破了现有的体制架构而遭到质疑。《法制日报》在步云乡直选后不久即发表了一篇署名文章——"民主不允许超越法律"，指责步云乡此次直选"违宪"。这篇文章认为，当前中国政治中存在的问题并不是选民不能直接选举各级政府的行政首长，而是很多地方人民代表的选举未真正贯彻民主原则，流于形式；其作者认为，当务之急是要严格依法组织好各级人民代表大会代表的选举，切实保障广大选民能充分行使民主权利，杜绝各种搞形式、走过场的"民主选举"，严禁各种侵犯甚至剥夺选民民主权利的行为，而不是在直接选举方面抛开宪法和法律的规定去另辟"蹊径"。②

2006 年又逢县乡人大换届选举。全国人大常委会副委员长盛华仁在《求是》杂志上发表文章再次认为乡镇长直选不合宪法规定，他说："在前两次换届选举中，个别地方采取由选民直接选举乡镇长的做法，并把这种做法当作扩大基层民主选举干部的一种尝试，这不符合宪法和有关法律的规定，有关地方已及时进行了纠正。在这次换届选举中，一定要严格依照宪法和地方组织法的规定选举产生乡镇长，避免类似由选民直选乡镇长的情况再次发生。"③

笔者以为，表面上看来，步云乡的直选违反了宪法和有关法律的某些条文，但它却符合中国宪法的根本精神。《中华人民共和国宪法》总纲明确规定："中华人民共和国的一切权力属于人民。"步云乡的乡长直选正是落实宪法根本精神

---

① 实际上，四川省眉山市青神县南城乡的乡长直选比步云乡早 20 多天，但它并未对外公布，因而少为人知。参见李凡：《中国选举的最新发展》，见世界与中国研究所网站（http://www.world-china.org）。
② 查庆九：《民主不能超越法律》，载《法制日报》1999 年 1 月 19 日头版。
③ 盛华仁：《依法做好县乡两级人大换届选举工作》，载《求是》2006 年第 16 期。

之举。其实，每一项改革都是革故鼎新之举，必然会破除一些不合理的陈旧条规或体制。试问，从坚持集体经济到实行家庭承包，从人民公社制度变为重建乡镇政府，从计划经济到市场化改革以及发展非公有制经济，哪一项改革不是打破"禁区"才取得进展的？如果恪守原有的法律法规，改革何以能兴起？

（四）选举创新与党政权力整合

上述各种选举制度创新始终没有解决乡镇党委书记和乡镇长之间因为权力来源不同而发生的不可避免的冲突。正如张锦明所指出的，步云乡由选民直选乡长后，乡政府的权力来源发生了变化，与乡镇党委的权力来源不再一致，二者之间就难免会发生利益冲突和矛盾，于是，"对党负责和对人民负责的高度的一致性"这个新中国成立几十年来在实践中一直都未解决好的重大课题，作为一个活生生的现实不可避免地摆在民选乡长谭晓秋的面前。① 实际上，即使乡镇党委书记和乡镇长分别通过"公推直选"（或"两票制""两推一选""海推"）和直选产生，也仍然无法避免二者之间的冲突和矛盾。50多年来，全国许多乡镇的党委书记和乡镇长往往是"面和心不和"，由此衍生出许多问题，制约了"乡政"运行的实际效率。

为此，笔者曾提出"联合竞选制"（或称之为"联选制"）的改革设想。② 所谓的"联合竞选制"，简单地说，就是乡镇党委书记候选人和乡镇长候选人联合起来竞选。具体程序为：（1）参选者报名；（2）分别举行乡镇党员（代表）大会和乡镇人代会预选，按照一定的差额确定党委书记、乡镇长候选人；（3）乡镇党委书记候选人与乡镇长候选人相互自由"联合"，组成不同的"竞选班子"；（4）以"竞选班子"而不是单个候选人展开竞选活动；（5）选民投票选举"班子"。至于乡镇党委、政府的副职，可以与正职一样，通过乡镇党员（代表）大会和乡镇人代会预选、提名产生候选人，然后由正职候选人在这些副职候选人中挑选自己看中的人选，组成"竞选班子"相互角逐；也可以在正职候选人组合"竞选班子"时，由乡镇党委书记候选人与自己联合竞选的乡镇长候选人共同协商提名副职候选人；还可以由当选的乡镇党委书记和乡镇长共同协商提名副职候选人，分别交由乡镇党员（代表）大会和人代会差额选举产生。③

---

① 张锦明：《步云乡直选的背景、过程与效果》，见中国选举与治理网，2002年10月14日。
② 这个设想直接得益于辛秋水先生在村民自治选举中创造的"组合竞选制"经验。关于"组合竞选制"，可以参见吴理财：《村委会要竞选组阁》，载《社会》1998年第7期；或辛秋水主编：《中国村民自治》，黄山书社1999年版。
③ 吴理财：《中国农村乡镇的党政负责人选举制度创新及改革设想》，载《当代中国研究》2003年第4期。

尽管这种选举设想可以较好地解决乡镇党委书记和乡镇长权力来源的不一致性，但是，在实际的权力运行中仍然避免不了二者的"不和"问题。要想彻底解决这个问题，"交叉任职"或许是一个现实的选择。

第十三章

以关系重构为导向的乡镇改革

乡镇站所的"转制"、县对乡镇的"委托扩权"和"乡财县管"改革,都涉及县乡关系的调试问题,它们都是以县乡关系重构为导向的乡镇改革。

站所"转制"触及了一个长期困扰乡镇政权建设中的"条块分割"问题。尽管站所"转制"有财政"甩包袱"的嫌疑,但却符合国家社会化、经济市场化转型的基本要求,对于构建新型农村公共服务体系具有重要创新价值。"委托扩权"和"乡财县管"是两种不同路径的县乡关系建构的方式,前者旨在扩大乡政的权力,在县乡之间建构一个权责一致、明晰、规范的全新关系;后者旨在弱化乡政的权能,使之向"乡派化"方向发展。问题是,一个"弱"的乡镇政府几乎无力承担公共服务的职能,"乡派化"改革需要一个"强"的"县政"和一个"强"的"村治"共同支撑。

一、站所转制

历史地看,最初在乡镇设立事业站所,基本上是社会国家化条件下社会管理部门化的一种表现。① 为了加强对乡村社会各个方面或领域的管理(或控制),

---

① 对此,项继权等有很好的阐述:"'七站八所'的设立及'条块结合'的管理体制是对乡村社会事务实行专业化、计划化和集权化管理的产物。在计划经济时代,我国在对社会政治及经济事务实行全面的和集中的管理的同时,对于不同领域则实行自上而下的分门别类的部门管理。'七站八所'的设立不过是部门管理的产物和表现。从一定意义上说,这种部门管理本身也是对社会经济事务进行专业化分工管理的需要,有其合理性和必然性。"(参见项继权、罗峰、许远旺:《构建新型农村公共服务体系——湖北省乡镇事业单位改革调查与研究》(内部报告),2005年10月11日)。

县级（乃至县级以上）政府将其职能部门延伸到乡镇一级，上下对口设置相应的"（管理）站""（管理）所"。这些乡镇站所实际上是其上级管理部门伸向乡村社会的一只脚①。

撤社建乡之初，乡镇政府本身的设置相对简单，一般不超过10个人。而乡镇站所却机构林立，一般由县级政府部门直接管理，这种"条块分割"的管理体制在相当程度上肢解或弱化了乡镇政府的权能。如前文所述，为了加强"乡政"建设，山东省莱芜市最早在1986年率先进行了"简政放权"改革，将乡镇站所下放给乡镇政府管理。这次"简政放权"的最终结果，却是部分有钱有权的站所被上级政府部门收回，最后在乡镇只剩下了一些如农技站、农机站、广播站之类的"包袱"站所属于乡镇管辖。②"简政放权"在利益博弈中因此而异化为一个"甩包袱"的过程。

这次"甩包袱"是一个重要的"分岔口"，乡镇站所此后基本上沿着两条不同的道路前行：继续由上级部门管理的站所享受着"衣食无忧"的生活，历次的乡镇机构改革几乎都没有（真正）触及它们；而由乡镇政府管理的站所则过着"饿不死、吃不饱"的生活，要么由乡镇财政"差额"供养，要么自己收费自行供养，每次改革都打它们的主意。本文所论"站所"，也主要是指后者。

当我国从"政治社会"（社会吸纳于政治机制之中）转向"经济社会"（社会埋没于经济机制之中③）以后，前一类乡镇站所在部门利益的驱动下逐渐演变为从农村社会汲取资源的"吸管"，有些原本没有"脚"的部门也以"加强监管"的名义在乡镇和农村基层增设自己的派出机构，争着挤着向基层"插一脚"；后一类乡镇站所"由于发不出工资，只有实行轮岗，实际上班人数不到1/3，其他人员自谋职业。在上班的也因为政事不分、企事不分，大都合伙在乡镇机关搞'中心工作'，很少从事本职，其有限的服务，也是以收费和罚款为主。"④总而言之，这些站所大多成为直接或间接向农民伸手要钱的"千佛手"。

回顾乡镇站所的演变历史，不难看出，它最初是以部门化的社会管理机构

---

① 张晓冰：《政府部门的"脚"》，见李昌平、董磊明主编：《税费改革背景下的乡镇体制研究》，湖北人民出版社2004年版，第139~155页。

② 李媛媛、陈国申：《从"放权"到"收权"："简政放权"的怪圈——"莱芜经验"的反思》，同前。

③ 此语出自［日］猪木武德著，金洪云、洪振义译：《经济思想》，生活·读书·新知三联书店2005年版，第54页。

④ 袁善谋：《积极实施乡镇机构改革，全面推进新农村建设》，全国县委书记、县长"建设社会主义新农村"专题培训班经验交流材料，2006年5月。

面目出现的，随后演变为政府和部门从乡村社会汲取资源的一种工具。简言之，它并不是一个"服务"组织，而是造成乡村"食之者众"的一个重要根源①。

在农村税费改革之前，一般乡镇直属事业单位就有10个左右，而县直延伸到乡镇的机构通常也有十余个，二者在一起多的达30多个，其人员远远超出乡镇行政人员（见表13-1）。以湖北省为例，财政供养系数达1∶32，高于全国平均水平，供养人数超过200万，其中事业单位5万多个，职工130多万人。3/4的财政供养人员集中在县乡两级，而大头又在乡镇事业单位。关于改革前湖北省乡镇事业单位实有人数的说法始终难以统一，省农委的统计和调查为14.51万人，而省委政策研究室等部门的综合测算认为，据保守估计，湖北全省乡镇事业单位人员至少有23万人。② 河南省的情况更加严重，该省财政供养系数高达1∶31。③ 截至2004年底，全省乡镇行政事业编制为16.21万，而实有人员为30.23万，平均每个乡镇超编66.8人，超编幅度达86.5%。其中，超编200人以上的乡镇有60多个，最多的1个乡镇超编400多人。④ 即便2001年提出乡镇机构改革，但是，到2005年3月底，全省在4年内仍然超编增加4.8万多人，平均每年增加近万人，每个乡镇进人21.4个。⑤ 由此可见，对乡镇站所进行改革不仅十分必要，而且，乡镇站所的改革还必须跳出"管理上收收放放、机构上撤撤并并、编制上加加减减"的传统思维，突破归并站所、分流人员的老办法。

在这个方面，湖北省探索出一条新路，即以市场化为取向，改革原来的事业管理体制，通过建立"以钱养事"新机制，来构建服务主体多元化、服务行为社会化、服务形式多样化，政府扶持和市场引导相结合、无偿服务和有偿服务相结合的新型农村公益性服务体系。

---

① 项继权、罗峰、许远旺：《构建新型农村公共服务体系——湖北省乡镇事业单位改革调查与研究》（内部报告），2005年10月11日。

② 此处数据见周甲禄、皮曙初、袁志国：《湖北副省长刘友凡谈乡改：无情改革、有情操作》，载《半月谈》2005年第13期。另据湖北省统计部门年报，2004年12月底，湖北省共有乡镇966个，"七站八所"事业单位编制数65 882人，实有人数80 529人（同时可参考张毛清：《湖北省事业单位聘用制改革将全面启动》，见长江水文网，http：//www.cjh.com.cn/04-3-29）。省农委统计数为14.51万人。

③ 张富良：《希冀与隐忧：河南省乡镇机构改革大回放》，载《中国党政干部论坛》2006年第3期。

④ 马宏图、李铮：《2005：河南乡镇大变革》，载《河南日报》2006年1月15日。

⑤ 马宏图、李铮：《2005河南乡镇大变革，定能走出"黄宗羲怪圈"》，见人民网河南视窗（www.hnsc.com.cn）2006年1月14日。

表 13-1 湖北省四个县（市、区）乡镇站所"转制"前的设置状况

	咸安区① （2003 年前）	京山县② （2004 年前）	老河口市 （2004 年前）	远安县③ （2005 年前）
乡镇直属事业单位			民政所	
	财政所	财政所	财政所	财政所
	经管站		经管站	
	农技站	农业技术服务中心	农技站	农业中心
	农机站		农机站	
	水利站	水管站	农水站	
			兽医站	兽医站
	城建站	建设环保房产管理所	城建所	环卫所
	房管所		劳动就业所	国土站
	文化站		文化站	文广中心
	广播站		法律服务所	
	计生服务站	计生服务站	计生服务站	计生站
县级部门派驻及延伸机构	公安派出所	公安派出所	公安派出所	公安派出所
	法庭	法庭	法庭	法庭
	信用社	司法所	司法所	司法所
	工商所	工商所	工商所	工商所
	地税所	地税所	地税所	地税所
	国税所	国税所	国税所	国税所
	卫生院			城建办
	国土所	国土资源管理所	国土资源管理所	土管所
	供电所	交通管理站	交通管理站	交管所
	邮政/电信所	邮政/电信所	邮政/电信所	邮政/电信所
	林业站	林业管理站	林业管理站	林业站

注：①在 2002 年初，该区已将"畜牧兽医站"转为自主经营、自负盈亏的企业，故此表未列入；②京山县曾在 2002 年进行县直党政机构改革和乡镇事业单位改革，2003 年实施县直事业单位改革，乡镇站所进行适当合并；③远安县在 2002 年下半年撤乡镇七站八所组建综合性站所，2003 年实现农业科技部门"养事不养人"初步转变，2003 年下半年进行"核销乡镇自收自支单位，一次性安置自收自支人员"为主要内容的乡镇事业单位综合改革，2004 年下半年实施"防治分离、养事不养人"的畜牧兽医服务体制改革，2004 年下半年在乡镇学校、卫生院进行以"全员竞争上岗、落聘有序分流"为主的人事分配制度改革。

资料来源：项继权、罗峰、许远旺：《构建新型农村公共服务体系——湖北省乡镇事业单位改革调查与研究》（内部报告），2005 年 10 月 11 日，并对照湖北省乡镇综合配套改革领导小组办公室编《湖北省乡镇综合配套改革典型材料及政策汇编》（2005 年 8 月）进行少量调整。

（一）从"单位人"变成"社会人"：站所转制，置换身份

湖北省咸宁市咸安区较早进行了乡镇站所"转制"。① 咸安区站所"转制"从2003年6月开始启动，② 一直延续至2007年，大致经历了两个阶段：第一阶段（2003～2004年），站所撤销重组，置换站所人员身份；第二阶段（2004～2007年），建立和完善"以钱养事"新机制。

2003年下半年到2004年初，主要完成了乡镇直属站所的撤销并重组为企业性或社会性组织的工作，对农技站、农机站、水利站、经管站、文化站、广播站、城建站、房管所、计划生育服务站9类102个全区乡镇直属站所，按照"行政职能收归政府、经营职能走向市场、服务职能转给社会"的总体思路，进行"收章、摘牌、转制、人员整体分流"改革。撤销的乡镇站所经过整合以后组建为相应的"服务中心（或服务公司）"，③ 当时全区共新建企业性或社会性中介服务机构51个。④ 这些站所"转制"为企业或社会组织以后，分别到工商或民政部门注册登记、办理证照，参与农村公共服务和市场经营。

对其他站所则分类进行机构改革，分流富余人员。乡镇财政所作为改革后乡镇政府唯一直属事业单位，咸安区共定编65名，平均每个乡镇6人（低于省规定的17人）。人员从原财政所、经管站人员中竞聘上岗。落聘人员中符合条件的24人办理内退，其余91人领取生活费，退出编制管理，进入中介性质的财务服务中心；乡镇畜牧兽医站整体转制为集体性质的企业，102名职工退出事业编制，由区畜牧局和乡镇政府从中聘用58名防检员和防检监督员，其余人员转为企业聘用人员；司法所按区域设置，上收区司法局管理，使用政法专项编制；其他垂直管理或以上级部门管理为主的国税所、地税所、工商所、邮政/电信所、

---

① 其他如远安等县也在个别站所较早进行类似的"转制"。

② 吴理财：《从"养人"到"养事"——咸安区高桥镇站所改革调查》，载《浙江师范大学学报（社会科学版）》2004第5期。

③ 以咸安区横沟桥镇为例。该镇在原农技站、农机站、农经站和水利站的基础上组建农业服务中心，文化站和广播站合并组建文化广播服务中心，城建站与房产所合并组建城乡建设服务中心，将畜牧兽医站改为畜牧兽医服务中心。湖北省个别乡镇（如通城县大坪乡）干脆在撤销的站所基础上合并组建为1个"农村综合服务中心"（参见刘田喜：《建"以钱养事"新机制，提高农村公益服务水平》，载《湖北日报》2006年8月28日）。浙江绍兴县也是"撤销所有实体事业单位，组建镇（街道）事业综合服务中心（为虚拟机构）"，与湖北省不同的是，该县"现有事业人员关系转入事业综合服务中心，工作岗位落实在'四办两中心'，与行政人员混岗使用。农业服务站、农技管理站、城镇建设管理服务站、计划生育技术指导服务站、文化站牌子保留，职能虚化"（参见中共绍兴县委、绍兴县人民政府《绍兴县农村综合改革实施方案》，2005年10月13日）。

④ 后来增加至56个。参见袁善谋，前引文。

供电所、信用社、卫生院、国土所、林业站、法庭和公安派出所，主要是分流超编人员，清退无编人员和临时工。

2004年9月基本完成了"转制"乡镇直属站所人员的身份"置换"，使其退出事业编制，与财政彻底"脱钩"。这些站所的603名干部职工，除28人退休、43人内退和14人因工伤等因素尚未置换身份以外，其余518人全部置换了身份（见表13-2），全区共支付经济补偿金730万元。据测算，加上养老保险金，每个置换身份人员平均2.5万元（含身份置换金、养老保险、再就业补偿金、区政府借款，不含乡镇欠置换身份人员的工资借款）。

表13-2　　　　咸安区乡镇九类站所①分流人员去向　　　　单位：人

乡镇办	合计	内退	退休	以钱养事人数②	安排到公益性岗位	利用原站所资产创业	自资自主创业人数	外出谋职	待业
序号	1③	2	3	4	5	6	7	8	9
全区合计	603	43	28	91	63	93	71	197	16
汀泗桥镇	61	6	2	6	5	3	9	30	
向阳湖镇	65	5	2	4	5	11	14	24	
官埠桥镇④	64	4	5	11	4	14	1	21	4
横沟桥镇	76	3	2	7	2	26	16	19	
贺胜桥镇	33	4		8	3	3	4	9	
双溪桥镇	60	5	3	19	3	3	7	9	11
马桥镇	59	3	2	7	5	3	3	6	
桂花镇	38	4	4	5	9	5	2	8	1
高桥镇	39	1	1	12	4	7	4	10	
大幕乡	47	3	1	5	9	18	3	8	
永安办事处	19	22							
浮山办事处	41	2	2				8	22	

注：①九类站所指农技站、农机站、水利站、广播站、文化站、城建站、房管所、计生服务站、经管站；②以钱养事人数系指与乡镇政府签订公益性服务合同的人数；③逻辑关系：1=2+3+4+5+6+7+8+9；④该镇农技站有1人已死亡，未列入本表。

资料来源：湖北省乡镇综合配套改革领导小组办公室编：《湖北省乡镇综合配套改革典型材料及政策汇编》，2005年8月，第19页。

咸安区置换身份按照公正、公平、公开和自愿的原则，做到了"六个一"："一张表"（自愿置换身份申请表）、"一张榜"（自愿置换身份人员各种数据公示榜）、"一份合同"（自愿置换身份合同）、"一个存折"（补偿金由财政直达个人账户）、"一本手册"（基本养老保险手册）、"一个证"（再就业优惠证）。

身份置换说起来容易做起来难，对于站所人员不啻为"革命"，因为身份置换以后，他们由"单位人"变成了"社会人"，与普通农民无异。尽管在改革前，站所人员的工资水平很低，但是名义上的"干部"身份，使他们总感觉比普通的农民高人一等，即便是给农民提供服务，也脱不了"干部"的架子。[①] 许多乡镇干部也谈到，"置换身份之所以接受不了，主要是面子问题。毕竟，在乡镇事业单位工作，好歹也是'公家人'，端的是'铁饭碗'，有荣耀感；一下子被分流出去、买断身份，面子落不下来，觉得低人一等。"[②] 正是因为这些物质（"饭碗"）和精神上（"面子"）的因素，使得许多人对此次置换身份不理解，产生了巨大的抵触情绪。

置换身份是这次改革的关键，决定着改革成败。笔者在咸安区一些乡镇调查了解到，为了确保这次身份置换工作顺利进行，区乡灵活运用了动员、劝说、盯人、比较、计算、奖励等多种技术、策略。例如，对每个分流置换身份人员，乡镇政府都明确"包保"到人，实施"人盯人"战略，动员亲友做工作，对其进行多次"谈心"。区里出台多项激励政策：对自愿置换身份人员，给予一次性补贴 4 000 元；减轻其补缴养老保险费的负担；转换身份后可以以个人身份参加城镇灵活从业人员基本医疗保险；可到转制后新设立的企业或中介服务机构应聘就业；从事个体经营者可享受国有企业下岗失业职工再就业优惠政策，兴办企业的按区招商引资的优惠政策执行。[③] 正是这些技术、策略和政策的综合运用，使咸安区平稳度过了站所人员身份置换"难关"。可见，改革是一门艺术，它需要灵活运用各种技术、策略。

（二）从"养人"到"养事"："以钱养事"新机制

乡镇站所撤销以后，农村公益事业如何办？咸安区在乡镇改革中探索出一条新路，即构建"政府承担、公开招标、合同管理、以钱养事"的新型农村公共服

---

① 吴理财：《从"养人"到"养事"——咸安区高桥镇站所改革调查》，载《浙江师范大学学报：社会科学版》2004 第 5 期。

② 笔者湖北省襄阳市谷城县调查，2005 年 3 月。也可参阅吴理财：《翻烧饼：谷城县乡镇改革述评》，载《武汉大学学报（社会科学版）》2006 年第 6 期。

③ 咸安区委办公室、区政府办公室：《关于鼓励乡镇事业单位人员自愿置换身份的补充规定》，2004 年 8 月 31 日，载湖北省咸宁市咸安区委办公室编：《乡镇综合配套改革资料汇编》，2005 年 8 月。

务机制——简言之,"以钱养事"新机制。

整个"以钱养事"程序,概括地说,就是"项目量化、公开招标、合同管理、农民签单、政府买单、奖惩兑现"。换言之,就是把政府提供的基本公共服务项目量化分解,使之成为能够考核的具体指标;向社会公开采购招标,凡是具有相应资质的个人、企业、社会性组织均可参加竞标,或者将量化的公共服务项目委托给非政府组织生产、供给;乡镇政府与中标者或代理者签订合同,明确各自的责权利,实行契约管理;中标者或代理者的服务情况要通过农民签字认可、政府考核认定以后,根据其服务绩效由政府兑现报酬和奖惩。

通过这一改革,咸安区的农村公益事业不但没有因为乡镇事业站所的撤销、转制而萎缩,相反却有了一定的发展。据了解,2003年(改革前)全区用于乡镇事业站所"养人"的费用为168万元,2004年改革后,全区用于农村公益性服务的经费增加到211万元,2005年提高到253.75万元,2006年财政预算安排"以钱养事"经费达到297万元(见表13－3)。

表13－3 咸安区2005~2006年农村公益性服务经费安排

服务项目		2005年	2006年
合计(万元)		253.75	297
其中:区级安排(万元)		150	252
乡镇安排(万元)		103.75	45
1.农业技术服务	区级安排(万元)	44	55
	服务面积(万亩)	36.3	35.5
	亩均经费(元/亩)	1.21	1.35
2.文体广播科技服务	区级安排(万元)	25	30
	其中乡镇调节(万元)	10.2	
	文体服务费30%(万元)		9.8
	送电影下乡(万元)		6.2
	基础设施(万元)		14
	村(个)		135
	社区(个)		20
	农村人口(万人)	31.4	32.5
	人均经费(元/人)	0.8	0.92

续表

服务项目		2005 年	2006 年
3. 畜牧防疫	小计	60.12	40
	区级安排	10	40
	乡镇安排（含检疫费）	50.12	
	防疫服务费（万元）		30
	防检监督管理费（万元）		3.6
	农户（户）		7.6
	防检员（人）	55	51
	防检监督员（人）	23	13
4. 计生服务	小计（万元）	75.63	60
	区级安排（万元）	22	25
	乡镇安排（万元）	53.63	35
	育龄妇女（人）		7.56
5. 水利服务	区级安排（万元）	15	20
	水库堤坝管护（万元）		13
	水利技术服务（万元）		5
	小型水库（处）	79	79
	垸堤长度（千米）	51.1	60.1
6. 农机服务	区级安排（万元）	10	15
	机泵站管护（万元）		7
	农机技术服务（万元）		5
	机泵站（处）	170	94
7. 森林防火	区级安排（万元）	15	15
	林业村（个）	85	100
8. 水产技术服务	区级安排（万元）		8
9. 乡镇社会服务	小计（万元）		30
	区级安排（万元）		20
	乡镇自筹（万元）		10
	社区（个）		20
10. 农村财务服务	区级安排（万元）		8
11. 突发性服务及奖励经费	区级安排（万元）		16
12. 其他	区级安排（万元）	9	

资料来源：2005 年数据来自湖北省乡镇综合配套改革领导小组办公室编：《湖北省乡镇综合配套改革典型材料及政策汇编》，2005 年 8 月，第 20~21 页；2006 年数据来自咸安区委办公室、区政府办公室《关于印发〈咸安区 2006 年农村公益性服务经费分配和管理方案〉的通知》，2006 年 3 月 1 日。

通过建立"花钱买服务,养事不养人"的农村公益事业服务新机制,把公益性事业与经营性事业分开,既提高农村社会化服务水平,又保证了公益性事业的良性运转,并为农村社会化专业技术组织和社会中介组织的发育和发展提供推力。经过 2004 年的试点,2005 年以后湖北省将"以钱养事"新机制推广到全省。

到 2007 年为止,湖北全省乡镇事业站所已全部完成整体转制,成为民办非企业服务组织或企业组织,分别在民政或工商部门办理了法人登记手续,成为独立法人;全省转制乡镇事业单位共有 7.74 万人按规定程序退出事业编制管理序列,其人事档案大多数移交人才交流服务或劳动保障机构代理。其中,已有 3.57 万人自愿"置换"身份(占改革对象的 46.1%),依法依规办理了相关手续,全省按规定标准对其发放一次性补偿金 4.3 亿多元(部分地方采取现金加资产补偿的办法),人均 1.21 万元;同时,还全面建立了乡镇事业单位基本养老保险制度。全省已有 10.10 万乡镇事业站所在编在岗人员(含部分地方乡镇财政所和延伸派驻机构人员)参加了社会养老保险,补建了个人养老保险账户,参保率达 97.3%;共缴纳养老保险金 83 059.9 万元,缴费率达 94%;已有 10 万多份保险证发放到职工个人手中,发证率达 97%。该省部分地方还为职工办理了基本医疗保险,解除了转制人员的后顾之忧;公益服务初步实行项目合同管理,落实到项目的服务经费达到 4 亿多元,占整个经费的 89.3%。通过这项改革,湖北全省从事农村公益服务的人数减为 3.67 万人(乡均 34.3 人),减少 5.451 万人〔转制事业站所原有人数 9 万多人(含临时工 5 064 人)〕,减幅达 59.8%。其中:委托服务人数 2.8 万多人,占 76.5%;定岗招聘服务 4 420 人,占 12%;县级部门派驻服务 4 197 人,占 11.5%。随着"以钱养事"新机制的建立,湖北省农村公益服务出现了四个方面的可喜变化:一是在服务模式上,改过去的"纸上谈兵"为现在的以承包技术、承诺效益、承揽风险为内容的"三承服务";二是在工作作风上,改原来的"面上跑"为"点上蹲""跟踪追";三是在服务内容上,改原来的单一服务为多样化服务;四是在服务态度上,改"坐堂办公"为"上门服务"。①

与此同时,湖北省还初步建立了与"以钱养事"新机制相配套的农村公益性事业投入稳定增长机制。省级财政逐年加大对农村"以钱养事"的支持,2005 年湖北省通过专项转移支付,对农村公益服务经费给予一定补助,对农业科技推广每个乡镇扶持 3 万元。另外,湖北省政府已和国家开发银行签订协议,将通过政府贷款的形式筹集资金,用于补建乡镇事业单位个人基本养老保险账户。湖北

---

① 刘田喜:《建"以钱养事"新机制,提高农村公益服务水平》,载《湖北日报》2006 年 8 月 28 日。

省还要求，县级财政也要将农村公益事业服务费纳入年度财政预算，并逐年加大投入力度。种植业以每亩不低于1元、畜牧防疫以每户不低于2元、文化体育以每人不低于0.5元，作为农村公益服务经费分别纳入县级财政年度预算。从2006年起，湖北省财政又对实行"以钱养事"新机制的乡镇农技服务（含水产、农机）、畜牧兽医、文化事业等方面的公益性服务补助资金，补助标准为每个农业人口5元；计划生育服务补助资金也按照规定标准确定。全省县级财政安排农村公益性服务的经费都比改革前有一定幅度的增长，2006年达4.55亿多元，比2005年增加9 723.2万元，增幅达327.1%，平均每个乡为43.96万元，每个人为11.3元。

以农村文化事业为例，在以前片面追求GDP增长的环境下，它原本处在农村基层政府工作的一个"边缘化"地位。实行"以钱养事"新机制以后，这一"边缘化"的工作不但没有因为此次改革而进一步弱化，而是出人意料地得到加强。湖北省省、县两级财政每年安排的乡镇文化事业经费至少为4 370万元，是"十五"期间5年总和的60%，平均每个乡镇文化服务中心由各级财政拨付的文化经费达到4.66万元，远超过原来的水准（见图13-1）。前文提到的咸安区农村文化服务"养事"经费2005年人均0.8元，2006年再次调高到人均0.9元；嘉鱼县农村文化"养事"经费按照全县总人口人均0.7元纳入财政预算，达到26.9万元，比改革前的13万元翻了一番；麻城市农村文化"养事"经费从改革前的每年13万余元，一下子增加到45万多元。

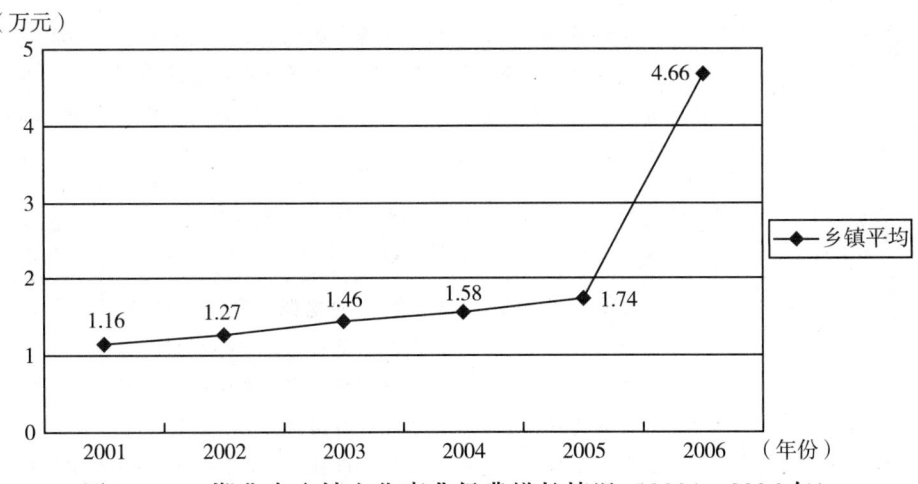

图13-1　湖北省乡镇文化事业经费增长情况（2001~2006年）

资料来源：2001~2005年数据根据《湖北省文化文物产业统计资料》（2001~2005年）（湖北省文化厅计财处编印）计算所得，2006年数据根据湖北省文化厅提供的有关数据计算所得。

根据湖北省农村情况，该省还进一步确定了乡镇农村公益性服务的基本内容，它们是：（1）农业技术服务；（2）畜牧兽医服务和监督；（3）水利技术服务；（4）计划生育服务；（5）文化体育服务；（6）广播电视服务；（7）财经服务；（8）国土资源管理和服务；（9）林业管理和服务；（10）交通管理和服务；（11）血吸虫病防治服务和监督等。各县和乡镇可以因地制宜确定具体的服务项目，或通过"委托"，或通过"招标"，或通过"定岗招聘"，或通过县级政府部门"派驻人员"等多种形式提供公共服务，由"农民签单、政府买单"。

以咸安区横沟桥镇为例，该镇根据本地实际，确定2006年农村公益性服务项目9个，其中农业技术服务、畜牧技术服务和计生服务实行"招标"；文化广播科技服务、水利服务、农机服务、城乡建设规划管理服务、森林防火服务和农村财务服务实行"定岗招聘"（见表13-4）。

表13-4 咸安区横沟桥镇农村公益性服务情况（2006年）

服务项目	定编（人）	服务的具体内容	服务经费（元）
1. 农业技术服务	4	①做好本区域内农业生产计划和农业新技术、新品种的示范推广；②做好农作物病虫害防治及灾情的监测、预防与防治技术指导；③农业信息服务，农民技术培训等。	51 804（另办公费3 000）
2. 畜牧技术服务	8	①做好本区域内畜牧生产计划和新技术推广；②建好动物免疫台账，对动物实施强制免疫；③落实好春秋普注和月月不针的季防月补；④做好畜牧技术推广培训和疫情动态报告；⑤负责全镇范围内动物的检疫和市场检疫。	62 492（另办公费3 000）
3. 计生服务	3+	普查、重查、上（取）环、随访（孕情随访、术后随访、产后随访、药具随访）、人（药）流、培训。	76 950
4. 文体广播科技服务	1	①积极做好民间文化资源的挖掘、收集与保护；②配合政府中心工作，做好橱窗宣传，主办和组织公益性宣传展览；③兴办群众文化，推进文化中心户建设；④为各级下乡文艺团体做好接待服务，协助区电影公司安排优秀电影进乡村、进社区工作；⑤开展农村群众文化体育活动，做好农村科普培训和农村文体人才库建设；⑥做好当地文化市场监督和管理，加速发展农村有线广播电视。	9 000（另电影放映服务费4 800）

续表

服务项目	定编（人）	服务的具体内容	服务经费（元）
5. 水利公益服务	1+13[①]	①承担小型水利工程建设的规划、勘察设计、施工指导、质量监督等；②调查、整理辖区内水利发展、水资源开发利用和水土保持，人畜饮水等规划与计划；③对境内小型水库看护管理人员进行工作监督、业务指导、专业培训；④做好塘堰库防汛抗旱检查、监督和蓄水保水指导；⑤配合上级水利部门做好相关法律法规宣传，建好水利台账。	17 500
6. 农机公益服务	1+9[②]	①建好本镇农业机械台账，做好农机管护人员培训、农业机械和机泵站管理；②做好农机新技术、新机具的示范、推广和培训；③组建农机服务队伍，开展农机服务。	11 200
7. 村镇建设服务	1	①做好《村镇建设管理条例》的宣传；②严格执行《横沟桥镇城镇总体规划》和详细规划，加强规划管理；③做好城镇建设规划和建设项目设计实施工作，严控城镇土地，科学合理利用土地，按规划要求优化城镇能源、电信、环保、给排水工程、防火安全等基础设施的建设、管理和配置；④承担新农村建设总体规划编制和村镇建设规划项目设计放线；⑤做好辖区内房屋产权管理，代办村镇居民建房申请手续和资料收集、归档；⑥负责村镇授权开发建设工程的施工监理。	10 000
8. 森林防火服务	1	①做好《森林防火十不准》的宣传张贴工作；②在防火期内坚持全天候巡回鸣锣警示；③发现野外用火及时扑灭或报告。	10 700
9. 农村财务服务	1	负责10村、2社区的财务管理审计工作。	6 300

注：①指1个专职技术员和13个水库看护员；②指1个专职技术员和9个机泵站管护员。

资料来源：根据《咸安区横沟桥镇农村公益性服务实施方案》（2006年3月4日）整理。

通过建立"以钱养事"新机制，湖北省初步构建了社会化新型农村公益性服务体系。

(三)"以钱养事"新机制需要综合改革来推进

应该说,湖北省探索的"以钱养事"新机制符合"新公共管理"改革潮流,公共服务从政府内部直接供给走向契约外包的"竞标",是欲解决科层体制之低效率、低弹性和较高非服务成本问题。当然,这种"以钱养事"的新机制还需要进一步完善。

(1)政府在确定本地的公共服务项目以及在委托、招标、考核、兑现中,应该引进民主参与机制,让农民群众的意愿充分反映在政府提供的公共服务上,最终达到"最佳价值"(best value)之目标。所谓"最佳价值",是指以最具经济、效率和效能的方式,让服务能够达到预期的标准(含价格和品质),亦即达到"最佳服务效果"。"最佳价值"融合了"新公共管理"和地方"治理"(governance)的理念。[①] 在"以钱养事"新机制中引入"最佳价值",有利于农村公共服务机制的不断完善。

(2)要积极培育和大力扶持发展各种非政府性组织,特别是非营利性、社会公益性组织的发育和成长。从湖北省一些地方的情况来看,当下的农村市场化服务主体基本上都是原"七站八所"转制而成立的服务企业、社会中介组织,不仅服务的企业、社会性组织数量少、实力弱,而且服务范围仍然受制于行政区划,缺少跨乡镇乃至跨县域开展农村公共服务的企业或公益性组织。对于这种跨区域的农村公共服务,政府必须出台相应的政策加以鼓励和引导。

(3)站所转制需要重构县乡村治理体制。从湖北省的乡镇站所转制和乡镇改革的趋向来看,县乡之间基本上形成"管理重心在县、服务重心在乡"的体制架构。这种新的治理体制,不但要求县级政府进行相应改革,增强其管理职能,也要进行管理模式的创新。管理权上收到县以后,可以借鉴浙江省绍兴县乡镇改革的经验,将一些执法权委托给乡镇政府,在县乡之间构建了一种较为规范、明晰的"委托—代理"式权责关系,并且这种关系通过契约的形式加以确定下来。目前,在安徽省农村[②]、湖北保康县[③]等地已经在乡、村之间建立了某种形式的"代理服务制"。县乡关系重构,也可以借鉴这种"委托代理制"经验。

[①] 黄源协:《从"强制性竞标"到"最佳价值"——英国地方政府公共服务绩效管理之变革》,载《公共行政学报》(台)2005年6月第15期。

[②] 何聪:《安徽农村全面推行为民服务代理制》,载《人民日报》2006年6月24日头版。

[③] 顾兆农:《为民"跑腿",为民解难——访湖北省保康县委书记谢豪斌》,载《人民日报》2006年2月27日第四版。

二、委托扩权

在县乡关系重构方面，当下主要有两种不同的做法，一种是缘起于安徽省的"乡财县管"，另一种是浙江省绍兴县等少数地方进行的"委托扩权"改革。二者旨趣相反，前者通过弱化乡镇财政主体地位，旨在将乡镇政府变为县级政府（事实上）的派出机构，是一种"乡派式"改革；后者通过委托乡镇政府执法的形式，扩大乡镇政府的权力，加强"乡政"在乡村治理中的基础性作用。

首先，论述"委托扩权"。在全国撤并乡镇，纷纷上收乡镇权力的大背景下，浙江省绍兴县却将县级职能部门的执法权以委托执法的方式，下放到乡镇，扩大乡镇政府的权力，使其"权责一致"。

自 2005 年 6 月起，绍兴县在平水、杨汛桥、安昌三个镇进行农村综合改革试点，其中一项引人注目的内容是：县里采用委托执法方式，把环保、安监、社会保障、建设等执法部门的检查权、监督权及部分行政执法处罚权委托给直属于镇政府的综合执法所，由它们具体执行；委托的行政执法部门与受委托的乡镇政府签订《行政执法权委托行使协议书》（见下图），明确各自的责任和权利。

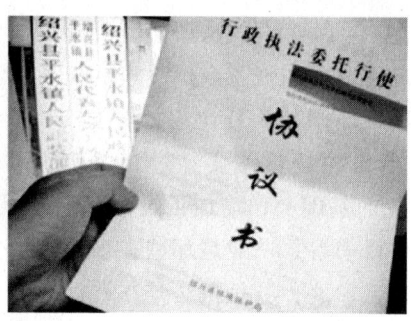

具体的委托执法事项如下：

1. 县环境保护局：（1）对排污单位进行监督检查；（2）对各类环境污染纠纷、投诉进行调处；（3）对各类环境违法行为进行调查取证并提出处罚建议，对部分轻微的环境违法行为进行直接处罚。

2. 县安全生产监督局：（1）对各类生产经营单位的安全生产进行监督检查；（2）依法对不符合国家或行业安全生产标准的设施、设备、器材予以查封或扣押；（3）依法对检查中发现的安全生产违法行为当场予以纠正或要求限期改正；（4）依法对重大事故隐患排除前或排除过程中无法保证安全的生产经营企业责令暂停作业或停止使用；（5）依法对轻微违反安全生产的行为进行处罚（限于简易程序可当场处罚的）。

3. 县劳动和社会保障局：（1）劳动保障监察权。主要是对用人单位遵守劳动保障方面的法律进行调查、检查；对违反劳动法律的行为举报投诉的受理权、部分调查权及行政处罚建议权；对部分轻微违反劳动保障法律行为的行政处罚权；（2）工伤认定受理权。工伤保险参保职工小额工伤事故受理调查权；（3）劳动争议处理权。劳动者申诉的劳动争议案件的立案受理和案件的调解权。

4. 县建设局：（1）在镇的城市规划区内核发各类建设工程"一书两证"（包括建设项目选址意见书、建设用地规划许可、建设工程规划许可、临时建设用地规划许可、临时建设工程规划许可）的初审；（2）在镇的城市规划区外核发各类建设工程的"一书一证"（村镇规划选址意见书、村镇规划建设许可）；（3）组织各类建设项目的定线放样和规划验收等；（4）城建监察及相关处罚。①

通过这三个乡镇试点，到2005年底，绍兴县每个镇都相继成立了综合执法所（即综治工作中心）。各个乡镇的综合执法所属于一个挂牌的虚设机构，里面的执法人员分别由"四办两中心"（即直属于镇党委和镇政府的党委政府办公室、经济发展办公室、社会事业和保障办公室、村镇建设办公室、调处服务中心②和驻村指导中心）的行政和事业编制工作人员兼任，一般每个乡镇有6~7人，财政上不另增加开支。乡镇综合执法所接受县有关部门的委托，直接行使相应的执法权，从而在一定程度上加强了乡镇政府的权力。县有关职能部门根据各乡镇实际情况分别与其签订不同的委托协议。全县15个乡镇共有95个执法员，高中以上学历占65%，所有执法员均要经过相关培训、通过考试后持证上岗。2006年初，又在原来委托的基础上，增加了婚姻登记等项目。③

从现有委托执法的项目来看，一般是那些在乡镇未设置派驻、延伸机构的县级职能部门。在某种意义上，这种委托执法是在严格控制乡镇站所设置、精简人员的情况下，加强执法管理的一种制度创新。同时，这也从一个侧面折射出这样一个问题：在一些经济发达地区，由于执法管理的实际需要，乡镇政府未必要同欠发达和不发达地区一样严格控制站所的设置、大幅度精简人员，因为他们"面临的突出问题（与后者不同）不是人浮于事，也不是财力不足，而是如何适应形势的要求，切实转变职能"。④

---

① 《绍兴县部分行政执法机关行政执法权委托给镇政府行使的指导意见》，2005年10月13日。此件由陈玉华复印给笔者，特此感谢。
② 在此次改革中，绍兴县将"调处服务中心"改为"综治工作中心（下挂综合执法所牌子）"。
③ 参见李艳：《浙江绍兴"逆风"试验乡镇扩权》，载《新京报》2006年4月21日。
④ 徐纪平（中共绍兴县委书记）：《在全县农村综合改革动员大会上的讲话》，2005年10月14日；感谢陈玉华提供此材料。

与绍兴县类似,福建省准备在 2006 年委托乡镇行使部分安全生产综合监督管理行政执法权。① 此外,四川省彭山县、湖南、河北等地主要基于发展县域经济、推进小城镇建设、"放活乡镇"等经济方面的考虑,分别进行"扩权强镇"试点。例如,四川省彭山县 2005 年将人事权等下放给乡镇,进行"扩权强镇"改革,以解决长期以来乡镇一级政权"不完整"现象,即人权、事权、财权等名不副实,责权不符,调控受限问题。② 下放的人事权包括对拟任副科级以上领导干部的推荐权和领导班子配备的建议权,对乡镇中层干部任免权和一般干部调配使用权,对县级部门派出机构负责人的任免权及工作人员的调离建议权等,有效地提高了乡镇的行政效能和调控能力③。湖南省为了加快小城镇建设、统筹城乡发展,2006 年提出对示范镇、重点镇实行扩权强镇改革。在示范镇、重点镇按照分税制的要求建立和完善镇一级城镇管理体制,地方财政超收部分留归镇级财政。④ 河北省为了壮大县域经济,也提出"要选择一批有条件的中心镇,抓紧开展扩权强镇试点"。⑤

由此可见,各地对乡镇扩权的动机是不同的。彭山县等地向乡镇"扩权"与 20 世纪 80 年代中后期向乡镇"放权"尽管有一定的相似之处,但是,两者的目的却不相同,像彭山县、湖南省、河北省这种新一轮"扩权"既是经济发展推动,也主要限于经济发展之目的,而后者之"(简政)放权"意在解决当时比较严重的"条块分割"问题,"健全和完善乡政府的职能"(如前文所论),主旨在于政权建设本身。与彭山县不同的是,绍兴县的"委托扩权",主要是为了填补乡镇权力上收后农村管理"空当",解决执法无力、低效以及乡镇权责不一等问题,其目的在于加强社会管理。

绍兴县等地"扩权"改革才开始,其实际效果如何有待观察和研究。有研究者认为:县市向乡镇放权扩权,并要求各乡镇招商引资来发展各乡镇经济,不符合改革的方向。应根据行政管理和经济发展的需要,认识到改革的方向是"实化"县市的权力和责任,"虚化"地级市和乡镇的权力和责任,将乡镇机构承担的部分职能(如制定经济社会发展规划等宏观战略)上交到县市。⑥ 笔者则认

---

① 《绍兴县掀起乡镇机构反向扩权运动》,载《领导决策信息》2006 年 5 月第 18 期。
② 熊明、徐炯:《彭山创新机制"扩权强镇"》,见新华网眉山分频道(www.msxh.com)2005 年 8 月 25 日。
③ 熊明、徐炯、张宏平:《彭山"扩权强镇"》,载《四川日报》2005 年 11 月 16 日。
④ 殷建军:《招商优惠等同县级工业园——我省将对示范镇、重点镇实行扩权强镇改革》,载《潇湘晨报》2006 年 3 月 26 日。
⑤ 中共河北省委、河北省人民政府:《关于推进社会主义新农村建设的指导意见》,2006 年 6 月 29 日,载《河北日报》2006 年 7 月 3 日头版。
⑥ 吴仲斌:《合理界定乡镇机构职能需直面两大争议与六大关系》,载《中国经济时报》2006 年 2 月 20 日。

为,像绍兴县这样委托扩权改革的意义不在于乡镇政府的权力加强与否(以及乡镇权力是否"实化"或"虚化"),更重要的在于县乡之间构建了一种较为规范、明晰的权责关系,并且将这种关系通过契约的形式加以确定下来——这一点,对于县乡关系重构具有启发性价值。无论乡镇政府的权力是"实化"还是"虚化",如果县乡之间依然是支配—被支配的关系,那么乡镇权力在"实化"和"虚化"之间的摇摆,都只是一种以县级政府为主导的权力"游戏"而已,最终还是要符合"县"的利益。

三、财政统管

(一)乡财县管:缘起与发展

安徽省较早进行了以"乡财县管"为主要内容的财政统管改革。[①] 安徽省在2000年进行农村税费改革试点的同时,就要求对乡镇政府和乡镇事业单位进行精简机构式改革。但是,这个阶段的机构改革的实际效果并不理想。所谓的机构精简,往往只是简单地合并和调整一些乡镇机构、减少了部分人员,但乡镇政府的职能未有根本的转变,这与安徽省委、省政府当初规划的"政事分开"等职能转变目标相去甚远。

然而,乡镇的财政收入却因为农村税费改革而大幅减少,乡镇政府日常运转出现了比较严重的危机。据安徽省财政部门的调查,在农村税费改革之前,全省乡镇一级财政负债平均为300多万元。而到了2003年底,安徽省乡镇负债很快增长到132亿元,平均每个乡镇负债753万元。而全国的一个初步统计显示,截至2002年底,全国乡镇一级平均负债水平为400万元,总额在2 200亿元左右。[②] 安徽省的乡镇财政状况要远远差于全国的平均水准。当下乡镇财政压力的一个主要方面是供养系数大。根据安徽省人大2004年的一项调查,截至2003年底,全省乡镇财政供养人口为26万人,平均每个乡镇财政供养人口150人。全

[①] 乡镇财政统管改革最初是一种"横向"的"统管",即"零户统管",湖北省宜昌县(今宜昌市夷陵区)较早进行"零户统管"改革,所谓"零户统管"就是将乡镇事业单位的财务纳入乡镇财政统一管理(此前,乡镇各事业单位都设有自己的"小金库")。但是,由于许多垂直管理的站所不能纳入乡镇财政管理,加之农村税费改革以后农村教育经费上划到县,乡镇"零户统管"不再具有实质性意义(吴理财、李芝兰:《乡镇财政及其改革初探》,载《中国农村观察》2003年第4期)。"乡财县管"是一种"纵向"的"统管"形式,在安徽省,"乡财县管"是县级公共财政改革在乡镇的延伸(林嵬、周立民:《"乡财县管":能否根除乡镇系列痼疾》,新华网,2005年1月28日)。除安徽以外,湖北、河北、河南、黑龙江、吉林、内蒙古等省、自治区也有"乡财县管"方面的试点。

[②] 孙雷:《零农业税时代门槛上推演统一城乡税制"路线图"》,载《21世纪经济报道》2005年11月23日。

省县乡财政供养人口占全省财政供养人口的70%以上，其中乡镇占16%。在县乡财政供养人员中，行政人员占18%，教师占52%，其他事业人员占30%。①

为了解决乡镇财政问题，安徽省从2003年开始实行"乡财县管"改革。2003年省政府选择和县、五河、太和、全椒、潜山、宿松、祁门、霍山、利辛9个县为试点县，首先进行"乡财县管"改革。这项改革在坚持"以乡镇为独立核算主体"的基础上，"实行'预算共编、账户统设、集中收付、采购统办、票据统管'的财政管理方式，由县级财政主管部门直接管理并监督乡镇财政收支"。同时，"调整乡镇财政所管理体制和职能。乡镇财政所与农税所实行一个机构、两块牌子，保留少数财政人员管理乡镇财政预算和报账，其余财政人员主要转向农业税征管，并实行县财政局（农税局）对乡镇农税所的垂直管理"②。在试点的基础上，安徽省2004年又在全省全面推行了"乡财县管"改革。③ 如今，安徽全省所有乡镇都实行了"乡财县管"。

实行"乡财县管"以后，由县级财政部门提出乡镇财政预算安排的指导意见，乡镇政府根据这个意见来编制预算；在实际的预算执行中，乡镇政府提出的预算调整方案需报县级财政部门审核，调整较大的需向县政府报告；同时，由县财政会计核算中心代理乡镇财政收支业务，实行专户管理；"对乡镇机关事业单位的公务费支出，先由财政所提出用款计划，经乡镇领导签批后报县会计核算中心，由县会计核算中心根据预算额度从县乡国库或'结算专户'拨付到'支出专户'，由乡镇按规定使用"。此外，还实行"采购统办""票据统管"，以及乡镇财政所改由县财政局直管。④

这些制度安排一方面规范乡镇财政收支，约束了乡镇政府（尤其是乡镇领导）的乱花钱行为，也在相当程度上加剧了乡镇政府对县级政府的依附。笔者早在农村税费改革之初就曾指出："农村税费改革另一个不为人知的后果，将是进一步加重乡镇政府对县级政权乃至国家（state）的依附性。""在农村税费改革之前，乡镇政府由于存在制度外财政，至少具有体制外的部分自主性。乡镇制度外财政的存在及其扩张，实际上是乡镇政府自主性要求的一种异态反映。农村税费改革的一项基本内容就是取消乡镇的制度外财政，将乡镇财政纳入规范化和制度化管理之中，这就意味着乡镇政府体制外的部分自主性也将完全丧失。"④ "乡财

---

① 安徽省人民代表大会财政经济委员会：《关于安徽省县乡财政情况的调查》，见（安徽）决策支持网。
②④ 安徽省人民政府办公厅：《转发省财政厅关于开展乡镇财政管理方式改革试点意见的通知》，2003年5月11日。
③ 安徽省人民政府：《关于全面推行乡镇财政管理体制改革的通知》，2004年7月12日。
④ 吴理财：《农村税费改革之政治性后果：以安徽省为例》，载《香港社会科学学报》第24期（2002年冬季号）。

县管"以后,不但乡镇政府的部分自主性也被丧失,而且它对县级政府的依附性有了进一步强化。实行"乡财县管",实际上虚化了乡镇一级财政,乡镇政府运作上更像是县级政府的一个行政部门或办事机构,是一种"乡派式改革"。①

2005 年以后,"乡财县管"逐渐被其他省(区)所效仿、推行。据报道,截至 2006 年 6 月,全国已有 28 个省(区)实施了"乡财县管"改革,其中 16 个省(区)全面推行,12 个省(区)部分试点。②

(二)"倒逼"与回应

从安徽省推行"乡财县管"的过程来看,它实际上是一个上级政府(主要是中央和省级政府)与农村基层政府(尤其是乡镇政府)之间"倒逼"与回应的互动结果。③

从 2000 年开始,国家先后在安徽等地进行农村税费改革。在一些人看来,农民负担问题主要是由于农村基层政府的"三乱"引起的,推行农村税费改革在一定意义上对农村基层政府具有某种"倒逼"机制——一方面堵住农村基层政府向农民乱集资、乱摊派和乱收费的"口子",另一方面又强化基层财政的预算管理,逼迫农村基层政府在十分有限的财政资源约束下不得不对自己进行改革,以期达到精简机构和转变职能的目的。面对税费改革的"倒逼",作为一级具有自身利益的行为体的农村基层政府做出了反应。不过在压力型体制下,农村基层政府相对于具有绝对性权威的上级政府而言,无疑是一个"弱者"。在国家和社会夹缝中生存的农村基层政府,只能运用"弱者的手段"(tactics of the weak)——例如,消极应付改革,减少乃至不向农民提供基本的公共服务,加剧"三农"问题的恶化,等等——缓解来自于"强者"的压力,以维护自身的利益。基层政府的这一回应,在另一方面又进一步加剧了"三农"问题的严重性,引起高层政府的重视,促使上级政府不得不慎重行事,通过改革现有的财政体制(例如,"乡财县管"等)和对"三农"的投入体制来着手解决一些实际的问题,或者通过加大转移支付力度帮助基层政府渡过"难关",确保基层政府的正常运转。

从"分灶吃饭"到"财政统管",农村基层财政体制的这一变迁过程,为我们展现了一幅上级政府与基层政府之间动态的博弈画面:首先是自上而下的逐级

---

① 吴理财:《逼出来的乡派式改革》,载《决策》2005 年第 4 期。
② 《08 年底全面实现"乡财县管"》,见新浪网(http://news.sina.com.cn/c/2006-07-08/06219404387s.shtml)。
③ 李芝兰、吴理财:《"倒逼"还是"反倒逼"——农村税费改革前后中央与地方之间的互动》,载《社会学研究》2005 年第 4 期。

"分灶"乃至"分税",由于各级政府之间没有同步进行相应的(规范性)"分权",以致这一体制在实际运行中各级政府几乎都是从自身利益的角度考量而尽量地将事权下移(或者通过所谓的目标考核机制下压),最终演变为一种逐级向下"甩包袱"现象:上级政府将"包袱"甩给了基层政府,基层政府则千方百计地将"包袱"甩给农民群众,并最终演化为严重的农民负担问题,造成一些农村地区频频发生治理性危机,引起上层的重视而不得不着手加以解决;其次为了治理农民负担问题展开的农村税费改革,对基层政府来说又是新一轮的"倒逼",可是这种"倒逼"的最终效果却通过"三农"问题的日益恶化而表现了出来,再次引起上层的高度关注,促使他们将"三农"问题摆在政府重要的议事日程上来。促使许多省份不得不从深层次上解决乡镇政府的运转困难问题,而加快了农村基层财政体制改革的进度。农村基层财政体制改革的基本趋向是实行"乡财县管"。

从一些地方实行"乡财县管"的实际效果来看,实质上它只是保留一级政府一级财权的"外壳",乡镇财权基本上上收了。①

(三)一个亟待解决的"悖论"

"乡财县管"式改革,直接导源于农村税费改革后缓解乡镇财政压力的需要,以此来进一步巩固农村税费改革的成果。虽然这项改革仍然是前一阶段乡镇机构改革的逻辑延续,但是其核心理念开始悄悄地发生了变化,因为"乡财县管"的实质是弱化乡镇财政,从而加强了乡镇政府对县级政府的依附,这一变化表明乡镇政府作为国家汲取式整合的关键性力量在逐步削弱,预示着乡镇政府公共服务属性的"回归",从以行政汲取为主要特征转向以供给服务为主要特征。

然而,吊诡的是,"乡财县管"却在一定程度上加剧了乡镇公共服务供给缺位。② 这是一个亟待解决的悖论,即一方面,"乡财县管"式改革的核心理念是促使乡镇政府从汲取型向服务型转型;另一方面,乡镇政府由于这一改革削弱了它的实际公共服务能力。如何破解这个"两难"悖论,将考验着农村税费改革后的乡镇改革。

---

①② 夏杰长、陈雷:《"乡财县管"改革的社会学分析——以安徽省 G 县为例》,载《经济研究参考》2005 年第 77 期(总第 1941 期)。

第十四章

乡镇改革不同模式的比较

从各地乡镇改革的创新来看,各有自己的地方特色。例如,安徽省的"乡财县管",湖北省的"交叉任职""站所转制"和"以钱养事",四川省、江苏省和云南省红河哈尼族彝族自治州大面积推行的各种民主选举模式,尤其是乡镇党委的"公推直选"。近来,这些地方创新又出现了相互借鉴、交叉融合的趋向。缘起于安徽省的"乡财县管"已扩展到包括湖北、江苏、四川等在内的大部分省份;最早实行于湖北省咸安区的"交叉任职",也在安徽、河南、湖南、陕西、黑龙江、江苏、浙江等地推行;此外,"站所转制"和"以钱养事",湖南、河南、江苏、浙江等地也在部分地区试点;包括"公推直选"在内的各种选举制度创新,正逐步在全国各地蔓延。

当下的乡镇改革主要涉及两个方面的内容:一是县乡关系的重构,涉及财税体制、乡镇领导体制等项改革;二是政府与农民关系的调适,即构建新型的农村公共服务体制,涉及乡镇事业站所的改革。下面,以几个比较有特色的省份为案例对此进行比较。

一、乡派式改革

(一)乡派式改革:县乡关系的一种重构

尽管安徽省推行的"乡财县管"着力于乡镇财政体制的改革,而湖北省的"交叉任职""站所转制"和"以钱养事"注重于乡镇领导体制和农村公共服务体制的整体创新，但是，它们却殊途同归，实质上均为乡派式改革。

这是因为，实行"乡财县管"以后，乡镇一级财政形同虚设，没有一级财政的乡镇政府自然更像是县级政府的派出机构。① 而缘起于咸安区的湖北乡镇改革模式，实际上也是朝着"乡派"的方向发展的。早先主导咸安政改的区委书记宋亚平就曾比较系统阐述这一"乡派"改革思想："改革农村现行管理体制，撤销乡镇一级政府，成立乡镇公所，作为县级政府的派出机构。主要任务是上情下达，协调、监督本乡镇各个社区群团组织和社会中介服务机构依法依规运作，协助县直职能部门搞好计划生育和社会综合治理工作。如果条件不具备，则可以先大规模精简乡镇党政机构，采取党政干部交叉任职的办法，将'四大家'合为一家，压缩乡镇领导干部职数和人员编制，分流冗员。在农村，凡农民可以依法自立自主的事情和通过乡规民约可以协调的问题以及利用市场机制可以解决的矛盾，政府就不要去管。县级政府的涉农职能部门要顺应联产承包责任制之后特别是市场经济条件下的农村新形势，转变领导方式，创新工作方法，通过有效服务去准确引导农民自觉接受管理。"② 咸安区后来所推行的乡镇领导班子"交叉任职"、乡镇站所"转制"，以及建立市场化生产、供给公共服务的"以钱养事"新机制，基本上是沿着宋亚平上述"乡派"思路而展开。

安徽省在普遍推行"乡财县管"以后，又进一步明确提出了构建"以县为主、乡镇协助"的县乡关系体制，即"按照职权与责任相统一、财权与事权相一致的原则，进一步加大县级政府及其部门的工作职责，切实为乡镇'减压松绑'。凡属县级可以完成的行政事务，可以试行以县为主、乡镇协助体制；扩大县级政府及其部门直接到村到户的公共服务；理顺乡村关系，增强村级自治功能"。③ 简言之，建立一种"以县为主、乡镇协助、增强村治"的新型农村治理体制。实行"以县为主、乡镇协助"的农村治理体制，其前提条件必须是县级政府有很强的公共服务能力，并且切实转型为"服务型"政府，同时，村民自治需要达到很高的发展水平，否则很难达到改革的初衷。

（二）乡派式改革存在的问题及完善之策

这种乡派式改革虽然的确有利于精简机构、提高行政运行效能，但是，它不仅没有改变县乡之间的支配和被支配的压力型关系，相反却进一步加强了这

---

① 吴理财：《逼出来的乡派式改革》，载《决策》2005年第4期。
② 宋亚平：《一个区委书记的十二条》，载《决策咨询》2003年第5期。
③ 中共安徽省委办公厅、安徽省人民政府办公厅：《关于开展农村综合改革试点建立农村基层工作新机制的意见》，2005年6月27日。

种关系,强化了乡镇对县级政府的依附性。在这种情况下,如何增强乡镇(政府)的民意基础?如何使之在体制上与村民自治制度进行"对接"?如何最大限度地满足乡镇社区性的公共服务的需要?这些都是乡派式改革必须直面解决的问题。

正如笔者在一篇文章中曾经谈到的:作为县政府的派出机构,它更加具有"官僚化"的性格。由于它与村民自治组织的权力来源、权力结构的不同,乡村之间既有的体制性紧张不但不能纾解甚至会进一步激化、升级,甚至还会将这一体制性紧张关系进一步扩展到县级政府——实行"乡派",对于县级政府而言无异于"引火烧身"。况且,一旦实行"乡派"也就不存在所谓的乡镇民主选举问题,派出机构的负责人从法理上而言理应由上级组织指定或直接任命,而从村级民选直接过渡到县级民选似乎更加困难,农村基层民主的发展由于缺少乡镇层次的必要过渡而将阻滞不前。另外,它也不利于生产、提供乡村社区地方性公共品、公共服务,因为从公共品的生产和供给角度而言,政府的层级越低,越符合社区地方性需要。一旦实行"乡派",县级政府往往只会考虑全县的"平衡"而不会顾及乡村社区地方性特别的公共需求。更糟糕的可能是,在当今的体制下,县级政府更有兴趣将公共资源投入到"县城"(或市政)的建设和一些"形象工程""政绩工程"上面,根本不顾及人民的公共需求。①

后税费时代的农村治理体制,既要适应这个时期的农村社会经济的特点,也要符合乡村治理的未来变迁需要。应该说,"县政、乡派、村治"(或"以县为主、乡镇协助、增强村治")不失为符合后税费时代欠发达地区农村治理需要的一种较好的制度安排。值得注意的是,当下这种乡派式改革主要发生在中西部欠发达地区,是有其社会经济基础方面的原因(第十五章将作进一步论述)。

至于乡镇政府改为县级政府的派出机构,如何增强民意基础,更好地满足乡村公共服务的需要,笔者认为可以借鉴各地的改革经验加以解决和完善。这些重要经验主要有:前文谈到的湖北省乡镇改革模式,尤其是"交叉任职"的乡镇领导体制和"以钱养事"的新服务机制,以及安徽省所推行的"乡财县管"改革模式。此外,还有四川省、江苏省、云南省红河哈尼族彝族自治州等地对乡镇领导人进行民主选举的各种制度创新和"常任制"改革。这些经验,都为完善乡派式改革创造了条件。

---

① 吴理财:《"乡政自治":另一种乡镇改革思路》,见徐勇、吴理财等:《走出"生之者寡,食之者众"的困境——县乡村治理体制反思与改革》,西北大学出版社2004年版,第148页。

二、政府、部门和市场

(一) 农村公益性服务主体：政府、部门抑或市场？

农村公益性服务的责任主体无疑是政府，但是，具体的运作主体却不一定是政府自己。从现有的改革来看，主要存在这样三种模式：一是市场化取向的改革模式，即湖北省推行的"以钱养事"新机制；二是以江苏省为代表的"强化乡镇政府公益性服务趋向的改革"；三是以安徽省为代表的"强化县级部门公益性服务趋向的改革"。①

以湖北为代表的"以钱养事"模式，前文已有详细论述，不再赘论；后两种模式在这里略做介绍。江苏省在2001年乡镇事业单位机构改革的基础上，2005年又提出对乡镇事业站所进行"分类改革"：(1) 将乡镇事业单位承担的行政管理职能划归行政机关，将生产经营性业务分离出来，引入市场，将公益性职能重新整合，与乡镇党政机构的设置统筹规划、通盘安排，不交叉重复，综合设置事业单位，经费由财政保障。(2) 乡镇事业站所一般控制在5个左右，大乡镇不超过7个。(3) 有些事业单位可跨乡镇设置，几个乡镇设置1个事业单位。(4) 乡镇不再设置自收自支事业单位。例如，江苏省泰兴市根据这一要求，做了如下工作：①撤销经管站、企业管理站，统一设置经济服务中心；撤销农技站、农机站，成立农业技术服务中心。②保留村建站、计划生育站、劳动和社会保障服务所；文化站的牌子保留，但改在乡镇政府社会事务办公室内挂牌。③保留财政所，属于乡镇行政组织，但人事权归市财政主管部门。④将原农机站的机电排灌职能划归水利站，由市水利主管部门垂直管理。⑤国土所、兽医站、广电站维持原状，属县管事业单位。⑥除国土所、水利站、兽医站、广电站外，其他乡镇事业单位一律为乡镇全额拨款事业单位，纳入财政预算，由乡镇政府管理。

安徽省在2000年农村税费改革之初曾要求对乡镇事业单位进行机构改革：(1) 按事业单位承担的职能，界定管理主体，理顺条块关系。对从事社会服务和为农服务的事业单位，实行条块结合，一般以块为主的管理体制，以强化乡镇政府统一管理本区域政治、经济、社会发展的功能；对具有执法职能、涉及区域性建设和管理的事业单位，实行条块结合，一般以条为主的管理体制。(2) 将全省乡镇事业单位（不含中小学校、卫生院）平均由12.2个压缩到7个以内，实行

---

① 参阅朱守银、廖洪乐、吴仲斌：《当前各地乡镇体制改革的主要做法及比较》，载《红旗文稿》2006年第9期。

限额、综合设置。(3) 大力精简乡镇事业单位人员,平均由 43.2 名精简至 25～30 名。① 2005 年安徽省又进一步提出:(1) 按照政事分开和公益性职能与经营性职能分开的原则,整合乡镇现有事业站所,依据经济区域和服务范围设置"经济技术服务中心"和"社会发展服务中心"。(2) 推进事业单位人事制度改革,在公益性服务机构实行全员聘用制,建立职工薪酬与服务绩效挂钩的绩效工资制。政府可以通过委托代理、合同承包、向市场购买服务等方式,让社会经营组织为"三农"提供公益服务。(3) 建立以县级农技机构为主导,区域性推广机构为主体的农技推广体系,公益性职能确定专门机构承担,经费由财政保障;经营性服务从政府职能中剥离出来,按照市场化方式运作。②

从湖北、江苏、安徽三省农村公益性服务体制改革模式来看,江苏省依然停留在乡镇事业单位的整合、调整上,强调以乡镇政府为主的农村公益性服务体系建设,没有摆脱科层化设置服务机构的窠臼;湖北省则将原来属于乡镇政府管理的事业站所全部撤销,改制为企业或社会性组织,农村公益性服务实行"以钱养事"新机制;与湖北省、江苏省相比较,安徽省是一种介乎二者之间的一种模式,一方面没有完全摆脱站所整合的思路,另一方面又提倡"全员聘用",通过委托代理、合同承包、向市场购买服务等方式,让社会经营组织为"三农"提供公益性服务。同时,还试图构建以县级农技机构为主导的农技推广体系,"扩大县级政府及其部门直接到村到户的公共服务"③——这表面上看似合理,实则是一个奇怪的新旧体制的综合体。

总之,农村公益性服务体制的重建,从根本上而言是农民与政府关系的一种调适。但是,从现有的改革而言,即便是走在市场化、社会化改革最前列的湖北省仍然局限于政府和部门内部关系的调整,对于农民如何反馈其需求,如何主动参与到公共服务项目的决策中来,尚未开题。

(二) 乡镇改革关键在于转变政府职能

无论是县乡关系的重构,还是乡镇政府自身及乡镇事业站所改革,笔者认为乡镇改革的重心都应该切实转向"转变政府职能"上来——将乡镇改造为真正为农民提供公共服务的一级组织。

显然,在相当长的一段时间内,都不可能取消乡镇这一级组织。乡镇组织在农业税取消后,其职能也必须随之改变,工作的重心主要是执行和落实党在农村

---

① 中共安徽省委、安徽省人民政府:《关于乡镇事业单位机构改革的意见》,2000 年 9 月 16 日。
②③ 中共安徽省委办公厅、安徽省人民政府办公厅:《关于开展农村综合改革试点建立农村基层工作新机制的意见》,2005 年 6 月 27 日。

的各项方针和政策（如计划生育等）、向辖区农民提供必要的公共服务。这些公共服务，主要包括社会秩序、适用技术、公共卫生、社会保障、农村基础设施建设等项目。当然，这些公共服务不可能再像计划经济时期那样以政府"大包大揽"的方式提供，毕竟国家的财力有限；有条件的地方，可以采取市场化、社会化的方式提供公共服务；同时，要发挥乡村社会的作用，通过乡村社会与国家的民主合作，发展乡村事业。

在进行乡镇体制改革的同时，要对县级政府进行相应的改革。只有在县、乡、村治理体制上进行整体性改革，才能真正推进中国乡村治理结构的良性转型。

三、效能优先：乡镇改革的一条主线

（一）效能优先

尽管各地的乡镇改革模式不尽相同，但是在新一轮乡镇改革中始终有一条主线贯穿其中，这条主线便是"效能优先"。①

例如，安徽省在农村税费改革一开始就提出，按照"精简、统一、效能的原则"进行乡镇机构改革：乡镇党政机构要"精兵简政，优化结构，提高效率"；② 同时要"大力精简乡镇事业单位和财政供养人员，调整乡镇事业单位布局，压缩国有事业单位建制，搞好人员的合理分流，减轻农民负担，增强乡镇事业单位活力"。③ 在近期进行的农村综合改革中，安徽省提出："衡量乡镇机构改革的成效，主要看四条：一看是否有利于提高工作效率，降低行政成本；二看是否增强了为'三农'服务的功能，促进农村经济社会发展；三看是否提高了依法行政的能力，促进农村社会稳定；四看是否有利于巩固税费改革成果，确保农民负担不反弹。"④ 其他省份的乡镇改革同样体现了"效能优先"的精神。

所谓"效能优先"，是指改革将提升政府效能放在首要位置，并围绕它而展开。尽管强调效能"第一"，但也不排除其他的"副产品"（譬如民主的发展、服务的增强）。"效能"一词主要包括两个方面的意涵：一是效率，二是能力。对于政府而言，效能改革是指节约行政成本，发挥其蕴藏的有利作用；转换机

---

① 吴理财、何开荫：《效能优先：安徽乡镇体制改革路径初探》（未刊稿），2006年5月21日。
②③ 中共安徽省委、安徽省人民政府：《关于乡镇党政机构改革的实施意见》，2000年9月16日。
④ 中共安徽省委办公厅、安徽省人民政府办公厅：《关于开展农村综合改革试点建立农村基层工作新机制的意见》，2005年6月27日。

制，提高行政效率，增强行政力和执政能力；并以达致一定的绩效目标为考核标准。

在乡镇改革中，"效能优先"既明显体现在"减人减支"的机构精简、乡镇撤并之中，又蕴涵于"交叉任职""以钱养事"以及"乡财县管""委托扩权"等改革之中。乡镇领导班子"交叉任职"，既可以减少领导职数，又可以较好地解决乡镇班子之间（特别是党政"一把手"之间）的不团结或"内耗"问题，提高了行政运作效率。"以钱养事"改革，原本就是为了克服乡镇站所这一科层化机构直接提供服务的低效率、高成本和无弹性等弊端，试图通过市场化改革，通过委托代理、购买竞标等方式生产和供给公共品，以便既可以降低服务成本（特别是"养人""养机构"的成本），又可以提高公共服务的效率和质量；"以钱养事"实质上是"否认官僚体制在提供公共服务方面的垄断地位，取而代之的是寻求合作方式和利用个人参与来加强政府效能"。① "乡财县管"也可以看成节约乡镇运行成本、对乡镇开支建立必要的约束机制的一种效能式改革。"委托扩权"则通过构建一种责权明晰的委托—代理式县乡关系，提升了行政效能和管理绩效。

"效能优先"式改革实质上是一种行政体制自身的改革（或称之为"行政自改革"），其根本目的是提高行政效能。这种改革即便牵涉到政治层面的内容，例如，乡镇党政班子"交叉任职"、民主选举，也是以"效能优先"为主旨。

客观而言，这种"效能优先"式改革仍然有它的必然性和合理性一面：一是因为当前缺乏行政体制之外的民主压力，以促使它进行政治民主化的改革；二是这种"效能优先"式改革仍然有相当大的空间，例如，政府冗员的裁减、机构的优化重组、行政层级精简等，都需要深化改革；"交叉任职""以钱养事""乡财县管"和"委托扩权"等改革也有待完善。

不过，这种"效能优先"式改革也有它的局限性，主要有：一是它局限于行政体制之内，不能触及体制性的"内核"问题；二是它的绩效是有限度的，例如，乡镇撤并就有一定的规模限度，不能超越当地社会经济发展的水准、人民的需要和政府有效治理的范围。再以"以钱养事"为例，这一新机制实际上是以"委托—代理"理论（principals-agent theory）为依据，然而，这一理论始终难以解决"逆向选择"和"道德风险"两个一般性问题。"逆向选择"问题可归因于作为他人决策基础的信息、利益和价值的不可观测性；而"道德风险"则来自代理人实际行为的不可观测性。简言之，这两个问题都可归结为隐蔽信息、隐蔽行为问题。诚如莫伊所论，"委托人所能决定的问题远不止是找到一个合格的人，

---

① ［美］盖伊·彼得斯：《政府未来的治理模式》，中国人民大学出版社 2001 年版，第 110 页。

因为绝不能保证代理人一旦被雇用后就会按委托人的最佳利益行事……代理人心中有他自己的利益，因而只有在合约施加的激励结构使得代理人追求委托人目标的行为对他自己有利的范围内，他才会去实现委托人的目标。委托人问题的本质就在于这样一种激励结构的设计，当然棘手的是有关代理行为的信息……不仅不完善而且是偏向代理人的。"① "以钱养事"同样难以解决这个一般性难题，此外，从现有的情况来看，还存在竞标市场不足（即代理人少）、民众参与率低等技术性和体制性问题。② 正是因为存在这些问题，"以钱养事"机制在提高政府公共服务效能上也有其限度，但是这一新机制相对于过去那种公共服务方式在效能上还是有了很大改善。

（二）效能优先下的民主递进

在缺乏外部民主压力的情况下，政府内部的效能优先式改革，对于增强政府的合法性和执政能力的确有效。对于现代国家而言，政府证明自身合法性主要有两个核心要素：一是效能，另一个是民主。效能意味着政府在为社会成员提供公共服务时必须符合最少投入最大产出的理性算计原则；民主意味着政府的存在与运行必须尽可能地体现或有助于实现民众自我管理的理想。视效能为政治权力的合法性的基础，既要求政府创造、规制一种高效的经济制度，又要求其提供公共产品时投入少、效益好。能够给人民带来经济效益是政治权力存在的合法性的坚实物质基础，这便是亨廷顿所谓的"政绩合法性"的要旨。③

尽管如此，对于当下的乡镇改革而言，务实的路径选择理应是"效能优先下的民主递进"，尤其是在实行乡镇领导班子"交叉任职"或乡派式改革的时候，更有必要扩展乡镇政府的民意基础，不断推进农村基层民主的持续发展，这不仅可以增强"效能优先"的合法性，也是"效能优先"式改革的一个必要配合，在增加政府效能的同时，让人民有更多的机会、渠道有效地参与到政府治理中来，使国家和乡村社会达至一种民主合作的善治状态。④ 换言之，"效能优先"与民主递进不是一种零和关系，二者可以相互促进，达成一种良性互动的关系。

---

① Moe, Terry M. "The New Economics of Organization", *American Journal of Political Science* 28（November）：756。转引自［美］乔·B. 史蒂文斯著，杨晓维等译：《集体选择经济学》，上海三联书店 1999 年版，第 354~355 页。
② 对此，前文已有论述（参阅"站所转制"）。
③ 曹任何：《合法性危机：治理兴起的原因分析》，载《理论与改革》2006 年第 2 期。
④ 吴理财：《中国乡镇政府往何处去?》，载《二十一世纪》双月刊 2003 年 8 月号。

四、乡镇改革的发展趋向

通过前文的比较分析,不难看出乡镇改革的基本发展趋向。

(一)欠发达地区乡镇政府"乡派化"

从现有的乡镇改革实践来看,中西部欠发达地区的乡镇改革基本上是朝着"乡派"的方向发展(前文已论及)。乡镇在机构和人员精简分流之后,事权缩小,财权进一步被县级政府监控,执法权基本上上收到县级政府部门手中,用人权基本卡死,"乡镇虽然名为一级政府,但是,上边有县级政府之高压,旁边有垂直单位之排挤,内有正在推行的'乡财县管'财政体制的推进,乡镇其实已经没有作为一级政府的独立权力空间",[①]已经成为事实上的县级政府的派出机构。

从我国广大中西部农村的实际来看,乡镇政府"乡派化"是乡镇改革的一个基本发展趋向(由于各地的情况差异较大,也不应排除其他的改革模式),但并不表示在近期可以撤销乡一级政府,无论是从实际的社会管理而言还是从公共服务的绩效来说都必须保留乡镇一级组织。新中国成立初期,我国农村主要实行"小乡制",由于不便"管理",于是又在县乡之间设立了"区"的建制;后来,撤区并乡以后,有些地方发现乡镇的规模过大,"管不过来",于是又在乡镇以下(乡、村之间)设立"管理区""片"等非正式管理层级;农村税费改革以后,各地的乡镇撤并力度加大,乡镇政府再次面临管理幅度过大的问题,一些地方又在乡镇以下设立了一些非正式的管理层级。由此可见,乡镇一级组织(无论是何种称谓)确实有存在的必要。

虽然乡镇政府"乡派化"是乡镇改革的一个基本趋向,但也不宜因此就一刀切地加以推行,应该允许地方政府因地制宜进行改革,要以是否有利于公共服务和乡村治理为圭臬,而不简单以乡镇政府是否虚化或实化为判断标准。

(二)县级政府转型势所难免

一是乡镇改革必然对县政转型产生压力(见表 14-1),只有县乡联动才能切实保证乡镇改革的成果;二是县乡之间的权力结构内在地制约乡镇改革,如果不对县级政府及其部门进行相应的改革,乡镇改革很可能会退回"原点";三是乡镇政府"乡派化"以后,更加缺乏地方性,依附于县级政府,难免官僚化而与

[①] 赵树凯:《乡镇政府之命运》,载《中国发展观察》2006 年第 7 期。

乡村社会分离。因此,"乡派化"的前提和基础必须是县级政府有很强的公共服务能力,并且切实转型为"服务型"政府。

表 14 – 1　对于"乡镇改革要县乡联动"的看法（N = 1 471）

乡镇改革要县乡联动	安徽省	山东省	湖北省	湖南省	合 计	
					人数（人）	比例
同意	66.3%	75.2%	72.8%	66.7%	1 045	71.0%
不同意	4.1%	2.6%	2.0%	2.1%	40	2.7%
不知道	5.8%	3.5%	2.3%	2.1%	52	3.5%
缺失	23.8%	18.7%	22.9%	29.2%	334	22.7%

资料来源：笔者对四省乡镇干部的问卷调查。

目前，在县一级有党内民主启动的县政转型。从湖北省黄冈市罗田县、浙江省台州市椒江区等地试行的"党代会常任制"来看，县政改革也是朝着"交叉任职"、党政合一的方向发展，这样一来，县、乡的权力结构又趋于一致。

以罗田县为例，具体而言，罗田县党代会常任制改革的主要内容是"六制"，即党代表直选制、党代表常任制、党代会年会制、委员制、重大事项表决制、评议制。

通过这项改革，罗田县党组织的民意基础进一步扩大，在县级权力运行、绩效评价、决策和监督等方面均引进了一定的民主机制，推进了党的基层民主不断向更高的层次发展。

在这些常任制改革内容中，笔者认为尤其值得关注的是"委员制"。因为这项改革，使得罗田县的党代会常任制改革突破了"党内"这个界限，对整个县级权力结构进行了重新构造，推动了"县政"的改革和转型。

在罗田县的"委员制"实际改革中，一是尽量扩大党员副县长进入县委委员，增加党政交叉任职；同时，在工作上又尽量减少交叉分工现象，实行县委委员"一人管一事、一人管一线"，并赋予相应的人权、事权和财权；提倡县委、县政府"分工不分家"，在县长办公会研究专项工作时，不是县长、副县长的县委委员可以列席会议，上级对口部门布置的工作由分管委员贯彻落实。

与此同时，又由于县委副书记分别兼任县政府县长、县人大主任、县政协主席，从而构建了"一个核心、三个党组"的新型权力结构。这个核心即是县委，三个党组即是县人大、县政府、县政协党组。在这一结构中，县委居于核心地位，"总揽全局、协调各方"。通过这样改革，罗田县建构了一种新的权力架构，虽然这个架构还不够清晰，但是它却预示了"县政"改革的某种方向。[①]

---

① 吴理财：《罗田政改：从党内民主启动的县政改革》，载《学习时报》2006 年 1 月 24 日（第 321 期）。

（三）进一步理顺政府与社会、政府与政府之间的关系

建立明确的问责机制。在湖北等地的乡镇改革中，农村治理结构开始出现了以下这些变化：即乡镇政府与村民自治组织之间开始按照有关法律，界定各自的治理范围；乡镇站所开始从乡镇政府中完全分离出来，成为企业性或社会性组织，并且这些组织与乡镇政府之间建立了"契约治理"关系；同时，这些企业性和社会性组织与农民（农户）之间也建立了比较平等的市场性服务关系；（乡镇）政府不再与分散的农民（农户）进行"面对面"的直接管理。① 虽然这些变化还不够显著，但却在一定程度上预示着中国乡村治理体制变迁的未来趋向。

（四）适时导入乡镇民主合法性建设，进行政治层面改革

如前所述，效能优先式乡镇改革，在早期借助主政者的强大政治意志以及财政压力的推动之后，要保障改革的持续推进和新体制的定型发展，就需要进一步增强乡镇政府的民主合法性。对于派出化的乡镇政府而言，建立有力的党内民主机制和人大民主制度，不仅可以化解其过于依附县政府的问题，而且起到对"县政"积极支撑的作用。

（五）培育乡村社会的自治能力和为农服务的社会化

市场化中介组织。小农增收需要社会化的大服务，而这些服务除了政府通过购买、"养事"来提供之外，还需要进一步开发乡村社会内在的组织力量，发挥非政府部门的作用。

---

① 参阅吴理财：《后税费时代的农村治理结构——以湖北省乡镇改革为例》，见吴理财：《从"管治"到"服务"——乡镇政府职能转变研究》，中国社会科学出版社2008年版。

第十五章

现代乡镇制度的构建

乡镇改革的最终目的是构建现代乡镇制度，这是国家社会化转型的基本要求。依据国家与乡村社会力量的对比以及二者之间的互动关系，和当地的社会经济基础，各地的乡镇体系构造可以因地制宜地选择"镇政""乡派"或"镇政乡派"等不同形式。构建现代乡镇制度和农村公共服务机制，均离不开乡镇权力结构的重构和国家与乡村社会之间的合作。

一、乡镇的地位与功能

乡镇一级政府何去何从，以及构建一个什么样的乡镇制度？是学界讨论的一个热点问题，几乎各个学者都有自己的一套改革思路，至今难以形成基本共识；而各地的乡镇改革实践大多也是"头痛医头，脚痛医脚"，没有一个明晰的改革愿景，极容易陷入"翻烧饼"[①]的困局。持续不断的改革和纷乱的改革思路并存，使得学界和实践部门有人建议要"改革"乡镇改革。[②]之所以如此，一个重要原因是没有认清乡级政府的特殊地位及其功能。

单以学界而论，目前对于乡镇问题的讨论，许多人都没有摆脱"国家"

[①] 吴理财：《翻烧饼：谷城县乡镇改革述评》，载《武汉大学学报（社会科学版）》2007年第3期。
[②] 徐勇、刘义强：《"湖北新政"与中国乡镇政府改革实践研究——兼论中国现代乡村治理体制的构建》（未刊稿），2005年。

(state) 或 "社会" （civil society①） 两个极端的分析范式的窠臼，要么从"国家"的角度来规划乡镇政权的建设，而提出"国家化"的改革思路；要么从所谓的乡村（民间）社会"自治"来设计"乡镇自治"（或"乡民自治"）的蓝图，而提出"去国家化"的改革思路。

所谓"国家化"（或"社会国家化"），即加强国家对乡村社会的控制和整合作用。具体而言，就是主张将乡镇政府建设为一级完备的政府组织。在乡村关系上，有人主张村委会准政权化，赋予村委会一定的行政强制权，使村委会具有一定程度的政权性质和地位；②甚至主张将"乡政"下沉到原行政村一级，将"村治"局限在自然村之内。③这种"国家化"改革思路主要是基于这样三个方面的现实原因：一是由于县乡之间的行政压力型体制，乡镇政府"权、责、利"难以一致，往往是"权小、责大、利弱"；二是由于条块分割管理体制，乡镇政府的权能容易被县级职能部门设在乡镇的"站所"所肢解、架空，而成为一级不完全的政府组织；三是乡镇政府由于行政的需要（特别是征税收费、计划生育、社会治安的需要）和工作的便利，总是千方百计地控制村级组织，使其成为自己的下级行政单位。由此可见，"国家化"改革思路有其历史性渊源、现实性依据和体制性需要。尽管如此，这一改革思路后来逐渐被"民主化""社会化"改革思路所取代。

在"去国家化"改革思路中，最典型的是乡镇"撤销论"和"自治论"，将国家基层政权退回到县一级。有趣的是，论证这种"去国家化"改革思路的是两个相对或相反的理据：一是现代性的理据，即民主发展理论、市场经济理论和市民社会理论［包括（NGO）、治理理论］；二是传统式的理据，即中国传统社会"王权止于县"，乡村社会处于事实上的"自治"状态。

实际上，这些"国家化"或"去国家化"的改革思路，都没有看到乡镇组织处于"国家"和乡村社会之间的"第三领域"的居间位置的特性。

"第三领域"（third realm）这一概念，是由黄宗智（Philip C. C. Huang）提出来的。他认为，"第三领域"是"国家"与"社会"共同作用并且双方都参与其间的一个特殊领域。在这个领域中，"单纯从社会组织或国家权能出发，都无法领会其内涵""我们可以讨论国家或者社会或者两者一起对第三领域的影响，但却不会造成这一区域会消融到国家里或社会里或者同时消融到国家与社会里的

---

① 这一英文有多种中文翻译：大陆学界一般翻译为"公民社会"或"市民社会"；台湾的学者一般翻译为"民间社会"。
② 曾军：《村委会准政权化设想初探》，载《社会主义研究》1997年第5期。
③ 中共湖北省委组织部、湖北省社会经济调查队课题组：《村级管理方式研究》，载《中国农村经济》1997年第8期。

错觉。我们将把第三领域看作具有超出国家与社会之影响的自身特性和自身逻辑的存在。"①

依据这个分析范式,我们大致可以将当代中国农村的政治社会划分为三个部分:乡镇以上属于国家部分,行政村以下属于民间社会部分,而乡镇和行政村主要(但也不完全)处在"第三领域"。在第一部分,主要是由正式的制度规约的,受国家权力的直接支配;在第二部分,主要是由民间传统或习俗规范的,受血缘和地缘等自然权力的支配;在第三部分,通常是受国家权力和自然权力的共同作用,并由正式的制度和非正式的乡规民约所制约。由此,我们可以比较容易理解:为什么行政村一级(即使是在实行村民自治以后)总是带有准政权的性质,而乡一级政府总是摆脱不了乡土社会的属性。这也从另一方面说明了乡镇政府不可以简单地仿照上级政府模式进行建设,换言之,乡镇政府根本没有必要建设成为组织机构完备的一级(韦伯意义上的)官僚化组织;作为最基层的一级政府组织,它必须建构在中国乡村社会的具体实际以及国家在农村基层政权建设的历史传统的基础之上。

第一,乡镇政府处于国家正式权力组织序列的最末梢,上接国家而下联农民,这种特殊的居间地位使它在实际的权力运作中受到国家和乡村社会双重力量的交互作用。

第二,它直接面对乡民而治,这种面对面的治理形式决定了它必须摆脱科层制一贯的"官僚"作风和冷峻的政权面孔,保持较高的亲民性。换言之,像乡镇政府这样的基层组织的权威必须建构在国家与乡村社会双重的合法性认同的基础上。如果它只得到国家的合法性,得不到乡村基层社会的认同的话,它很难在乡村社会真正立足,并达致国家对乡村社会治理的目的;只有它融入乡村社会中去,才会真正实现国家在乡村社会的善治。

第三,尽管它是一种国家机构,但是它的组成人员却主要来自乡村社会。在实行公务员制度之前,乡村干部队伍基本上是由乡村社会供给的,许多乡镇干部在招聘之前本身就是农民,直到转为国家正式干部之前他们还保留着农民身份;实行公务员制度以后,这种状况渐次有了变化,但是进入乡镇公务员队伍的毕业学生、退伍安置的军人基本上也是出身农村,他们的父母、亲人都是农民,无论是在天然的情感上还是在实际的日常交往中,他们都与农民结成了纷繁复杂的亲密关系,这就决定了他们在实际执行国家的政策和法令时,往往会考虑农民的切身利益(当然也不排除自身利益的考量)。即使在高度国家化的人民公社体制中,

---

① 黄宗智:《中国的"公共领域"与"市民社会"?——国家与社会间的第三领域》,见邓正来、J. C. 亚历山大编:《国家与社会:一种社会理论的研究路径》,中央编译出版社2002年版,第429~430页。

国家也不得不倚赖经常性政治运动来排除乡村干部队伍中的"异己"分子,以便于国家政策在乡村社会的贯彻和推行。①

第四,再从经济基础来看,乡镇政府也不同于其上的任何一级政府组织。在农村税费改革之前,我国乡级政府工作人员基本上都是通过向农民征收农业税的形式由农民供养的,并最终成为农民的一个重要"负担";在农村税费改革之后,尽管取消了农业税,乡一级公务员基本上由国家财政供养,但是乡村公共事业的发展仍然离不开国家跟农民的合作。这些特性都决定了乡镇政府不应当简单地套用上级政府的模式来建构,也不可能依靠自上而下的机构改革来解决当前的乡镇问题,当前的乡镇问题在相当程度上正是由于忽视了乡镇政府的这些特性而一味强调了国家政权建设的后果。

由此可见,处在"第三领域"中的乡镇政府并不是一级完全的政权组织,也不应成为纯粹的国家机器,它的理想角色定位是"官民合作"组织——既是国家设在乡村最基层的政权组织机构,同时又是乡镇社区治理的主体单位,代表乡镇人民进行自我治理。那么,在具体的乡镇权力安排方面,应该是"官""民"二元结构,即代表国家的"党—政"组织与来自乡村社会的"民意"组织的合一(关于这一点,后文将专门论述);在权力来源方面,应该在现有的权力框架内不断扩大民意基础;在乡村事业的兴办和发展方面,国家要与乡村社会积极合作,将政府的职能社会化,寓"治理"于"服务"之中,寓"服务"于"合作"之中。

这实际上是"国家化"和"去国家化"之外的第三种改革思路,即"国家社会化"。所谓"国家社会化",主要是"国家"权威的社会化和职能的社会化,通过"国家"与社会之间的互动、合作进行共同治理。与"(社会)国家化"相反,"国家社会化"实质上是一种"国家"的自我转型,国家权威不是从外部强制性地"嵌入"乡村社会,而是植根于乡村社会,与乡村社会相融合;② "国家"的职能从"管治"转向"服务"、从"统治"(government)转向"治理"(governance)③,从而建构一种"社会化国家",这种国家"与以阶级统治为本质的旧国家相比,它成为非政治性的'新国家',从高居于社会之上,君临于人民之上的庞然大物,向着贴近社会、服务人民的方向转化"。④ "国家社会化"与"去国

---

① 参见黄树民著,素兰、纳日碧力戈译:《林村的故事——1949年后的中国农村变革》,生活·读书·新知三联书店2002年版。
② [美]杜赞奇著,王福明译:《文化、权力与国家——1900~1942年的华北农村》,江苏人民出版社2003年版。
③ 俞可平:《中国公民社会的兴起与治理的变迁》,社会科学文献出版社2002年版。
④ 刘京希:《从国家化社会主义到社会化社会主义——兼论社会主义的本质特征》,载《文史哲》2000年第4期。

家化"不同的是，前者主张将"国家"融于"社会"，后者主张将"国家"从"社会"中撤退出来。"乡政自治"① 是"国家社会化"的一种改革思路，"乡派式改革"也在一定意义上反映了"国家社会化"的意旨。对于乡镇一级政府的构造而言，实际上"国家社会化"有多种形式。

笔者认为，从"社会国家化"到"国家社会化"，代表了我国政府（特别是基层政府）治理转型的基本趋向。"社会国家化"是近代以来国家权力深入乡村社会，加强对乡村社会整合、控制的一个逻辑发展过程，在人民公社化时期达到极致状态，而成为一个全能主义（totalism）② 的国家，它使乡村的社会生活军事化、经济生活行政化、精神生活一统化，政治权力成了无所不能的东西。国家权力史无前例地下伸到社会底层，通过支配每个农民的日常生活而将农民整合到自上而下的集权体系之中，"每一个人和每一个团体都是层层控制、无所不包的体系的一部分"③。"其结果是……传统第三领域大幅度的国家化。更有甚者，除了正式国家机构的控制范围在扩大外，党与国家还把第三领域的剩余部分大片地彻底制度化，以尽量扩大其影响力。"④ 农村改革开放以后，农地的家户经营改革、农村基层村民自治的推行、市场经济的建立和发展，一方面是"社会国家化"的终结，另一方面也开启了"国家社会化"的转型，虽然这一转型姗姗来迟。诚如黄宗智所言，如果说集体时期发生的主要是第三领域的国家化，那么在改革时期则是大幅度的社会化。⑤

在国家社会化的治理转型过程中，乡镇一级政府尚不可轻言"撤销"，一是因为乡镇政府处于国家和乡村社会之间的特定位置，它在国家与基层民众之间扮演着其他组织无可替代的作用——它是调整二者力量的一个极其重要的平衡器，

---

① "乡政自治"是笔者提出的一种乡镇改革设想，虽然它与"乡镇自治"只有一字之差，却是两种完全不同的概念。前者是在乡镇政府维持国家政权组织的基本前提下，增强乡镇政府的自主性，彻底改变它依附于县级政府的状况，使之真正成为乡镇社区有效治理的主体单位；后者则是取消乡镇政府的国家（政权）的属性，将它变成完全的社会自治组织。前者是一种制度内的增量民主改革；后者则是一种制度外的改革方式。前者重在国家与社会的相融和合作；后者则是对国家主义（准确地说是全能国家主义）的一种反动，主张社会自治力量的扩张。因此，对于前者而言，国家与社会可以实现可欲的双赢或互强；对于后者而言，国家与社会之间只能存在"你进我退、彼强此弱"式零和博弈格局。参阅吴理财：《中国乡镇政府往何处去？》，载《二十一世纪》双月刊2003年8月号。
② 这一名词是芝加哥大学政治学教授邹谠（Tsou Tang）提出来的，他以此来说明一些国家的威权政治的基本特性：政治权力可以随意侵入社会的各个领域和个人生活的诸多方面，在原则上它不受法律、道德、宗教和思想的限制。参阅邹谠：《二十世纪中国政治》，（香港）牛津大学出版社1994年版。
③ [美] 达尔（Robert A. Dahl）著，任元杰译：《当代政治分析》，台湾巨流图书公司1992年版，第106页。
④⑤ 黄宗智：《中国的"公共领域"与"市民社会"？——国家与社会间的第三领域》，见邓正来、J. C. 亚历山大编：《国家与社会：一种社会理论的研究路径》，中央编译出版社2002年版，第439页。

亦是二者博弈的一个主要场域，甚至是二者冲突的一个不可置换的缓冲区间[①]，对于维系乡村社会的稳定、建构和谐社会具有重要作用；二是一个自主的乡村社会有待发育和成长，乡村自治的政治社会条件尚不成熟。这就为乡镇政府在一定时期内的存在提供了一定的理据。换言之，乡镇政府的价值及是否有存在之必要，是由国家和乡村社会两个方面同时决定的。现阶段之所以有其存在的价值，是因为国家的社会化转型尚未完成，乡村社会自身也不足以实现"自治"；将来之所以没有其存在的价值，是因为以县政为基础的现代国家和以乡村自治为基础的现代公民社会同步完成了建构，并形成良好的共治关系。

对于现阶段的乡镇改革而言，讨论乡镇政府的去留问题尚且过早，也没有抓住当前乡镇问题的症结。笔者以为，现阶段乡镇改革的核心问题是乡镇政府职能的根本性转换和结构的优化，即建构一个什么样的政权组织——是威权式还是民主式，是支配性还是合作性，是传统的管治型还是现代的服务型？如果是后者，就有必要重构现代乡镇体系。

二、现代乡镇体系构建

具体而言，现代乡镇体系的构建主要依据本地的国家与乡村社会力量的对比以及二者之间的互动关系，和当地的社会经济基础（尤其是县乡财政状况）。从现有情况而言，我国绝大部分农村地区的乡村社会发育尚不健全，还不能实现乡村社会的自我治理，只能依据当地的工商业经济发展水准和财政状况，因地制宜地选择"镇政""镇政乡派"或"乡派"等不同形式进行构建；如果当地的乡村社会有了充分发展，可以实现乡村社会的自我治理，并且有一定的自治能力和社会经济基础，它就可以推行"乡镇自治"或"乡民自治"，不过，目前能够实行"乡镇自治"的地方还十分鲜见，因此暂不详述。下面，分别论述"镇政""乡派"和"镇政乡派"。

（一）"镇政"

比较适宜于东部沿海工商业经济较为发达、本地财政状况良好的地区；这些地区基本上实现了城镇化。可以采取"委托扩权"的改革方式，进一步扩大镇政府的自主权，将镇政府建设为一级较为完备的基层政权组织。

在这些地方，"委托扩权"的根本目的，就是在县、镇之间进行适当的分权改革，规范县和镇各自的权力范围和限度，镇政府有权拒绝执行县级政府不合理

---

① 吴理财：《中国乡镇政府往何处去？》，载《二十一世纪》双月刊2003年8月号。

的指令和分派的任务，从而重构一个全新的县镇关系体制；为此，要改变县对镇一贯的人事决定权，镇领导人应该进一步扩大民意基础，通过"两票制""海推""公推直选"（乃至"直选"）等民主选举的方式选举产生，镇政府部门负责人由镇人大直接任命（或者由镇党政负责人提名后，经镇人大讨论决定）；县与镇之间的财政体制可以借鉴分税制的做法进行改革。

与此同时，原来设在乡镇的"七站八所"经过优化重组以后尽量下放给镇政府管理，实行以"块"为主的管理体制，以增强镇政府的统一权能；这些"站所"的财务应纳入镇财政统一管理，使镇政府成为一级责权利相统一的政府。这些经过整合重组的站所，主要承担公共管理的职能；农村公共服务可以通过"以钱养事"的方式，由政府"购买"后向农民提供。

（二）"乡派"

适合于传统农业地区，在这些地区，农村税费改革之前，乡级财政的主要来源是农业税；农村税费改革之后，其财政来源主要是来自上级政府的转移支付。这种财政基础不能支撑一个比较健全的乡级政府，决定它只能向"乡派"的方向改革。诚如徐勇所言，"财是政的基础，财政来源与能力决定着政权的特性与能力"。① 实行"乡派"的地方，要不断强化县级政府的公共管理和公共服务的职能，建构"以县为主、乡镇协助"的农村公共服务体系。

在实行"乡派"的地方，乡镇领导实行"交叉任职"；同时，大力精简乡镇机构及其人员，其内设机构不必按照上下同构和科层制的方式设置专门的"办公室""站所"，一个乡级政府可设立一个综合性办公室，其他可根据部门工作的需要设置一定数量的"助理员"，由他们联系县级政府的各个职能部门，负责各部门的专业性（或技术性）工作。从各地的乡镇改革来看，目前许多地方的乡镇机构尽管都进行了大幅精简，但仍然没有摆脱科层制的思路，在乡镇一级设置了诸如"党政综合办公室""经济发展办公室"和"社会事务办公室"这样的专门办公室机构。如果继续原来的科层制思路，乡级政府难免会很快地正式或非正式地增设一些机构，即便省级政府有比较严格的统一规定，下面也会采取变通的办法，设立一些非正式的机构。因此，要确保乡镇改革达到"精简、效能"的效果，必须从根本上舍弃科层制形式；结合乡村社会的权力运行规则，实施有效的

---

① 徐勇：《在乡镇体制改革中建立现代乡镇制度——对税费改革后乡镇体制改革的思考》，载《社会科学》2006 年第 7 期。

乡村治理方式。①

在财政体制上，实行"乡财县管"，从而保障乡级政府日常运转的经费需要。由于乡级政府的财力有限，难以依托乡级政府提供公共服务，只能建构"以县为主"的农村公共服务体制，县级政府的有关职能部门可以通过设立派驻机构等延伸服务的形式，直接向农民提供公共服务，而设在乡镇的站所也应改由上级职能部门直接管理，以减轻乡级政府的财政负担。乡级政府的职能主要是社会管理、上传下达（反映民意、传达国家政策）和协助有关部门搞好公共服务工作；同时，要积极发挥村级组织的自治作用，积极培育各种农民合作组织的发展。

（三）"镇政乡派"

适宜于一些乡镇社会经济发展不均衡的欠发达地区。在这些地区，少数乡镇的社会经济基础较好，具有一定的财政能力，除了能够保障乡镇政府日常运转的需要以外，还可以发展公益事业，而且城镇化达到了一定的水平，可以将这些乡镇按照"镇政"的模式进行改革；其他一些乡镇的社会经济基础较差，没有一定的财力基础，最好按照"乡派"的思路进行改革。这样在同一个地区就可以根据乡镇的不同情况因地制宜地实行"镇政乡派"。

今后，凡是可以建立为一级比较完备的政权组织的乡镇，统一改称为"镇政府"；凡是不能建立为一级比较完备的政权组织的乡镇，统一改称为"乡政府"（或"乡公所""乡办事处"）。这样一来，"乡"和"镇"就有比较明晰的区分，以改变当前"乡""镇"不分的混乱状况。

三、乡镇权力重构

实际上，无论是"镇政"还是"乡派"（乃至"乡政自治"）都只是乡镇制度构建的一种形式而已，现代乡镇制度构建的关键在于乡镇权力的重构。

单从制度文本而言，乡镇人民代表大会是最基层的一级地方国家权力机关，由本乡镇的选民直接选举产生的人民代表组成，代表人民行使国家权力。乡镇人民政府既是乡镇人民代表大会的执行机关，又是我国最基层的一级国家行政机

---

① 吴理财：《科层化治理：乡村治理的一个误区》，载《学习月刊》2005年第12期。2006年一则关于湖北监利县柘木乡的报道恰好印证了笔者的观点：该乡在乡镇改革以后，除省里规定只能设立的党政办、社会事务办和经济发展办外，还自行设立了四办一站：城建办、农办、专职的高速公路协调办、组织办和流动人口管理站。参阅《农村新报》2006年10月25日或荆楚网（http://www.cnhubei.com/200610/ca1191494.htm）。

关。作为乡镇人大的执行机关，乡镇人民政府必须对产生它的乡镇人大负责，并报告工作，接受乡镇人大的民主监督；作为一级基层国家行政机关，乡镇人民政府必须对上一级政府负责并报告工作，完成其交办的各项行政工作，并同时接受国务院的统一领导；此外，乡镇人民政府还必须指导、支持和帮助村民委员会（或居民委员会）的工作。党的农村基层组织，则由乡镇党委及其下属的党支部（或党总支、党委）共同组成，是乡镇、村（居）各种组织和各项工作的领导核心。

然而，在实际的权力运行中却是乡镇党委居于最高权力地位；乡镇人民政府握有实权，不但机构设置最大，而且功能最多；乡镇人大的权力弱化，处于乡镇权力结构的边缘地位，它既没有实质性的人事选举权，也没有实质性的重大事项决策权，更无法对乡镇政府进行有效监督和有力制衡。从而，形成了一种权力高度集中于乡镇党委、特别是乡镇党委书记的权力结构，"其突出特点首先是权力高度集中，并缺少相应的约束和权力制衡机制，社区的社会权力高度集中于政府，而政府与社会组织的权力又过分集中于党的机构，并表现在'一人化'上"。①

在新一轮乡镇改革中，许多地方由于实行乡镇领导"交叉任职"，由乡镇党委书记兼任乡镇长、由乡镇党委副书记兼任乡镇人大主席团主席，不仅使得乡镇人大监督乡镇行政更加困难，而且，在一定程度上也将乡镇人大统合到乡镇党委权力体系之内，进一步加剧了权力集中于乡镇党委的倾向。虽然这一改革，可以建立"运转协调、精简效能"的乡镇权力运行机制，却不利于在乡镇权力运行中切实实现国家与乡村社会之间的民主合作和共同治理。

一方面，必须看到乡镇党政领导实行"交叉任职"，有利于乡镇党政机构的精简、效能、协调和统一，有一定的合理性和现实性；另一方面，也必须认识到它的不足之处，没有改变过去一贯的"权力高度集中，并缺少相应的约束和权力制衡机制，社区的社会权力高度集中于政府，而政府与社会组织的权力又过分集中于党的机构"的权力格局，不利于乡村社会力量的发展，也难以实现国家与乡村社会在乡镇层面的合作。因此，有必要对"交叉任职"进行适当的改造，进一步完善乡镇权力运行机制，建构一种全新的"官""民"二元的治理结构，在体制内通过权力重构达致国家与乡村社会之间的合作。

具体地说，就是在乡镇一级实行人大常任制改革。常任乡镇人民代表可以参考"三三制"原则由三个部分构成：一部分是党组织推荐的代表；一部分是村民直接选举产生的村委会主任；一部分是通过竞争性选举产生的民意代表，由这些常任代表组成乡镇人民代表会议，由它讨论和决定乡镇社区的重大事务，并对办

---

① 王雅林：《农村基层的权力结构及其运行机制——对黑龙江省昌五镇的个案研究》，载《中国社会科学》1998 年第 5 期。

事处的日常行政事务进行民主监督。该会议主席必须由乡镇人民直接选举产生，不得兼任乡镇办事处或同级党委的职务。为了提高该会议组织的运行效率、加强对乡镇行政事务的日常性监督，常任人民代表人数不必太多，以便于开展经常性活动。在条件比较成熟的地方，还可逐步实行"开放式会议制度"（open town meeting），① 不断扩大普通民众参与公共事务的运行机制。

这样改革，既体现了"国家"对乡村社会的有效治理，也充分体现了"国家"与乡村社会的民主合作精神。乡镇的党政机构更主要地贯彻和落实国家在农村地区的路线、方针和政策，包括计划生育、社会治安综合治理等社会管理职能，并协助县级政府及其部门为农民和农村发展提供公共服务；乡镇人民代表会议则是乡镇人民参政议政的主要渠道和形式，更主要地代表乡村人民的意志，通过它可以比较有效地沟通民意，符合"后税费时代"乡村民主治理的要求。这样一种制度设计，实际上满足了国家治理和基层民主发展两个方面的需要，可以在体制上解决村民自治进一步发展以及乡镇社区民主治理与国家治理之间的矛盾和冲突；从而，最终建立和谐、民主、合作的现代乡镇治理格局。

四、乡镇公共服务机制

现代乡镇制度构建的核心是转变政府职能，主动适应农村税费改革后（尤其是全面取消农业税以后）农村社会经济发展、新农村建设的要求，为农民和农村发展提供更好的公共服务。

（一）从管治到服务是农村基层政府职能转变的基本取向

众所周知，在全面免除农业税之前，我国农村基层政府更主要的是一种"管治型"政府，体现在对社会、经济和文化的全面管理上。

首先，在社会管理上，政府的权力几乎延伸到社会的每一个角落甚至直达私性领域。就农民而言，他们的生老病死（如计划生育、户口登记、养老抚恤、卫生医疗、殡葬改革等）、迁徙、生产、生活方式乃至信仰都被纳入到政府的管理范围之内。这种全能式社会管治体制，在政社合一的人民公社时期达到了它的极致，也是当时社会国家化的一个逻辑结果。在人民公社时期，人民公社组织"取代了一切的行政和非行政组织。除此以外，不再有任何民间的生产、生活、娱乐

---

① 所谓"开放式会议"制度，是指居民可以自由出席并参与关于切身利益方面的社区性事务的讨论、决策。详尽论述可以参见高新军：《美国地方政府治理概览——对美国马萨诸塞州两个地方政府的调查》，见《当代学术论丛》，中央编译出版社2003年版。

组织，农村社会几乎就是一个军事化的社会"①。究其实质，人民公社组织乃是组成一个"政治吸纳社会"或政治一体化的体系，除了直接地满足政治的需要以外，还便于从乡村社会隐蔽性地汲取资源，以服务于国家工业化和现代化建设的需要。"撤社建乡"以后，尽管政府的权力有意识地从乡村社会逐渐撤退出来，然而基于社会管理、农业税费征收、计划生育等实际工作的需要，乡镇政府总是不愿意放弃对"村民自治"的干预和控制，以致我国村民自治从试点到全面推行持续了近十余年的时间，至今依然难以完全消除农村基层政府干预村民自治的现象。

其次，在经济管理上，政府总是不愿意从"发展经济"中脱离出来。在人民公社时期，农村基层政府要根据国家计划直接组织农业生产；20 世纪 80 年代中期以后，乡镇政府则将主要精力集中于"乡镇企业"的发展上；后来又转向"农村产业结构调整"上来；到了 20 世纪 90 年代中后期，"招商引资"成了乡镇政府经济工作新的"重心"。即便是全面取消农业税以后，"招商引资"依然是大部分乡镇政府工作的"重中之重"。2004～2005 年，笔者在湖北、安徽、山东等地就乡镇体制改革对乡镇干部进行了较大规模的问卷调查。从这项调查来看，高达 66.7%（不含缺省值，根据表 15-1 中 49.5% 换算所得）的乡镇干部认为"发展经济"是最重要的；然后才是保障农民合法权益，为农民和农村社会发展提供公共服务（包括发展文化、教育、卫生等事业；进行道路、水利等公共建设；社会治安等）（见表 15-1）。

表 15-1　　　　被访乡镇干部认为最重要的乡镇政府工作　　　　单位：%

您认为乡镇政府 最重要的工作是	安徽省 （N=415）	山东省 （N=310）	湖北省 （N=650）	湖南省 （N=96）	合计 （N=1471）
①征收税费	0.2	4.5	1.1	—	1.5
②计划生育	3.6	1.0	3.2	4.2	2.9
③社会治安	1.2	1.3	2.5	1.0	1.8
④发展经济	46.0	42.3	55.4	47.9	49.5
⑤进行道路、水利等公共建设	4.6	0.6	2.2	3.1	2.6
⑥发展文化、教育、卫生等事业	12.0	4.5	3.2	5.2	6.1
⑦保障农民民主权利和经济利益	14.7	8.7	6.5	4.2	9.1
⑧办理上级人民政府交办的事项	0.5	1.0	0.9	—	0.7
缺省值	17.1	36.1	25.1	34.4	25.8
合计	100	100	100	100	100

资料来源：笔者在四省的问卷调查。

---

① 李守经、邱馨主编：《中国农村基层社会组织体系研究》，中国农业出版社 1994 年版，第 72 页。

从上述调查来看，无论是湖北、安徽还是山东等地，"发展经济"依然是当下农村基层政府的"重头戏"。之所以如此，可能有三个方面的原因：（1）"发展经济"的确可以增强农村基层政府提供公共服务的能力，这与68.6%以上乡镇干部选择"转变政府职能，增强公共服务能力"进行乡镇改革相一致。（2）同时，"发展经济"也是当前许多地方政府考核和干部政绩评价的一个主要指标。面对这一注重"经济发展"为轴心的考核体制安排，农村基层政府（包括基层干部）势必将"发展经济"作为追求政绩最大化的一个理性选择行动。（3）此外，农村税费改革也在一定程度上打断了不少农村基层政府过去那种单纯倚赖"三提五统"和收取农业税维持日常运转的"依赖路径"，农村基层政府希望借助"发展经济"甚或"招商引资"来解决自身比较严重的财政困局。

最后，在文化管理上，政府过多地强调向农村"输送"文化、"占领"农村文化阵地、干预农村民间文化发展和管制农村文化市场。向农村"输送"文化和"占领"农村文化阵地的目的，就是依靠行政力量将主流文化强制性地"植入"农村社会，以期达到对农村社会的政治整合。长期以来，政府大多注重"送""文化下乡"，却很少注意挖掘、开发和保护优秀的农村民间文化，更不注重先进文化与优秀民间文化的对接、融合，从而培育出具有深厚土壤、根基的社会主义新农村文化形式。实践告诉我们这种"只输入，不培育"（或只"送"不"种"）的农村文化工作形式往往事与愿违。如果代表国家主流意识的文化不与农村民间优秀的文化相对接、相融合，单靠国家力量从外面强制地"嵌入"农村社会，往往难以在农村社会这块沃土中植根、发育、开花、结果，难免是一种"无根"的文化形式。一旦国家力量从农村社会撤出，这种根系不够发达的输入文化，就极容易凋谢。"无论是通过倾向（disposition）、客体、系统的形式，还是通过机构的形式，文化都体现着权力关系。"① 政府通过文化的形式实现对农村社会的整合，既要注重与优秀的民间文化、传统文化相结合，又要注意利用农村既有的"文化网络"增强国家整合的合法性，诚如杜赞奇所言：现代化的国家政权如果完全忽视了这一文化网络中的资源，而企图在文化网络之外建立新的政治体系，其结果不免是徒劳的。②

农村税费改革后，特别是全面免除农业税以后，农村基层政府应该从"管治型"转向"服务型"。过去强调"管治"，其根本目的不外乎"整合"和"汲取"；现在转向"服务"，主要是通过提供公共服务的方式进行乡村治理，"服务"取代过去的"汲取"而成为政府与农民群众之间的一条重要联系纽带。一个片面强

---

① ［美］戴维·斯沃茨：《文化与权力：布尔迪厄的社会学》，上海译文出版社2006年版，第1页。
② 吴理财：《文化、非政府部门与乡村治理》，见郎友兴、陈剩勇等主编：《非政府部门的发展与地方治理》，浙江大学出版社2008年版。

调"管治"和"汲取"的农村基层政府,势必导致"非农化"倾向,主要地服务于城市和工业的发展需要,而不是农民、农业和农村的发展需要。因此,从"管治"到"服务",是我国新时期乡镇政府职能转变的基本取向,符合全面免除农业税以后农村发展的实际需要;符合"工业反哺农业、城市支持农村"的总体需要;符合社会主义新农村建设的根本需要;符合国家社会化转型的基本需要。

(二) 为"三农"提供基本的公共服务是新时期农村基层政府的主要职能

提到"为农服务",有不少人认为,凡是涉及农民、农业和农村的所有方面都要纳入政府的服务范围,这是不切实际的,也是不妥的。第一,政府的财力有限,不可能无所不包地为"三农"服务;第二,将所有涉及农民、农业和农村的方面都纳入政府服务范围,势必又会变相地干预或干扰农民和农村社会的自主发展、直接干涉农民的农业生产行为,违背了农业和农村社会经济发展的自身规律,"为农服务"变成了"代农服务"。例如,在当前的新农村建设中,个别地方政府不顾农民的意愿,为农民建设新村,就是一种典型的"代农服务"行为;这种"代农服务"的根本目的,不是服务于农民的利益和需要,而是片面地追求自身的政绩和利益,最终是损害了国家和农民的利益。

笔者认为,农村基层政府只能为"三农"提供基本的公共服务,而且,为"三农"提供基本的公共服务也是将来一定时期里农村基层政府的主要职能。

其一,农村基层政府处于农村社会基层,了解当地农民和农村社会的实际需要,能够更好地为之提供公共服务;从公共品的生产和供给角度而言,政府的层级越低,越符合社区地方性需要。

其二,提供基本的公共服务是基于县乡财力和国家财政能力的实际。农村税费改革以后,特别是全面取消农业税以后,我国县乡财力急剧削弱,特别是在广大农业型地区,县乡财政收支缺口尤其严重。整个国家的财政能力也十分有限,不可能提供全面的公共服务。

其三,政府提供的服务也只能限定在公共领域之内。从目前来看,有些地方政府提供的服务已经超出了公共领域范围。例如,为农民建设"新村",实际上就超出了公共服务范围。农民建房是农民的私性行为,政府在这个方面的职能只能限于村镇规划和国土资源保护之内,而不能代替农民建房。总之,政府提供的服务只能限定在农民个体或农村民间无法自行提供的公共领域之内,不必涉及农民(家庭)私性领域和农村民间自行供给领域。政府提供的服务如果延伸到农民的私性领域,不仅不符合农民的利益,也在一定程度上干涉了农民的自由;政府提供的服务如果覆盖了民间供给和市场供给的范围,更不利于民间社会的发育、成长和市场经济的良性发展。

(三) 转变农村基层政府职能必须构建新型的公共服务机制

虽然到目前为止,学者在乡镇改革的具体模式上依然争论不休,各地的乡镇改革实践也不尽相同,但是,至少已经达成一点共识:农村基层政府改革最核心的内容是转变职能,为农民和农村发展提供基本的公共服务。可是,从实际的情况来看,构建服务型的农村基层政府目前还主要是停留在"政策"和理念层面上。

下面,以2006年一项大规模问卷调查的数据为例来说明。这项调查涉及全国东、中、西部不同地区的16个省(自治区、直辖市),在每个调查省份分别选择好、中、差三个经济发展等次的县(市)各1个,并在每个县(市)内再分别选择好、中、差三种类型的乡镇各1个,作为此次调查点,进行问卷调查。在全国共调查了70个县(市)、200多个乡镇、4 332个乡镇干部。①

在这项问卷调查中,当问及"您认为乡镇政府最应该做的事情是什么"时,被访乡镇干部的答案依次是:A. 农村基础设施建设(占54.16%),B. 公共服务(占53.97%),C. 维护稳定(占45.29%),D. 招商引资(占38.46%),E. 社会管理(占35.90%),F. 乡村规划(占28.86%),G. 保护资源(占23.94%),H. 保障农民合法权益(占23.06%),而"执行上级任务"则排在最末位置(见图15-1)。

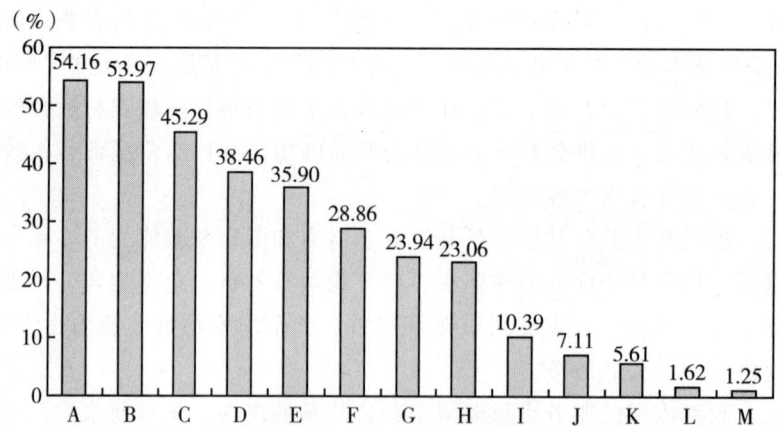

图15-1 被访者所认为的乡镇政府最应该做的事情

---

① 这是财政部科教文司的一项委托调查项目,主要调查内容为当前农村文化现状。调查时间是2006年3月下旬,此次调查所涉及的16个省(区市)是广东、浙江、山东、辽宁、湖北、湖南、安徽、河南、四川、贵州、甘肃、内蒙古、陕西、宁夏、云南、广西。笔者负责安徽省的调查任务。

从这次调查来看，广大乡镇干部在理念上基本上都认同乡镇政府的首要职能应该是"公共服务"。然而，在实际上，"招商引资"或"发展经济"却是农村税费改革以后大部分乡镇政府的"中心"工作，并且是"一把手工程"，往往由乡镇党委书记亲自主抓。乡镇干部的理念与实践相左，这说明了什么呢？是什么导致二者的背离呢？究其原因，主要是没有建立相应的公共服务机制，而公共服务机制又应如何建构呢？

第一，建构乡镇公共服务机制，必须改变乡镇的问责体制。变对上的单向问责为对上和对下的双向问责。诚如赵树凯所言："乡镇政府是基层政府，是直接为农民做事情的机构。从道理上讲，问责制度的安排应该凸显农民的参与和监督。但是，目前的问责体系主要体现了上级政府对于基层政府的约束和要求，只是在自上而下的政府体系中封闭运行，基层政府的服务对象——乡村民众成为旁观者，甚至想旁观也不可得。显然，这个问责过程缺乏社会参与性，在方向上是背离正常要求的，所以我们称之为'逆向问责'。逆向问责是基层政府在许多情况下不作为和乱作为的根源。"① 要想真正地转换乡镇政府的问责方向，使之切实成为一级为所在辖区内的农民提供公共服务的基层政府，最关键的还是重构乡镇的权力结构，建构一个"官""民"合作的二元治理结构，使乡村民众能够切实参与到乡村治理事务中来，表达他们的合理要求；使政府在有关公共服务的决策中，能够吸纳民众的意见，努力达到公共服务"最佳价值"的要求。

第二，建构乡镇公共服务机制，必须改进乡镇工作考核办法。要重新建立与乡镇政府公共服务职能相适应的工作考核评价体系，考核重点从注重形式和过程转向注重成果和绩效，从注重经济发展（特别是 GDP 和财政收入的增长）转向公共服务和乡村治理，尤其要突出对"为农服务"绩效的考核。

第三，建构乡镇公共服务机制，必须改善乡镇的公共服务方式。过去即便有所公共服务，也主要是由政府及其部门直接提供的，这种提供方式一般是通过建立相应的机构、由政府财政供养其工作人员来行使服务职能，以往的实践证明，这种服务方式最终往往异化为"只养人不服务"或者"收费养人"的结果，导致"食之者众、生之者寡"的局面。在新一轮乡镇改革中，湖北等地撤销了这些"养人"机构，实行"以钱养事"的公共服务方式，不但精简了机构、减轻了财政供养负担，而且还切实提升了公共服务的绩效，为农民群众提供了更多、更好的公共服务。这种"以钱养事"（改为"以财养事"似乎更妥）的公共服务方式值得推广。通过"以钱养事"的改革，变政府直接提供公共服务为市场化运作、政府购买，从而建立政府、市场和社会多元合作的公共服务模式。为此，要积极

---

① 赵树凯：《逆向的乡镇问责》，载《中国经济时报》2004 年 12 月 17 日。

"推进政事分开,支持社会组织参与社会管理和公共服务"①;积极培育和大力扶持各种非营利性、社会公益性非政府组织的发育和成长;"在履行好政府职能的同时,要把不应该由政府承担的经济和社会事务交给市场、中介组织和村民自治组织"。② 同时,积极推进农村社区建设,健全新型社区管理和服务体制,建设服务完善、文明祥和的社会生活共同体。完善社区公共服务,开展社区群众性自助和互助服务③,最终建立一个覆盖整个农村的新型公共服务体系。

---

① 中共中央:《关于构建社会主义和谐社会若干重大问题的决定》,2006 年 10 月 11 日中国共产党第十六届中央委员会第六次全体会议通过。
② 温家宝:《不失时机推进农村综合改革,为社会主义新农村建设提供体制保障》,载《求是》2006 年第 18 期。
③ 中共中央:《关于构建社会主义和谐社会若干重大问题的决定》。

第四编

公共物品

引 论

农村公共品是指在乡或村范围内为乡村社会居民所消费的带有公共品性质的产品。在本编中,农村公共品既指与农民生产生活密切相关的物质性公共品,如农田水利、乡村道路、自来水,又指与乡村基本秩序、农民生活相联系的非物质性公共物品,如民事调解、社会治安、人际关系,也包括介于二者之间的医疗保障、老年保障。

与私人产品相比,公共品具有非竞争性和非排他性。所谓非竞争性,就是任何消费者对物品的消费不会影响其他消费者的利益。非竞争性包含两个方面的含义:第一,边际生产成本为零,即增加一个消费者对供给者带来的边际成本可以忽略;第二,边际拥挤成本为零,即每个消费者的消费不影响其他消费者的消费数量和质量,尽管是共同消费,但不存在消费中的拥挤现象。所谓非排他性,就是不能排除他人消费。

本编中,我们要讨论的农村公共品,并非纯粹意义上的公共品,而是准公共品。所谓准公共品,是指具有非竞争性或非排他性部分特征的产品。奥斯特罗姆称其为 commonpool resources,毛寿龙将其译为公共池塘资源,指难以排他但分别享用的物品,它有别于不可排他、共同享用的公益物品;有别于可以排他、个人享用的私益物品;同时也有别于可以排他、共同享用的收费物品。[①] 其中主要是指那些难以克服"搭便车"行为的产品。对此,我们会有进一步的阐述。

农村公共品供给机制与状况,可以划分为三个不同的历史时期:一是人民公社时期,二是分田到户后至农村税费改革前的时期,三是税费改革后尤其是取消农业税后的时期。不同时期农村公共品供给机制与状况不同。本编讨论的重点在于农村税费改革前后两个时期对照,从而为当前农村公共品供给提供建议。

---

① [美] 埃莉诺·A. 奥斯特罗姆著,余逊达、陈旭东译:《公共事物治理之道》,上海三联书店 2000 年版,中文版译序,第 29~30 页。

自 2002 年以来，我们一直从事乡村水利和老年人协会建设的实验，也对全国不同地区农村公共品供给状况做了大量田野调查，在本书中，我们将从农田水利、乡村医疗、乡村调解及农村社会保障等方面探讨公共品供给的机制和状况，其中尤以农田水利为重点。

当前，国内学界发表了大量关于农村公共品供给的论文和著作，政策部门也已开展广泛的实践探索。无论学界还是政策部门，都对农村税费改革前的公共品供给状况不满意。农村公共品供给状况的不佳，成为农村税费改革的一大原因。在安徽农村税费改革试点方案中，政策部门曾试图通过"一事一议"的政策设计，来解决之前农村公共品供给中存在的问题。取消农业税后，因为乡村两级财政收入来源减少，乡村两级越来越难养活较多的乡村行政与事业人员，改革乡镇机构和精简乡村干部，从另一方面对农村公共品供给产生了重大影响。而越来越多的自上而下的财政转移支付，也改变了以前农村公共品供给中的"体制外供给"特征。但是，自上而下的财政转移支付资金，相对于庞大而复杂的农村公共品需求，不仅数量太少，而且很难灵活使用。正因为如此，在农村税费改革后，虽然国家财政转移支付力度增大，但相当部分农村的公共品供给状况却没有得到实质性改善。

农村公共品供给研究作为当前农村研究的热点话题，各种差异极大的观点在农村税费改革的题下，都提了出来。归结起来，大致有以下三种：

一是认为可以通过市场化来解决农村公共品供给问题。代表性著作如林万龙的《中国农村社区公共产品供给制度变迁研究》。林万龙认为："农户及农户公共品需求的分化，为农户社区公共品受益及消费排他性的产生提供了基础，从而使得公共品的私人供给成为可能。"① 林万龙的观点并非孤例。国务院发展研究中心 2004 年发表的《中国乡镇发展报告》称，必须"把乡镇政府职能从包揽一切转变为只提供核心公共品"，要"按照市场化、民营化、自治化的原则重塑乡镇政府"。② 党国英认为，当前农村出现的各种问题，包括公共品供给不足的问题，大都是因为乡村组织"政府性权力太大"而市场化不足造成的，"用市场化的办法实现公正与效率的统一，这是我们需要树立的解决农村问题的信念"。③

二是认为可以通过发育民间组织来提供农村公共品。这种意见的代表性说法是"国权退，民权进"。所谓"国权退"，就是国家政权退出乡村社会，尤其乡村组织的"政府性权力"应该退出乡村社会。所谓"民权进"，即乡村秩序应该主要依靠乡村社会内部发育出来的力量来提供，而不要借重国家暴力，也不应该

---

① 林万龙：《中国农村社区公共产品供给制度变迁研究》，中国财政经济出版社 2003 年版，第 148 页。
② 国务院发展研究中心课题组：《中国乡镇发展报告》（2004），载《农民日报》2004 年 11 月 16 日。
③ 党国英：《农村发展的公正与效率可以兼得》，载《南方都市报》2004 年 6 月 22 日。

借重强制性的税收制度。乡村社会应该依托协商一致达成的意见，通过自由决策，用脚投票，来解决农村公共品的供给。这种说法的一个依据是，中国传统社会就是一个自组织能力很强的社会，是一个通过乡绅实现自治的社会。主张"国权退、民权进"的学者有于建嵘、李昌平等人。与这种意见相近的是近年涌现的NGO 研究和主张依靠 NGO 来提供农村公共品的观点。在政策方面，典型的则是中央试图借"一事一议"来筹措村庄公共工程和公益事业的建设经费。主张"国权退、民权进"的意见与主张通过市场化的办法来供给公共品的意见，具有相通之处。

三是认为公共品供给成本最低的办法是以强制力为依托的政府性权力，通过税收来筹集公共品供给所需要的资金，通过政府（包括代议机构）来决策如何供给、供给多少公共品。当然，政府提供公共品并非一定得由政府亲自组织公共品的修造，而主要是在筹资和决策方面，要依靠政府性权力作为公共品供给的保证。

那么，相对于今天中国农村的状况及其最基本的需要，我们应该如何设计农村公共品供给制度，及如何评估当前各种可能的公共品供给制度设计对中国农村长远发展的影响？

以下我们试图就农村公共品供给的机制与状况，做一系统讨论。首先，我们将对农村公共品供给作一历史回顾；其次，对现阶段农村公共品供给的基本状况与问题进行分析；最后，从理论上讨论农村公共品的供给机制。有了以上讨论，我们再对当前国内学界及政策部门关于农村公共品供给的研究和实践作一评论，并在此基础上提出我们的政策建议。

第十六章

税费改革前的农村公共品供给

叶兴庆将税费改革前农村公共品供给机制总结为"自上而下的制度外公共产品供给决策程序",① 这个总结比较准确地抓住了税费改革前农村公共品供给机制的两个特征,一是自上而下的决策,二是制度外供给。也正是税费改革前农村公共品供给的这两大特征,决定了农村公共品供给及其困境。以下分三部分来讨论税费改革前农村公共品供给机制与状况,其中第一部分讨论税费改革前农村公共品供给的制度安排;第二部分讨论税费改革前农村公共品供给的状况;第三部分讨论税费改革前农村公共品供给制度存在的主要问题。

一、税费改革前农村公共品供给的制度安排

长期以来,我国在公共品供给上实行两套政策:一套是城市所需要的水、电、道路、通信、学校、医院、图书馆等公共设施由国家提供;另一套是农村的公共基础设施主要靠农民自身解决,国家仅给予适当补助。农村税费改革前,全国农村到处是"人民××人民建,建好××为人民"的标语,其中的"××",包括了从教育、电力、水利到公路、电信等几乎所有与农民切身利益密切相关的方面,这些事业都需要向农民集资,甚至乡镇文化站、电影院、街道路灯乃至地方铁路的修建,都以集资的形式向农民摊派。正是因此,农村税费改革前,农民负担成为屡减不轻的痼疾。

---

① 叶兴庆:《论农村公共产品供给体制的改革》,载《经济研究》1997 年第 6 期。

具体来说，农村税费改革前，我国农村公共品供给体制，基本上按三条不同的渠道来筹集资金，并按自上而下的决策体制来供给农村公共品，这三条筹资途径，就是税费改革前农村广为流传的所谓"头税轻，二税重，三税是个无底洞"。不同的筹资途径，代表了不同的农民负担公共品供给的制度安排。以下分别讨论。

（一）税收与乡镇财政

所谓"头税"，就是指农民承担的国家税收，主要包括农业四税（农业税、农业特产税、耕地占用税、契税）和屠宰税。这些税收构成了农业型乡镇财政收入的主干。

乡镇财政是人民公社解体、乡镇政府设立以后开始建立的一级财政。设立乡镇财政的目的，一是"一级政府要有一级财政"，二是上级希望借此调动乡镇政府理财积极性，做到增收节支。

但是，在全国大部分农村地区，尤其是在传统农业主导型的地区，乡镇财政的实践是相当不成功的，因为乡镇财政即使有了增收积极性，但从事传统农业的农民却并未因为乡镇有了收税积极性，而有更高的农业收入。农业税的税率是由国家规定并且是长期不变的，且农业极其不同于工商业之处在于，农业产值的增长空间十分有限。

乡镇财政为了有更多的税收来源，而在一些方面想了办法。比如在20世纪90年代中期，全国乡镇财政普遍开展"财源基地"建设，试图通过建设"财源基地"来多收税。"财源基地"建设的核心是鼓励农民调整产业结构，发展特种养殖。尤其是1994年实行分税制以后，新的财政制度规定，农业特产税和生猪屠宰税由乡镇财政所有，这进一步调动了乡镇调整农业产业结构的积极性和向农民收税的积极性。如湖北省S县特产税增加得特别快，从1989年到1999年增长了18.5倍，涨幅最大的乡1999年比1988年增长了近40倍。①

到了2000年前后，农业型地区乡镇财政广辟财源的不良后果，已经十分严重地暴露出来。

一是乡镇为了开辟财源而强制农民调整产业结构，不仅损害了农民的生产自主权，而且在相当部分农村因调整产业结构失败引发了严重后果，这些后果包括一些群体性事件，及对政府信任的下降（所谓"政府号召种什么，就一定不能种什么"），等等。

---

① 王习明、贺雪峰：《对农业乡镇设立一级财政的质疑》，载《荆门职业技术学院学报》2002年第5期。

二是乡镇越来越倾向于高估农民收入水平，从而多收税。本来很轻的"一税"也变得不轻了。以我们在湖北省荆门市 A 镇的调查，1988 年 A 镇农业四税（农业税、农业特产税、耕地占用税、契税）和屠宰税分别为 42.067 万元、0.29 万元、1.172 万元、0 万元和 2.095 万元，合计 45.624 万元，到了 2000 年，以上五税分别变成：147.13 万元、56.85 万元、0 万元、5.31 万元、32.02 万元，合计 241.31 万元，为 1988 年的 5.3 倍。其中 1994 年以上五税由 1993 年的 60.9 万元升至 98.1 万元，升幅达 61.2%。①

三是乡镇具有很强的收取农业特产税和屠宰税的积极性，而农业特产税和屠宰税的计量恰恰十分困难。

为了能够及时足额地收取农业特产税和屠宰税，全国相当部分农业型地区的乡镇采取了两个措施。一个是向村一级分配农业特产税和屠宰税任务；另一个是为了调动村干部收税积极性，或明或暗地给完成收税任务的村干部以好处，比如现金奖励，或允许村干部搭车收费。②

将据实征收的农业特产税和屠宰税分配到村，虽然减少了税收计量的困难，却因为将农业特产税和屠宰税变成了人头税，而与设税的原则不符，从而引发了严重问题。在一些农民组织能力比较强的地方，比如江西宗族农村，因为变"猪头税"（即屠宰税）为"人头税"，而引发大范围的群体性事件。而在另一些地区，如河南、皖北和湘南的农村地区，引发了严重的农民群体上访。在一些农民组织能力较弱的地区，③因为农业特产税和屠宰税不再据实征收，而按人头或耕地面积平摊，乡镇就可能无休止地加重农业特产税和屠宰税到十分荒谬的地步。例如，有的地方，农民无论是否养猪，一户一年得承担 50 多元屠宰税。④

这样一来，在农业型乡镇，乡镇财政因为缺少工商业基础而很难开源，乡镇财政开源的后果，往往是加重了农民的负担。

乡镇财政实践的另一个不成功之处，是乡镇一级事实上缺乏强有力的民主监督。乡镇并非一级完备的政府。所谓完备政府，是指除了一个高效率的行政以外，还应有一个强有力的乡镇权力机构，也就是真正发挥作用的乡镇人大的存

---

① 贺雪峰、王习明：《农民负担的现状与症结：湖北 J 市调查》，载《中国农史》2003 年第 2 期。

② 我们在很多地方调查均发现，村一级往往有两套不同的人口数字，一套是对乡镇的统计数字，一套是真实的数字。真实人口一般要比上报数字多出数十分至上百人。乡镇按人头向村一级派款，村级就可以利用实际人口中多出的人口，多收人头费。这个多收的人头费，并非乡镇真的不知道，而只是乡村之间的一个默契。这就是上面所说或明或暗手段的一种。我们在山西、河南、湖南、安徽、湖北等省份的农村调查，均发现了这种情况。

③ 也就是我们所说农民原子化的地区，如湖北省、东三省等。

④ 王习明、贺雪峰、陈涛：《村级债务和农村税费改革：兼论县乡村财税体制改革》，载《荆门职业技术学院学报》2004 年第 1 期。

在。当前中国乡镇一级人大绝大多数名存实亡，没有人大的监督，乡镇行政有决定财政收支的决定权的时候，就容易滥用权力。

乡镇财政实践的第三个不成功，与乡镇一级事实并无决定征税的权力有关。无论是农业四税还是屠宰税，以及各种工商税，都是由中央政府决定是否征收、征收多少，乡镇一级并无权力决定设立地方税种，这就使乡镇财政缺少应对农村公共品供给需求的财政能力。

在全国绝大多数农业型乡镇，乡镇税内收入，往往不够支付乡镇行政事业人员的工资（其中大部分是教师工资）和维持乡镇日常运转所需，很少有钱来解决农村公共品供给所需资金。如湖北省荆门市 A、B、C 三镇 1989~2000 年工资占可用财力的最低比例为 80%，最高比例为 238%（见表 16-1）。①

表 16-1　　　　工资在乡镇预算内可用财力中所占比例　　　单位：万元、%

年份	A 镇			B 镇			C 镇			平均		
	可用财力	工资	比例	可用财力	工资	比例	可用财力	工资	比例	可用财力	工资	比例
1989	95	76	80	96	81	84	69	67	97	87	75	87
1990	86	83	97	88	97	110	68	78	115	81	86	107
1991	94	93	99	93	106	114	76	82	108	88	94	107
1992	96	115	120	98	123	126	84	95	113	93	111	120
1993	90	135	150	101	171	169	90	142	158	94	251	159
1994	209	244	117	240	267	111	193	189	98	214	233	109
1995	247	220	89	245	225	91	230	189	82	241	211	87
1996	297	258	87	244	240	98	274	228	83	272	262	89
1997	258	253	98	245	256	104	301	229	76	268	246	93
1998	267	275	102	251	413	165	275	309	112	264	332	126
1999	287	609	212	292	672	230	322	409	127	300	563	190
2000	292	695	238				313	365	117			

注：本表根据财政一般预算收支报表绘制，其中可用财力是根据："可用财力 = 本级财政收入 – 上解上级财政支出 + 上级财政补助收入"的公式计算，工资指应该由财政拨发的全额财政供养人员的档案工资和差额财政补助人员的财政补差部分。

---

① 王习明、贺雪峰：《对农业乡镇设立一级财政的质疑》，载《荆门职业技术学院学报》2002 年第 5 期。

正是因此，农村公共品的供给、维持要依赖于体制外的筹资渠道，这就是前述顺口溜中的"二税"和"三税"。

(二) 三提五统

二税即"三提五统"经费。按照通行的说法，"三提五统"是农民向乡村集体经济组织缴纳的发展农村集体经济和社会公益事业的费用。"三提"包括公积金、公益金和管理费，是村集体经济组织依法从本组织成员生产经营收入中提取，用于维持村级集体经济组织扩大再生产、兴办公益事业和管理开发的费用。其中公积金用于村级集体生产发展所需，具体用于农田水利基本建设、植树造林、购置生产性固定资产和兴办集体企业。公益金用于村级集体福利事业所需，具体用于五保户供养、特困户补助、合作医疗以及其他福利事业。管理费用于村干部报酬和管理开支。"五统"包括乡村两级办学、计划生育、优抚、民兵训练、修建乡村道路等民办公助事业，是由乡村集体经济组织依法向所属单位和农户收取的。

显然，"三提五统"是农村税费改革前，乡村两级用于筹措部分公共品所需资金的办法。

乡村两级除向农民分摊公共品的货币成本（用于物质费用和大部分人力费用）以外，还以活劳动的形式向农民分摊公共品的部分人力成本，这就是义务工和劳动积累工。根据中央关于农民负担的政策规定，在农村税费改革前，每个农村劳动力每年承担5~10个义务工，10~20个劳动积累工。义务工主要用于植树造林、防汛抢险、公路建筑、修缮学校等。劳动积累工主要用于农田水利基本建设。按叶兴庆的说法，这是一种处于"正规的财政制度之外"的所谓"制度外筹资方式"，[①] 在农村公共事业的筹资中占重要地位。在这种制度框架下，乡镇范围内的部分公共事业和村范围内的全部公共事业，均属制度外公共品，对这些不管是具有很强外部性的代公共品还是社区内部的准公共品，通过三提五统、义务工和积累工的形式，农民承担着绝大部分的供给责任。[②] 如许多乡镇的预算外收入远远超过预算内收入（见表16-2）。

"三提五统"筹资制度是人民公社解体以后，由"交够国家的，留足集体的，剩下都是自己的"土地承包制原则而来，是乡村集体经济组织要求其成员承担义务的一种方式。不过，"三提五统"制度在实践中，也出现了很多问题，择要可以列举出以下三点。

[①] 叶兴庆：《论农村公共产品供给体制的改革》，载《经济研究》1997年第6期。
[②] 马晓河等：《我国农村公共品的供给现状、问题与对策》，载《农业经济问题》2005年第4期。

表 16-2　　　　　　A 镇预算收入与预算外收入对比　　　　　　单位：万元

	1996 年	1997 年	1998 年	1999 年	2000 年
预算收入	202	220	272	292	279
预算外收入	265.8	347	487.5	545.7	681.75

注：乡镇财政所在统计乡镇收入时，分为上划中央两税收入、一般预算、基金预算、预算外四块，其中"上划中央两税收入"指增值税的 75% 和消费税；"一般预算"就是我们通常所说的本级财政收入或预算收入；"基金预算收入"指财政所代收的直接上缴市政府的农发基金和水利建设基金收入；"预算外收入"包括缴入财政专户的行政事业性收费、乡镇自筹资金、乡镇统筹资金等。

资料来源：王习明、贺雪峰：《对农业乡镇设立一级财政的质疑》，载《荆门职业技术学院学报》2002 年第 5 期。

第一，乡村两级收取的"三提五统"经费，大多未能做到"专款专用"，而是被乡村两级挪用到他们认为重要的方面，甚至被吃喝掉了。20 世纪 90 年代，农民承担的"三提五统"越来越高，乡村两级的集体性资产不仅未见增加，反而是负债越来越多。在全国大部分农村，村一级生产性固定资产和集体企业也越来越少。村一级将"三提"全部挪用于村务管理，而乡镇将"五统"挪用为乡镇政府的日常运转。

第二，乡村两级有着强烈的增加"三提五统"经费的冲动，"三提五统"成为农民负担的代名词。为了规范农民负担，国务院 1991 年发布《农民承担费用和劳务管理条例》规定，"农民直接向集体经济组织缴纳的乡统筹村提留，以乡为单位，不得超过上一年农民人均收入的 5%"，这就是著名的农民负担 5% 警戒线的来源。后来，中央政府文件又将"以乡为单位"改为"以村为单位"，从而有助于降低贫困村的农民负担。

因为中央政府规定了"三提五统"不得超过农民上年人均收入 5% 的警戒线，乡村两级便开始从农民人均收入上打主意。举例来说，我们在荆门市 A 镇调查即发现，A 镇统计的农民人均纯收入，由 1985 年的人均 431 元到 1993 年的人均 888 元，8 年时间农民人均收入增长 1.06 倍，而由 1993 年的 888 元，增长到 1997 年的 2 775 元，仅 4 年时间，农民的人均收入竟增长了 2.13 倍。[①] 当然，农民收入增长的加速，并非是因为农民实际收入增加的速度变快了，而是因为 5% 的政策警戒线使乡村统计农民人均收入的意义发生了变化。

第三，"两工"存在严重不规范的地方。本来农民负担条例规定，农民每年应该承担一定数量的义务工和积累工，而因为有相当部分农村劳动力外出务工经

---

① 这在全国具有普遍性，见《中国农村统计年鉴》的资料。

商，而出现了以资代劳的情况。不久之后，乡村两级发现，"以资代劳"可以筹措大量的资金用于乡村的各项支出，而越来越倾向于"以资代劳"，由农民应承担"两工"，变成了农村劳动力必须承担"两工"费用，在有些地方，农民承担的"两工"费用，竟比承担的税收和"三提五统"的总和还多。

（三）共同生产费及其他各种集资摊派

"三税"是指前述"税""费"以外的各种农民负担，主要包括共同生产费和各种各样、名目繁多的集资。

先来看一看我们在湖北省荆门市A、B、C三镇调查获得的数据。

1999年，A镇农民负担中，国家税收（含基本水费）和三提五统合计为652.4万元，占当年"A镇农民负担准签项目及指标表"上税费总额1 027万元的63.5%。其余36.5%分别为：政策性集资（农田及公路建设集资52.9万元，防汛28.1万元。1998年前，A镇每年还向农民摊派约50万元教育集资），政策规费39.6万元（含18.8万元农业发展基金，1.5万元水面增殖费，1.7万元血吸虫防疫统筹费，17.6万元畜禽防疫费），预提共同生产费254万元。

此外，从1999年A镇《秋季资金清收表》中，还列有572万元的农民负担项目，包括：车船两税，秋季应征12.5万元；长荆铁路集资，秋季应征65万元；油菜种子款，秋季应征6.3万元；镇收公益金（五保户、扶贫基金、妇幼保健、电影统筹），秋季应征21.4万元；镇收管理费（村账镇管经费、账表册统筹、农调统筹、专训统筹、三五普法费、报刊费），秋季应征22.2万元。

1999年，B镇的情况与A镇相同，其共同生产费为575万元，《B镇农民负担准签项目及指标表》中的农民负担总和为1 323.7万元。具体数据如下：国家税费（农业税、基本水费）191.2万元；三提五统，329.4万元；政策规费（农发基金、水面增值费）18.1万元；集资71万元；防汛费23.9万元；共同生产费575万元；防疫费30.9万元；特产税53.2万元；屠宰税31万元。九项合计1 323.7万元。1999年B镇共有3.06万农业人口，7.2万亩耕地，人均负担432.4元，亩均负担184元。

C镇情况与A、B镇相同，不再列举。

从以上所列农民负担项目可以看出，农民负担中，真正的税收和三提五统负担反倒是有限的，农民最难负担的是名目繁多的集资摊派和高昂的共同生产费。

名目繁多的集资大多用于村以外的用途，比如竟然有地方铁路建设的集资。这些名目繁多的集资使农民不堪重负，也是中央减轻农民负担所一再列出要砍掉的收费项目。但在20世纪最后10年里，中共中央连续下发十多个政策文件，要求取消农民收费项目，减轻农民负担，却往往是按下葫芦起来瓢，中央政府遏止不住地方政府向农民收费的冲动。最终，中央政府不得不通过农村税费改革直至取消任何向农民的收费，来缓解地方政府加重农民负担的局势。

如果说各种集资摊派是用于村庄以外公共品的供给，从而与农民切身利益关系较小外，共同生产费则是与农民生产生活秩序密切相关的农业生产中需要共同支出的费用，是农业生产所需要的最基本的公共品，正是共同生产费方面，为我们后面讨论农村公共品供给制度改革，提供了焦点。

共同生产费是指农业生产中需要共同开支的费用，比如农田灌溉、病虫害防治等。尤其在南方水稻产区，抗旱排涝是农业生产的基本前提，是农业旱涝保收的前提。按规定，共同生产费应是用多少收多少，很难有一个具体的支出控制。但20世纪90年代以来，因为乡村经济紧张，"共同生产费是一个筐，什么都往里面装"，预提的共同生产费远远超出实际共同生产的支出，而成为弥补村组开支不足的常项收入。

据S县经管局对2000年全县农村共同生产费使用情况的调查，2000年亩平提取共同生产费52元，实际使用亩平65元。在使用总额中，方量水费占总支出的24.5%，抗排电费占24%，机械抽水费占4.8%，维修费占7.2%，水利建设费占4.6%，管水员工资占7.6%，杂工开支占6.4%，灾情减免占3.9%，运杂费占1.4%；农户上缴提留奖励占4%，水电费借贷利息占3.4%，生活费占0.5%，其他占7.7%。S县农经局的调查报告说，"从调查情况看，全县将不属于共同生产费列支范围的费用转嫁、变相列入共同生产费开支的项目有10项之多，占总支出的34.7%。"[①]

共同生产费与各种集资摊派的不同之处有二，一是共同生产费至少在名义上是用于农业共同生产环节的支出，是"多退少补"的。二是乡村两级既然已经预收了共同生产费，就必须为农民提供共同生产环节的服务，比如必须保护农民的旱涝保收。共同生产费存在的问题是，因为缺少农民的监督，共同生产费的支出不透明，乡村两级倾向于多收共同生产费而少提供服务，即本来每亩只需要30元灌溉费，乡村两级却按每亩50元收了费。也正是因此，农村税费改革中，中央或省级文件明文规定，向农民预提共同生产费，亩均不得超过30元。

（四）小结

以上讨论了农村税费改革前农村公共品供给制度安排中三条不同的向农民筹措资金的途径。这三条不同的途径中，农民均缺少表达自己偏好的渠道，仅仅依靠自上而下的中央政策规定，很难抑制住（事实上也一直没能抑制住）地方政府

---

① 贺雪峰、王习明：《农民负担的现状与症结》，载《中国农史》2003年第2期，第99~103页。

加重农民负担的冲动。在以上三种筹措公共品经费的途径中,有一部分公共品已经超出了村民社区的范围,从而使村民不能以社区为单位进行表达,比如乡镇行政和"五项统筹"的公共品,更不用说铁路集资等了。还有一部分公共品正好与农民的社区需要关系密切,比如农田水利、村内道路、村庄自来水,这里面的大部分都与共同生产费有关。

超出农民社区的公共品供给,无法使用社区民主的办法来解决,而社区内的公共品供给,却可能通过社区民主来表达其偏好,并以此来筹措公共品建设经费。这正是2003年在全国推开税费改革的思路:对于超出村庄的公共品,由费并税后的税收加上国家财政转移可解决,而与农民利益关系密切的村庄社区范围内的公共品供给,则由"一事一议"的办法来筹措资金。

二、税费改革前农村公共品供给的状况

农村税费改革前,农村公共品供给筹资主要来自农民负担。通过三条略有不同的途径,地方政府尤其是乡村组织可以筹措到大部分用于农村公共品供给的资金。税费改革前农村公共品供给的主要问题不在于筹资,而在于自上而下的决策体制不能真正表达出农民对公共品的需求偏好,从而造成农村公共品的无效供给。同时,因为强有力的自上而下的决策体制及具有相当强制力的农民负担体制,造成了农民负担无休止增长的严重后果。因为农民负担过重,以至于农民无力负担,而至乡村借债,最终留下高额乡村负债的严重后果。[①]

在农村税费改革前的农村公共品供给筹资中,虽然有三条不同的途径,从农民的角度来看,却可以依据其社区性质的差异,划分为两种十分不同的类型。一类是乡村预提的共同生产费,这一部分费用的支出对象比较明确,具有明显的社区性,且与村民生产生活基本秩序的关系极其密切;另一类是共同生产费以外的筹资,这一部分费用的支出对象大多超出村庄社区的范围,与村民生产和生活基本秩序的关系相对松散。

税费改革前,农民不愿意负担的是社区以外公共品的筹资,且农民事实上不太关心社区以外公共品筹资是否落在实处,也缺少关心的能力与渠道。正是因为农民不愿意负担社区以外公共品筹资,一般计算农民负担时,都不计算农民用于共同生产的各种费用。相对于社区外的公共品筹资,共同生产费与农民生产生活关系十分密切,农民愿意承担,且农民会强烈地要求预提了共同生产费的乡村组织承担共同生产所需要的各项公共服务。农民的这种要求还会与乡村组织收取税

---

① 贺雪峰、王习明:《村级债务的成因与危害》,载《管理世界》2002年第3期。

费行为联系起来。农民与乡村组织在共同生产事务和收取税费之间，达成某种默契。正是因为共同生产费与农民利益之间的密切联系，在一些农民自组织力比较强的地方，农民凭借自发组织起来的"农户用水用电协会"管理共同生产事务。正是这些地区由农民自组织力量成功解决共同生产事务的实践，鼓励了国内学界及政策部门在农村税费改革中，设计出以农户自组织为基础的农村社区公共品供给制度。但相对于乡村组织可以凭借一定强制力来防止社区成员"搭便车"而言，社区性的农民自组织，却只是一个社会性组织，并无任何强制社区内农户交费，从而防止"搭便车"的能力，从而使一些农村因为农民社区自组织力不足，而使共同生产事务无法进行，农户不得不以私人品来代替公共品。一些农村地区，因为相对来说，存在可以替代公共品的相对廉价的私人品，而使农民可以在不损失过多效率的情况下，通过市场化的办法解决公共品供给不足的难题（例如，北方农村以机井代替渠灌，对效率的损失就不大，因为旱作物用水量相对较少），而在缺少私人替代品的农村，因为有人"搭便车"造成的公共品供给的不足，就会对农民的基本生产生活秩序产生致命性的破坏。

（一）农村共同生产环节的事务

农村共同生产环节的事务的典型是农田水利方面的事务。事实上，在全国大部分农村，尤其是南方种植水稻的农村，农田水利建设和农业灌溉，几乎构成了农村共同生产事务的全部。农村税费改革前，农村共同生产事务延续人民公社时期"三级所有、队为基础"体制，由乡村组三级充当"统分结合"中"统"的一面，承担农村共同生产事务的责任，而"分"散经营的承包农户，也有义务向"统"起来的乡村组交纳共同生产费。换句话说，虽然分田到户以后农户是分散经营的，乡村集体却仍然没有完全退出生产方面的事务。

税费改革前，乡村组织要在共同生产环节（以灌溉为例）完成两大任务，一是农田水利建设，二是组织农业灌溉。农田水利建设是物质性的基础，而组织农业灌溉则是机制性的条件。能否及如何完成这两大任务，是关系到农村生产秩序能否保证的大问题。总体来讲，税费改革前，这两大任务虽然完成得不太满意，但从最低限度来讲，还是可以的。

当前学界及政府部门的主要注意力集中在农田水利建设这个物质性基础方面，较少考虑农业灌溉本身作为公共品的机制性条件。前者主要是谁来投资、谁来建设、谁来管理和谁来受益的问题，是调动各种力量来解决农田水利物质基础的问题。后者则主要是要解决已经建成的农田水利设施与农户对接的问题，是要解决农业灌溉中会出现的"搭便车"或规模不经济的问题。以下分别讨论。

1. 农田水利建设

相对来讲，乡村组织向农民预提的共同生产费，大多用于农业灌溉，包括抗旱的电费、购买大水利的方量水费和管水员报酬等，而较少用于修建农田水利设施。修建及维护农田水利设施的费用，主要来自三个方面：一是国家投资，二是村组集体投资，三是农户投资，主要是投劳。总体来讲，分田到户以后，农田水利建设投入相当不足，农田水利仍然吃 20 世纪 50 年代到 70 年代的老本，农田水利设施破损严重。

农村税费改革前，农田水利的国家投入严重不足，而向农民收取的水费，虽然按规定应该"取之于水，用之于水"，但实际上却大多被水利部门挪用。唯一重要的是农民每年所出积累工，仅 1998～1999 年度即达 102 亿个工日，① 若按每个工日折合 10 元钱计算，农民积累工就相当于 1 020 亿元的水利投资。不过，农民积累工主要不是用于农田水利而是用于大江大河治理和超出村庄社区的水利建设之中了。

因为分田到户后水利投入连年不足，到税费改革前，农村水利尤其是农田水利条件严重恶化。以下举例说明。

据江苏省水利厅有关部门调查，全省农村水利建设中存在以下两大问题：

一是现有工程基础比较薄弱，标准不高。中等以上干旱年份，100 万公顷农田不能实现有效灌溉；全省 5 000 多个圩子，完全达到防洪除涝标准的不到一半；丘陵山区 4 500 多平方千米水土流失面积亟待治理；不少地方沟河淤积严重，引排标准不到 10 年一遇，淮北地区一般只有 5 年左右一遇，全省淤积土方超过 17 亿立方米，农村水环境日趋恶化；农村居民自来水到户普及率只有 66%。全省丘陵山区正常年份缺水 3.7 亿立方米，中等干旱年份缺水 13 亿立方米，大旱之年，甚至发生人畜饮水困难。

二是工程老化失修严重，效益衰减。农村水利工程大多建于 20 世纪 70、80 年代，经过二三十年的运行，老化、失修问题比较突出。全省 200 万座小沟以上建筑物，每年老化、报废的在 3 万座以上，新建速度与老化失修、报废的速度大体相当。圩区老化失修的圩口闸超过总数的三分之一，尤其是里下河地区，圩口闸老化失修 2 600 余座；大型灌区干支渠建筑物老化率 30% 以上；全省 500 多万千瓦机电排灌动力有近 200 万千瓦亟须更新改造，占机电排灌保有总量的 40%。同时，农村基层水利服务体系队伍建设薄弱，服务能力、服务水平亟待提高。②

---

① 韦凤年：《加快建立农田水利建设新机制：访国家发展和改革委员副主任杜鹰》，载《中国水利》2005 年第 23 期。

② 张小马等：《关于农村水利建设的调查和思考》，载《江苏水利》2004 年第 10 期。

虽然税费改革前，农田水利建设因为投入不足而出现了严重的危机，但相对来讲，在税费改革前，乡村组织还可以组织农村劳动力对农田水利做些修修补补的工作。税费改革后，取消了劳动积累工，国家对农田水利的投入并没有大幅度增加。不仅如此，国家水利部门还通过将农村小型水利设施拍卖、租赁和承包，进一步从农村社会中抽走了资金。我们将在第十七章讨论这些问题。

2. 农业灌溉问题

农村税费改革前，乡村组织大多介入到农业灌溉事务中，农业灌溉成为全国大部分农业地区农村共同生产事务中的主要部分。在农业灌溉上，乡村组织要解决的是单家独户农户办不了也很难办好的事务，主要是那些带有非竞争性和非排他性的公共事务，从而防止农业灌溉中容易出现的"搭便车"和规模不经济问题。以下我们通过两个例子来对此作进一步的说明。

例一：湖北省荆门市沙洋县新贺泵站灌区

新贺泵站是华中科技大学中国乡村治理研究中心自2003年以来进行农村水利改革实验的一部分。2003年是新贺泵站所在地区实行税费改革的一年，之前新贺泵站灌区的农业灌溉是以乡村组织收取共同生产费来维持的。

新贺泵站修建于1975年，建成后至分田到户前，因为是集体经济，人民公社及其下的生产大队和生产小队，都是一个具有相当规模的生产单位，分田到户以后以户为单位的农田灌溉的外部性，因为集体（公社、大队、生产队）生产单位较大，而将农户基础上的灌溉外部性内部化了。在这段时间，泵站抽水时间很长，灌溉面积也大，在农业生产中，新贺泵站发挥了极大的作用。这一点可以通过表16-3看出。

表16-3　　　　新贺泵站开机以来各年次的抽水时数　　　　单位：小时

年份	抽水时数	年份	抽水时数	年份	抽水时数	年份	抽水时数
1977	2 300	1984	不详	1991	809	1997	不详
1978	1 239	1985	719.4	1992	789	1998	519.1
1979	不详	1986	598.35	1993	349	1999	322.3
1980	不详	1987	176.45	1994	470.3	2001	271.9
1981	362.2	1988	674.4	1995	不详	2002	0
1982	1 033.4	1989	242.1	1996	不详	2003	21
1983	不详	1990	1 251.9	1997	不详		

注：由于资料保存的原因，有8年的抽水时数不详，但据泵站站长说，在新贺泵站建成运营的20年中，除2002年特别风调雨顺泵站没有开机外，其余年份都开机抽了水。

20世纪80年代初分田到户，因为乡村组织仍然具有相对强大的动员能力，且新贺泵站抽水成本不高，所收水费也不高，新贺泵站仍然能够有效运转。

到20世纪90年代，情况发生了很大变化。一是随着农民负担的进一步加重，农民普遍不愿承担过重的税费负担。乡村两级在20世纪90年代市场经济条件下，也越来越敢于从农民负担中获取利益。[①] 到了20世纪90年代中期，乡村组织普遍介入到农村共同生产事务中，试图通过预提共同生产费，来增加可以支配的经济资源。这时开始有农户不再愿意从新贺泵站抽水。又因为灌区设施老化，尤其是输水渠渗漏严重，使越来越多的农户不再愿意从新贺泵站抽水，而开始修建堰塘、水坝等小水利设施。新贺泵站的有效灌溉面积，在10年左右时间，由设计时的1.4万亩，下降到税费改革前的约3 000亩。

新贺泵站灌区的农业灌溉，有三个相当不同的主体在其中发挥作用。一个是作为供水方的新贺泵站，另一个是成百上千的农户，还有一个是乡村组织。新贺泵站出水量大，很难与一家一户的小农相对接，而必须至少为相当数量耕地连片的农户抽水，比如为一个村民组的农户抽水。离开了乡村组织，泵站与一家一户小农谈判抽水，就会因为有农户可能"搭便车"，而不能谈成功。如果有农户担心自己的庄稼受旱而去从泵站抽水，则那些地块相邻却未出钱抽水的农户，也可以从抽水农户的灌溉中受益。[②]

乡村组织这个时候来充当泵站与农户之间的中介，由乡村组织收取共同生产费，再依农户的需要，到泵站抽水，既可以解决泵站与农民对接的难题，又因为收取共同生产费具有一定的强制性，而可以防止个别农户的"搭便车"行为，从而有效地解决了农业灌溉问题。

但乡村组织的介入也有两大问题。一是乡村组织往往倾向于比实际共同生产支出更多地收取共同生产费，更严重的是，乡村组织往往收取了共同生产费却并不交给泵站，而是挪作他用，以至于乡村组织欠泵站的抽水费越来越多。在新贺泵站灌区，到了2000年前后，灌区的几个村委会，均欠泵站10多万元抽水费，正是因为大量欠泵站抽水费，而使泵站的运转越来越难。乡村挪用共同生产费而欠下灌区水费的例子，并非新贺泵站灌区所特有，在全国的其他许多地方也存在。如安徽省长丰县在进行用水改革前，每年的水电费用在5 000万元左右，实际上乡村能收上来的费用只有3 000万元，而最后能交到水利部门的只有1 000万元左右，有相当一部分被乡镇截留。[③]

[①] 因为没有运动冲击的压力，乡村组织越来越倾向于以经济人的方式行事。

[②] 罗兴佐：《治水：国家介入与农民合作——湖北荆门5村农田水利研究》，湖北人民出版社2006年版。

[③] 《长丰水改引争议》，新华网安徽频道，2004年10月19日。

这样，无论从用水的农户方面，还是从供水的泵站方面，乡村组织都被认为是一个不必要的累赘。这就构成了农村税费改革后，无论是水利部门还是农民，一致非议乡村组织，并坚决要求将乡村组织从农村共同生产事务中排斥出去。但是，一旦离开了带有一定公权力从而带有一定强制能力的乡村组织，大、中型水利设施与千家万户小农对接，事实上没有实现的可能。

例二：安徽省合肥市肥西县小井庄

安徽省合肥市肥西县的小井庄是全国包产到户第一村，2005年4月，贺雪峰等在小井庄做了为期一周的调查。小井庄属于低丘平原地型，春季种植水稻，冬季种植油菜和小麦。小井庄的主要灌溉用水由12.5公里以外的磨墩水库提供。磨墩水库是肥西县最大的中型水库，库容1 260万立方米，1960年建成。磨墩水库可以为小井庄大部分耕地提供自流灌溉，少部分岗地则需要通过磨墩电灌站提水灌溉。分田到户以后，因为渠系失修，小井庄越来越难以从磨墩水库获得灌溉用水。20世纪90年代以来，尤其在1993年和2004年，小井庄兴起修建当家塘的高潮。据我们调查和村支书估计，小井庄用于灌溉的当家塘的面积很大，约占全村耕地面积的三分之一弱，即每100亩耕地就配套有30亩蓄水灌溉塘。例如，小井庄村民组目前只有约100亩耕地，却有七口水塘，最大一口塘的面积有28亩，七口塘的总面积约有40亩。

包产到户以前，小井庄的灌溉主要依靠磨墩水库，辅以当家塘，除1978年大旱磨墩水库枯水外，没有出现过农田灌溉难题。分田到户以后，小井庄内各村民小组仍然可以联合起来从磨墩水库放水，但有两个问题越来越难以解决：一是干旱时，无法解决放水的先后次序。离水库近的村组凭借地利，将水先放到田里，而离磨墩水库相对较远的小井庄很难及时放到水。二是水库水渠年久失修，小井庄从水库放水，大半在中途渗漏掉了。以前一个村民组只要放10个小时水就够了，现在放30个小时的水还不够。1993年，小井庄大旱，粮食严重减产，当年秋天，小井庄各村民组就掀起了兴修当家塘的高潮。

相对来讲，小井庄以村民组为单位，以当家塘为主要水源的小型水利的管理，是比较有效的。具体表现在以下三个方面：

一是修建当家塘时筹资筹劳顺利。以村民组为单位，筹资筹劳修建或维护当家塘时，需要由各个村民组自己筹资筹劳。在小井庄，修建当家塘的事情，镇村两级从不插手，都是由村民组召开村民会议讨论决定。讨论决定后，村民组极少出现村民找借口不出资不出劳的情况。

二是当家塘的管理较为有效。几乎所有村民组的当家塘，都得到了妥善的管理。在冬春季节，村民组长会将雨水蓄往塘中，只要雨水较多，当家塘大都可以蓄满水。放水时，若当家塘的水很多，不用争水时，村民依据需要从塘里放水。

若用水紧张，则由村民组长或其他选出来的代表管水。

三是用水较为有序。在用水紧张的情况下，小井庄也很少发生因为用水先后之争而出现吵架、打架现象。大兴庄原村民组长说，如果用水实在紧张，有争执，就开会决定。开会决定了的事情，就不会有人有意见。①

（二）乡村医疗

农村税费改革前的乡村医疗大体上可以人民公社解体为界分为集体化和后集体化两个时期。

1. 集体化时期的乡村医疗

旧中国的农村医疗卫生条件极度落后。全国2 100多个县，每个县平均不到1个卫生院，不足10张病床。传染病、地方病、寄生虫病长期在广大农村流行，仅血吸虫、疟疾、丝虫病患者即高达7 000万人，人均寿命只有35岁。新中国成立后，为迅速改变广大农村缺医少药、卫生防疫体系不健全的局面，制定了"预防为主，治疗为辅，团结中西医，卫生工作与群众运动相结合"的方针，迅速的在农村推广了合作医疗制度和建立了较为全面的卫生防疫体系，开展了卫生防疫运动，取得了举世瞩目的成绩。据世界银行测算，20世纪80年代初，我国人均预期寿命达到了68岁，比基于一国收入和教育所预测的数值要高10多岁，而医疗卫生开支占GDP的比例比预测的数值低近1个百分点，因而被世界银行列入"更好的结果，更低的开支"这一类国家。②当时我国农村人口占全国人口80%，这实际上是对人民公社时期的农村医疗制度的充分肯定。

（1）推广合作医疗制度。

合作医疗制度是在各级政府支持下，按照参加者互助共济的原则组织起来，为农村社区人群提供基本医疗卫生保健服务的医疗保健制度。这一制度萌芽于抗日战争时期，初步发展于新中国成立初期，全面推广于人民公社时期。合作医疗主要做法是：通过在职短期培训、师徒传授等途径培养农村中有文化、思想好的青年当"赤脚医生"；"赤脚医生"在每年的春秋疾病多发季节进行流行病防疫——主要是免费给社员打防疫针、自制各种中草药让社员免费服用，每年冬天要指导社员开展爱国卫生运动，农忙季节除1人在医疗站值班外都要参加劳动，为降低医疗成本，还要自己种草药和配制中药；"赤脚医生"的报酬按生产队同等劳动力挂靠工分；农民个人每年只需交1~3元的合作医疗基金，集体再用公益金进行适当补贴，有病就可得到免费治疗。到1976年，全国90%的大队

---

① 贺雪峰：《徽州村治理模式的关键词》，载《学术界》2005年第6期。
② 世界银行：《1993年世界发展报告：投资于健康》，中国财政经济出版社1993年版。

都办起了合作医疗，基本上解决了农村缺医少药的问题。

（2）建立和健全卫生防疫体系，防治传染病和地方病。

新中国成立前，农村的卫生防疫无人专管，天花、疟疾、霍乱、麻疹、白喉、肺结核、梅毒等传染病和血吸虫病等地方病流行，常常导致大量人口病亡。新中国成立后不久，分别在县、区、行政村、自然村设置了卫生院、卫生所、卫生委员会、卫生员，初步建立了卫生防疫体系。农村合作化后，又在县卫生院成立防疫股、区（乡镇）卫生所设立固定专职的防疫员，并建立了逐层上报的传染病报告制度。人民公社成立后，每个大队都有医生担任防疫员，农村的防疫体系进一步健全。

在健全农村防疫体系的同时，免费接种疫苗的范围也不断扩大。合作化时期，天花、霍乱、伤寒基本得到控制；人民公社时期，基本上消灭了疟疾、麻疹、白喉、肺结核、小儿麻痹。

血吸虫等地方病的防治，也在集体化时期取得了决定性胜利。1955年冬，毛泽东发出"一定要消灭血吸虫病"的号召。1956年，血吸虫为害严重的疫区县成立血吸虫病防治委员会，对血吸虫病开展了全面检查、预防、治疗：①免费普查，每年一次。②预防，包括灭螺、管粪管水、防护。灭螺与农田水利建设相结合，对河沟开新填旧、裁弯取直，以消灭钉螺孳生的环境、切断血吸虫病的传染源；管粪管水与爱国卫生运动相结合，要求疫区居民饮用水要经消毒处理，不让粪便流入湖水中；防护就是凡有血吸虫的水区严禁下水游泳，疫区农民下水作业要有防护措施。③治疗采取中西医结合的方法，晚期病人进行外科手术治疗。从1966年起，国家对血吸虫病人实行免费治疗。

（3）开展卫生运动。

集体化时期，党和政府不仅重视传染病和地方病的防疫和治疗，而且重视公共卫生的改善，领导和发动群众开展爱国卫生运动，以消灭疾病孳生的环境，提高人民的健康水平。

1952年，毛泽东号召："动员起来，讲究卫生，减少疾病，提高健康水平。"随后，县以上政府成立爱国卫生运动委员会，各区、乡亦建立相应的组织，开展以杀虫、消毒、防毒、清除垃圾污物、消灭蚊蝇孳生场地为主要内容的爱国卫生运动，积极预防传染病，控制痢疾、霍乱、伤寒、疟疾和流脑流行。

1955年，毛泽东亲自主持制定《1956~1965年全国农业发展纲要草案》，正式将防治、消灭疟疾、除"四害"（即老鼠、麻雀、蚊子、苍蝇）、讲卫生与计划生育等列入新中国第一个农业发展纲要。人民公社时期又先后提出除"六害"（"四害"加钉螺、臭虫）、灭"六病"（血吸虫病、梅毒、钩虫病、蛔虫病、甲状腺肿、麻风病）、灭"十病"（"六病"加疟疾、血丝虫病、黑热病、产褥热）。

农村卫生面貌有所改变。

1961 年始，农村主要抓"两管"（管粪、管水）"五改"（改良水井、厕所、畜圈、炉灶、环境）工作。农村卫生面貌进一步改善。

综观集体化时期特别是人民公社时期的农村医疗，可以发现其成功经验主要有以下几点：一是党和政府高度重视农民的身体健康，要求将医疗卫生工作的重点放到农村。这不仅表现在最高领导人毛泽东的多次讲话上，而且表现在对农村医疗的实际投入上：各级组织特别是县、公社、大队的领导人都投入了相当的精力和时间来开展卫生防疫工作，城镇医务工作者经常到农村参加防治工作和培养大队"赤脚医生"，政府对农村医疗的财政投入占相当大比例。二是利用行政手段建立健全了卫生防疫和疾病治疗体系。大队、公社、县层层都有医疗机构，这些医疗机构不是营利单位，而是行政机构的一部门。政府可随时利用行政手段安排城镇的医务工作者到农村，并限制他们的利益追求。三是执行了"预防为主"的方针，并利用群众运动的方式开展卫生防疫工作。这可迅速消除疾病的孳生环境、切断传染病的传染链、减少病发率、并提高农民的公共卫生意识，帮助农民养成良好的卫生习惯。四是在培养农村急需的医生和防治农村的常见病方面注重就地取材。这主要体现在培养本地有文化、思想好的青年农民做"赤脚医生"和利用当地常见的草药防治感冒、疟疾等易发病方面。这可低成本、高速度地改变农村缺医少药的局面。

2. 后集体时期的乡村医疗

1982 年，农村实行经济体制改革，农村集体公益金积累明显减少，国家财政在卫生事业费中用于农村合作医疗的补助费也逐年下降，由 1979 年的 1 亿元下降到 1992 年的 3 500 万元，仅占卫生事业费的 0.36%，农民人均不足 4 分钱。我国农村合作医疗也因此陷入困境，到 1993 年，实行合作医疗的行政村只占全国行政村总数的 4.8%。①

1993 年，国家试图重新在全国推广合作医疗，但并不成功。1998 年进行的"第二次国家卫生服务调查"结果显示，全国农村居民参加合作医疗的比重为 6.5%，参加其他某种类型医疗保障的比重也只有 6.1% 左右，我国农村仍有 87.44% 的人是自费医疗，中西部农村自费医疗的农民超过 90%。由于不参加合作医疗的农民必须自费看病，而医疗费上涨幅度远远超过农民收入上涨幅度，结果很多农民不敢看病。按照农民的话说，就是"有多少钱，看多少病"，"得了大病没有钱看，就只好等死"。同时也造成因病致贫、因病返贫的后果。据调查，农民因病致贫、因病返贫的一般占贫困户的 30%~40%，有的地方达

---

① 蔡仁华主编：《中国医疗保障制度改革实用全书》，中国人事出版社 1998 年版，第 356 页。

到60%以上。①

(三) 农村纠纷调解

纠纷调解机制是农村非物质公共品最重要的内容之一。它不仅决定了农民的相关权益能否得到保障，社会的基本公正能否得到维护，还直接影响着村庄社区道德、价值系统和农村社会秩序的维持。

在中国这样一个超大国度里，农村的非均衡性非常突出。近年来，我们在江苏、安徽、河北、山西、陕西、浙江、江西、湖北、河南、福建等省的农村进行了调研。调研发现，在不同的文化生态区里，农民行动逻辑的差异巨大，村庄的纠纷调解机制也呈现出各种状态，其中最直观、最能凸显问题意识的差异就是调解的主体不同。依据此，我们将目前已调查的个案大致归纳为以下几种类型：

1. "无事件"类型

"无事件"并不是指绝对的没纠纷，而是村民相互之间通情达理，纠纷发生的频次很低，且比较容易得到解决。例如，安徽省合肥市肥西县的小井庄，是一个缺乏社会分层的地方，没有所谓"高大威猛型"的民间精英；同时这里又是个"无故事""无事件"的地方，纠纷很少，而且纠纷发生后邻里之间大多能自行解决，需要小组长出面调解的纠纷很少。

"无事件"的类型一般出现在缺乏社会分层，内部又比较和谐的农村。如小井庄是个比较封闭的村庄，这里的人们对村民组的认同非常强烈，他们在日常生活中把组里的公共事物视作自己的事情。明明知道当组长没有什么收入，而且非常辛苦，但是被选上了还是要当，而且做得尽心尽责。以小组为单位兴办公益事业时，没有人刻意的偷懒，小组内部收水费时也不见什么人赖着不交。这是一个认同很强的地方，人们在基本认同单位——小组内部处理各种关系时，遵循着"情"字当先的原则。

这种类型的村庄，由于纠纷发生的频次很低，它对纠纷调解这种公共品的需求并不是很高，且纠纷调解的成本很低，社会基本和谐稳定。

2. 民间精英主导型

村庄纠纷主要依靠民间权威解决，既很少与乡村干部发生联系，又很少诉诸法庭。其典型的个案如浙江省温州市瑞安市的仙甲村，村干部们说，他们从来不介入民间纠纷的调解。在仙甲村，村庄社会内部的日常事务一般都是宗族内部、老年人协会解决了。② 民间精英主导型主要是在宗族等传统组织资源保存得比较

---

① 史探径主编：《社会保障法研究》，法律出版社2000年版，第310页。
② 罗兴佐：《论民间组织在村庄治理中的参与及后果》，载《中国农村观察》2003年第5期。

好的地方。温州农村的宗族由于获得了资源的滋润，依然发挥着有效的功能，民间权威在日常生活中起着很大的作用，村庄内部的调解、赈济、消防等大多由民间自己解决（如各村都有农民自己组织的消防队），村组织不需要承担许多村庄内部的社会职能。虽然许多人在外面闯世界，但是村庄并没有处于"拔根"的状态，人们对村庄有着较好，较长远的预期。在宗族房派内部，人们重"情"；在宗族房派之间，人们循"理"。

这种类型的村庄，纠纷调解这种公共品主要由民间精英提供，且能基本满足社会的需求。

3. 民间精英与村庄体制精英联合主导型

民间精英和村组干部在纠纷解决中都发挥着重要作用。如陕西省武功县的新庄村，纠纷（尤其是家庭和户族内部的纠纷）首先在户族层面解决，户族解决不了时，村、组干部出面解决，大多数矛盾在村庄内部能得到解决。

民间精英与村庄体制精英联合主导型主要出现在传统组织资源保存得较好，同时村庄体制性精英也能积极发挥作用的地方。如陕西省的关中地区，户族对内起着调解纠纷、完成动员、塑造价值、形成认同等功能，也在对外事务中起到一些作用；因为村庄内部存在着笼罩性的价值舆论，村、组干部的行为一方面受到制约，同时也能从中获得很强的面子上的收益，因此，他们基本上能积极作为——主要在那些超出户族范围的纠纷、调整土地等公共事务上。这种类型与民间精英主导型村庄的地方性规范比较相似，都是在国家法的框架下，重视"情"与"理"。

这种类型的村庄，民间精英与村庄体制精英共同承担了纠纷调解的功能，也大体能满足村庄社区的需求。不过到了20世纪90年代以后，随着民间精英与村庄体制精英开始式微，村庄纠纷调解这种公共品供给的能力开始下降，但是村庄的基本秩序尚能保持。

4. 村庄体制精英主导型

村庄纠纷很少诉诸法庭，民间权威也较少能够调解，纠纷解决成为村组干部的主要工作之一。例如，在江苏省沭阳县的钱集镇，村干部一致认为，调解民间纠纷是他们最主要的工作之一。钱集镇的南村，村民们遇到邻里纠纷和相当部分的家庭纠纷，都要找村干部解决。①

村庄体制精英主导型主要是在村庄体制性力量强大的地方。江苏省沭阳县农村，具有一定的小亲族特征，但村庄已经开始原子化。值得一提的是，这里政府的力量十分强大（仇和现象），地方政府和村组织对村庄的控制力还比较

---

① 贺雪峰：《徽州村治模式的关键词》，载《学术界》2005年第6期。

强，20世纪90年代末期这里的农民负担和乡村债务高得惊人。村民恨官、怕官。在巨大的上级压力下，村干部花了很大的精力调解纠纷，他们通常利用自己的地方性知识，在"情""理""法""力"之间寻找平衡点，尽可能减少恶性事件的发生。

这些地方，纠纷调解的状况几乎完全取决于村庄体制精英的供给能力与意愿。20世纪90年代中后期以后，随着村组干部权威的下降，村庄内部的纠纷调解能力也开始日益削弱。

5. 公力救济主导型

村庄开始工业化，村民的生活面向在村庄之外，纠纷发生较少，村庄内部力量无力、无心解决这种琐事，国家法律和行政救济基本能满足村庄的需求。在江苏省如皋市农村，纠纷发生得虽然不多，但是发生起来都是矛盾比较大的；而村干部们主要忙于招商、调整土地，所以许多乡镇以司法所为核心成立了社会调解中心来处理这些问题。

公力救济主导型一般出现于村庄内生型权威缺位，而行政力量较强的农村。如皋市农村是原子化的村庄，这里已经彻底成为"半熟人社会"，村民几乎不能自主提供村庄公共品，地方政府和村组织仍然有一定的权威。这里3 000多人的村只有六七个村干部，没有小组长。因此，村庄内部的民间和半官方的调解权威日益缺失。但是利维坦式的地方政府填补了部分真空。乡镇机构的调解人员虽然也具备地方性知识，在调解时虽然也考虑到村庄内部的"情""理""力"，但是较之村庄内部的调解，更加注重"法"的一维。

公力救济主导型的地区，农村的纠纷调解成本较高，这对国家法律和行政的救济提出了很高的要求。在经济较发达地区，由于地方政府和社会呈现出"双强"格局，相关的公共品供给基本能满足农村社会的需求。

6. 无救济型

村庄纠纷找不到任何一种有效的解决办法，村民之间积压大量矛盾，由此使得村庄公共物品供给严重不足，村庄意识近于解体。湖北省咸宁市的陈村，村庄内部无人出面解决纠纷，村民对法院、政府不信任，也打不起官司，因此纠纷解决时只看到赤裸裸的暴力对比，导致基层社区黑恶化，这里的纠纷解决处于暴力与屈辱之间。[①]

无救济型则是由于村庄内生型权威、规范与国家力量同时缺位。江汉平原的陈村是个小亲族比较强大的村庄，村庄内部缺乏有效的整合机制。这里离乡镇政

---

① 陈柏峰：《暴力与屈辱：乡土社会的矛盾生成与纠纷解决》，中南财经政法大学硕士学位论文，2005年。

府有12公里，且乡村组织软弱，合法性低。虽然在小亲族内部和一些温和、势均力敌的村民之间发生纠纷时，"情"与"理"能发挥一定的调解功能；但是一些强势的村民更毫无节制利用自己的暴力来处理矛盾。这里，我们看到了"力"的一维的凸显。

无救济型的地区，农村纠纷调解这种公共品无法得到供给，已经具有成为"弱肉强食"的"丛林"的危险。

需要指出的是，这六种类型是我们在比较研究中建构出来的。实际上每种类型中，调解的主体都不是单一的，只是各种类型的主体的排序与重要性不一样，在比较中使得其中一维凸显出来。同时，它们是我们从近年来已调研的涉及10多个省份的村庄中抽取出的典型类型，虽不能作为对全国农村的精确概括，但基本能反映出边疆少数民族以外地区农村纠纷调解的概貌。

农村纠纷调解这一公共品供给状况的差异很大。总体而言，税费改革之前，大部分地区尚能保证社会的基本稳定，社会的基本公正也能大体上得到维持。但是20世纪90年代以后，随着村庄社区内地方性规范的削弱和社会精英的式微，该项公共品的供给能力和绩效在不断下降，大致勉强维持着"底线治理"的格局。

（四）农村社会保障

农村税费改革前的农村社会保障都属于国家主导的社区供给模式。这种模式的基本特征是，农村社会保障的对象和内容由国家法规政策规定，农村社会保障所需的资源包括资金、物质或人力等由农村社区（社队—乡村）筹集，但保障的效力与资源筹集的方式以人民公社解体为界有很大不同。

1. 集体化时期（主要指人民公社时期）的农村社会保障

集体化时期的农村社会保障机制是建立在集体主义价值观的基础上，主要是利用人民公社强大的组织动员力量，通过集中调动农村的资源（主要是劳力）投入到农田水利建设增加农业产量（主要是粮食产量）和增强抗灾能力来提高所有农民的物质生活水平，通过建立和健全公共医疗卫生体制来提高农民的健康水平，通过建立和完善社会救济、五保优抚等制度来保障包括老人在内的特殊困难群体的福利。其中农田水利建设与医疗卫生已在前面介绍，下面就介绍社会救济、五保优抚与农村老人权益保护等制度。

（1）优抚。

优抚的对象主要是烈军属、复退军人、因公的伤残人，优抚的方式有褒扬、抚恤、扶优。

褒扬就是表彰和慰问，以精神鼓励和情感慰藉为主。

抚恤包括牺牲、病故抚恤和伤残抚恤两种。牺牲或病故的革命军人、国家机关工作人员、参战民兵、民工，对其按照规定一次性发给抚恤金或抚恤粮；对生活困难的家属，定期补足。伤残抚恤指给因公致残或负伤的人员按标准发给一次性抚恤或终身定量补助。

扶优包括国家补助和群众优待两种方式。国家对烈军属优待补助分生产补助和生活补助两项。群众优待开始于新中国成立初期的群众帮助无力耕种的烈军属和复员军人耕种，合作化后由集体给予劳动日优待，人民公社时期以工分优待成为主要形式。

（2）五保。

五保制度就是保障农村中无劳动能力、无依无靠、无生活来源的老年人、残疾者和孤儿的基本生活的制度。它开始于合作化时期，人民公社时期得到了完善。五保内容为：保吃——保证主副食品、食油、燃料和生活零用钱；保穿——保证衣服、鞋帽、被褥和其他生活必需品；保住——保证住房安全、牢固，室内有必要的家具；保医——保证患病时能及时得到治疗，生活不能自理时能有人照料；保葬（对老年人）或保教（对孤儿）——老年人去世后妥善安排处理丧事，对未成年的孤儿保证给予良好的义务教育和道德教育。五保户供养方式有两种：分散供养——由集体经济组织（主要是大队和生产队）供应生活物品，由五保户的亲友、邻居安排和照顾其生活；集中供养——由集体经济组织（主要是公社）举办福利院，统一安排生活。

人民公社时期，五保供养制度落实得较好：首先，真正做到了五保对象应保尽保。其经费主要由所在的生产队或大队提供，大多数在各生产队分散供养。生产队在分粮食、食油、柴草等生活物品时会保证他们享受同队社员的同等待遇。其次，做到了供养标准不低于当地居民的平均生活水平。当时，生产队不仅按同队社员的平均水平给五保对象分配生活物品，而且，还会给他们零用钱。另外，生产队在春节分猪肉、鲜鱼等时，会给他们多分一点；生产队每年还会给他们做衣服、棉被，派人为他们维修房屋。由于公社领导经常过问五保户的生活，他们的生活比平均水平略高。最后，五保对象得到了较好的生活照顾，基本上能够消除孤独感。五保对象大多分散生活在生产队，与社员居住在一起，经常来往。节假日，大队和生产队干部会去慰问他们；生活不能自理时，会定时派人给他们担水、砍柴、碾米等；生病时，大队医生会上门医治，病重期间，每天会派人去服侍和陪伴。而且，当时大队的少先队员和共青团员还经常到五保户家里帮助打扫卫生。

在人民公社后期，一些条件较好的大队不仅能给孤寡老人提供养老，而且能够为所有的老人发养老金。据不完全统计，到1984年人民公社制度完全解体时，全国有23个省、自治区、直辖市的1 330个公社，9 460个大队实行了退休养老金制度，享受人数超过60万人。①

（3）救助。

国家对农村人口的救助主要有困难户救济和灾害救济两种。困难户救济的对象为农村中无劳动力、家大口阔、因灾祸致贫的特殊困难户，方式为发放救济金和棉衣棉被。灾害救济就是国家对遭受洪涝灾害的地区发放救济款物、减免农业税公粮。救助制度从根本上保障了农村困难户的最低生活水平。

（4）在劳动和分配中照顾老人等弱势群体。

人民公社时期，生产队是最小的生产单位和基本核算单位。生产队先按劳动时间和劳动强度给社员记工分（也有先按劳动能力评底分再按劳动日记工分的），年终时按工分分配。对于基本生活物质如口粮、食油、柴草的分配，大多采取"人头加工分"的分配办法，也有采取按等级分配的。

按等级分的大多在分配时对老人给予特殊照顾。如江西省赣州市兴国县高寨大队的一些生产队是按等级分的，规定：男16～60岁、女16～55岁的劳动力每人每年600斤原粮，男60岁以上、女55岁以上的老人每人每年550斤，10～15岁的每人每年450斤，5～9岁的每人每年只有350斤、5岁以下的每人每年只有250斤。

按"人头加工分"方式分配的虽没在分配上给老人照顾，但在安排农活记工分时照顾了老人。荆门市贺集村的大多数生产队自1962年后，每年人均口粮都在原粮700斤（其中稻谷600斤）以上，都是采取的"人七劳三"的分配方案。这些生产队为了让老人（小孩）多、劳动力少的家庭多分点口粮和现金，常常给老人（大多数生产队将男55岁、女50岁以上的人视为老人）安排力所能及的农活，按劳动量的大小记工分，领取工分粮，直至其完全丧失劳动能力。

（5）主动及时调解家庭矛盾和惩罚不孝行为，保障老人的合法权益。

人民公社时期，家庭是劳动核算及分配单位。虽然家长不一定由老人担任，但公社很重视保护老人在家中地位，不允许家庭成员嫌弃老人。

当时，每个生产队都有队委会，每个大队都有管委会。所有的生产队干部、大队干部都不脱离集体生产，能及时了解本大队特别是本生产队的情况，遇到家庭闹矛盾、老人被打骂的，都能主动去调解。公社干部也经常到生产队与社员同吃同住同劳动，他们也主动管这些事，并不以"清官难断家务事"而拒绝。对于一般的父子吵架、婆媳生气，干部以调解和劝慰为主；如涉及子女嫌弃老人等行为，则要对子女进行教育，其方式一般是开会让社员对其批评和帮助，直到承认错误、当众做检讨并取得父母和社员的原谅为止；如屡教不改或有打骂老人的行为，可对其惩罚，方式有罚做苦工、游村示众等；如有老人自杀，生产队和大队

---

① 林闽钢：《现代社会保障》，中国商业出版社1997年版，第244页。

干部都要过问，对于涉及虐待老人、性质严重的当事人，要追究刑事责任。

由于所有的教育和惩罚都是当众进行的，不仅教育本人还含有教育广大群众的意思，因此收效很好。1967年，贺集村7队曾发生一起40多岁的儿子殴打近70岁父亲的事件，队长召开全队社员大会，要社员批斗他，并惩罚他当着全队社员的面给生产队的仓库泥墙壁，然后再做检讨，从此，有10年没有发生过子女打老人的事。1968年，武功县新庄村曾发生过一起儿子打老母亲的事件，大队干部责令他在群众大会上检讨，并被大队的民兵押着游村，此后，很长一段时间没有发生过类似事件。

人民公社时期，由于干部能够及时处理家庭纠纷，大多数老人如有委屈，总是主动要求干部帮助调解，并教育子女；少数老人有家丑不外扬的思想，受了委屈不愿找干部，但由于集体劳动，社员们经常在一起议论，任何家庭纠纷特别是涉老纠纷都会在生产队中传播，知情的社员也会请干部主动去过问，只要干部上门过问，老人总是很感激的。

当然，人民公社时期，老人在家庭中不被嫌弃，除了干部介入外，也与当时老人在家庭生活中能发挥较大作用有关。当时，小孩较多，家庭都有几分自留地，青壮年劳动力成天都要参加集体劳动，在农忙时还要送饭到田头，根本没有时间和精力照顾小孩和经营自留地。老人可以不参加集体劳动，如果家庭里有老人，就能够照顾好小孩，承担全部家务劳动，并通过种自留地、喂养家畜和家禽来改善家庭生活。因此，有老人的家庭，尽管在年终分配时比多劳动力、无老人的家庭所分现金少，但平时的生活要好得多，于是，当时有"家有老人是个宝"的说法。有些有小孩无老人的家庭，还出工分请邻近的无小孩要带的老人帮忙照看，一般一年给600分（当时主要劳动力一年可挣4 000多分）。

2. 后集体时期的农村社会保障

从人民公社解体到农村税费改革前，农村社会保障仍然沿袭了集体时期以农村集体-乡村组织筹资为主的社区保障制度，并开始了农村社会养老保险试点。但由于集体经济的瓦解，不论是原有的五保、救济制度，还是新推行的养老保险，都遇到了困难，特别是农村老人福利保障机制难以发挥作用。

（1）五保制度落实困难和优待老人的制度缺失。

分田到户后，虽然在制度设计中规定了五保经费主要来自村三提中的公益金和乡镇五统中民政优抚，但三提五统的专项经费常常被挪用，五保经费并不能得到保证，五保供养工作因此日益面临困境。民政部的调研结果表明，五保的困境主要体现在五个方面：第一，五保对象应保尽保难，截至2002年底，全国农村五保供养对象有570.37万人，约占全国农业人口的0.6%。其中，真正获得保障的只有296.82万人，约占应保对象的52.04%。第二，供养标准落实难，1994

年国务院颁布的《农村五保供养工作条例》规定:"五保供养的实际标准,不应低于当地村民的一般生活水平",但实际上都没达到。第三,全面实现五保内容难,目前除了"保葬"外,其他"四保"都不同程度地存在问题,在一些地区,五保实际上已经蜕变为两保(保吃、保葬)甚至一保(保吃)。第四,实施敬老院集中供养难,调查各省份的集中供养率大都在20%左右。第五,地区供养负担不均衡。[①] 事实上,除了以上五个方面外,还存在着日常生活照顾缺乏、无法排除孤独的问题,村民和村干部很少主动过问五保老人的生活,更不用说经常陪伴和照顾老人了。

人民公社时期,集体组织在五保制度之外,还有一些优待老人的政策,如安排老人做轻活,在分配口粮等基本生活物质时保证老人能得到平均数,有的地方还给老人适当多分一些。但家庭联产承包后,很长时间内没有了优待老人的政策,农业税、村提留款、乡镇统筹款乃至屠宰税、特产税都是按田亩和人口平分到户,而不论其家庭是否有老人。直到1996年国家颁布老年人权益保护法,地方才有优待农村老人的政策和法律出台,但由于没有相应的配套政策和缺乏可操作性,这些优待农村老人的法律和政策很少得到认真落实。例如,1999年7月30日湖北省颁布的《实施〈中华人民共和国老年人权益保障法〉办法》规定:农村老年人不承担义务工和劳动积累工,并按有关规定减免村提留款、乡镇统筹款;乡村一级组织,可将未承包的集体所有的部分土地、山林、水面、滩涂等作为养老基地。但这些办法从未落实过,许多农民甚至村干部都未听说过。

(2) 乡村组织规范家庭养老的能力减弱,老人权益无法保障。

家庭养老作为一种抵御生活风险的社会机制,实际上是通过代际之间的收入转移支付来实现的,是一种非正规养老保障制度。家庭养老的质量取决于子女的养老意愿和养老能力,需要由整个社会的经济、政治、文化制度作支撑。传统时期,家庭养老主要是通过维护老人在家庭中的权威来提高子女的养老意愿,而老人权威的获取与维护主要依赖于老人对家庭财产的所有权、家族组织在社会教化和日常监督方面所发挥的作用、政府对家族的保护和支持。人民公社时期,老人的家庭财产所有权已经丧失,以父、兄、夫为上和子、弟、妻为下的孝道受到国家批判,家族组织也趋于解体,作为制度支撑的老人权威已经丧失;但是国家仍然将尊老爱幼作为传统美德加以继承,并提倡团结、互助、合作的集体主义价值观,而且集体组织(最基本的单位是生产队)的舆论约束和日常规范能力并不比家族组织弱,老人在家庭中的福利因此能够得到基本保障。

[①] 洪大用、房莉杰、邱晓庆:《困境与出路:后集体时代农村五保供养工作研究》,载《中国人民大学学报》2004年第1期。

后集体时代，家庭又承担了传统时期的生产功能，农业生产的主要生产资料——土地又是以家庭为单位分配的，家庭既是基本的消费单位又是生产单位，而家庭的内部权力结构进一步向不利于老人权威维持的方向转变。现在绝大多数家庭都是儿子或媳妇当家，因为他们挣钱多，对家庭贡献大。其中妇女当家（或参与管理家政）对老人的赡养有很大影响，因为农村的婚姻形式仍然是以男娶女嫁为主，妇女当家就意味着媳妇当家，而媳妇与公婆没有血缘关系，她赡养公婆主要不是出于亲情而是出于责任和义务。这就更需要外部力量来督促她履行职责。这种外部力量有两种，一是道德舆论约束，二是政府和社区组织直接管理和介入。由于分户经营、人口流动、个人主义的价值观流行等原因，道德舆论约束力已远远不及人民公社时期，组织干预因此成为提高子女养老意愿的唯一选择。但是在这一时期，乡村组织的干预能力大大减弱，因为乡村组织手中掌握的资源有限，既不能使用集体时代扣工分、罚苦工、开批斗会、示众的强制手段，更不能使用传统时代鞭笞等体罚手段，只能调解和劝说，如子女不听劝解（事实上许多地方由于乡村干部年轻化或道德水准的下降，乡村干部的调解能力大大下降），除了能对虐待老人或不供给老人生活费的子女交司法处理外，没有什么有效的办法。在赡养问题上，法律运作的逻辑与社区生活的逻辑并不相同，法律上的"赡养"与它所要吸纳和维护的"传统美德"——"养"和"孝"更是貌合而神离，以至法律上的圆满解决，只能是把"赡养"问题合法地简化为钱财供应，而当事人则可能无可挽回地失去亲人看顾、情感慰藉，以及传统所谓"孝"和"养"所代表的许多其他东西。[①] 因此，乡村干部大多不愿调解涉老纠纷。由于干部不愿管，司法解决又不能满足自己的精神需求，老人对子女的不孝顺行为，大多只能忍气吞声，不愿找干部调解，除非自己受了子女的虐待或子女不提供经济支持。但即使对这样的事，干部也不认真对待，有的甚至以"清官难断家务事"来推托，推不掉的，则用"儿子是你生的，找我们干什么"的理由气走老人。有些老人有冤无处申，只有一死了之。

（3）农村社会养老保险难以推广。

我国农村社会养老保险试点工作开始于 1987 年，全面推行于 1991 年。现行制度是根据 1992 年民政部的《县级农村社会养老保险基本方案（试行）》（以下简称《方案》）建立起来的。其基本模式是：政府组织引导，农民自愿参加，量力选择保险缴费标准；个人缴费为主，集体补助为辅，国家政策扶持；缴费可不定期和不定额，也可一次性全交；实行个人账户实账管理，按储备积累总额确定养老金给付标准（即个人积累多，领取保金就多）；基金以县级经办机构（自收

---

① 梁治平：《传统及其变迁：多元景观下的法律与秩序》，载《世纪中国》2002 年第 1 期。

自支事业单位）为基本单位独立核算，自主运营管理，主要通过银行、买国债等渠道实现保值增值，并按规定年龄（男满60岁，女满55岁）定期给付投保人养老金。可是实际实施的情况并不理想，截至1998年上半年，尽管全国已有80%以上的县参加了保险，但只占应该参保人数的12%，也就是说，经过6年的推广、运行，仍有88%的农民游离于农村社会养老保障之外。而且目前"政府实际上已经放弃了农村地区的强制性养老保险计划"。①

农村社会养老保险难以推广的主要原因有以下几点：一是"只解决了未来农村老年人，而无法解决当下农村老年人的赡养问题，并且该《方案》保富不保贫，解决不了当前真正最需要保障的农村贫困人口问题"。② 二是"难以实现互助互济原则，国家在农村社会保障中的责任和义务太轻，而且国家只是想摆脱应尽的义务"。③三是没有准确地抓住当前农村养老保障的重点，当前农村养老的重点已经不在于物质供养而主要在于医疗保障。④ 四是养老保险无法解决老人精神方面的需求，而农村老人对精神方面的需求远远高于物质生活（包括医疗）方面的需求。统计结果表明，农村老人自杀主要与子女不孝（73.30%）、独居（66.67%）、情绪抑郁（63.3%）、丧偶（56.67%）等因素有关，明显高于对照组（分别为25%、30%、30%、32.5%），而生活无保障只是次要因素（26.60%）。⑤ 五是集体补助难以落实。包产到户，特别是乡镇企业改制后，集体收入有限，无法补助农民的养老保险金。六是没有发挥乡村组织在监管保险资金方面的作用。养老保险金由县级成立专门的机构运营管理，乡村组织除了协助收取保险费外，在监督管理方面不能发挥作用，既增加了管理成本，又不利于农民参与管理，农民不了解信息，当然不会信任，也就不愿参保。

三、税费改革前农村公共品供给制度存在的主要问题

从前面的讨论中可以看到，税费改革前，农村公共品供给中的主要问题有三：一是国家担负了过少农村公共品供给的责任，即农村公共品供给严重依赖于农民出资出劳的农民负担。二是乡村组织承担为农民提供最低限度公共品的责任，尤其是为农民提供必要的抗旱排涝等生产性公共品的责任。三是农民对公共

---

①③ 左学金：《面临人口老龄化的中国养老保障：挑战与政策选择》，载《中国人口科学》2001年第3期。

② 薛兴利等：《农村老龄人口养老问题的实证分析与基本对策》，载《科学·经济·社会》1998年第1期。

④ 高和荣：《中国县级农村养老保险方案为何难以推广实施》，载《市场与人口分析》2003年第5期。

⑤ 鞠红珍、孙淑香：《30例农村老年人自杀情况分析》，载《健康心理学杂志》2000年第4期。

品的偏好难以有效表达出来，从而使县乡村各级为了应付自上而下的达标升级事务甚至为了乡村组织或部门的利益，完成了大量与农民需求无关的项目。

在国家投入不足，农村公共品供给主要依赖于农民负担时，农村公共品供给问题很快变成农民负担问题。一是在财政能力不足的情况下，为了提供必要的公共品，地方政府不断地加重农民负担。二是地方政府并没有将从农民那里提取来的资源用于农民的需求方面。这两个内容既不同，又互补。所谓不同，是指即使地方政府在供给农村公共品时，可以按农民对公共品需求的偏好出牌，在缺乏中央财政转移支付的背景下，农业型地区的地方政府，也只能通过加重农民负担，来筹措农村公共品供给所必需的人财物资源。所谓互补，是指正因为地方政府供给的农村公共品偏离农民的需求，农民更加难以忍受自上而下下达的出资出劳的负担，以至于农村共同生产费也被当作农民负担，而列在中央控制农民负担的清单之中。①

具体地说，在国家财政投入不足的情况下，农村税费改革前，与农民生产生活秩序密切相关的公共品供给的机制如下：农民需要公共品→地方政府（包括乡村组织）有责任提供必要的公共品→中央赋权地方政府通过农民负担来筹措农村公共品供给所需人财物资源→地方政府作为公权力，有能力向农民筹措人财物资源→地方政府将筹措到的人财物资源优先用于自上而下的达标升级项目和地方政府利益最大化，②而忽视农民对农村公共品需求的偏好→因为农民不能从负担中换回等值的公共品，农民就越来越难以承受（相对于地方政府所提供公共品数量和质量）"过重"的农民负担→农民越来越不愿交纳税费负担→地方政府（以乡村组织为例）越来越将征收税费作为唯一重要的职能，乡镇越来越以村能否完成税费任务作为考评村干部是否称职的唯一标准→村干部协助收取税费越来越难，村干部因此要求乡镇给予更多好处（包括默许的好处，如默许村干部搭车收费）→较弱的不能完成上级下达收税收费任务的村干部退出村庄政治舞台，而强悍的村干部越来越能从村干部位置上获取上级给予或默许的好处→乡村利益共同体开始形成→农民负担更重，不满越来越多，部分农民结队上访→因为农民负担引发的干群冲突越来越多，恶性事件层出不穷→中央越来越多地介入到农民负担中来，不断地下发文件要求地方政府减轻农民负担，不断地查处因农民负担而形成恶性事件的地方官员→中央、地方政府和农民三方博弈，玩捉迷藏游戏→中央开始严重不信任地方政府，农民早已不满地方政府→中央终于下决心税费改革，并最终取消农业税→中央和农民两个方面都否认地方政府在农村公共品供给中的积极作

---

① 见中央相关文件，要求乡村组织预提共同生产费不得超过每亩30元等。
② 甚至地方行政负责人个人的利益最大化，这在缺乏强有力自上而下监督和自下而上监督的情况下，很容易发生。在农村调查中，常可以见到这样的个人为了寻租和利益最大化而做出的决策。

用（似乎他们只是做了加重农民负担的坏事）→地方政府（包括乡村组织）全面退出农村公共品供给的事务→中央不可能为农民提供如城市一样的公共品，且中央也如地方政府一样，无法了解也很难反映出全国不同农村对公共品需求的不同偏好→在市场经济条件下，农民很难组织起来克服"搭便车"行为，从而不能获得潜在的公共性收益，即不能组织起来投资公共品事业，从而降低生产生活风险获取规模收益→离开地方政府的介入，农村公共品供给更成问题，其后果是农民负担虽然减轻了，农民却因为公共品供给不足，而损失了超过负担的潜在收益→农村的情况比之前更进一步地恶化了。

显然，以上所列机制只是一个理想型的推论，全国不同农村实际情况很不相同，未必都同于以上推论的各个环节。但税费改革前乃至农村税费改革后，农村公共品供给的逻辑与以上机制的线索大致相合。其中，税费改革后，国家希望通过"一事一议"和组织农户用水用电协会，在离开地方行政和乡村组织等带有一定强制力的公权力背景下，在"国退民进"的背景下，自发解决农村公共品供给，这种希望的不切实际，将是我们在第十七章讨论的重点。

如前所述，农村税费改革前的公共品供给机制具有制度外供给的特征，这是沿袭人民公社时期农村公共品供给的特征而来的。据叶兴庆的分析，在人民公社时期，通过税收手段筹集的公共资源非常有限，而且仅限于公社本级，因而制度内公共产品供给不足。为了完成计划，农村公共产品供给不得不依靠制度外供给。当时农村公共产品制度外供给有如下特征：（1）税费负担隐形化。由于公社制度框架中的分配程序是先扣除各项费用，再确定个人分配，因此从物质成本分摊的角度讲，公社所提供的制度外公共产品对社员个人而言是一个外生变量，[①]所以个人不会直接体会到税费的负担。（2）劳动替代资本充分化。工分制下，人力的组织能力和动员能力很强，所以当时倾向于运用劳动来替代资本，以弥补资金的不足。通过增加总工分数从而降低工分值的方式来实现这种替代，并且把这种替代方式发挥到了极致。

实行家庭联产承包责任制后，农村公共产品的需求机制没有改变，仍然是自上而下的需求表达机制，国家仍然制订计划决定农村公共产品的品种和数量。制度外财政及其他税外负担与公社时期的公共产品制度外筹资的性质是相似的[②]，但出现了一些新的特点：（1）税费负担显性化。由于农户实际支配了农村中的大部分资产，并有了生产经营活动的剩余索取权，其筹资对象就自然的必须由集体转向农户，农户成了费用的直接承担者。社区公共产品的制度外筹资必须通过直

[①] 叶兴庆：《论农村公共产品供给体制的改革》，载《经济研究》1997第6期。
[②] 叶兴庆：《论农村公共产品供给体制的改革》，载《经济研究》1997第6期；谷洪波：《农村社区公共产品供给制度的变迁》，载《改革》2004第6期。

接向农户收取费用，这种费用是对农户生产剩余的一种直接的夺取，而不再是集体收益的一种分配方式。过去的隐性剥夺现在已显性化、公开化。① 家庭联产承包责任制后，为了满足公共产品提供的需要，农民必须负担"三提五统"以及其他各种集资摊派支出。（2）劳动投入货币化。相对于公社时期公社的动员能力，家庭联产承包责任制时期的乡政府动员能力要低得多，这时基层政府普遍采取了以交费的形式代替劳动投入的做法。这种情况下，农民的税费负担进一步加重。

自上而下的农村公共产品需求机制，使得基层政府在提供公共产品上具有四"重"四"轻"的特征：（1）重"硬"轻"软"。热衷于提供看得见、摸得着的形象工程等"硬"公共产品，而不愿提供农业科技推广、农业发展的综合规划和信息系统等"软"公共产品。② （2）重"准"轻"纯"。"准"指准公共产品，如乡村道路、自来水设施、农田灌溉设施。"纯"指纯公共产品，如污水治理。③ （3）重"短"轻"长"。热衷于投资一些见效快、易出政绩的短期公共项目，而不愿提供见效慢、期限长但具战略性的纯公共产品。（4）重"建"轻"修"。热衷于投资新建公共项目，而不愿投资维修存量公共项目。④

四"重"四"轻"造成了农村公共产品过剩与供给不足并存的局面。一方面，农民较少需求的公共产品供给过剩，形象工程利用率低下，而地方政府却乐此不疲；另一方面，农民急需的公共产品供给严重不足，如大型水利灌溉设施、大型农用固定资产以及良种的培育、全国市场供求信息网络等的供给严重不足。这就构成了农村税费改革的逻辑起点。⑤

农村税费改革前，的确有些地方的农村在离开公权力的背景下解决了部分农村公共品的供给难题。这些地方的实践为农村税费改革提供了经验，但是，这里面有一些不同性质的东西被目前讨论农村公共品供给的学界及政策部门所忽视，举要有二：一是税费改革前的某些公共品，事实上是可以私人品化的，比如北方靠机井灌溉的农田，因为机井可以通过塑料输水管输水，而可以准确地将井水抽到指定田块，而可以防止其他相邻田块的农户"搭便车"，从而可以通过市场化的办法来解决灌溉用水的交易。其中存在的问题是，因为深水机井的投资巨大，具有一定的垄断性，而可能出现投资人垄断价格，或反过来因为过多的打井投入，而不能充分利用已打机井的潜能，造成规模不经济。二是农村公共品供给

---

① 谷洪波：《农村社区公共产品供给制度的变迁》，载《改革》2004 第 6 期。
② 陶勇：《农村公共产品供给与农民负担问题探索》，载《财贸经济》2001 年第 10 期；黄志冲《农村公共产品供给机制创新的经济学研究》，载《中国农村观察》2000 年第 6 期。
③ 黄志冲：《农村公共产品供给机制创新的经济学研究》，载《中国农村观察》2000 年第 6 期。
④ 陶勇：《农村公共产品供给与农民负担问题探索》，载《财贸经济》2001 年第 10 期。
⑤ 以上讨论参考了胡华、刘毅：《农村公共产品问题文献综述》，载《理论探讨》2006 年第 2 期。

中,可以有相当不同的方式及因此可能达成十分不同的均衡水平,其中的典型就是廉价的大水利因为不能克服"搭便车",而替之以昂贵小水利的情况。尤其是,在昂贵且高风险的小水利替代大水利时,其表现往往是农民"掀起投资水利的高潮",这样掀起来的水利投资高潮,在农村税费改革后十分常见,但此水利(小水利)非彼水利(大水利),这样的水利投资高潮,是无效投资,不仅不是好消息,反而要高度警惕。

无论是通过将公共品变成私人品来克服农村公共品供给中的"搭便车",还是建立低水平均衡的公共品供给均衡来克服公共品供给中的难题,都不是解决了农村公共品的难题,而是回避了农村公共品供给的难题,及取消了农民本来应该从公共品供给中获取的潜在收益。

第十七章

税费改革后农村公共品供给现状及问题

农村税费改革是中央政府为减轻农民负担而采取的重大举措。经过几年的实践,有关研究表明,单从统计数据来看,税费改革后的农民负担的确比改革前减轻了许多,但随着改革的深入,也出现了一些新问题。如税费改革后,基层政府的财力普遍大为削弱,其提供农村公共品的能力进一步萎缩;与税费改革相配套,基层政府普遍进行了机构改革,其中涉农机构裁并最多,它们在地方政治权力结构中被进一步边缘化,等等。这些问题对农村公共品供给和乡村治理均产生了十分深远的影响。

一、税费改革的思路

针对税费改革前以农民负担为主要基础的农村公共品供给体制存在的严重问题,进入21世纪以后,中央改变了20世纪90年代以减轻农民负担为主线的农村政策,开始进行农村税费改革的试点。农村税费改革的初衷是减轻和规范农民负担,其具体措施是并费为税,将各种地方政府可以随意增加的收费取消,而相对提高农业税收。税费改革后,农民只负担相对规范的税,而不再负担各种收费。税费改革后农民负担的税(两税两附加,即农业税、农业特产税和农业税附加、农业特产附加)较改革前农民负担的税费之和要低(一般低20%甚至更多),但较税费改革前农民负担的农业税要高。税费改革因为改费为税,而减轻了农民负担。更重要的是,税是相对稳定和规范的,地方政府不能随意变更税率,因此不能增加农民负担,从而使农民负担变得更加规范。

从减轻和规范农民负担角度，21世纪开始的农村税费改革是成功的，但这种成功的意义也是十分有限的。税费改革开始后不久，即有人怀疑，并费为税的改革会陷入历史的困境，秦晖更是提出所谓"黄宗羲定律"，担心并费为税后，新费再生，旧税仍在，农民负担日重，税费改革成果有限。① 显然，在农村税费改革以后，如果地方政府（包括乡村组织）仍然有庞大的支出需要，在中央不能提供足够财政转移支付资金的情况下，地方政府必然会再打农民的主意，想种种办法增加农民负担。同时，税费改革以后，地方政府从农民那里提取的资源减少，地方财政不再能养活以前规模的人员，也不再能够承担以前承担的所有事务，因此出现所谓"税费改革倒逼乡村体制改革"的问题，乡村体制改革作为农村税费改革的主要配套改革，被提上议事日程。

乡村体制改革尤其是乡镇体制改革的目标十分明确，就是要精简机构，减少人员，从而减少乡村两级的财政支出。乡村体制改革不仅要进行机构改革，而且要转换职能，因为职能不转换，改革之后的机构就会再次膨胀起来，从而可能陷于精简→膨胀→再精简→再膨胀的怪圈。如何转换职能？不同地区在实践中的探索有很大差异，其中之一是将以前乡镇承担的大量做不了也做不好的公共职能转让出去，由市场去做。湖北省的探索则是"以钱养事"。

农村税费改革以后，农民共同生产环节的事务再不能由乡村组织插手，因为一旦乡村组织插手共同生产环节的事务，在乡村财政收入严重不足的情况下，乡村组织必然会借筹措共同生产费，而搭车收取各种费用。因而在农村税费改革的相关政策文件中明确规定了改革共同生产费征收和使用办法，如湖北省明确规定原用于村内统一组织的抗旱排涝、防病治虫、恢复水毁工程等项开支的共同生产费，不再固定向农民征收。② 如何解决税费改革后农村公共品供给存在的问题，安徽省在税费改革试点中探索出"一事一议"的办法，以解决农村公共品供给中资金不足的问题。"一事一议"后来在全国推开的农村税费改革中，被当作一项基本的制度措施。

农村税费改革以后，乡村组织退出农村共同生产的事务，不仅造成农村公共品供给的不足，而且造成分散的农户与公共品供给单位交易的难题。以水利为例，大中型水利设施的灌区不可能为单个农户提供灌溉，因为灌区既无法专门为单个农户的数亩承包田提供专门的灌溉，又无法直接向一家一户农户收费。因此，在税费改革以后，水利部门期待农户成立用水协会，来解决农户与灌区之间的交易问题。但事实上，农户用水协会（及其他各种协会如用电协会等）因不能

---

① 秦晖：《黄宗羲定律与税费改革的体制化基础：历史经验与现实的选择》，载《税务研究》2003年第7期。
② 中共湖北省委、湖北省人民政府：《湖北省农村税费改革试点方案》，载《湖北日报》2002年7月5日。

解决内部的管理成本难题和"搭便车"难题,而很难成功运转,在实践中出现了很多问题。

税费改革后,更大的麻烦还在于,虽然农民负担较税费改革前有所减轻,但农民负担仍然存在并且仍然较高,农民仍然不愿意交纳税费,乡村两级的主要工作依然是收取税费,收取税费工作使乡村两级的利益共同体依然维系下来。同时,因为乡村退出农村共同生产事务,而使乡村进一步弱化了为农民提供公共品的能力。其结果是,税费改革显然减轻了农民负担,却同时也降低了农村的公共品供给水平。在少数农村,农民负担减轻的程度还不如农村公共品供给水平降低的程度,这就引起农民的不满。在传统的粮食主产区,正好在农村税费改革时期,粮价上涨并因此带动农产品价格的全面上涨,而使农民收入增长较快(并非仅仅因为减轻农民负担而可能更多因为粮价上涨),从而使税费改革中的一些矛盾被掩盖起来。

二、取消农业税后农村公共品供给的制度设计

农村税费改革取消了乡统筹、农村教育集资等专门面向农民征收的行政事业性收费和政府性基金、集资,取消了统一规定的劳动积累工和义务工,改革了村提留征收使用办法,一定程度上减轻了农民负担,也改变了农村公共资源的筹集制度。取消农业税,则意味着覆盖城乡的公共财政制度亟待建立,税费改革前的农村制度外公共品供给的主渠道有望得到改变。具体地说,从农村税费改革延续而来的取消农业税后农村公共品供给的制度设计,大致可以从两个方面展开叙述,一是以自上而下财政转移支付为基础的公共财政性质的公共品供给,二是以农民社区组织为基础的公共品供给。

税费改革前,县乡财政不仅从农民那里收取合同内的税费,而且在合同以外收取各种费用。税费改革后,中央取消了所有合同以外的农民负担,且减轻了合同内的农民负担。因为税费改革前,农民负担主要归地方财政(县、乡财政)所得,因此,地方财政因为农村税费改革,而大大减少了从农民那里的所得。根据税费改革方案,中央和省级财政给县、乡财政以一定的财政转移支付,作为农村税费改革后地方财政收入不足的补偿。其中,中央政府从 2001 年开始每年对地方财政追加转移支付,2001 年转移支付为 80 亿元,2002 年为 245 亿元,2003 年为 305 亿元,2004 年追加到 510 亿元,并直接承担起了乡村教师工资支付的职责。①

---

① 马晓河等:《我国农村公共品的供给现状、问题与对策》,载《农业经济问题》2005 年第 4 期。

我国中央和省级政府掌握了主要财力（超过60%），但基本摆脱了负担义务教育经费的责任，而财力薄弱（20%左右）的县乡政府却承担了绝大部分义务教育经费。这种政府间财权与义务教育事权责任的不对称安排，导致我国农村基础教育经费短缺。① 1995～1999年，全国义务教育中政府财政拨款的比例为53.5%，教育费附加、集资、学生杂费（包括按规定和违规收取）约占经费投入总量的40%左右，而在各级政府对义务教育的投入中，中央财政支出仅占1.5%～2%，省级财政投入约为11%，一般不超过20%，乡镇一级高达78%左右。② 成本与收益的不统一使农村初等教育成为"贡献型"教育。③ 2001年以来的农村义务教育改革实行"分级管理、以县为主的体制"，由县级财政统筹解决教育资金的投入和使用。到2003年底，已有近99%的县将农村中小学教职工工资管理收到县级，近96%的县将农村中小学校长、教师人事管理权收到县级。④ 但是，这并没有改变财权与事权不对称安排的现状。在县级自主统筹的情况下，动用公共资源筹措资金成为一些财政吃紧的县级政府的选择。2004年福建省云霄县把集全县之力经营了几十年的县里最好的云霄一中的初中部卖给私人经营，初一新生入学，成绩排名前30名学生只交学费，30～50名之间的多交3 000元，50名以上的多交6 000元。而在未出售之前，前300名左右的学生只需要交300元左右的学杂费。⑤

取消农业税以后，县乡来自农业和农村的收入大幅度减少。在农业型地区，县乡财政收入过去严重依赖农业税费，现在就变得更加困难。中央就不得不对农业型的地区进行大幅度的财政转移支付，而东部沿海各省市，则因其经济发展程度较高，而由省市财政进行"自费改革"。

中央及省市财政向基层转移，弥补了地方财政的不足。但总体来讲，当前农业型地区的地方财政依然紧张，财权小而事权多，地方政府无力为农民提供相对充足的公共品。这正是取消农业税后，农村公共品供给制度中，城乡不能完全统筹的一个重要原因。也因此，当前中国农村的公共品供给，既有公共财政基础上的制度建构，又有社区组织基础上制度的建构。

---

① "农村基础教育的公共投入政策研究"课题组：《农村基础教育的公共投入政策研究》，载《东北财经大学发展研究参考》2004年第10期。
② 宋洪远、谢子平：《乡村债务与公共支出：中国乡村债务形成原因和机理探讨》，载《中国农业经济评论》2004年版。
③ 李秉龙等：《农民进城就业的成本收益与行为特征分析》，载《农业经济问题》2004年第10期。
④ 国家发改委产业所：《农村事业单位改革研究课题组研究报告》，2004年8月。
⑤ 马晓河等：《我国农村公共品的供给现状、问题与对策》，载《农业经济问题》2005年第4期。

(一) 公共财政基础上的制度建构

本章所指公共财政基础上的农村公共品供给制度，不是严格意义上讲的公共财政，而是以中央和省市财政转移支付为基础，进行农村的公共品供给的制度。取消农业税后，中央明显加大了对农村公共事业和公共品供给的投入力度，这种投入主要有两种途径：一是通过专项拨款直接由中央来负担某些农村公共品的供给，如义务教育、乡村道路建设、新合作医疗补助、土地开发基金；二是由中央和省市向县乡进行转移支付，以增强县乡供给农村公共品的能力。前者主要通过自上而下的各个部门来完成农村公共品供给的决策和实施，后者则主要依托县乡决策。县乡决策的好处是，因为离农村较近，比较容易了解农村公共品的需求状况，从而比较容易准确到位地供给农村公共品。县乡决策存在的问题是，在缺少强有力监督的情况下，县乡两级倾向于将更多的资源用于政绩工程乃至"谋利工程"。前者也存在一些问题，其一是自上而下的各级部门本身就有既得利益于其中，如新合作医疗补助，受益最大的不是农民，而是县乡医疗部门，因为实行合作医疗后，县乡医疗设备更新了，医生待遇提高了，但医疗价格并没有下降。其二是自上而下的专项经费往往与农村的实际需求有一定差异，从而不能准确反映出农民对农村公共品需求的偏好。如近几年，湖北省 S 县每年的土地开发基金有几千万元，没有用于农民最需要的水渠、泵站维修，而集中用于成片平整土地和修建所谓的标准化渠道，其结果是每亩投入资金近万元，但一些山坡挖成的田和由湖泊堰塘填成的田，当年根本无法种庄稼，标准化渠道根本无法供分田单干的小农使用，因为标准化渠道是按规模经营设计的——在干渠放水时应有几个支渠、毛渠同时放水，但分散的农户难以就同时放水达成协议，在放水时往往是先缴费的先放，有时只有一个毛渠放水，干渠的水太大，将支渠、毛渠全冲垮了。其三是专项经费容易向资源优势地方集中，造成扶强不扶弱，不是向最需要的地方雪中送炭而是向公共品较好的地方锦上添花，因为现在的某些专项拨款往往需要乡村两级配套资金，而公共品最缺乏的地方往往最贫穷落后，没有能力配套；有能力配套的地方，公共品相对丰富一些。

2003 年，中央再次强调继续增加财政对农业和农村发展的投入，并要求各地区和有关部门要切实把发展农村社会事业作为工作重点，落实好新增教育、卫生、文化等事业经费主要用于农村的政策规定。① 自 2003 年中央开始在农村试点合作医疗，中央财政已经开始拿出越来越多的财政经费用于补贴农民合作医疗

---

① 《中共中央国务院关于促进农民增加收入若干政策的意见》，2003 年 12 月 31 日，新华网，2004 年 2 月 8 日。

经费。

2005年中共十六届五中全会提出建设社会主义新农村，决定进一步增加对农村基础设施建设的投资，尤其是水、电、路等基础设施的投资。彻底解决乡村道路的修建问题，具体方式是由中央和地方共同筹资修建乡村道路。

（二）农村社区组织基础上的制度建构

取消农业税后，乡村组织退出农村共同生产事务，依托农村社区组织来供给公共品的制度被创设出来，一是筹资方面的"一事一议"，二是组织方面的"农户用水用电协会"。

1. 一事一议

"一事一议"是农村税费改革的一项重要配套政策。"一事一议"首创于安徽省的税费改革。按照《安徽省农村税费改革试点方案》规定：一是农村税费改革后，村提留被取消，用于农村公益性建设的公积金项目随之不复存在，再行筹集资金必须进行"一事一议"；二是农村税费改革后，取消统一规定的农村劳动积累工和义务工，再需农民投劳进行农村公益建设，也必须进行"一事一议"。为规范"一事一议"的筹资筹劳，安徽省又制定了《安徽省村内兴办集体公益事业筹资筹劳条例》（以下简称《条例》），并于2003年1月1日起开始施行。《条例》确定了筹资筹劳必须遵循"村民自愿、村民受益、量力而行、上限控制、民主决定、程序规范、使用公开"的原则，所筹资金和劳务必须"用于本村范围内农田水利基本建设、植树造林、修建和维护村级道路等集体公益事业，并符合村民会议或者村民代表会议决定的使用事项"。《条例》还同时规定了召开村民会议或村民代表会议进行"一事一议"的程序、所筹资金的管理、使用以及有关部门、乡镇政府及其工作人员、村民委员会违反《条例》规定的行为应承担的相应的法律责任。安徽省"一事一议"制度的创新与实践为其他省份制定相关制度提供了参考。如湖北省制定的《湖北省村级范围内筹资筹劳管理办法（暂行）》《关于进一步加强农村收费管理的若干规定》《关于规范和加强村级财务管理的意见》等一系列文件，大量借鉴了安徽省的规定和做法。因此，可以认为，作为税费改革重要配套措施的"一事一议"在全国各地具有相同的政策意蕴，即希望通过村级民主方式解决村庄公共产品供给。

所谓"一事一议"，就是由农民以村为单位，通过村民大会或村民代表大会，讨论与村民利益关系密切的公共品供给，由村民决定是否修建某个公共工程，修建在何处，如何修建，并由村民民主管理由"一事一议"筹借的资金。为了防止乡村组织借"一事一议"来加重农民负担，中央在农村税费改革文件中强制规定，每年每个农民负担"一事一议"经费不得超过15元，且"一事一议"要经由乡、县各级农民负担管理部门的层层审批。

2. 农户用水用电协会

"农户用水用电协会"是农村税费改革后,国家试图在乡村组织以外建立的非行政性供给农村公共品的组织制度。

早在 2002 年国务院办公厅转发《水利工程管理体制改革实施意见》中就明确提出"要探索建立以各种形式农村用水合作组织为主的管理体制",2005 年中央一号文件又指出"加快农村小型基础设施产权制度改革,对受益户较多的工程,可组建合作管理组织,国家补助形成的资产归合作组织所有"。2005 年国务院办公厅转发《关于建立农田水利建设新机制的意见》再次指出"鼓励和扶持农民用水协会等专业合作组织的发展,充分发挥其在工程建设、使用维修、水费计收等方面的作用"。2005 年,水利部、国家发改委、民政部联合下发了《关于加强农民用水户协会建设的意见》,全面系统地阐述了加强农户用水协会建设的重要性、发展的指导思想和原则,将组织农户用水协会置于十分重要的位置。原水利部农村水利司司长冯广志认为:小型农村水利改革"要以组建用水合作组织,明晰工程所有权为核心"。按照"谁受益,谁负担,谁投资,谁所有"原则,组建用水合作组织,明晰所有权,是小型农村水利体制改革的核心。① 国家希望通过农户用水用电协会这类社会性的而非行政性的组织,来解决农村公共品供给中的"搭便车"难题。

此外,我们讲农村社区组织,所强调的是其非行政性,因为之前正是因为乡村组织的行政性,使乡村组织借农村公共品供给而搭车收取了很多不该收的税费,做了很多不该做也做不好的事情。正如冯广志所担心:首先,乡政府不行,因为它是政权组织。政府在包办农村水利,容易使农民或者产生依赖心理,或者产生对立情绪。其次,作为村民自治组织的村民小组或村委会,虽然在一定条件下,可以代"集体"职责,村内工程按"一事一议"原则协商办理,但它毕竟不是管水组织。行政性背后有公权力的基础,公权力使乡村组织收费具有强制力。乡村组织的行政性及强制力,是农村税费改革前加重农民负担的罪魁祸首。正是因为乡村组织在农村公共品供给中容易出现加重农民负担的情况,税费改革的制度安排要求,乡村组织退出农村共同生产环节的事务。在全国相当部分农村,甚至取消了作为乡村组织最基层建制的村民小组长一职。

农村公共品尤其是农村共同生产环节的事务,恰恰大多数与乡村组织的地域性有关系,农村物质性公共品大多是建筑在土地上的,如水利设施、乡村道路、自来水和电力通信设施,这种建筑在土地上的公共设施,具有非竞争性,

---

① 冯广志:《小型农村水利改革思路》,载《中国水利》2001 年第 8 期。

或非排他性，从而使私人供给不可行。在缺少国家投资的情况下，建设这类公共设施，尤其是具有很强社区性的公共设施，就需要由社区来组织其供给，包括筹资。这正是为什么农村税费改革以后的制度设计中，要强调建设社区组织的原因。

非行政性的社区性组织的好处是，因其非行政性，其权力是私权力，这种社区合作组织就不能强迫社区成员做他们不愿做的事情，这样的以自愿为基础的合作，就可以达成最好的公共品供给均衡状态。

但也正是因为非行政性社区组织私权力的性质，社区组织不能强制社区内成员的行为，从而使"少数"不服从"多数"时，虽然是民主的公共品供给决策，也没有办法实施。最终，在缺少公共财政基础上的公共品供给时，农村社区也无力供给公共品，从而使农村公共品供给水平远远低于理想状态，并因此极大地损害了农民潜在的公共性收益。

（三）湖北省乡镇机构"以钱养事"的改革

以上介绍了取消农业税以后，农村公共品供给的制度设计。与农村公共品供给有关的一个重要的制度设施——作为供给农村公共品实施主体之一的事业性质的乡镇七站八所，也面临着取消农业税以后的转型和改革问题。湖北省较早开始乡镇事业单位改革的试点，其中"以钱养事"是其主线。

湖北省乡镇事业单位改革，遵循企业化、市场化、社会化的发展方向，改革传统的由官方"自操自办"的体制，推行"花钱买服务、养事不养人"的办法。按湖北省委政策研究室副主任宋亚平的说法，湖北"以钱养事"的改革，并不是乡镇政府财政为"甩包袱"而被迫采取的一种精简机构、分流冗员的无奈行为，以达到"减人、减事、减支"的简单目标。

"以钱养事"是针对过去"以钱养人"这种传统行为而言的形象比喻。在计划经济年代，为了履行公益服务的责任，按照"三农"各个服务领域的需要，政府陆续设置了一大批事业单位，即"七站八所"。这些"七站八所"的人员一般具有国家干部身份，经费由政府视工作性质的不同而分别采取全额财政拨款、差额拨款和自收自支的政策，然后通过他们专门从事具体的社会公益服务活动。因此，人们习惯上将这种老办法叫做"以钱养人"。现在，政府探索的是履行社会公益服务责任的新形式、新方法，根据政府职能转换的要求和可用财力的许可，由乡镇和县级业务主管部门共同确定本地每年需要完成的农村公益性服务项目，连同具体的服务时间、服务质量、服务价格、考核结算的要求，面向社会公开招标。凡是具有规定资质的企事业单位、社会中介服务组织和个人，都可以通过公开、公平、公正的竞争参与政府的公益服务活动。

湖北省委、省政府2003年在《关于推行乡镇综合配套改革的意见》中明确指出："坚持市场取向、开拓创新的原则，遵循市场规律，引入竞争机制，办好社会事业，变'养人'为'养事'。"目前，湖北省在"以钱养事"的改革上有三种方式。

第一种是服务项目招投标制。

乡镇政府每年根据本地社会公益事业服务的实际，制定各种具体的公益性服务项目，通过面向社会公开招投标形式与具有规定资质的企业、中介服务机构和个人组成的社会团队签订合同，明确经费数额和具体考核方式。企业或中介服务组织和社会团队既承担合同规定的公益性服务，同时也自主从事已经完全放开了的经营性服务。咸安区、嘉鱼县等地方在计划生育、农业技术推广、畜牧防疫等公益服务方面主要采取这种形式。这种办法的好处是，中标的企业或中介服务组织和社会团队大多是从原"七站八所"转制而来的，一般都具有"法人"地位和一定的专业技术力量，熟悉当地情况，群众基础较好，可以有效地履行合同规定的各种责任和义务。不足之处是，监督的难度大，考核的要求高。因为目前的公益服务项目的工作量并不算太大，也不可能有丰厚的回报，特别公益性服务和经营性服务被中标单位从内部"混"在一起之后，对于以追求利润最大化为天性的"经济人"来说，往往容易在孰重孰轻的问题上出现摇摆，甚至让经营性服务在暗地操纵和支配公益性服务。

第二种是定岗服务招聘制。

乡镇按照本地区公益事业的具体需要设置一定的服务岗位，定岗不定人，由乡镇政府或委托县（市、区）业务主管部门，面向社会公开招聘具有规定资质的人员专门从事公益性服务。乡镇政府或县级业务主管部门与被招聘人员签订一定期限的劳务合同（一般为一年至两年时间），实行"三卡"管理，即农民签字卡、村组干部签字卡、乡镇签字卡。"三卡"的签证过程实际上就是一种监督与考核的过程。"三卡"齐全即意味着圆满地完成了任务，劳务人员便可全额领取规定的劳动报酬。京山、远安等县在畜牧防疫、农作物病虫害测报、水利设施建设与维护上便主要是采取这种办法。这种办法的优点是，被招聘的人员都具备较高的专业技术素质，能够胜任公益服务。同时，这种办法有利于公益性服务与经营性服务严格分开，被招聘人员只从事公益性服务，劳动报酬多采取年薪的形式，用人制度灵活，任期届满，即可"重新洗牌"。这种办法的不足之处则在于，农村许多公益服务的季节性和时效性很强，并非固定性劳务用工所能适应。以畜牧兽医为例，政府的责任是牲畜家禽的防疫，而这项工作一年中又主要集中在春防和秋防两个季节，时间紧、任务重。如果"定岗"少了肯定干不下来，"定岗"多了平时又无事可干。

第三种是延伸派驻制。

这种办法即"管理在县,服务在基层"。乡镇传统的"七站八所"撤销或转制之后,由县一级政府的业务主管部门会同人事部门,根据各乡镇或某区域性公益服务的实际工作量来重新核定编制,从原乡镇事业单位和社会上有资质的人员中公开招考、竞争上岗、择优录用一批工作人员,以县里职能局的分支机构的形式,延伸派驻到各乡镇或者按照区域、流域为中心设置的新站、所,专门从事公益性服务。人、财、物均由县直职能局直接管理,服务项目由乡镇政府提出,考核亦由乡镇和县(市、区)业务主管部门共同进行。这种办法的好处是充分利用了原来"七站八所"组织形式和技术力量,社会震荡小,改革成本低,平稳过渡,既达到了人员精干、技术专业的目标,又保持了公益服务工作的连续性。不足之处则在它没有从根本上解决计划经济体制下遗留下来弊病,潜伏着旧机制"复辟"的隐患。

据宋亚平的说法,传统的"七站八所"经过"以钱养事"的改革,人、财、物等各种生产要素得到了有效组合,原先死气沉沉、步履维艰的"官办"事业单位,现在大多变成了充满朝气、奋发图强的民营性质的服务中心或经济实体。职工的思想观念得到了极大的转变,服务和竞争意识明显增强。原来指望政府拨款、依赖单位派工,如今身份彻底转换了、"铁饭碗"砸破了,也就不等不靠了、不闹不要了,而是主动找路子、闯市场,充分发挥自身特长,积极参与市场竞争求生存、谋发展。面向"三农"服务的领域进一步扩大,服务的品质不断上升,群众满意的程度不断提高。

更为重要的是,乡镇"七站八所"通过改革从编制管理和财政供养系列中彻底分离之后,政府行政权力开始有序退出,公益服务领域的垄断格局开始逐步打破,从而为各种非政府性质的经济实体和社会中介服务组织的创建与发育,提供了空前宽松的环境和肥沃的土壤。例如,咸安区高桥镇民营性质的农业服务中心就是在这种历史背景下由几位农村专业技术人员组建而成的一家民营企业。为了强化竞争能力,抢占市场份额,他们购置了各种农业机械,设立了农技服务"110"。只要农户一个电话或者捎个口信,这个服务中心就能迅速提供全方位的农技服务。他们还与周边3个乡镇的数千家农户签订了水稻生产技术承包合同,包括新粮种推广、机械耕田、机械抛秧、病虫害防治、机械收割等"一条龙"服务,每亩收费95元。这种服务方式极大地解决了目前农村青壮年劳力外出打工,留守的"386199部队"无力种田的实际困难,深受广大农民群众的欢迎。①

---

① 宋亚平:《关于'以钱养事'的几点认识》,见《三农中国》总第8辑,湖北人民出版社2006年版,第42~54页。

三、取消农业税后农村水利供给难题

取消农业税后，农民负担大为减轻，农村干群关系大为改善，但是，因为一方面国家无力包揽农村公共品的供给，另一方面农民又难以自发组织起来解决公共品供给的不足，从而使取消农业税后的农村形势依然严峻。相对于税费改革前，取消农业税后农民的利益可以概括为两个方面，一是农民得到了少缴税费的实惠，二是因为公共品供给不足，农民又不得不更多地支出。例如，取消农业税后，全国各地掀起的兴修农田水利高潮，事实上大都是因为以前依托乡村组织的以大中型水利设施为基础的农田灌溉难以为继，而不得不花费巨资修建一家一户小型水利设施之故。举例来说，在我们开展乡村建设试验的湖北省荆门市高阳镇五村，取消农业税后，因为乡村组织退出农村共同生产事务，农户无法与大中型水利设施对接，而不得不通过打井来灌溉水稻。据我们调查，在有些村民组，农民现在一年用于打井的投资，超出了以前 10 年灌溉费用之和，而机井使用寿命很难超过 10 年，且每年抽水的电费就与以前的灌溉费用相当。也就是说，取消农业税之后，在有些农村地区，特别是需要共同灌溉的传统农业地区，农民虽然少了上缴税费的任务，却因为水利供给不充分而减少了潜在的收益。

取消农业税对于乡村两级来说，也具有两个方面的不同收益。一方面是乡村两级减少了从农民那里收取税费并借机谋利的可能；另一方面是减轻了乡村两级向农民收取税费时所面临的巨大压力。同时，因为乡村组织退出农村共同生产事务，乡村两级就相对超脱于农民的生产生活事务。如此一来，取消农业税后，一方面因为农民负担减轻而致干群关系大幅度改善；另一方面因为农民自己负担自己生产生活事务，乡村两级相对超脱，而致干群之间相互脱节，干群关系变得松散起来。这种松散并不意味着取消农业税后农村干群关系的改善，而可能是另一种更为严峻的恶化。

就当前农村公共品供给情况来看，2005 年中共十六届五中全会提出建设社会主义新农村的战略部署，中央必将进一步增加对农村公共品的投资，尤其是增加对那些社区性不明显的公共品的投资，包括水、电、路等基础设施的投资，但中央不可能包揽所有农村公共品的供给。如何解决当前农村中具有明显社区性的公共品的供给，是我们要讨论的关键。

针对当前国内学界与政策部门寄予厚望的"一事一议"筹集农村公共品资金的制度和组织农户用水用电协会一类发展 NGO 组织的政策建议，我们来做些讨论。

(一) "一事一议"存在的问题

自 2003 年安徽在全省实施"一事一议",至目前"一事一议"作为全国农村公共品筹资的基本制度被推行,"一事一议"的实施效果并不好。国家统计局农村社会经济调查总队对全国 31 个省、区、市 6.8 万个农村住户的抽样调查显示,2004 年,"一事一议"筹资费人均仅 1.6 元,按人均筹资 15 元的上限和议办一事匡算,真正开展了"一事一议"的行政村的比例,也就是 10% 多一点。调查同时显示,筹资并没有随着农村税费改革的深入和"一事一议"的广泛推行而增加,与 2003 年的 1.8 元相比,2004 年人均筹资反而下降了 12.9%。① 即使是试点省的安徽,村级公益事业的兴办状况也不尽如人意,大多数地方根本就没有真正开展"一事一议"。② 可见,"一事一议"并没有达到预期的效果,致使许多本应开展的村内生产公益事业出现了停滞局面,路破、桥断、树倒、渠塌,在当前的农村已不是个别现象。③

"一事一议"之所以在实践中的效果较差,其根本原因不仅仅如有些学者一再强调的诸如"集中开会难""会场安排难""意见统一难""经费筹集难"等所谓"一事一议"交易成本过高的问题,④ 还有涉及更为根本的制度性难题。

如前已述,之所以以"一事一议"来替代以前由乡村组织统筹共同生产费和农民"两工"制度,是为了控制乡村组织借统筹共同生产费和农民"两工"(义务工、积累工)而搭车收费,从而加重农民负担。"一事一议"的好处是,因为目标("一事")明确,而使乡村组织不能挪用经费,但"一事一议"也有难题,如果有村民不同意"一议"的决策,或者虽然赞同,却不出钱,乡村组织是否可以强制收钱,是否有强制的手段。

取消农业税后,中央一再强调,乡村组织不得强制农民缴纳任何税费,"一事一议"中大多数村民同意的决策,并不具有对少数人的法律强制力和行政强制力。面对缺少强制力的决策,少数人的不缴费,很快就会发展成为多数人的不缴费。在村庄带有社区性的公共品供给中,农民可以从公共品中获得的收益并不平

---

① 农业部有关数据也表明了这一些。2002 年乡村提留统筹从上年的 552 亿元急剧下降为 293 亿元,减少了 259 亿元,而"一事一议"当年筹资仅 30.26 亿元。见《中国农业统计/发展报告》(2003)。

② 聂苏:《农村"一事一议"应缓行》,载《调研世界》2004 年第 8 期,第 48 页。有关这方面的个案调查很多,但完整的数据资料很少。武东轶(2004)提供了山西省 2003 年的数据。2003 年,该省有 7 899 个行政村开展了"一事一议"筹资筹劳,仅占总数的 27%。参见武东轶:《如何保证一事一议正常有序开展》,载《农村经营管理》2004 年第 11 期,第 34 页。

③ 黄坚:《村级'一事一议':目标冲突与政策定位》,载《调研世界》2006 年第 2 期。

④ 杨卫军、王永莲:《农村公共产品提供的'一事一议'制度》,载《财经科学》2005 年第 1 期。

衡，修村东的道路，村西的农民不出钱，修村西的水渠，村东的农民又不出钱。若干次下来，即使乡村干部做了大量动员说服工作，却因为不同收益农户之间的积怨太深，以致出现荆门市农民所说"怕饿死的就会饿死，不怕饿死的不会饿死"，并最终因为"怕饿死的人"多次充当农村公共品供给的缴费者，而积弱积贫，最终使全村所有人都不再寄望于可以在社区公共品供给上达成一致。①

简单地说，因为农村公共品供给的社区内筹资，需克服社区成员的"搭便车"行为，就需要社区范围的"一事一议"具有强制力。而恰恰取消农业税后的"一事一议"制度，事实上并没有赋予多数人决定的法律和行政强制力，从而无法解决少数人拒绝缴费的难题。而之所以有一些地方农村的"一事一议"可以开展，是因为这些地方农村内部，具有强大的舆论力量，这种舆论力量足以将村中少数想搭便车的人边缘化，从而起到了相当于法律或行政强制力的作用。②

在当前市场经济条件下，农民流动频繁，村庄共同体正在快速解体，村庄舆论力量越来越不足以克服村庄公共品供给中少数人"搭便车"的难题。因此，离开了带有公权力性质的法律或行政强制力，农村公共品供给中的"一事一议"制度，很难真正有效地实施下去。

（二）农民用水用电协会等 NGO 组织的存在问题

农村水利是一个十分复杂的事务，仅就农田灌溉来说，就可以做以下一些划分，这些划分出来的不同类型的水利，具有相当不同的性质。从水利设施的受益范围来讲，有大中型水利设施、小型水利设施和微型水利设施。大中型水利设施是灌溉面积在万亩以上的水利设施，不可能由农户用水协会来建设乃至管理；小型水利设施的灌溉面积在万亩以下，受益农户数十户至数百户不等，大致在村民组和行政村的规模；微型水利设施的灌溉面积数十亩，受益范围为一家一户或数户农户。从水利设施本身的特征来讲，有排涝设施和抗旱设施之分。排涝设施往往因为外部性极强，而具有较抗旱设施更多的公共品特征。不能排涝，往往是所有农田受淹，而不能抗旱时，则可能只是水源条件更差的农田先被旱死。水利设施还可以分为水库灌溉、泵站抽水灌溉、堰塘灌溉、机井灌溉。从水利设施使用的精细程度来讲，有漫灌、渠灌、管道灌溉，有过水灌溉、非过水灌溉。从农作物本身的特性讲，有需水量相对较少的旱作物灌溉，和需水量较大的水稻灌溉。

---

① 相关讨论见罗兴佐、贺雪峰《论乡村水利的社会基础》，载《开放时代》2004 年第 2 期。
② 关于边缘化的讨论，可参见贺雪峰、罗兴佐等：《乡村水利与农地制度的创新》，尤其是讨论部分，载《管理世界》2003 年第 9 期。

从不同水利设施的关系来讲，有大中型水利设施之间的相互补充关系，或相互抵消关系的差异。

不同性质的农村水利，对应有不同的解决农田灌溉的办法。对于北方旱作物基础上的农田灌溉，因为缺少地表水，农作物灌溉依赖于深井，而正好旱作物需水量较水稻作物少，就使得北方旱作区可以通过打深井来解决农田灌溉的问题。这样，对于北方旱作区来讲，解决农田灌溉的核心问题就是如何筹措到足够的用于打机井的钱及如何解决机井的维护和使用问题。机井灌溉因为可以通过管道或较好的毛渠，将不缴费的农户排除在灌溉受益的范围之外，而可以防止"搭便车"，并因此克服了农村水利中普遍存在的作为公共品的难题。

正是因为旱作物需水量较少，深井灌溉可以排除"搭便车"行为，使北方旱作区的农田灌溉具有效用的可分性和消费的排他性，从而使北方旱作区的水利可能通过市场化改革，解决农田灌溉困境，也使农户可能基于利益，而组织起来建立用水合作组织。事实上，水利部门所列举的成功的农户用水合作组织，大多是北方旱作区的例子。

但即使北方旱作区，以受益户为基础的用水合作组织，仍然可能因为对地下水的竞争性使用，和不同用水合作组织之间的竞争，而使农田灌溉中的非竞争性强化起来，从而损失了资源。更重要的是，正如河南省安阳县吕村镇的例子，本来吕村镇一些村可以使用更加廉价有效的水库灌溉，却因为缺少强有力的乡村组织的协调，而使水库灌溉无法进行，农户不得不选择成本更高的井灌。

在南方水稻灌区，因为水稻用水量大，一般的水利设施无法解决灌溉中的"搭便车"行为，也就是说，在农田灌溉中，一些农户的灌溉无法阻止另一些不缴费农户的受益，例如，从大中型水利设施放水灌溉，一些农户的农田在水渠边上，即使这些农户不缴费，他们的农田也可以得到灌溉，这样，就总会有那些不缴费即可以得到灌溉农户的不缴费行为。一户不缴费，就会带动10户乃至更多户不缴费，最终，农户不再能够从大中型水利设施中得到灌溉。因为大中型设施灌溉所具有的"效用不可分性"和"消费非排他性"，而致完全依赖自愿的灌溉解体。

在不能依靠大中型水利设施解决农田灌溉的情况下，农民开始修建微型水利以解决农田灌溉困境。在湖北省荆门市五个实验村，农户通过打井来解决农田灌溉问题，在安徽省小井庄，农户通过修挖当家堰来解决灌溉问题。因为微型水利的发展，而使大中型水利设施废弃掉了。但正如前述，离开了从大江大河或大水库调水的大中型水利设施，农田灌溉不仅会更加昂贵，而且微型水利不能解决抗大旱问题，农业生产的风险因此大大地增加了。

农户用水协会等NGO在解决一些可以克服"搭便车"行为的农田灌溉方面，具有一定作用。也就是说，对于那些可以排他、共同享用的收费物品，是可以通过市场化和发育民间 NGO 来解决的。但市场化及发育民间 NGO，只能解决那些可以排他、共同享用的收费物品供给的难题，却并不能解决所有公共品供给的困境。

当前表现在农村公共品供给中的普遍误会是，以为有一些过去认为是公共品的事务，可以将其私人品化以解决供给困境，就以为所有公共品都可以通过市场化及发展 NGO 来解决之。湖北省乡镇事业单位改革试点中，同样存在这个误会。

而构成这个误会的一个重要原因，就是整个 20 世纪 90 年代以来，人们对公权力的警惕与不满意。在税费改革及其配套的乡村体制改革中，一直有一种强烈的意见，要求"国退民进""官退民进"，这种意见认为，造成当前农村问题的根本就是官权太强，而民权太弱，只要官权退出，农村社会自然可以通过发展各种 NGO 来解决自己的问题。但是，自愿组织的成长与发展，是以这一组织的组织收益大于组织成本为基础的。在缺乏强制性的情况下，发展 NGO 不能解决农村公共品供给不足的问题，因为 NGO 很难解决公共品供给中的"搭便车"问题。相反，倒是那些带有黑社会性质的组织，因为可以用强制手段来胁迫成员，而组织成本较低，可以通过从事违法的经营活动（如以暴力垄断农村鱼市），而可以获得超额利润，从而可以快速地成长起来。也就是说，如果"官退民进"，指望通过发展 NGO 来维护农村社会秩序，为农民提供公共品，造成的结果可能是，良性的 NGO 发展不起来，而黑恶势力却得到了快速发展。

四、取消农业税后农村其他公共品供给难题

（一）花钱买服务的难题

湖北省"以钱养事"的乡镇事业单位改革，按宋亚平的说法，其认识基础是"政府充分利用市场的手段来积极调动全社会的生产要素，包括促进各种资源在城乡之间的自由流动，以形成企业化、市场化、社会化的农村公益服务新体系的客观条件已经基本成熟"。① 宋亚平认为，"'官权'当道，'民权'莫伸；垄断不破，竞争难立，这应该是长期以来众所周知的教训"。湖北省乡镇事业单位的改革"遵循企业化、市场化、社会化的发展方向，改革传统的由官方'自操自办'的体制，推行'花钱买服务、养事不养人'的办法"。

但是，这种"以钱养事"的改革，仍然存在着诸多问题，要害恰在于其指导

---

① 宋亚平：《关于"以钱养事"的几点认识》，见《社会主义新农村建设的理论与实践》，中国经济出版社 2006 年版，第 225 页。

思想中"官权退、民权进"的思路。从具体的问题来看，湖北省的"以钱养事"存在以下三大问题。

第一，农村的公益事业其实就是传统"七站八所"为农民提供的公共服务事业。公共服务事业因其收益的外溢性，除非有政府提供资金购买服务，不会有企业或个人愿意无偿提供。显然，农村公益事业按"市场化、企业化"方向改革，并非真正是"官权退"，而只是以前官办的带有一定行政性质的"七站八所"的企业化和市场化。县乡政府的权力不仅仍然没有退出，有时候反而可能变得更为强大。① 在缺少强有力监督的情况下，掌握了花钱买服务权力的县乡官员，是否会更加从个人好恶甚至个人利益的角度去购买（那些农民其实并不需要的）服务？宋亚平曾说可以通过农民对"服务"的满意程度来考评，但谁，及如何来考评这些服务的质量？

第二，谁可以提供用来出卖的公益服务？一般来讲，"七站八所"的服务都是具有相当专业性的服务，如农业技术、水利规划、防疫等。政府花钱买服务的前提是存在专业人才及配套的设施。但在乡镇一级，如何可能会同时有几个同样性质的专业人才及配套设施的"企业"来供政府进行市场化的选择？相反的情况倒可能是，因为政府买服务的变换性，所以提供服务的"企业"，也不可能有长远打算。在公益事业本身很难进行评估（甚至根本无法进行评估，因为公益事业中的大部分本身就是要降低社会和自然风险的事业，如旱灾、疫情等）情况下，提供服务"企业"的短期行为，无法遏制。

第三，在乡村两级，各种事情往往都是结合在一起的，很难彻底分开。中国改革开放以来的一大教训，就是过于强调按不同职能设置不同机构，从而不符合"上面千条线、下面一根针"的基层实际，导致机构重叠，冗员严重。事实上，在取消农业税之前，乡镇工作中，各个"七站八所"的工作人员都参加乡镇各种临时性的中心工作，基本上是"出去一笼统，回来再分工"，及"分头抓点，分别管片"的方式。正是因为有了不仅提供专业性的技术服务，而且可以随时听从乡镇为中心工作和临时性重要工作而集中起来一起行动的机制，才使得乡村两级可以在当前中国社会处于高风险的时期，有效调动人财物力应对各种可能的危机，如禽流感危机、"非典"危机，才能有效打击"六合彩"，也才可能在出现严重水旱灾害时，集中起力量去强力应对。

正如宋亚平所说，"花钱养事"并非政府不再承担农村公共事务的责任，而是要改革农村公共事务的提供方式，变政府直接提供为间接提供。不过，仅仅就当前湖北省乡镇"七站八所"的改革来看，目前一律将"七站八所"推向社会

---

① 因为可以从市场上花钱去购买服务。

和市场的做法严重欠妥，并且不符合乡镇公共事业发展的逻辑。

当前国内普遍出现了"官权退、民权进"和通过市场化、企业化和社会化来供给公共品的议论，这种议论中的合理成分是认识到政府具有供给公共品的责任，公共品供给却并不一定非得由政府组织机构去直接提供，而可能通过市场购买。但这种议论中，有人有意无意地将之变成"市场万能"，以为只有"市场化"才是解决农村公共品供给不足的唯一有效道路，这就十分危险了。

（二）乡村医疗难题

新型合作医疗试点于 2003 年在中央的支持下开始实施。其基本政策来源于 2002 年 10 月的《中共中央、国务院关于进一步加强农村卫生工作的决定》，它明确指出：要"逐步建立以大病统筹为主的新型农村合作医疗制度""到 2010 年，新型农村合作医疗制度要基本覆盖农村居民""从 2003 年起，中央财政对中西部地区除市区以外的参加新型合作医疗的农民每年按人均 10 元安排合作医疗补助资金，地方财政对参加新型合作医疗的农民补助每年不低于人均 10 元""农民为参加合作医疗、抵御疾病风险而履行缴费义务不能视为增加农民负担"。[①] 2005 年试点的步伐加快。2005 年 8 月 10 日，国务院总理温家宝主持召开了国务院常务会议。这次会议的重点内容是：扩大新型农村合作医疗制度试点范围，2006 年将试点县（市、区）由目前占全国的 21% 扩大到 40% 左右；中央财政加大投入力度，对参加合作医疗农民的补助标准在原有每人每年 10 元的基础上再增加 10 元，地方财政相应增加补助；目标是到 2008 年在全国农村基本建立新型农村合作医疗制度。[②]

新型合作医疗的"新"主要体现在：（1）统筹范围扩大。传统合作医疗多以村或乡（社区）为单位按统一费率筹资，并在村或乡的范围内分担风险。新型合作医疗以县为单位按统一费率筹资并建立基金在全县范围内分担风险。（2）政府主导，中央政府和地方政府投入的资金超过了农民个人缴费。（3）大病统筹，看病补偿有起点、最高限额和比例。

从试点情况看，新型合作医疗缓解了病人家庭的经济压力，一定程度上遏制了因病返贫、因病致贫现象，但并没有从根本上改善农民特别是农村老人的医疗状况，医疗费没有下降，农民仍然住不起院，老人仍然看不起门诊。主要有三个方面的原因。

---

① 中共中央、国务院：《关于进一步加强农村卫生工作的决定》，载《中国农村卫生事业管理》2002 年第 11 期。

② 《中国 2008 年将基本建立新型农村合作医疗制度》，中新网，2005 年 8 月 11 日。

（1）新型合作医疗受惠面太小、绝大多数农村老人根本不能从中受惠。人民公社时，合作医疗之所以能让所有农民特别是包括老人在内的贫困农民受益，因为它采取的办法是，所有的农民都必须参加，农民只要缴了合作医疗基金——实际上是生产队从年终分配中扣除的，贫困户和五保户可由生产队用公益金缴纳，就可以在大队医疗站看门诊、在公社卫生院住院时只交挂号费，到县以上医院治疗按比例报销。新型合作医疗大多规定门诊费不补偿，住院费只有超过了起点才能按比例补偿，而且医院级别越高，补偿的起点就越高、比例就越低。在乡镇以上医院住院补偿的起点大多在 500 元以上，比例一般在 30% 以下，最高限额一般在 10 000 元，但农村老人生病后如需到乡镇以上医院治疗，大多数老人特别是 70 岁以上的老人会因缴不起补偿的起点资金或补偿比例太低而放弃住院在家等死，贫困的中年农民也会这样，而且，它也无法完全遏制因病致贫、因病返贫的现象。因为病越大，就越需到大医院治疗，在大医院治疗费用往往很高，但补偿比例反而很低。

（2）治疗费并没有降低，有的定点医疗单位还借垄断地位抬高价格和降低服务质量。人民公社时期，合作医疗降低医疗费的办法主要有预防为主、有病及时就地治疗、中西药相结合且严格限价、只给医生与农民同等报酬、加强管理。其中大队一级加强管理的办法有赤脚医生的工分由社员评定、定期组织社员代表清查大队医疗站的财务。新型合作医疗不搞免费预防、免费检查，而且不报门诊、住院费补偿有起点，都不利于鼓励农民加强预防、及时治疗，无法改变农民"小病挨，大病抗，小病拖成大病"的习惯。国务院决定卫生行政部门负责农村新型合作医疗管理，这样，卫生部门既负责农村卫生服务系统的管理，又负责农村卫生保障"系统"的管理，既代表农村居民（需求方）购买卫生服务，又在一定程度上代表卫生服务提供者提供服务。众所周知，卫生服务的提供者和医疗保障部门之间有利益冲突，且卫生部门本身也有自己的利益，它很难通过加强自身的管理来降低医疗费用。核算单位为县级，也排斥了农民参与管理的权利。因此，目前医药物品的价格仍然过高。① 而且，由于新型合作医疗规定农民只有到规定的医疗机构就医才能得到报销，就医渠道受到限制，没有了竞争，一些医疗单位还变相提高价格。如合作医疗前，河北省迁安市罗寨村的乡医只要两三块钱就可以出诊，一次感冒下来有个三五块钱的赚头就给看；实行合作医疗后，村卫生所

---

① 据相关人士透露，一种药品从出厂到最终到患者手里，价格翻 10 倍是很正常的。其利润大多被流通环节占有。相关资料参见《特别策划：四问患者看病为何这么贵？》，人民网，2004 年 7 月 16 日；《政协委员解析高额医疗费：看病为何这么贵？》，人民网，2004 年 3 月 15 日；《环球时报：层层送回扣 医药代表道出行业内幕》，人民网，2004 年 7 月 9 日。

看病的出诊费要 7 元，药统一在县药材公司买，药品费也不能讲价。①

（3）长期出县打工的农民难以受惠于新型合作医疗。新型合作医疗制度规定，农民只能在户籍所在单位参合，只能在县合作医疗定点机构就医才能补偿，但长期在外的农民工到定点机构就医并不方便。

新型合作医疗还在试点阶段，出现一些问题是难免的，但如果不扩大合作医疗的实际受惠面、不通过加强管理而降低医疗费用，它将很难在全国推广，即使国家增加了投入也可能无法让农民享受低价高质的医疗服务，很可能像 1998～2002 年实行的粮食保护价政策一样：国家财政补贴的资金大多被主管部门消耗，农民没有得到多少实惠。②

（三）农村纠纷调解难题

农村调解是一个低成本、高效益的长效管理机制。它向来是遵循"治理"的逻辑，是为了消解村民之间的矛盾，维护乡村社区秩序，而不是简单地伸张个人的权利，为了建立什么"法治"或"礼治"的理想。表面上看，它需要一个有效的调解队伍，而实质上，它更依赖一个扎实的支持系统：村庄精英、众所服膺的地方性规范、村民对村庄共同体的认同、国家政权与法律的支持。但是目前很多地方的这个支持系统正处于日益衰微之中。

税费改革之前，全国大多数地方基本能保持稳定。税费改革之后，很多地方乡村组织的行为能力进一步下降，这对于那些原先主要依赖民间精英进行调解和"无事件"型的地区所带来的影响并不明显，但是在一些主要依赖体制内精英进行调解的地方，尤其是其中的中部农村，村庄内部的调解能力大大下降了。

在江苏省沭阳县的钱集镇，调解一直是村干部 20 多年来主要工作之一。调查中村干部们都在叫苦："现在调解实在难做，干部说了百姓不听，即使不当面顶撞，也会阳奉阴违"，有些不孝之子，本来无钱无势，但干部们竟也无能为力。

取消农业税后，村里没有资源，干群之间也几乎不发生任何联系了，村干部的权威更低了。钱集镇的南村，调解基本还能做到不出村，村主任自己的总结是"80% 的能调解，调解不了的就上交乡里，不过乡里一般也处理不了。但是村民之间没有出现打官司的。"实际上，那些处理不了的纠纷，最终就完全取决于双方的力量对比了：强者占便宜，弱者吃亏，"打掉了牙齿往肚里咽"。虽然南村的干部说他们调解成功的纠纷达到 80%，但是据我们了解，这 80% 中，大多也只

---

① 杨丽娟、张汇：《新型农村合作医疗调查报告 3：观望·疑惑·求解》，载《燕赵都市报（冀东版）》2003 年 11 月 17 日。

② 郭文轩、伦蕊：《粮食垄断收购政策实证研究》，载《改革与理论》2003 年第 1 期。

是暂时控制，而没有真正化解。南村的几个主要村干部都是在当地有一定"家族势力"的，他们做工作主要已经不是依赖体制的权威，而是靠家族的影响力与威慑力；而有的村，由于干部不具备这种资源，调解工作就远远不如南村。

取消农业税虽然在一定程度上暂时减缓了矛盾，但是却没有能从根本上解决市场经济背景下小农降低风险、减少生产生活支出、增加公共服务、提供良好秩序等最迫切的需求。甚至，一系列相关的制度变迁还削弱了村庄的干群互动和公共空间维持，以致使村组织进一步变得消极、无为与无能。

当前那些主要依靠村组干部进行调解的村庄基本能保持稳定，但是这只是一个低水平的均衡。近 10 多年来，很多地方村庄的自然秩序在不断消失，村庄认同日益下降，几乎已经失去了接应国家相关的制度供给的结构和力量。今天，一些地区的基层行政体制改革还在遵循着"官退民进"的思路进行。今后随着纠纷调解支持系统的进一步衰微，国家法律又不能低成本的下乡，更多地方必然会成为"无救济型村庄"，甚至沦为弱肉强食状态。

（四）农村社会保障难题

取消农业税后，农村社会保障的最大变化是，供给模式由以社区自给为主逐渐变成了以财政支持为主，制度体系逐渐规范并向城乡一体化发展。这主要体现在以下四个方面。

（1）将农村五保供养对象纳入公共财政的保障范围。自 2006 年 3 月 1 日起施行的新《农村五保供养工作条例》规定：农村五保供养资金，在地方人民政府财政预算中安排；农村五保供养标准不得低于当地村民的平均生活水平，并根据当地村民平均生活水平的提高适时调整。截至 2007 年，全国已有 506.7 万人纳入五保供养范围[①]，基本上达到了应保尽保。而且，五保人员的供养标准也有较大幅度提高，自 2006 年 7 月 1 日起，四川省、湖北省的农村五保人员每人每月所得到的县财政发放的生活费都超过 100 元，五保人员的物质生活水平基本上达到了当地农民的平均生活水平。

（2）将农村部分计划生育家庭的奖励扶助纳入财政预算。2004 年 2 月 27 日，国务院办公厅转发了人口计生委、财政部的《关于开展对农村部分计划生育家庭实行奖励扶助制度试点工作意见的通知》。该通知要求，自 2004 年起，农村只有一个子女或两个女孩的计划生育家庭，夫妇年满 60 周岁以后，由财政按人年均不低于 600 元的标准发放奖励扶助金，直到亡故为止。这在一定程度上解决了农村中只有一个子女或两个女孩的夫妇的养老问题。

---

① 《今年全国建立农村低保制度 506 万人纳入五保供养》，中国网，2007 年 8 月 22 日。

（3）农村最低生活保障制度由试点到全面建立。农村最低生活保障制度是为保障收入难以维持最基本生活的农村贫困人口而建立的一种社会救济制度，它于2003年在全国部分县市区试点，2007年在全国建立。截至2007年7月，共保障低保对象1 074.6万户、2 311.5万人。①

（4）农村社会养老保险制度继续试点，部分地区开始用公共财政增加基础养老金。如2008年1月1日开始实施的《北京市新型农村社会养老保险试行办法》规定，按月享受的新型农村社会养老保险在个人账户资金的基础上增加每人每月280元的基础养老金，基础养老金由市、区县财政共同筹集。②

取消农业税后，农村社会保障虽然取得了巨大的进步，但也面临着很多难题：一是农村五保老人的物质供给虽然得到了保障，但情感慰藉无法得到保障。其主要原因是，农村税费改革后，村委会、村民小组控制的集体资源更少，分散供养的五保老人很难得到村、组两级组织关心，也无法从社区中的集体活动中获得精神慰藉；五保人员集中供养机构往往建立在乡镇上，集中供养的五保老人离开他生活了大半辈子的村落，会因改变生活环境而产生心理不适。这说明，即使国家能够依靠公共财政为农村人口建立养老保障，能解决农村老人的物质供给问题，如果不能发挥农村社区的互助合作功能和组织老人开展文化娱乐活动，也无法解决老人的精神慰藉问题，如消除寂寞、满足亲情等。二是农村最低生活保障存在着保障标准低、针对性差。保障标准低，就是地方政府确定的农村最低生活保障标准低于能够维持当地农村居民全年基本生活所必需的吃饭、穿衣、用水、用电等费用，不能随着当地生活必需品价格变化和人民生活水平提高适时进行调整。2007年，许多地方农村最低生活保障标准仍然为2002年国家绝对贫困线——家庭人均纯收入627元/年。针对性差就是符合低保条件的家庭并不能全部纳入保障范围，而一些不符合条件的家庭享受了保障。如河南省的一些村庄将低保看成治理资源，只将积极配合村组干部工作的村民列入低保范围；四川省的一些中青年农民为逃避赡养义务，与丧失劳动力的父母分家，让父母作为独立家庭申报低保。三是农村社会养老保险的覆盖面小、标准低。2007年，中国参加城镇职工基本养老保险的人数将近两亿，人均月领取养老金1 000元，而参加农村社会养老保险的人数只有5 400万人左右，人均月领取养老金还不到100元。③

本章系统介绍了取消农业税后，国家在农村公共品供给上的制度设计及面临着的主要难题。总体来讲，在未来若干年，国家无力也不可能包揽下农村所有的公共品供给，农村带有一定社区性的公共品，还需农民参与其中，并提供必要的

---

① 《今年全国建立农村低保制度506万人纳入五保供养》，中国网，2007年8月22日。
② 《北京：新型农村养老保险实施细则公布》，中央政府门户网，2008年1月15日。
③ 郭永刚：《龙永图：中国养老问题不能全指望政府》，载《中国青年报》2007年9月13日。

人财物资源。当前，在农村带有一定社区性公共品的供给中，存在的根本性难题是社区组织资源不足，从而使社区虽然可以清晰表达出其对公共品需求的偏好，却无力克服社区的内部成员的"搭便车"行为，从而不能筹集到提供这些公共品所需要的资源。尤其是在农村税费改革中设计出来并被寄予厚望的"一事一议"制度和"农户用水用电协会"等NGO，因缺乏避免"搭便车"的强制性措施和职能，而无法在农村公共品供给中发挥应有的作用。

此外，取消农业税以后，虽然干群矛盾有所缓解，但本质上中国9亿农民的问题并未解决，中国社会已经进入大规模农民城市化的高风险时期，在农村进入高风险的时期，指望"官退民进"，指望依赖一个市场化和社会化的体制来应对高风险的危机，本身就是不现实的。农村公共品供给，从本质上讲，也是一种应对危机的制度，这种制度的要害是，当农民生产生活中的危机出现时，这个体制要有可以应对的办法。最短的桶板决定了水桶的盛水能力。同样，农村社会中，最可能的风险及农民生产生活中最可能的危机，决定了取消农业税后公共品供给制度的底线。我们设计的农村公共品供给制度，既要让农民可以降低生产生活中的风险与成本，又要降低进入高风险时期中国社会整体所面对的危机。

这个意义上，需要重新设计取消农业税后的公共品供给制度。建设社会主义新农村的战略部署，正好提供了这样一个时机。我们可以认为，新农村建设的核心并不在于由国家来包揽农村的公共品供给，而是要通过增加国家对农村社会的转移支付，来构造出一套新的应对未来农村发展风险与危机可能性的公共品供给机制。

第十八章

农村公共物品供给中的均衡

农村公共品供给中的均衡,是指在各种给定条件不变的情况下,农村公共品供给中形成的相对稳定的机制或结构,这种相对稳定的机制或结构,使公共品供给停留在一个相对稳定的水平。因为制度安排的差异和农村社会内部结构性力量的差异,而可能在给定资源量不变的情况下,形成农村公共品供给相当不同的稳定水平。较低的公共品供给水平,会严重影响农民生产生活秩序,并使农民诸多潜在的利益无法实现。较高的公共品供给水平,则不仅可以为农民的生产生活提供秩序,而且可以实现农民潜在的各种利益。在本章中,我们将列举农村公共品供给中实际存在的各种不同的相对均衡案例,分析这些案例的基本条件,包括制度性条件、农村社会内部结构性力量和给定资源条件,进而讨论实现均衡转换的可能性与前提。

一、农村公共品供给的特点

相对来说,农村公共品供给,有三个重要特点。第一个特点是中国是一个有9亿农村人口的大国,众多的农村人口和广袤的农村土地,使国家无力为农村提供完善的公共品供给。杜润生曾说,8亿农民为2亿市民搞饭吃,农民没有出路。同样地,在农村人口多于城市人口的背景下,依托国家财政来解决农村的公共品供给,可能性很小。[1]

---

[1] 这一点正是中国目前开展的新农村建设与日本、韩国和我国台湾地区在20世纪60年代前后开展农村建设所根本不同的。它们在开展农村建设时,其农村人口只占到总人口的不足1/3。

2005年我国城镇人口占总人口的比重为43%，农村人口只占总人口的一半多一点。但是，这个城镇人口包括了进城务工经商的农村户籍人口。而实际上，绝大多数进城务工经商的农村人口，并不能够在城市找到稳定就业机会和收入来源，也无法在城市购买住房。也就是说，绝大多数进城务工经商的农村人口并不能在城市完成劳动力再生产，而要依托农村来完成劳动力和家庭的再生产。如果将这些需要依托农村完成劳动力再生产的人口算作农村人口，则目前我国城镇人口占总人口的比重在35%左右，仅仅稍高于1/3。①

　　与中国城市化率不高相一致，中国仍然是一个发展中国家，国家虽然可以为农村提供越来越多的财政转移资金，却很难达到发达国家如日本和韩国对农村公共品的财政投资力度。日本可以对每一块水田编号管理，将所有农田灌溉设施硬化和标准化。② 韩国通过20世纪70年代的新村建设运动，也极大地提高了农村公共设施的水准。③

　　农村公共品供给的第二个特点是农村土地广袤，农村人口密度不如城市高、农业效率不如工商业高，依托于农村土地之上的农村物质性公共品，相对城市具有不经济的特点。潘维认为，作为农村主要物质性公共品的基础设施这个概念是应城市经济要求而来的，"自然经济"不催生"基础设施"概念，密集的人口和频繁的交易是建设昂贵"基础设施"的动因。④ 也就是说，仅仅从效率的角度来考虑，国家也很难为农村提供与城市相差不多的公共品。

　　农村公共品供给的第三个特点是，中国农村区域发展不均衡，地形地貌、气候、经济结构和种植结构差异极大。正是农村本身的差异，使得不同地区农村对公共品的需求相当地不同。这一点也正好与城市相反。举例来说，在旱作物地区，农田灌溉可以依托机井进行，机井灌溉相对于渠道灌溉，更容易排他，从而更容易通过市场化的办法来完成农田灌溉。渠道则因为更难排他，而更需要有防止"搭便车"的制度安排。

　　相对于城市公共品需求，农村公共品需求更加复杂，因此，有必要建立可以表达不同地方农民公共品需求偏好的农村公共品供给机制。在农村税费改革前，县乡两级官员借口修建公共工程、发展公益事业，来加重农民负担，而事实上，县乡两级却往往将从农民那里收取上来的钱用于修建"政绩工程""面子工程"，

---

　　① 贺雪峰：《新农村建设与中国道路》，载《读书》2006年第8期。
　　② 阿古智子：《日本水田农业中"村落营农"的发展》，见《三农中国》总第8辑，湖北人民出版社2006年版，第140～148页。
　　③ 陈昭玖等：《韩国新村运动的实践及对我国新农村建设的启示》，载《农业经济问题》2006年第2期；张利痒、缪向华：《韩国、日本经验对我国社会主义新农村建设的启示》，载《生产力研究》2006年第2期。
　　④ 潘维：《社会主义新农村建设的理论与实践》序，中国经济出版社2006年版，第10页。

而不是用于满足农民真正需要的方面。其原因就是农民无法表达出自己对公共品需求的偏好。

取消农业税以后，自上而下的转移支付资金在用于供给农村公共品时，同样面临着农村税费改革前的困境，因为农民事实上更难有效地表达出其对公共品供给的偏好。农村公共品需求的复杂性，使县乡干部可以随意编造出理由，将宝贵的自上而下的转移支付用在农民并不需要的方面。

农村公共品供给的以上三大特征，限定了我们进一步讨论农村公共品供给可能选择的范围。农村公共品供给的前二个特征是说，国家在可见的将来，很难有足够的财政能力，包揽下所有农村公共品的供给（相对而言，国家事实上是包揽下了城市公共品供给的），农村居民或农村社区作为农村公共品供给的主体，还将需要发挥相当重要的作用。而第三个特征，则进一步凸显了在农村公共品供给中，必须充分发挥出农民或农村社区的主体性力量。换句话说，农村公共品供给中的前两个特征，使得农村的居民或社区不得不成为农村公共品供给的一个主体性力量。而后一个特征，则需要农村的居民或社区有能力表达出自己特殊的偏好，需要农民或农村社区成为一个主体性力量。

而正是在农村公共品供给中，农民或农村社区作为主体性力量的这两种合起来的重要性，为讨论农村公共品供给的均衡，提供了逻辑前提。

讨论农村公共品供给，不能仅仅从理论上展开，还必须有中国现状这个物。要有农村现状之物，就需要有更具体的例子。刚好我们课题组自2002年开始，就在湖北省荆门市的五个村进行农田水利供给研究的实验，并积累了大量的具体经验。以下我们结合这五个村的实验，来讨论农村公共品供给中存在的不同水平的均衡。

二、农村水利建设实验案例

从2002年开始，我们在湖北省荆门市的五个村做乡村建设实验，其中2003年发生在实验村的一件事令人困惑。2003年，湖北省全面推开农村税费改革。为了减轻及规范农民负担，政策规定乡村组织不得介入农业生产环节的事务，即乡村组织不得再向农民收取主要用于灌溉的共同生产费，而由农民以村或村民小组为单位，成立农户用水协会，由农户推选自己信得过的人来收取水费，组织灌溉。

但在实验的五个村，大多数以村民小组为单位组织的农户用水协会的运转都很不成功。以其中的X村四组为例，在2003年3月，农户用水协会召开全组农户户主会议，一致同意按每亩10元收费，由X泵站抽水进行第一轮灌溉，以备春耕。这一轮灌溉基本成功，但留下了后遗症：一是有三户找种种借口不愿且最后没有交每亩10元的水费，二是有少数农户虽然交了钱，水却没有抽到田里

（但通过潜水泵将泵站抽上来的水抽到田里，已经从泵站的抽水中间接受益）。由于持续干旱，到了7月底，必须再组织农户抽一次水，但这次用水协会收水费却遇到了麻烦：上次抽水未能抽到田里的农户要求退还上次所交水费，一般农户要求补收上次未交水费农户的水费，才愿意再交本次抽水费，而前次未交水费的农户说这次愿交，前次就不交了。扯来扯去，没有结果，钱没有收上来，水也没有抽成。因少抽这次水，全组亩平减产20%。以亩产水稻1 500斤计算，亩平减产约300斤，合200元人民币。这就是说，因为每亩少交10元水费，即减少每亩200元的净收益。

那么，其他村民小组的情况如何？2003年实验的五个村所在区域可以算作风调雨顺，一些村民小组通过小河及水塘抽水灌溉，而没有出现减产，但约有一半的村民小组虽然建立了农户用水协会，却如X村四组一样，难以有效组织起来灌溉，有的村民小组减产超过50%，有的田块甚至绝收。

与这些难以组织起来灌溉的村民小组大异的是，G村一个村民小组，农民选了一个村庄强人当用水协会会长，这个会长比较"狠"，有农户找借口不愿交水费，他上前就是一耳光，说："我为你们办事，你还讲这讲那，我看你是不想活了！"这个村民小组因此很顺利地将水费收了上来，将农田灌溉好了，粮食没有减产。

2003年的种植季节过去了。2003年底，村民开始担忧2004年农田灌溉问题。有农民说："所谓税费改革，我看是国家要将农村作为包袱扔掉，不再管我们的死活。"农民看不到用水协会解决农田灌溉的希望，也看不到乡村组织再来插手农业共同生产事务的希望。一些农户便花大价钱打机井。一口机井少则数千元，多则上万元，一口井的灌溉面积可达10亩。机井深达数十米，且越打越深，越深抽水越是耗电。仅仅农户抽水灌溉的电费，也比从抽水泵站抽水灌溉多得多。但只要有电，井里有水，自己的庄稼就可以灌溉，因旱减产就不大可能出现。

但打井也有问题，这在2004年第一次春耕抽水时明显表现出来。一是机井一抽水，以前农户打的吃水井就没有水了，实验的五个村的农户都靠吃水井（深8~10米）吃水，机井抽水后，吃水井无水可吃，便责怪打机井的农户；二是机井抽水一段时间，30米深的机井先抽不到水，接下来是40米深的机井抽不到水，最终导致打井恶性竞争，井越打越深，打井成本及抽水成本成倍增加；三是费时且影响产量。如果需要灌溉的稻田离水井较远，灌溉1亩地常常需10多个小时，在抽水时必须有人守候，以防抽水设备被盗或损坏。从深水井抽上来的水温度太低，往往影响水稻的生长，从而降低产量。

更糟的是，打机井会进一步破坏从大江大河引水的抽水泵站的运作：花巨资打了机井的农户，一定不愿意再加入抽水泵站抽水，而一旦有若干农户不从泵站抽水，其他农户从泵站抽水时，这些因打了机井而不交钱农户的农田就可能得到泵站灌溉的好处（因为农田灌溉的毛渠很差，到了村民小组，都是漫灌、过田灌溉），这就会增加那些没有打井而不得不交钱农户的不满，由此增加收费困难，最终使泵站灌溉体系无法运作。一旦有若干年泵站灌溉体系无法运作，泵站灌溉体系的维护就成问题，最终造成灌溉体系崩溃。等到出现大旱、小旱，以机井、水塘为主的灌溉体系不能解决农田灌溉时，农业大减产就难以避免。

三、农村公共品供给中的四种均衡

我们实验的五个村中的三个村，以前均是依托 X 泵站来灌溉的。X 泵站修建于 1975 年，是从汉江引水的中型泵站，设计灌溉能力为 1.4 万亩，目前仅能灌溉约 3 000 亩耕地。从实验村的农田灌溉中，我们可以归纳出四种灌溉均衡。

第一种均衡：以乡村组织强制为基础的均衡。

这种均衡是，在税费改革前，乡村组织以收取共同生产费的形式来组织农田灌溉的均衡。一般来讲，乡村组织收取共同生产费，会与农业税搅在一起，基本上是以税收强制力来收取。之所以乡村组织有收共同生产费介入农田灌溉的积极性，是因为乡村组织收取的共同生产费，往往比实际使用的要多，因此可以为乡村组织提供额外的预算外收入。比如一个乡镇有 10 万亩耕地，每亩实际需要 30 元水费，而镇政府下达预收共同生产费为 50 元/亩，则乡村两级一年从共同生产费中即可得到 200 万元之巨的收益，乡村组织当然会有组织农田灌溉的积极性。

这种情况下，乡村组织得到了好处，农户也没有吃太大的亏，因为农户从抽水泵站抽水比较便宜，且大旱之年农田灌溉也有保障。这样就形成了一个关于农田灌溉的均衡：农户以略微高于实际成本的代价，从抽水泵站中得到稳定而比较廉价的农田灌溉用水。

农村税费改革前，全国相当部分农村地区，乡村组织通过强制半强制手段，向农户收取共同生产费，从而组织农田灌溉等公共事务。

共同生产费的重要特征是其事实上的强制性。乡村组织一般是与农业税一起向农户收取共同生产费。共同生产费的多少，要依据实际使用的数额来确定。从理论上讲，乡村组织在年初按人头田亩数收取一定的共同生产费，到年底按实际使用共同生产费的情况进行核算，"多退少补"。但在实际的操作中，因为农户相对分散，乡村组织将共同生产费收上去之后，往往并不将所有共同生产费都用于农民共同生产的事务，而可能挪用到与共同生产无关的事务上去。尤其在乡村财政紧张,且乡村财政缺乏监督的情况下,共同生产费往往成为乡村组织向农民收费的无底洞。

乡村组织为了自身利益,一般会倾向于多收共同生产费,而少承担共同生产的责任。不过,既然乡村组织已经向农户收取了共同生产费,乡村组织就不得不承担共同生产的责任。以农田灌溉为例,在收取用于农田灌溉的费用以后,乡村组织会利用其组织动员能力,组织农田灌溉。

因为乡村组织收取共同生产费,具有一定的强制性,乡村组织一般都有能力筹措到用于共同生产所需的费用。又因为乡村组织已经将共同生产费筹措起来,可以集中使用,乡村组织就有能力为农民提供必要的共同生产所需要的公共品,如农田灌溉。正是乡村组织通过强制介入分散农户共同生产的环节,防止了少数农户的"搭便车"行为,从而使基本的生产秩序得以保持。

不过,因为乡村组织本身的行为得不到有效监督,乡村组织倾向于借向农户收取共同生产费,来加重农民负担。假若乡村组织每亩多收 20 元灌溉水费,一个有 10 万亩农田的农业型乡镇,一年就可以有 200 万元的额外可支配收入。这对于一般年财政收入只有数百万元的农业型乡镇政府来说,其向农民超额收取共同生产费的动力,显而易见。

第二种均衡:以个人暴力为基础的均衡。

这种均衡由村庄强人出面来组织农户进行灌溉。与以上情况相似,村庄强人充当了前一种均衡中的乡村组织,他凭借个人暴力而不是凭借乡村组织借助的税收后面的国家强制力,来降低组织农户灌溉时出现的高昂交易成本。村庄强人收费交给抽水泵站,农户有稳定而廉价的农田灌溉用水,这样也会形成一种均衡。与第一种均衡的差异是,我们更加无法计算村庄强人会如何像乡村组织一样,从他们所凭借的暴力收费中提取多少个人利益。如果说乡村组织多少还是一种可控力量的话,村庄强人却完全可能从他可以借助的个人暴力及貌似合理(实际上也合理)的公共品供给行为中,无休止地谋取好处。村庄强人无休止谋取好处的行为,会破坏农田灌溉用水中的均衡。

第三种均衡:公共品供给体系解体形成的均衡。

这种均衡因为既无乡村组织借重国家强制力,也无村庄强人借重私人暴力来抑制"搭便车"行为,从而降低农户在农田灌溉上的高昂交易成本,而使集体行动无法产生,从泵站获取稳定而廉价灌溉用水的渠道被阻塞,农户不得不因此打井灌溉。打井灌溉的实质,是农田水利作为公共品已经解体,而被村民借私人物品的形式来替代解决。机井这种私人物品的好处是降低了高昂的集体行动的交易成本,从而不会因为不能从泵站抽水而致庄稼旱死。但是,除非风调雨顺,否则,机井灌溉同样会出现农田无法灌溉的问题。在实验的五个村,已有农户因为灌溉困难，而将水稻田改种杨树和黄豆。①

机井灌溉体系本身也会形成一种均衡，这种均衡的特点是，因为机井灌溉已成为私人物品，而不需要借重或国家或私人的暴力。在风调雨顺年景，机井灌溉相对有效，旱灾年景则可能出现严重的农业减产，尤其是经常出现旱灾的季风型气候的中国，可能会产生极大的问题。

第四种均衡：农户集体行动形成的均衡。

这种均衡由农户以村民小组或村为单位组织用水协会，由农户选举产生用水协会会长，由会长负责收取水费并组织农户灌溉。会长不用凭借私人暴力，而是凭借村庄舆论的力量，来防止少数村民的"搭便车"行为，或即使有个别农户"搭便车"，也因为存在强有力的村庄社会关联，②而将"搭便车"农户边缘化和妖魔化，认为"搭便车"的农户"不要脸"，是不道德的人。这种妖魔化给其他试图"搭便车"的农户以巨大压力，从而将一户"搭便车"，便户户想"搭便车"的传递链打断。这便形成了以非暴力（但有舆论及道德的力量）来维持的公共品供给的均衡。

以上四种均衡，显然以第四种均衡最为理想，因为农民出资最少，又可以获得稳定而廉价的灌溉用水。但是，达成第四种均衡所需要的村庄条件较为苛刻。具体来说，这种均衡需要有以下几个必不可少的前提：

第一，规模不能太大。按照集体行动的逻辑，集体的人员越多，规模越大，希望"搭便车"的人就越多，集体行动（即合作）难度就越大，可能性就越小。在中国传统社会，农村在水利上的合作大多发生在自然村的范围内。也正因此，中国传统社会几千年，到1952年统计，有效灌溉面积仅占全部耕地面积的17.9%，仅及经过人民公社之后1978年统计灌溉面积的1/3。③

第二，小规模群体内部具有强大的向心力、道德感及对个别违规农户的惩罚机制。在中国传统社会，乡土社会本身的习惯法，可以使那些违规农户无法在村庄再待下去。孙秋云考察的湖北土家族地区，在新中国成立前普遍存在将违反村庄道德的村民进行体罚乃至处死的情况。④ 在农村调查，也常听到一些老人讲过去按族规将某个吸食大烟者活埋的故事。总而言之，在小规模群体内，具有自主

---

① 赵连阁等指出，随着市场机制在水资源配置中发挥作用和"中国农业机械化程度的提高以及青壮年劳动力的农外就业机会的增加，中国北方正出现水田改为旱田的趋势"。参见赵连阁、韩洪云：《中国灌溉农业发展面临的问题与挑战》，载《水利经济》2004年1期。荆门市出现这种情况的糟糕之处在于，荆门地处江汉平原，土地肥沃，适宜种植水稻，且水稻的收益高于旱作物的收益。

② 村庄社会关联的含义，参见贺雪峰、仝志辉：《论村庄社会关联》，载《中国社会科学》2002年第3期。

③ 程漱兰：《中国农村发展：理论与实践》，中国人民大学出版社1999年版。

④ 孙秋云：《社区历史与乡政村治：鄂西土家族地区农村宗族文化与村民自治研究》，民族出版社2001年版。

性的法律与规定，使得违规者要承担巨大损失，即使有一两个人违反习俗，强有力的谴责也使他人不敢再次付出违反习俗的代价。与此相关，国家法律没有直达每个村民，村庄具有自主的法治力量。

第三，小规模群体内部，可以形成对未来的稳定预期，与此相关的就是村庄内部的流动性不高。

反观今日中国农村，绝大多数地区，村庄（无论是村委会一级还是村民小组一级）作为一个共同体的内部凝聚力已经解体，村庄社会关联度很低，村庄对违反公益及习俗者进行惩罚的能力很弱。具体地说，一方面，在现代的农村，以维护个人权利为基础的国家法律已经普照于每个村民，村民都知道利用法律来维护自己的权利，而村组干部及村庄其他组织（除非地痞及黑恶势力）也不敢明目张胆违反法律规定去惩处村民。另一方面，现代社会既是一个信息高度流动的社会，又是一个人员高度流动的社会。村民可能已经不在乎村庄内部的评价机制，他们希望在城市或其他地带获得社会承认，他们可能更愿意在其他地带找到自己的社会归属。信息的高度流动，使村庄评价难以起主导作用，村庄评价不再重要。人员的高度流动，使村庄无法再真正有效地惩罚违规村民，因为违规村民可以一走了之。

换句话说，今日中国可以达成第四种均衡的农村，只能是少数，比如存在较强宗族意识（即村庄内部的评价机制），甚至宗族活动较为频繁（如不断进行的以宗族为单位的龙舟比赛）的江西省、福建省农村，及一些较为封闭的地区，或一些传统依然保存较为完好的少数民族地区。在乡村组织退出农村公共品供给领域之后，绝大多数农村的情况会进入第三种或第二种均衡。

第二种均衡的发展就是由强人演变为地痞再演变成黑恶势力，第三种均衡是一种低水平均衡。也就是说，乡村组织退出农村公共品供给领域后，农村更可能出现低水平的公共品供给的均衡，或由黑恶势力替代基层政权来供给公共品，而不是出现第四种均衡这样的理想状态。

四、农村公共品供给均衡的讨论

那么，为什么乡村组织退出以后，更可能出现第三种均衡，而不是第四种均衡呢？原因与农民在当前市场经济下的公正观及相应的行动逻辑有关。

在以上所举 X 村农户用水协会 2003 年灌溉的例子中，作为外人，很容易就想到，既然有的田块受旱灾如此严重，这些受灾严重的农民为何不自己多出一些钱以将水抽上来，从而减少旱灾的损失？

如果有农户愿意多出一点钱，即使少数农户不愿按亩均 10 元出钱抽水，也能将抽水的缺额补足，从而将水抽上来。所有人的损失都减少了，所有人都获益了。甚至有一种可能，村民中的大多数人不愿出钱抽水（不是不需要水），而少数村民的公益心特别高，自己出钱抽水，既解决了自己田里缺水的问题，又解决了他人田里缺水的问题。这个少数只要达到 10 元/200 元即每 20 户中有一户愿意将可能遭到损失的钱用于抽水，则虽然这一户不减少任何实际收益，却可以同时为其他 19 户村民提供极其巨大的收益。何况目前整个村民小组只有极少数农户不愿出钱，这大多数农户为何不摊钱将水抽上来呢？

  这就涉及农民特殊的公正观。人们一般会认为，若有少数农户愿意在不增加自己损失的情况下避免其他农户的损失，则这些少数村中公益心很高的农户，是会受到其他农户尊重乃至尊敬的。实际情况并非如此。因为在同等收入及经营处境下面，这种公益心缺少被其他农户理解的理由。在一个只有极少数人不愿出钱的境况下，愿意出钱的大多数人中的部分人往往将眼光紧紧盯着那些不出钱的少数，这就使愿意出钱的多数变成大多数村民实际上不会出钱。农民不是根据自己实际得到的好处来计算，而是根据与他人收益的比较，来权衡自己的行动，这就构成了农民特殊的公正观：不在于我得到多少及失去多少，而在于其他人不能白白从我的行动中额外得到好处。而在任何一个社会中，总是会有极端自私的少数和极端无私的少数，这两个极端不能代表农民的平均水平。构成农民平均水平的公正观，大致就是以上特殊的公正观。这种公正观无力处理极端自私的少数人（即以上实例中不愿出钱抽水的农民），因而就无力解决农村社会的公共品供给问题。"搭便车"行为将公益破坏掉了，所有人都受到损失。

  村庄社会是一个熟人社会，公益心高的农户或对利益算计特别敏感的农户，成为每次公益行动中其他村民期待的对象，这些人在每一次公益行动中都被村民期待成不得好处或只得较少好处的对象，而其他村民则从中获益。这样一来，就会回到我们在荆门市农村调查时农民不无偏颇地总结出来的"不怕饿死的不会饿死，怕饿死的就会饿死"的逻辑。[①] 这些公益心高或对利益算计比较敏感的村民，因为每次从村庄公益中都得到相对于其他村民较少的好处，最终使这些因为怕饿死而赶快出钱抽水的农户成为村中每次受到损失最多的人，最终，这些人彻底在经济上被边缘化，成为村中说不起话也办不起事的贫困户，而那些总是想"搭便车"也的确总是"搭上便车"的农户成为村中的受益者，成为村中中心人物。终有一天，这种公益心高或对利益算计敏感（怕饿死者）的农户被淘汰出局。农村中不是因为自己利益而是因为别人可能白白"搭上便车"而无法集体行动的特殊公正观终于确立起来。在上述实例中，虽然少数村民可能摊钱将水抽上

---

  ① 罗兴佐、贺雪峰：《乡村水利的组织基础》，载《学海》2003 年第 6 期。

来，在减少自己可能受到损失的同时，减少其他村民受到的损失，但没有这样的少数村民单独行动，旱灾就使所有人受到了巨大的损失。

这种巨大损失是脆弱农户难以承受的。在传统社会里，因为屡屡受到这种损失，村民们会团结起来共同克服这些困难，这种办法就是建立及强化以宗族组织为代表的传统组织体系。在今天的江西、福建等南方稻作区农村，还可以普遍见到宗族组织在形成集体行动方面的作用。宗族性组织起作用的原理是，将少数极端自私、不愿合作者边缘化，使他们的自私自利行为受到惩罚，使他们的不合作行为仅仅限制在自己身上，而不扩展成为村中大多数人的行动。边缘化不合作者的办法与对合作要求的强度有关，越是需要合作的村庄（或宗族），边缘化不合作者的办法越强有力。这种强有力的办法不只是对不合作者产生了损害，而且使其他村民从不合作者所受惩罚中感受到了传统的力量而不敢违规。

换句话说，在传统社会中，并不是不存在违规者，也不是不存在强烈"搭便车"欲望的"落后分子"，而是因为存在一套相对有效的惩罚机制，而可以在某些方面将这些不合作者（落后者）边缘化，从而改变了村中大多数人的合作预期。在公共事务中，懒汉总是有的，但因为会受到惩罚（包括舆论的等，这种舆论力量有时十分强大，以致懒汉因此而娶不上媳妇，甚至影响到后人）而使大部分人不愿意（或不敢）变成那种事事"搭便车"者，从而使有限的合作进行下去。

因此，关键问题就是有无将不合作者（懒汉）边缘化的办法。传统社会将不合作者边缘化的办法依托的是传统组织及传统文化，这种传统组织及传统文化是与当时稳定的生产方式和村庄生活密切联系的。较少变动的文化及生产方式，使村民的一切都变得可以预期，今天的付出会有很长时期的回报，暂时的利益损失会在很久以后补偿回来，这就使村民的行为预期长期化，行动的贴现率比较低，基本的村庄合作就比较容易达成。村庄即使出现不愿意合作的"违规者"，这些"违规者"也是少数，不可能变成多数，也不影响村庄场面上的合作与秩序。

在预期长远的境况下，乡村社会会发育出一套培育乡绅的机制。村中那些有钱有势的人并不急于将自己的优势用尽，而是注意平衡与村庄邻里的关系。农村社会是一个道德社区，可能的条件下，人们愿意为未来投资，而不是急急忙忙地赚取现时的好处。村民为未来的合作可以长期收回投资，而违规行为则会长期受到指责。合作收益很好而违规成本很高。

问题是，革命运动和市场经济双双对传统的打击，已使传统的力量变得十分弱小，农民在熟人社会中理性行动的逻辑及他们与此相适应的特殊的公正观，已不再受到诸如传统的组织力量与文化力量的约束，村庄社会关联度大为降低，农民成为原子化的个人，前述实例就成为当前农村本身的必然景观而非偶然现象。

市场经济对村庄的影响,除了前述从农村中抽取资源及货币化人际关系以外,还改变了村庄本身的预期。以前的生产方式是长期不变的,村庄也是稳定的,今天的村庄则不断地有人迁出,外来的价值观迅速进入,无论是舆论力量还是组织力量,都不能为农民提供可以把握的未来,这种情况下,村庄不会产生有着长远打算的乡绅,倒是容易产生"今朝有酒今朝醉"的地痞。一般村民也因为预期的改变,不再看重未来的长远收益,而将现时的收益看得极重,从而出现行为的严重短期化,只要今天可以多得一点好处,就不再顾忌未来的长远收益;只要个人可以得到好处,就不再顾忌整体利益是否受到损害。农民的这种行动逻辑已不是推论,在许多地方已成为现实。

中央农村工作领导小组办公室主任陈锡文先生在接受记者采访时指出,我国农田水利建设形势严峻,如果再不加大水利建设的投入,就会对农业生产形成制约。他说,"90年代中后期,每年用于投工投劳在100亿个劳动日以上,去冬今春只有47亿个,减少一半以上,少了53%。"在这种情况之下,国家又没有相应出台新的机制保证农田水利的建设,因此水利设施老化失修的状况越来越严峻。陈锡文说:"大概算一下,如果100亿个劳动日,按10元钱一个工计算,你要去买的话,就是1 000个亿,中央和地方政府都出不起,如果任其自由发展,3~5年后中国的农田水利系统可能崩溃。"①

其实,农田水利只是农村公共品供给的一个方面。农村税费改革前,农村两工都是强制性的,与此相关的农民灌溉收费,也是通过共同生产费,由乡村组织强制收取的。农村实行税费改革后,取消了大部分农村公共品供给的强制性要求,而期望农民通过自发力量来解决与自己利益关系密切的公共事务,也因此在国内学术界出现了大量"国权退、民权进",由农村社会自我发育出来的力量,通过市场化的办法来解决农村公共品供给的宏论。而实际情况,可能是农民不能自主解决与自己利益关系密切的公共品供给,从而出现公共品供给严重不足的问题。

即使农村公共品直接由国家提供资金,由政府来供给,如农田水利上,如果国家投入巨资来建农田水利设施,仍然不能解决农田水利问题。因为在承包制下,离开了政府性权力,农民无法联合起来使用国家投资建造的水利设施。X村使用的X抽水泵站,是人民公社时期建造的,现在仍然可以使用,但抽水需要交费。泵站不可能为一家一户的农户抽水(因为规模太小),农田灌溉至少以村民小组为单位,抽水才有效率(在农户经营规模太小的情况下,泵站仅仅为个别农户抽水,所抽之水会流到其他农户的田地);村民小组组织泵站抽水,必须克服

---

① 陈锡文:《我国农田水利建设形势严峻》,三农中国网,2004年11月13日。

"搭便车"行为;以村民小组为单位选举产生的农户用水协会,因为没有强制力,且村民小组内缺乏足够的舆论力量,使得"搭便车"行为无法克服,最终,农户用水协会无法筹集抽水所需资金,现成的抽水泵站无法使用。这才是当前农村公共品供给中最为糟糕的情况!

这种糟糕的情况,并不仅仅局限在农田水利方面,而是当前农村公共品供给中普遍存在的问题。出现这种情况的原因,与当前农村传统解体(传统道德及舆论,传统组织及具有强制力的习惯法等),又硬性将国家权力从乡村退出(以此次农村税费改革为典型)有关。正如农村纠纷解决的情况一样,农民之间的纠纷很难依靠法律来解决,因为法律解决的成本很高。如果要削弱乡村干部在调解农村纠纷中的作用,则农民只有依靠拳头大小来解决相互之间的纠纷,这就为农村黑恶势力的产生提供了空间。[①] 同样,在乡村水利等公共品供给中,如果政府性权力硬要退出,则农村就很可能出现由地痞出来维护低成本农田灌溉的情形。这样下去,农村岂不会成为黑恶势力的天下?

从以上讨论中,我们可以看到,如果要为农民提供稳定而且低成本的公共品,我们不仅需要国家投资,而且在国家不能直接投资,而需要农民自己组织起来解决自己的问题时,我们很难离开带有强制性的合法的"政府性权力"。因为这种"政府性权力"不仅能克服少数人的"搭便车"问题,更重要的是它能为农民的自组织提供制度化保障,否则就可能产生同样带有强制性的非法的黑恶势力。

公共品供给(筹资及使用)必须要有强制力。因此,需要将村庄民主作为国家民主制度的一部分,以国家强制力作为公共品供给的保障。这与当前许多人讲的"国权退,民权进"刚好相反,也与强调民间组织的说法刚好相反。

---

① 贺雪峰:《乡村干部与农村调解》,三农中国网,2005年1月3日。

第十九章

农村公共品供给的政策建议

前述数章的分析讨论，是为了有针对性地提出关于农村公共品供给的政策建议。本章不求全面但求有重点地提出若干政策建议。

如前已述，取消农业税后农村公共品供给制度，是延续税费改革前的体制并在此基础上改革而来的。所谓延续的一个含义，就是现在的农村公共品供给制度，是在充分认识到税费改革前的弊端的基础上进行改革的。因为税费改革前十多年时间里，中央农村政策的中心之一是减轻农民负担，但因为机制没有转换，体制没有改革，地方行政包括县乡村各级一直在中央减轻农民负担的压力下面，变相增加农民负担，以致最后，无论是中央还是农民，都对地方行政失去了信心。学界与媒体等也一致认为地方行政是加重农民负担的"罪魁祸首"，"官退民进"因此作为农村税费改革后，彻底解决农民负担问题的治本之策被提了出来。表现在农村公共品供给上面，就是一方面要求中央加大对农村公共品供给的责任；另一方面希望农民在离开行政性权力的基础上，自主解决公共品供给不足的问题。

但是，当前学界及政策部门恰恰忽视了农村社区性公共品供给本身的特点，从而忽视了乡村行政性组织可以在农村公共品供给中扮演的关键性角色。

此外，2005年中共十五届六中全会提出建设社会主义新农村的战略部署，意味着当前农村公共品供给的形势，已经极大地不同于税费改革时期。新农村建设战略部署的背后，是中央对中国农村乃至中国整体局势的深刻判断。中国是有9亿农村人口的大国，自改革开放以来，中国经济进入持续高速增长阶段，农村人口的快速城市化，首先是农村中优势人群的城市化，是农村人、财、物资源不断流入城市的过程。农村人口城市化的过程，也是农村持续衰败的过程。如何在中国经济高速增长、城市化快速进行的过程中，维持农村社会相对稳定的生产生活秩序，就成为中国现代化能够顺利实现的基础。与中国现代化进程中农村人财物资源自动流向城市相反，为了维持农村社会必要的生产生活秩序，国家必须增加对农村的资源投入，从而力图将农村建设成为中国现代化的稳定器和蓄水池。

新农村建设战略的提出及其实施，与农村税费改革时期国家试图从农村中撤出，是完全不同甚至相反的逻辑。作为农村税费改革配套改革的乡村体制改革，具体包括撤乡并镇、合村并组、精简机构、减少乡村干部、取消村民小组长等，总的原则是乡村行政性组织大踏步地退出乡村社会。而新农村建设战略则要求乡村行政性组织作为新农村建设中的主导性力量，在新农村建设中发挥积极作用。正是在这个意义上，我们提出乡村体制改革要对接新农村建设。离开乡村行政性组织的力量，新农村建设将缺乏指导，也很难顺利开展。

新农村建设还意味着国家增加对农村社会的资源投入。但是，国家如何投入资源到农村，通过何种途径才能最有效地使投入农村的资源发挥作用，却有着十分不同的意见。本章也将提出我们的意见和建议。

一、建设能够有效提供公共物品的乡村行政组织体系

所谓乡村行政性组织，是指包括乡镇党政组织、具有一定执法权的乡镇站所、村支部和村委会。从纵向上看，乡村行政性组织就是指乡镇、村委会和村民组等行政性建制的组织设置，从横向上看，乡村行政性组织不仅包括党政机构和村民自治组织，而且包括各种下派的具有一定行政执法权的机构（如派出所、司法所、法庭、土地管理部门等）。

乡村行政性组织是一个十分复杂的功能复合体，既有分工又有制衡。但在农民看来，乡村行政性组织都是以行政地域为基础具有一定行政强制力的机构，是有解决农民在生产生活中各种困难的义务的机构，也因此是农民在市场不能解决问题后不得不找的"乡长、村长（村支书或村委会主任）、所长、站长"。而从国家来看，设置乡村行政性组织的目的就是要通过乡村行政性组织来管理农村，来解决国家政令的下达和农民意见的上传，来解决中央执政的农村基础等问题。从乡村行政性组织过去的实践来看，虽然不同乡村行政性组织制度上的功能划分和机构设置十分明确，在实践中，却一直是职责模糊，功能不分，所谓"下去一把抓，回来再分家"的。

农村税费改革以后，乡村体制改革的核心就是缩小乡村行政性组织的规模，减少乡村行政性组织的权力，从而达到所谓"官权退、民权进"的效果。我们认

为，这种乡村体制改革的思路存在严重弊病。从农村公共品供给角度看，在小农经济和中国高速现代转型从而存在着严重社会政治风险的条件下，乡村行政性组织是农民及国家可以依托的基础性力量，是农村社会中最大的公共品，离开强有力的乡村行政性组织，不仅新农村建设无从谈起，而且中国现代化转型中可能出现的各种风险也将难以应对。建设一个坚强有力、结构合理的乡村行政性组织，是农村公共品供给中要解决的第一个问题。

在未来相当长一个时期，中国大部分农业型的农村，农民收入不可能有较大幅度的持续增长。人均1亩3分耕地和很少的现金收入，使农民很难真正成为市场经济条件下合格的消费者，这就使农民需要有乡村组织介入到自己的生产生活事务中，以解决自己无力解决的各种困难。农民在生产和生活中有了困难，最后能找的也只能是乡村组织。也就是说在农民数量庞大，现金收入很少，且农村人财物不断流入城市的背景下，要想建立一个高度社会化和市场化的公共品供给体制，没有可能。从过去的实践来看，乡村行政性组织的最大特点之一，恰恰是其功能的总体性，而非其功能的精细分化。农村（尤其是中西部农业型地区的农村）工作具有很强的季节性、阶段性和临时性。所谓季节性，是与农业生产的季节特点联系在一起的。所谓阶段性，是农村工作往往是以中心工作的形式来布置，然后集中所有可以调动起来的力量，一鼓作气完成。阶段性和中心工作的好处是可以在有限的时间，较为彻底地解决一些问题，例如，取消农业税前集中收费、水利建设或农技推广、打击黑恶势力等。所谓临时性，是因为一些突发事件需要由乡村组织去组织应对，典型如禽流感和"非典"，不很典型但也很重要的如农村税费改革工作，甚至于乡镇机构改革、合村并组、撤乡并镇等工作。

乡村行政性组织工作的总体性，正与其季节性、阶段性和临时性相适应。乡镇政府官员往往要包片推广农田免耕技术，而农技站的技术员却被安排协助农民抗旱。党政不分，政（行政）事（事业）不分，并不是乡村行政组织的缺点，反而是一大优点。正是因为政事不分及功能总体性的特点，乡村行政组织有能力在较短的时间集中相当的力量来解决一些具体的与农民生产生活利益密切相关的事务。

乡村行政组织工作的总体性，还与其功能的模糊性和农民的分散性相关。在市场经济条件下，传统的连带关系解体，农民越来越难以从传统的关系中获得应对生产生活困境的手段。因此，农民生产生活中的难题，其最终可以找到的依靠力量，就只有乡村组织。举例来说，农民夫妻吵架也往往要找村支书来调解。农民之间的纠纷调解，过去是，将来仍然会是乡村组织最重要的职能之一，因为收入很少的农民，无力通过法院的判决来高成本地解决对他们生产生活至关重要的那些矛盾。曾长期担任乡镇党委书记的陈文胜曾说过，凡是乡镇干部队伍强有力的地方，就是黑势力和恶霸影响很弱的地方，而控制力很弱的乡镇就是黑恶势力猖狂的地方。现在的农民不怕干部，就怕黑恶势力，没有乡镇政权的存在将是黑恶势力的天下。有人说有司法机关，且不说以打击为主要手段是本末倒置的治政之策，也不说幅员辽阔的农村需要多少的警力，而农民又能付得起多少成本呢？农民不愿意向派出所报案，因为拘留甚至判刑，只要不是死刑，就要成为经常相见的生死对头，他们今后的日子将会更为悲哀。也不愿到法院去打官司，因为要支付那么多的律师费、审判费和执行费，这钱不如不要。只有到乡政府请求调解是无偿服务。在湖南省H县S镇，每一年要调解100多个纠纷，其中2002年有一个经济纠纷到法院去要花数万元以上的诉讼费，到镇政府只耗一天的时间，还在食堂提供免费中餐，经镇政府调解双方自愿退步，不仅达成协议，而且化敌为友。由于及时调处，社会矛盾得以化解在萌芽，化解在基层，才保证了全国经济的发展，人民生活的安定，才稳定了有9亿人口的广阔农村天地，才具有了齐心合力奔小康的前提条件。①

乡村行政性组织也是农村中真正弱势群体的最后一根救命稻草，是乡村发生危机时可以随时动员起来的灭火器。有人说社会的事务应由社会自身来解决，行政性权力应该退出去。但在市场经济条件和快速城市化背景下，农村社会组织成长的空间很小，甚至可以说没有成长空间，行政性权力退出农村，可能不是农民需要的可以解决他们生产生活难题的良性社会组织生长起来，而是各种带有黑社会性质的灰色力量的快速成长。

乡村行政性组织是相当于对弱势农民负有无限责任的公共权力，是必须由国家来建设的基层组织。有人说小农经济条件下，农民养不活庞大的乡村组织，问题是，中国农民虽然仍然是小农经济，而中国整体的社会发展，却已经到了工业化程度很高的阶段，国家已经有能力从城市和工商业中获取大量的财政收入，从而使国家有能力通过财政转移支付养活（事实上并不庞大）乡村组织。

建设强有力的乡村行政性组织，不仅可以为农民提供日常性的服务，而且可以在农民生产生活出现重大困难时，有能力挺身而出帮农民解决这些重大困难；不仅可以应对日常性的各种事务，而且可以在可能出现的危机中起到消化危机的作用。

有人担心乡村组织会如税费改革前一样，不仅不帮农民解决问题，而且结成利益共同体，成为加重农民负担的源头。这样的担心有一定的道理。但是，如果从取消农业税后的乡村关系来看，尤其是从国家对农村转移支付越来越多的背景下看，这种担心无疑是多余的。取消农业税之前，乡村组织最为重要的职能是

---

① 陈文胜：《解决三农问题乡镇政权不可替代》，载《经济日报内参》2004年13~17期。

"收粮派款"，在农民负担较重，农民普遍不愿缴纳税费的背景下，乡村为了将税费收上来，而结成了利益共同体，收税收费的任务，压倒了乡村组织为农民生产生活提供服务的任务。但即使这个时候，乡村干部在向农民收取税费时，也不得不面对农民所说"你们不保证春耕灌溉，就别指望秋后收税"的压力，乡村组织不能不为农民提供必要的服务。

取消农业税后，乡村组织不再面临着向农民收取税费的巨大压力，乡干部也就没有必要再为收取税费而求村干部，上级就可能通过为农民提供服务的状况，来考评下级工作的好坏，乡镇也更倾向由农民自己选择自己满意的村干部。如果说税费改革前，受到强大收取税费压力而主要是向农民索取的乡村权力，在某些地区做了一些影响十分负面的加重农民负担的坏事，那么，在税费改革后，因为乡村体制改革的"官退"取向，乡村组织在大部分农村地区，事实上已经失去了为农民提供服务和办好事的能力。

二、加强村社组织建设，强化农村社区性公共品供给能力

取消农业税后，被各界寄予厚望的供给农村社区性公共品的"一事一议"制度和农民用水用电协会等 NGO，事实上并没有也很难发挥其在农村社区性公共品供给的基础性作用。农村公共品供给中，以社区自组织为基础形成的公共品供给，是最能反映农民需求偏好，且最少农民负担的公共品供给制度。"一事一议"和农户用水用电协会正是农村社区自组织的基础。问题是，农村"一事一议"和 NGO 建设，具有几乎是难以克服的难题。在本部分中，我们来讨论有无克服这些难题的办法。

（一）村社组织及其在公共品供给中的优势

所谓村社组织，本处是指带有集体经济色彩的村委会与村经济合作组织。当前中国农村的基层建制，是延续人民公社"三级所有、队为基础"而来。改革开放以后，人民公社解体，政社分开，在村一级建立了村委会，同时，原来生产大队和生产队一级的集体经济成分，变成村社性质的合作经济组织（如叫作经联社等），分田到户以后，中央一直希望建立一个以农户承包为基础的"统分结合"的经营体制，其中"统"的部分即由村社经济合作组织来担当。但实际上，在农村分田到户一定若干年（15年和30年）不变和中央相关农村政策安排下，村庄经济合作组织"统"起来的功能很少得到发挥，也没有发挥的空间。在《中华人民共和国村委会组织法》等法律制度中，村经济合作组织的地位被村委会所替代，以至于当前各界包括农民所关心的只是作为行政建制的村委会，而忽视了还

存在着一个作为经济合作组织的村社。多数情况下，我们已经习惯于将村委会与村合作经济组织混为一谈。

中国农村土地是集体所有，这个集体就是村合作经济组织，包括村和村民组两级。目前国内一些省市（如四川省、重庆市）农村仍然称组级集体为社，这种叫法正反映出了村民组作为生产队的延续，是集体土地所有者的实际。因此，所谓村社组织，可以看作村委会、村民组以及其背后作为集体土地所有者的合作经济组织的泛指。

村社组织在供给公共品方面的优势十分明显。首先，与农民生产生活关系密切的社区性公共品，大部分都是以地缘为基础的公共品，如水、电、路。农民承包的耕地，也大都是以村组（尤其是村民组）为单位进行平均分配的。正是在集体土地的基础上，修建有农田水利和乡村道路，全国大部分农村，农田灌溉的水系都是以村或组为单位进行安排的，一个村民组，往往是一个共同的灌溉单位，共享一个水利系统。农村公共品供给单位与村社组织的重合，使村社内部较为容易一致行动。

其次，在村社范围内，农民很容易表达出其对公共品需求的偏好。农村社区性公共品供给状况与农民利益关系十分密切，而村社社区范围内，是一个熟人社会，村民不仅十分清楚公共品供给的改善可以为自己带来的好处，而且十分清楚公共品供给的改善可以为其他村民带来的好处。如果用村社民主的办法来表达农民的需求偏好，可以非常容易地做到。而村民自治尤其是其中的村民代表会议制度，则为村社范围内农户对公共品需求偏好的表达，提供了现存的制度安排。

最后，村庄组织本身就有"统"的功能，有为分散经营的农民提供共同生产服务的职责。只是在农村税费改革前，在相当部分农村，具有"统"的功能的村社组织，其合作经济组织的一面被忽视，而其行政建制的一面被强化，乡村两级借"统"共同生产事务，做了很多加重农民负担的坏事，而使"统"的好处模糊起来。但在取消农业税后，乡村组织已经被强制要求退出农民生产事务，这就为作为合作经济组织的村社组织，在供给农村公共品方面，提供了机会。

（二）村社组织供给公共品存在的难题

村社组织虽然具有诸多供给社区性公共品的优点，却也有弱点。从大的方面讲，是当前农村村社组织缺乏集体经济实力，即使想为农民提供"统"起来的服务，也是"有心无力"。从具体方面讲，村社组织虽然是农村土地集体所有的所有者，但因为中央政策和相关法律的限制，使村社这个农村土地集体所有的所有者不能发挥作用。尤其是取消农业税以后，村社组织几乎不再有任何从土地所有权中获取收益的办法，从而使村社土地所有权虚化，村社组织不能在"统"的方面为农民提供公共品供给的服务。

也就是说,当前村社组织在供给农村公共品方面,因为以下三个方面的困难而不能发挥作用。

第一,村社组织作为集体土地权力的所有者,事实上不能从拥有集体土地权力中获益,土地所有者的权力被国家政策所虚化。村社组织几乎不能从集体土地上获得任何收益。

第二,村社集体经济实力十分薄弱。事实上,当前中国农村村社经济不只是薄弱的问题,而是负债累累。为了偿还村级债务,全国农村自20世纪90年代末开始,普遍采用了拍卖"四荒"还债,从而使本来不多的村集体可供机动的收入来源也搞得没有了。

第三,村社组织几乎没有任何收入来源。取消农业税以后,国家给村一级一定的转移支付,主要用于村干部的工资支出和必要的办公支出,几乎没有机动的开支。①

在村社组织没有集体收入的情况下,虽然村社范围内的农户可以准确表达出其对公共品需求的偏好,却因为缺乏资源而无法提供。

目前,村社唯一可能凭借的从村民那里筹措公共品供给资源的制度是"一事一议",但正如前述,因为"一事一议"无法克服"搭便车"难题,而在实践中的效果很差。至于NGO,在克服农村公共品供给中的"搭便车"难题中,几乎不能发挥任何作用,而仅仅在那些可以转化为私人品的公共品供给中,可以发挥有限的作用。

(三) 增强社区公共品供给能力的对策

由以上讨论可见,当前农村社区性公共品供给不足的主要原因是村社权力和能力不足,加强村社组织建设,可以有效增加农村社区性公共品的供给能力。

加强村社组织建设,可以从三个不同的方面着手,一是使村社组织从作为集体土地所有者的位置中获得权力或收益,二是加强村社集体经济的实力,三是使村社组织掌握一定的公共资源。

从第一个方面来讲,当前无论是政策部门还是学术界,大都认为"统分结合"、双层经营中,不应强调统的一面,而应强调农户的承包权利,《中华人民共和国物权法》(以下简称《物权法》)进一步将农民的土地承包权当作物权来处理,而排斥了村庄集体的所有权,或者说虚化了村社集体的所有权。虽然中国农

---

① 贾康、白景明:《县乡财政解困与财政体制创新》,载《中国财经报》2004年2月5日;陈永正等:《农村税费改革后乡级财政的深层次问题》,载《财经科学》2004年第2期。

村土地是集体所有制的，但实际上，村社集体几乎不能从土地中获得任何收益权和处置权。

在取消农业税的讨论中，李昌平曾提出，免除农民的农业税是可以的，但不应该也不能够免除农民对集体的义务，因此，李昌平提议改税或费为租，而将租作为村社组织为农村提供公共品的基础资源。①

但在当前中央已经取消农业税和一切农业负担的情况下，再要求农民向村社集体交土地租金，已经不太可能。因此，改税为租的建议虽然有合理性，却缺少现实可能。但是，在将来的关于农村土地制度的建设中，如何强化一些村社的权力，是十分重要的事情。

从第二个方面来讲，即从加强村社集体经济实力方面着手，现实可能性也很小。事实上，早在20世纪90年代初，中央就曾经若干次地发起消灭"空壳村"运动。其结果却是，农村的空壳村（既无债务又无债权的村）现在却成为农村难得的好村，而90%以上的村都已负债累累。

之所以加强村庄集体经济实力的实践不成功，是因为自20世纪90年代中期以来，中国的工业品已由卖方市场进入买方市场，村集体发展村办工业的时机，无论从资金、市场、技术和管理方面，都已经丧失。在20世纪90年代，全国绝大多数发展村办企业的村集体也都失败。不仅20世纪90年代集体的村办企业失败，而且在20世纪80年代发展得十分红火的苏南集体企业，也自20世纪90年代中后期纷纷转制。因此，加强村社集体经济实力的目标虽然不错，而其道路却过于艰难，所以不能作为一项普遍的政策来推行，强制推行，也必然会失败。

从第三个方面来讲，将有较大的可能性，因为中央财政掌握着大量资源，而新农村建设又要求中央财政越来越多地投入到农村之中。当前中央财政对农村的转移支付越来越多，仅2006年中央预算对农村的转移支付即达3 400亿元。取消农业税后，中央不仅给农业型地区的财政以补贴，而且给种粮农户以粮食补贴、种子补贴、农机补贴，等等。

我们可以设想，如果中央按人口和耕地面积，给村社以定额公共事业建设补贴，则村社就可以用这笔定额补贴作为建设村社公共品的基础资金，从而可以极大地缓解村社范围内公共品供给不足的困境。

举例来说，自2002年，我们在湖北省荆门市的五个村进行公共工程建设实验，根据规定，我们给每村每年4万元的公共工程建设资金投入，投入的资金，由村民代表会议在充分讨论的基础上，按少数服从多数的原则，决策修建多数人认为最为迫切需要的村庄公共工程，并由村民代表大会选举产生一个公共工程管

---

① 李昌平：《三农问题再进言》，载《南风窗》2004年第15期。

理委员会,来实施公共工程建设。所有支出均及时张榜公布,接受村民监督并由村民代表会议评议。其结果,2003 年,五个村共修建 10 余处永久性公共工程,主要是水利工程,这些工程几乎都在当年即为村民减少超出投资额的损失或增加超出投资额的收益。

荆门市公共工程建设实验的重要性有二。一是村民十分清楚社区内最为急需且重要的公共品是什么,或者说村民可以有效表达出其对公共品需求的偏好。一旦有外部输入的资源,村民即可以很快地将外来资源转化为村民所急需的公共品。二是为什么村民明知如此有收益的公共品却不集体行动起来,通过"一事一议"或其他办法筹资修建?其原因正是前面已述集体行动中"搭便车"的困境和事实上在农村公共品供给中普遍存在的"少数人决定"。外来资源的输入,才使公共品决策中"多数人决定"的机制建立了起来。

也就是说,如果国家每年给村庄一定的资金投入,规定只能用于村庄公共事业的建设,且要求严格按照"少数服从多数"的民主原则进行决策,则村社组织就可以逐步地解决农民最紧迫需要的公共品,并最终使那些严重影响农民生产生活秩序的公共品得到相对充足的供给。

从以上讨论可见,提高农村社区公共品供给能力从而达到最佳公共品供给均衡的措施,是国家给村社组织每年一定的用于公共品供给的公共资源,这既可以调动村庄内部村民的参与积极性,又可以防止村庄公共品供给中的"搭便车"行为,提高村庄公共品供给的水平。

(四) 关于《物权法》与农村村社组织权力的一点讨论

《物权法》第一百三十条规定:"承包期内发包人不得调整承包地。因自然灾害严重毁损承包地等特殊情形,需要适当调整承包的耕地和草地的,应当依照农村土地承包法等法律规定办理。"

《物权法》关于调整承包地的规定直接来自 2002 年 8 月全国人大常委会通过的《中华人民共和国农村土地承包法》(以下简称《土地承包法》)第二十七条,只有文字的变动,内容上并无不同。但是,《土地承包法》第十八条第三款规定,即土地承包应遵循以下原则"承包方案应当按照本法第十二条的规定,依法经本集体经济组织成员的村民会议三分之二以上成员或者三分之二以上村民代表的同意",却在《物权法》中被取消。相反,在《物权法》第六十三条规定,"集体经济组织、村民委员会或者其负责人作出的决定侵害集体成员合法权益的,受侵害的集体成员可以请求人民法院予以撤销。"

也就是说,《物权法》在《土地承包法》强化承包人土地权利的同时,进一步弱化了村社集体的权力。《土地承包法》和《物权法》的本意是要防止村社组织利用其掌握着的与农户不对称的政治、社会和组织资源侵犯农户的正当权益。如果联系到在有些农村出现的乡村干部的乱权行为，尤其是报道中一些乡村干部胡作非为的形象，再联系到土地对于农民的重要性，站在承包人立场制定《土地承包法》和《物权法》，就有了充足的理由。土地的占有和使用关系，是农村最为基本的关系，并最终决定着农村一系列其他的关系和权利。《土地承包法》和《物权法》从维护农户权利出发来规范农村土地的占有和使用关系，就可能为弱势农民提供维护权利的有力法律武器。

不过，《物权法》的以上立法思想忽视了当前中国农村的实际情况，误解了当前中国农村所面对的真实问题。具体地说，从农户权利出发制定土地占有和使用的权益关系，忽视了村社权力，使得村社这样一个一直在中国农村治理中起着基础作用的单位渐失功能，从而使村社中生活的人们失去了获得公共品的一个基础而重要的渠道。

如前所述，农村公共品供给大多与村社有关。农村公共品如水、电、路，均是以村社地域为基础展开的，正是地域的特点，构成了农村公共品之为公共品：在村社公共品建设中，事实上无法克服"搭便车"者，如"一事一议"筹资修路，却可能有人拒绝出资，而享受修建道路的好处。问题不在于"搭便车"者未出钱却得到了好处，而在于一个人得到好处，就会引发村社内部的连锁反应，使"一事一议"无法进行，从而使村社公共品供给处于短缺状态。

以村社为基础的农村公共品短缺，不只是国家无力出资来提供的问题，而且国家无法满足以村社为基础的农村公共品的复杂要求。农村公共品十分复杂，每一个村社对公共品的需求都不相同，而只有村社居民最清楚自己所在村社缺少什么公共品。国家可以为农民修路，但国家却不可能将所有农村的道路都按照城市道路的要求进行管理，修好的道路在缺乏维护的情况下，很快就被损毁。用于建设农村公共品的投资，不经过村社内部的讨论，或村社并无强有力表达偏好的权力，就会被那些并不从用于村社公共品建设的公共投资中获取好处的人滥用，如县乡各级政府及其职能部门将公共投资用于政绩工程，搞花架子，甚至中饱私囊。在过去的农村公共品建设中，比如农业开发资金的使用中，恶例不胜枚举。最终，国家花费大量财政资金用于农村公共品建设，生活在村社的农民却得不到多少真实的好处。农村公共品依然处于极其短缺状态。

外在于村社的力量无法（或不愿）正确获取村社公共品需求的偏好，从而使大量财政资金被滥用，而村庄公共品供给不足；内在于村社的农户需要公共品，并且具有通过村社（民主决策和民主管理等）来表达偏好的能力，却因为村社既没有强制性征税的权力，也没有从村社集体所有土地收租的权力，而不能从村社居民中获取建设村社公共品的资源。村社无法克服公共品供给中的"搭便车"

者。如果村社内部有强有力的舆论能力，可以将那些"搭便车"者边缘化，并因此防止其他"搭便车"者的跟进，则村庄公共品供给中的"一事一议"也可以成功。如果村社有足够的集体资源可以调用，村社成员通过民主决策表达出来的公共品偏好，就可以使用村社集体资源作为建设公共品的资源，从而克服村社公共品严重短缺的困境。

因为人财物流出村社，农村越来越衰败，越来越需要有充分的公共品供给。当前中国绝大多数农村的情形却是，农村人财物流出和市场经济及现代化传媒的渗透，村社舆论力量越来越弱，村社公共品供给中"搭便车"者越来越多，同时村社集体经济实力薄弱，村社并无足够资源用于建设公共品。由此造成村社内部公共品供给能力的严重不足。

社会的快速转型和农村社会因为人财物流出引致的相对衰败，使得村社传统的以惯例为基础的秩序难以保持。因为村社失序而产生的恶意破坏者屡屡出现。为了使村社秩序得以维持，就有必要强调村社权力，尤其是使村社可以通过对集体所有土地权力的掌握，来对付恶意破坏村社秩序者，防止当前村社公共品供给中普遍存在的"少数人决定"的恶性循环。

外在于村社的力量不能为村社提供所需要的公共品，村社内部又无力供给其需要的公共品，这正是当前农村公共品供给的困境所在。解决这一困境的办法，一是强化村社权力，允许村社向其居民强制收取公共品建设费，从而克服村社居民的"搭便车"行为。二是将国家向农村的转移支付，转移到村社一级。遗憾的是，当前国家的几乎所有政策都是在弱化村社一级，从而使村社公共品供给陷入死结。举例来说，过分强调和保护农民土地承包权利事实上是取消了村社可以通过集体土地所有权来行使的村社权力。农业税取消了，依附在农业税中的三提也取消了，且不允许村社集体向承包土地使用的农户收租，村社集体的土地所有权虚置，从而使本来有可能克服村社居民"搭便车"的一个可用办法不再能用。再举例来说，当前国家向农村转移支付的资金，一部分用于补贴农户，另一部分由县乡各级尤其由各种外在于村社的职能部门用于投资农村的公共品，中间独独缺少了村社一层。而恰恰村社是既可以表达偏好（相对于职能部门），又有供给公共品能力（相对于农户）的一层。

中国绝大部分农村的村社一级，是极其重要的单位，是农民生产、生活和娱乐三位一体的场所，村社一级的公共品供给状况，直接决定着农村的基本生产和生活秩序，而当前农村政策忽视了村社这一级，而单纯强调农户的权利。毫无疑问，中国绝大多数农村的农民是弱势群体，他们的基本权利必须得到保障。然而，当前以《物权法》为典型的保障农民权利的法律和政策，却恰恰是打击了真正构成弱势的农民权利和利益发生基础的村社一级，而忽视了农民是相对于村社以外力量弱势的问题。离开强有力的村社，原子化的农民被更加赤裸裸地抛弃在这个由金钱支撑起来的世界上。我们往往假定今天的中国农民都已经是公民，他们享受着国家提供的无差异的公共品，事实却是，他们首先是村社的居民，国家无力（过去没有、现在没有、将来也不会有）为他们提供与城市无差异的公共品，他们的福利状况与村社内部公共品供给能力密切相关。强有力的村社是村社居民享有公共品的基础而非障碍。将村社作为实现村民权利的障碍，显然是缺少对当前中国农村实际情况的了解，并误判了中国小农经济的形势。当前要解决的问题不是弱化村社的权力，而是要强化村社的权力，同时保证村社能够通过民主决策的途径，表达其中大多数人的真正偏好。

三、发展农村社会文化组织，增加农村社会资本

村社公共品不只是水电路，而且包括与村民生产生活密切相关的各种事务。水电路是物质性的公共事务。还有更重要的非物质性的公共事务，如公共娱乐和公共空间。当前农村中，农民普遍建有很好的房子，村社却没有一间像样的公共用房。我们在洪湖市进行老年人协会建设实验，大部分村民都建有豪宅，住在豪宅的老年人却仍然愿意到破旧且拥挤不堪的老年人活动中心娱乐。原因无它，老年人活动中心是公共场所，是公共空间。人的意义是在人际关系中体现的。公共空间不仅创造了老年人的愉快心情，而且创造了人与人的认同，创造了人对村社的认同，创造了人的精神生活，创造了社会联系。进一步说，农村的非物质性公共品，是指构成农民生活意义的大众文化和大众体育，是可以增进农民福利感受的方方面面的内容，是他们的公共生活，是人情冷暖，是人生意义。增加农村非物质性公共品的根本措施是发展农村社会文化组织。

1. 大力发展农村社会文化组织，增加农村社会资本

社会文化组织的目标不在于增加农民的经济收入，维护农民的政治经济权益，而在于改善人与人之间和人与自己内心世界的关系，在于寻找生活中的价值和意义，在于愉悦身心，在于表现自己和关心他人。举例来说，农村妇女舞蹈队的目的就是为了强身健体，为了闲暇有意义，为了舞蹈队员之间的相互亲密，为了让舞蹈队员向村民表现自己，也为了让村民欣赏到舞蹈表演。强身健体和娱乐，就是农村妇女舞蹈队的目的。农村老年人协会的目的是为了让老年人老有所乐，相互联系和关照。老年人协会为村庄中的老年人提供相互交往、相互关照的空间，老年人通过相互之间的交往，获得了身心的愉悦。老有所乐，就必然会老有所为。老年人组织起来，就可以维护老年人的权益，就可以调解村庄中的纠纷，就可以抑制村干部的不良行为。

无论是妇女舞蹈队还是老年人协会等社会文化组织，都不存在"搭便车"问题，因为娱乐和交往是每个人内在的需要。这些社会文化组织的功能，具有溢出效应，其自娱自乐的活动，提升了人生的意义与乐趣，加强了村庄的团结，增加了村庄的社会资本，从而不仅可以提高村民的福利水平，而且可以抑制村庄集体行动中的"搭便车"行为，可以为农村经济合作组织提供村庄的内生基础。

在中国现代化的进程中，村庄作为公共空间，是为村民生产人生价值和意义的基本场所，是不能真正转移进入城市的人们世代的居所，也是他们未来的归处。强有力的村庄共同体，不仅生产着村民的人生意义，而且因为创造了认同，减少了村庄内部的矛盾，降低了公共品的交易成本，从而可以降低村民生产生活中的风险，提高村民应对生产生活危机的能力。

"大河无水小河干"，村社本身不能有效运转起来，村社物质性和非物质性公共品供给严重不足，农户即使富足，他们也无法建立起村庄生活的意义，这对于在短期（甚至长期）内无法在村社以外建立生活意义的农户来讲，是不可忍受的净福利损失。村社权力的不足，导致村社公共品供给的不足，导致村社在物质、文化和社会的全方位衰败，从而导致村社居民的全面福利净损失。

建立村社共同体是新农村建设的根本目标。新农村建设就是要通过村社共同体的建设，增进农民在经济、社会、文化和环境方面的净福利；就是不再从农民切身感受之外单纯以经济收入估算农民福利水平，而是站在农民主体的角度，从他们全身心的感受，来提供改善农民处境的办法；就是既强调农民个人的权利，又强调村社本位，看到村社共同体建设对于从经济、社会、文化等全方位改善农民个人处境中的基础而不可替代的作用；就是在中国现代化的进程中，以村社建设为基础，将中国农村建设成为中国现代化的稳定器和蓄水池。

2006年中央一号文件强调，社会主义新农村建设要"协调推进农村经济建设、政治建设、文化建设、社会建设和党的建设"，这是十分值得注意的提法，这个提法，在以前的中央文件中未曾有过。在当前的新农村建设事业中，如何做到五大建设并举，尤其是重视以前未曾重视的文化建设和社会建设，通过社会文化组织的建设，来带动新农村建设全局，是十分重要的事情。

2. 在新农村建设中，要充分发挥文化建设的作用，提高农村社会非物资性公共产品供给水平

第一，文化建设可以为新农村建设提供精神动力，培养农民的自信、勤劳、合作、民主的精神，调动他们建设新农村的积极性和创造性。有农村经验的人都知道：目前农村公共设施破败，除国家财政投入不够以外，最关键的是农民缺少自信和合作精神，农村缺少强有力的组织。现在进行新农村建设，国家要增加对农村的投入，但国家仍然不能为农村提供所有的必需的公共品，如乡村道路的修建与养护、农田灌溉的协调、农村生活生产秩序的维护,仍然需要农民组织起来通过合作解决。农村最丰富的就是劳动力资源,农民每年有很多闲暇时间,农民可以在新农村建设中借助国家财政投入和社会资源的输入,通过合作提供农村的生活品,提高自己的生活质量。早在20世纪30年代,梁漱溟就认为,救济乡村的关键在"农民自觉",即"乡下人自己要明白现在乡村的事情要自己干!不要和从前一样!老是糊糊涂涂地过日子!这样子是不成的""如果乡下人不能自己起来向前去打算!乡村成了个半死的!没有了生机!没有了活气!外边人怎能使他向上!使他好起来呢?所以想要乡村向上长!必先农民自觉了。"[1] 同时,他还认为,缺乏团体组织也是中国农村贫穷落后的原因。因此,乡村建设的主要任务就是为中国创造团体组织的形式,由此人民才能实施所有其他有关经济发展、技术普及、教育和政治改革的具体步骤。[2] 目前"三农"问题的关键仍然是农民不能自觉、不能组织起来,新农村建设仍然需要通过文化建设培养农民的勤勉、自助、协同、自立的精神。

第二,文化建设可以为新农村建设提供智力支持,提高农民的科技文化水平和改善农业生产农村生活技术。我国是一个人均耕地面积较少、农村人口众多的发展中国家,要发展农业生产、改善农村环境、提高农民生活质量,必须建立和完善多种农村适用科技的研究推广和农民技术培训体系,降低农民生活和农业生产的成本。在这方面,我们可借鉴日本和印度的经验。目前日本在全国建有农业科研体系和农业改良推广体系以及农协负责的推广服务体系。农业科研体系由公立科研机构、大学、民间三大系统组成。在农业技术推广方面,国家将通过有关国税税种征收的财政收入以"交付金"形式支付给地方,地方以一定比例配套,共同作为地方推广事业经费,维持农业推广体系运行。[3] 印度有一个专门发展民用科技的研究中心,专门研究和推广多种农村适用科技。其特点是:不断尝试推动用本地原料、能源生产日常生活的必需品,减少对外来原料、产品的需求,促进本地社区经济的发展——在能源开发方面,注重太阳能、沼气、小型水力发电技术的开发;在能源节约方面,注重省柴灶、保暖盒、省电启动器等技术的开发;在本地材料运用上,则重点从事香皂、土砖等技术的开发;而在宏观发展领域,则注重蓄水池、水流域管理、综合农畜模式、猪种改良、草药等能导向相对自足的、讲求生态的本地经济技术开发。[4]

---

[1] 储丽琴:《论梁漱溟经济思想对当前农村问题的借鉴意义》,载《特区经济》2005年第1期。
[2] [美]艾恺著,王宗昱、冀建中译:《最后的儒家:梁漱溟与中国现代化的两难》,江苏人民出版社2004年版,第147页。
[3] 晓海:《借鉴日本补助金农政经验,研究新农村建设资金问题:访中央党校经济学部徐祥临教授》,载《学习时报》2006年第147期。
[4] 潘家恩:《发展的可能:南印度之行随感》,载《视角》2006年第2期。

第三，文化建设可以丰富农民的精神生活，净化农村的风气，抵制黄赌毒、邪教在农村的泛滥。农民也不是"单需"之人，而是"多需"之人，同样具有城市人口所有的物质、健康、情感、文化娱乐以及参与社会生活的需求。目前，农民已经解决温饱问题，农业生产劳动强度不大，闲暇时间众多，尤其需要精神文化生活。但农村的文化活动却过于单调，观看电视成为大多数农民最主要的文化娱乐活动，而观看电视是被动接受的个体性文化娱乐活动，根本满足不了农民主动参与、增进人们之间友谊的需求，而且目前流行的电视节目大多远离农村生活。

第四，也是最重要的，新农村文化建设可以创造一种健康、环保、节能、和谐的生活方式，以抵制消费主义生活方式在农村的盛行，为世界寻找一条可持续发展的道路。所谓消费主义，是指一种鼓吹在大众生活层面上进行高消费的价值观念、文化态度或生活方式。它主张通过大力刺激人们多赚钱、多消费，来促进资本的快速周转，加速从生产到消费的周期循环，推动扩大再生产，从而形成一种通过大量生产、大量消费、大量废弃来促进经济增长的机制。因为基于消费主义的经济发展政策能够在相当程度上有力地促进经济增长，它在第二次世界大战后被西方各国政府视为振兴经济的法宝，在官方倡导下，消费主义逐渐发展成为大众所认可的一种具有主导性、普遍性的文化价值观和生活方式。① 消费主义的生活方式虽然推动了经济的高速发展，但它是不可持续的。其一，这种经济发展是以大量消耗数量有限的不可再生资源为代价的。目前世界上最主要的能源是石油。研究表明，已探明的世界原油储量约为 1.32 万亿桶，日消耗达 8 100 万桶。世界原油产量顶峰大约在 2020 年左右，到 2050 年世界原油生产仅可以满足需求的一半，21 世纪末石油开采将告罄。② 其二，它使人类的生态不断恶化。世界上 1 000 多名科学家的联合研究报告认为，由于人类的过度消费，世界 2/3 的自然资源已经被破坏殆尽。③ 当不可再生资源及环境负载极限到来时，这种消费主义生活方式将被淘汰。如果中国农民能在新农村建设中创造一种使人际关系和谐、人与自然关系协调的低消耗高福利生活方式，那么这种生活方式很可能成为世界的主导文化。

3. 新农村文化建设应以村社为本体、农民为本位

新农村文化建设应通过以农村社区为本体、农民为本位的文化建设，营造合作的文化氛围，创造农民的生活意义。具体来说，主要有以下几点：

---

① 毛世英：《消费主义与可持续发展观的冲突分析》，载《沈阳师范大学学报（社科版）》2004 年第 6 期。
② 韩民青：《中国不能追逐发达的工业化》，载《东岳论丛》2005 年第 1 期。
③ 《千名科学家报告：世界资源三分之二已被耗》，新华网，2005 年 4 月 22 日。

首先，在建设公共文化设施时，要照顾村社的文化传统，让农民在村社内休闲、娱乐、进行人际交往和开展文化活动，从而增强村社的凝聚力。这就要求在为每个行政村修建文化活动中心的同时，还要为人口较多、村民居住较分散的行政村修建自然村（村民小组）文化活动室。因为现在村民习惯上的交际娱乐范围大多是在自然村或人民公社时的生产队为基础上形成的，目前行政村在合并之后，大多有 2 000 人左右，超出了这一范围。如果只在行政村建文化活动中心，而不注意村民的习惯，就不利于发挥公共文化设施在熟人社会中的公共空间作用。

传统中国村社之所以有凝聚力，能让村民在其中感受到生活的意义，一个重要原因是每个村社都有祠堂、寺庙，它们是村社文化娱乐活动和道德教化的中心，是农民的精神寄托所在，农民在日常生活和生产上的合作是以祠堂、寺庙为中心展开的。重视村社文化基础设施建设，也是韩国新村运动成功的原因之一。从开展新村运动的第二年开始，韩国政府就帮每个村社兴建了村民会馆。农民有了自己的会馆以后，不仅用它召开会议，而且举办各种农业技术培训班和交流会。村民会馆收集了包括农业生产统计资料和农民收入统计资料在内的各种统计资料，展示出关于本村建设与发展计划的蓝图。① 印度克拉拉邦之所以能在物质生活还不够富裕的时期，就基本上能做到让大多数农民活得有自信、有尊严，在精神生活方面丰富、充实，就在于大力投资于乡村公共文化设施建设。全邦有 9 000 多间图书馆，1.2 万多间阅览室。每个大约有 2.5 万人的乡，拥有图书馆 8 间，阅览室 10 间。图书馆经常与各类合作社和学术、农科机构合办讨论会、培训班，内容涉及农业、畜牧、能源、母婴健康、草药医治等；并自办刊物，鼓励村民写作投稿，组织村民辩论和研讨；同时组织征文比赛、话剧创作表演、体育竞技活动等。② 我国新农村建设成就较为显著的，也大多重视村社公共文化设施建设。如海南省开展的文明生态村建设，就是以自然村为单位，每个大的自然村都修建了包括水泥排球场在内的文化活动中心。

村社文化设施建设还应与编写村史、保护村社文物古迹（包括大树等标志物品）等结合起来，以培养村民对家乡的热爱，让农民在村社内找到有根的感觉。兰考大李西村老年协会创办乡村博物馆，就很有意义。乡村博物馆位于会长赵凤兰的宅院内，展示了村庄内收集的大量的明清以来的农业生产工具、农民生活用具和农村交通运输工具。乡村博物馆不仅给村庄内的老人提供了一个重温旧梦的场所，激发了老人的自豪感，增加了老人间交流的机会；而且给年轻人和少年儿

---

① 李水山：《韩国的新村运动》，载《中国农村经济》1996 年第 5 期。
② 刘健芝：《印度经验之一》，见晏阳初乡村建设学院网/研究探索（http：//www.yirr.ngo.cn/indexH0.htm）。

童提供了一个了解村庄悠久历史和前辈艰辛生活的生动教材，培养了他们对家乡的热爱和对老人的尊重，提高了他们对未来生活的预期。①

其次，在开展农村文化娱乐活动时，要有助于大众参与，特别是农村的中老年人参与，并在活动中培养乡土艺术家。这就要求新农村文化建设要多开展贴近农村生活而且有利于农村中老年人集体参与的大众文艺、大众体育和大众娱乐，如腰鼓、盘鼓、秧歌、健身操、茶馆等，让农民可以在闲暇时有一个公共的、有品味的、适合他们需要的交流机会，一些可以表达人生意义的合适的方式；并让他们在活动中，增加人与人之间的联系，品味生活的乐趣，体会和发现人生之真义。同时，开展一些有地方特色的传统优秀戏剧表演和传统文艺节目，如舞龙灯、跑旱船等。

强调新农村文化建设要有利于农村中老年人的集体参与的原因在于，近几年，随着全国人口的老龄化、农村青壮年的大规模地外出求学打工、部分城镇人口的回乡村养老，已经使中老年人成为村庄生活的主体、农业生产的主要力量；可以预计，随着新农村建设的推进，农村生活条件的改善，将会有更多的城镇人口在年老后回乡村居住。农村中的中老年人有更多的闲暇时间，也更需要文化娱乐活动来消除寂寞和赋予生活的意义。而且，他们大多有人民公社时参加群体性文化娱乐活动的经历，也更容易组织起来。

强调新农村文化建设要注意开展保存有地方特色的优秀的传统文艺活动和培养乡土艺术家的原因在于，现在农村流行的所谓现代文化艺术，大多数是消费主义和个人主义价值观导向的，容易导致没有能力消费的农民产生失落感，并腐化村民之间的互助友爱关系；传统文艺往往以忠孝、节用、友爱为价值导向，有助于维系村民间的团结和稳定，赋予农村生活以意义。同时，农村蕴藏着极为丰富的传统文艺，开发它们，有利于保持文艺的多样性和传承地方历史文化；也有一些"乡土艺术家"，他们生在农村，长在农村，其艺术养分直接来自农村，和农民有着天然的相通性，是农村文化事业中最活跃的因子，充分发挥他们的作用，可以激发农村自身的文化活力。

最后，在文化活动中，要特别注意倡导集体主义精神，建构有利于农村社区内部开展合作互惠的集体主义意识形态，批判有损公共利益的极端个人主义，从而创造合作的文化氛围。

张鸣认为，谈合作必须考虑两个问题，一是利害，二是条件。有利害才有合作的动机，人们通过合作以趋利避害，降低成本，增加收益；规避危害，减少损失。有条件才能实现合作，条件的重要组成部分是文化体系，因为合作需要信任

---

① 王习明：《村治中的老年人福利》，湖北人民出版社2007年版。

的起码氛围,需要谈判,有合适的沟通话语。目前农民不能合作主要是缺少合作的文化条件。① 王晓毅认为,农村个人主义代替集体主义以后,尽管收入可能有所提高,但是农民被投入到巨大的不安全当中。农民集体主义的解体、个人主义成为主导的话语,不仅仅是社会现代化(包括市场经济)的自然发展过程,而是有意识建构的结果:从意识形态到制度安排都在不断地强化个人主义,而这又是在发展和效率的名义下进行的。如果说农村社会都有个体和集体主义两个方面,现在也可能需要在制度安排上考虑一下集体主义了,这正是社区发展的基础。②

要培养农民的集体主义精神,就必须经常组织农民参加群体性的文艺活动。因为组织农民经常参加群体性的文艺活动,可以为人们提供一个相互交流和了解的机会,增进人们的信任和互惠,创造一个共享的价值,帮助农民在村庄范围内形成一个关系紧密之群体,从而开发出将福利最大化的实体性日常规范。③ 同时,还要发挥文艺宣传的舆论导向作用,根据村社的实际情况创作一些通俗文艺节目,鼓励在合作中起带头和示范作用的积极分子,谴责破坏合作的"搭便车"者,打破集体行动的困境。湖北省荆门市的新贺、贺集等村老年协会实验能取得成功,就是因为老年协会组建了文艺队,能经常开展活动,老年人在经常的参与性活动中,找到了自信、协调了人际关系、培育了互助友爱的精神;并且,老年人在文艺活动中通过自编自演村中的故事,表彰了孝敬老人、和睦乡邻、热心公益事业的好人好事,批评了迷恋麻将、专注买地下六合彩、损坏公共道路等不良现象。这几个村的干部都感到,老年协会成立后,组织会议也容易多了。贺集村在 2005 年妇女节时,妇女主任利用老年活动中心和文艺队成功地召开了全村妇女会,这是家庭承包后的第一次;新贺村在 2005 年进行农业技术推广时,利用老年协会的高音喇叭和腰鼓队造声势,其听众是往年 2 倍多。兰考县的合作社实验之所以较为成功,就是因为每个合作社都成立了文艺队并经常开展活动,通过文艺活动增进了成员间的友谊和信任感,培育了合作精神。④

---

① 张鸣:《漫议乡间合作发生的文化条件》,见《三农中国》,湖北人民出版社 2004 年版,第 100~105 页。
② 王晓毅:《小岗村的悖论》,见《三农中国》,湖北人民出版社 2003 年版,第 151~154 页。
③ [美]罗伯特·C. 埃里克森著,苏力译:《无需法律的秩序:邻人如何解决纠纷》,中国政法大学出版社 2003 年版,第 221、225 页。
④ 王习明:《农村老年协会与和谐社会》,见中国(海南)改革发展研究院:《民间组织发展与建设和谐社会》,中国经济出版社 2006 年版,第 75~90 页。

参考文献

一、著作类

1. 杜润生：《杜润生自述：中国农村体制变革重大决策纪实》，人民出版社2005年版。
2. 黄楚芳、方向新主编：《中国共产党与中国农民》，湖南人民出版社2002年版。
3. 马克思、恩格斯：《德意志意识形态》，载《马克思恩格斯选集》第1卷，人民出版社1995年版。
4. 马克思：《路易·波拿巴的雾月十八日》，载《马克思恩格斯选集》第1卷，人民出版社1995年版。
5. 孙津：《中国农民与中国现代化》，中央编译出版社2004年版。
6. 中共贵州省委农村政策研究室、贵州省社会科学院编：《马克思恩格斯列宁斯大林论农民问题》，山西人民出版社1992年版。
7. 中共中央文献研究室、国务院发展研究中心：《新时期农业和农村工作重要文献选编》，中央文献出版社1992年版。
8. ［美］费正清：《美国与中国》，商务印书馆1987年版。
9. ［美］塞缪尔·P.亨廷顿：《变化社会中的政治秩序》，三联书店1989年版。
10. 陈宝敏、马志娟：《公有制中的国家与农民——中国传统农村财政体制之研究》，载《中国"三农"问题国际研讨会论文集》，浙江大学2004年。
11. 郭庆旺、赵志耘：《财政学》，中国人民大学出版社2002年版。
12. 洪朝辉：《论中国农民土地财产权利的贫困》，载《中国"三农"问题国际研讨会论文集》，浙江大学2004年。
13. 谭崇台：《发展经济学概论》，辽宁人民出版社1992年版。
14. 汪行福：《分配正义与社会保障》，上海财经大学出版社2003年版。
15. 张培刚：《发展经济学教程》，经济科学出版社2001年版。

16. [美] 阿瑟·刘易斯：《二元经济论》，施炜等译，北京经济学院出版社1989年版。

17. [美] 阿瑟·刘易斯：《劳动力无限供给条件下的经济发展（1954年）》，[美] 阿瑟·刘易斯《二元经济论》，施炜等译，北京经济学院出版社1989年版。

18. [美] 费景汉、古斯塔夫·拉尼斯：《增长和发展：演进观点》，洪银兴、郑江淮等译，商务印书馆2004年版。

19. [美] 华尔特·罗斯托：《从起飞进入持续增长的经济学》，贺立平译，四川人民出版社1988年版。

20. [美] 杰拉尔德·迈耶、约瑟夫·斯蒂格利茨主编：《发展经济学前言》中国财政经济出版社2003年版。

21. [美] 托达罗：《经济发展》，黄卫平等译，中国经济出版社1999年版。

22. A. P. 瑟尔沃：《增长与发展》，中国财政经济出版社2001年版。

23. 阿马蒂亚·森：《以自由看待发展》，中国人民大学出版社2002年版。

24. 吉利斯、波金斯：《发展经济学》，中国人民大学出版社1998年版。

25. 速水佑次郎：《发展经济学——从贫困到富裕》，社会科学文献出版社2003年版。

26. 亚当·斯密：《国富论：国民财富的性质和原因的研究》，谢祖钧等译，中南大学出版社2003年版。

27. 《"十一五"时期推进产业结构战略调整的思路和对策研究》，浙江省发改委、浙江省经贸委、浙江省农办，2005年。

28. 《统筹城乡就业和社会保障制度加快建设大社保体系》，浙江省发展计划委员会，2005年2月4日。

29. 黄先海：《浙江民营经济从内源式向开放型转型研究——"十一五"浙江深化对外开放的基本思路与对策》，浙江大学。

30. 《浙江省环杭州湾产业带发展规划》。

31. 陈婴虹：《论中国农民与国家的社会契约关系》，载《中国"三农"问题国际研讨会论文集》，浙江大学2004年。

32. 周其仁：《城市化、农地转让权和征地制度改革》，北京大学中国经济研究中心"中国征地制度改革"国际研讨会主题报告，《CCER政策性研究简报》，2004年第4期（总420期）。

33. 邓大才：《湖村经济》，中国社会科学出版社（待出版）。

34. 洪楠：《Statistica for windows 统计与图表分析教程》，清华大学出版社2002年版。

35. 课题组：《平原经济》（待出版）。

36. 林毅夫：《再论制度、技术与中国农业发展》，北京大学出版社 2000 年版。

37. 林毅夫：《制度、技术与中国农业发展》，上海三联书店 1994 年版。

38. 刘金海：《山村经济》，（待出版）。

39. 农业部软科学委员会：《农业发展新阶段》，中国农业出版社 2000 年版。

40. 徐勇：《非均衡的中国政治：城市与乡村比较》，中国广播电视出版社 1992 年版。

41. 严瑞珍、程漱兰：《经济全球化与中国粮食问题》，中国人民大学出版社 2001 年版。

42. 易丹辉：《数据分析与 Eviews 应用》，中国统计出版社 2002 年版。

43. 余建英、何旭宏：《数据统计分析与 SPSS 应用》，人民邮电出版社 2003 年版。

44. 张晓峒：《计量经济学软件 Eviews 使用指南》，南开大学出版社 2004 年版。

45. 古扎拉蒂：《计量经济学》上下册，经济科学出版社 2000 年版。

46. 舒尔茨：《改造传统农业》，商务印书馆 2003 年版。

47. 速水佑次郎：《农业经济论》，中国农业出版社 2003 年版。

48. 伍德里奇：《计量经济学导论现代视点》，经济科学出版社 2003 年版。

49. 国家发展和改革委员会价格司：《2005 年全国农产品成本收益资料汇编》，中国统计出版社。

50. 国家统计局：《中国统计年鉴 1996～2005 年》，中国统计出版社 2005 年版。

51. 国家统计局农村社会经济调查司：《中国农村统计年鉴 1999～2005 年》，中国统计出版社 2005 年版。

52. 国家统计局农村社会经济调查司：《中国农村住户统计年鉴 2001～2005 年》，中国统计出版社 2005 年版。

53. 国家统计局综合司：《新中国五十五年统计资料汇编》，中国统计出版社 2004 年版。

54. 《2003 年国际统计年鉴》，中国统计出版社 2003 年版。

55. 《2005 中国农业发展研究报告》，网络版。

56. 邓正来、J. C. 亚历山大编：《国家与社会：一种社会理论的研究路径》，中央编译出版社 2002 年版。

57. 费孝通：《乡土中国　生育制度》，北京大学出版社 1998 年版。

58. 费孝通：《中国绅士》，中国社会科学出版社 2006 年版。

59. 高新军：《实现从权力政府向责任政府的转变——我国乡镇级地方政府

治理的比较研究》，西北大学出版社 2005 年版。

60. 黄卫平、邹树彬主编：《乡镇长选举方式改革：案例研究》，社会科学文献出版社 2003 年版。

61. 金太军等：《乡镇机构改革挑战与对策》，广东人民出版社 2005 年版。

62. 李昌平、董磊明主编：《税费改革背景下的乡镇体制研究》，湖北人民出版社 2004 年版。

63. 李凡、寿慧生、彭宗超、肖立辉：《创新与发展——乡镇长选举制度改革》，东方出版社 2000 年版。

64. 李守经、邱馨主编：《中国农村基层社会组织体系研究》，中国农业出版社 1994 年版。

65. 李学举、王振耀、汤晋苏编著：《中国乡镇政权的现状与改革》，中国社会出版社 1994 年版。

66. 马戎、刘士定、邱泽奇主编：《中国乡镇组织变迁研究》，华夏出版社 2000 年版。

67. 彭勃：《乡村治理——国家介入与体制选择》，中国社会出版社 2002 年版。

68. 钱穆：《中国历代政治得失》，三联书店 2001 年版。

69. 荣敬本、崔之元等：《从压力型体制向民主合作体制的转变——县乡两级政治体制改革》，中央编译出版社 1998 年版。

70. 史卫民：《公选与直选——乡镇人大选举制度研究》，中国社会科学出版社 2000 年版。

71. 王国斌：《转变的中国：历史变迁与欧洲经验的局限》，江苏人民出版社 1998 年版。

72. 王亚南：《中国官僚政治》，中国社会科学出版社 1981 年版。

73. 吴晗、费孝通等：《皇权与绅权》，天津人民出版社 1988 年版。

74. 项继权：《集体经济背景下的乡村治理》，华中师范大学出版社 2002 年版。

75. 项继权：《外国农村基层建制》，华中师范大学出版社 1995 年版。

76. 项继权主编：《走出"黄宗羲定律"的怪圈：中国农村税费改革的调查与研究》，西北大学 2004 年版。

77. 辛秋水主编：《中国村民自治》，黄山书社 1999 年版。

78. 徐勇、高秉雄主编：《地方政府学》，高等教育出版社 2005 年版。

79. 徐勇、贺雪峰主编：《杨集实验：两推一选书记镇长——嵌入乡村社会的事件及其侧重学术角度的解读》，西北大学出版社 2004 年版。

80. 徐勇、吴理财等：《走出"生之者寡，食之者众"的困境——县乡村治理体制反思与改革》，西北大学出版社 2004 年版。

81. 徐勇：《乡村治理与中国政治》，中国社会科学出版社 2003 年版。

82. 徐勇：《中国农村村民自治》，华中师范大学出版社 1998 年版。

83. 俞可平：《中国公民社会的兴起与治理的变迁》，社会科学文献出版社 2002 年版。

84. 张厚安、徐勇主笔：《中国农村政治稳定与发展》，武汉出版社 1995 年版。

85. 张厚安主编：《中国农村基层政权》，四川人民出版社 1992 年版。

86. 张锦明、马盛康主编：《步云直选：四川省遂宁市市中区步云乡直选实录》，西北大学出版社 2004 年版。

87. 张静：《基层政权：乡村制度诸问题》，浙江人民出版社 2000 年版。

88. 张乐天：《告别理想——人民公社制度研究》，东方出版中心 1998 年版。

89. 赵秀玲：《中国乡里制度》，社会科学文献出版社 1998 年版。

90. 周庆智：《中国县级行政结构及其运行——对W县的社会学考察》，贵州人民出版社 2004 年版。

91. 朱光磊：《当代中国政府过程》，天津人民出版社 1997 年版。

92. 朱宇：《中国乡域治理结构：回顾与前瞻》，黑龙江人民出版社 2006 年版。

93. 邹谠：《中国革命再阐释》，甘阳、何高潮等编译，牛津大学出版社 2002 年版。

94. 湖北省乡镇综合配套改革领导小组办公室编：《湖北省乡镇综合配套改革典型材料及政策汇编》，2005 年 8 月。

95. 湖北省咸宁市咸安区委办公室编：《乡镇综合配套改革资料汇编》，2005 年 8 月。

96. ［法］皮埃尔·布迪厄、［美］华康德：《实践与反思：反思社会学导引》，李猛、李康译，邓正来校，中央编译出版社 2004 年版。

97. ［美］戴维·斯沃茨：《文化与权力：布尔迪厄的社会学》，上海译文出版社 2006 年版。

98. ［美］杜赞奇：《文化、权力与国家——1900～1942 年的华北农村》，王福明译，江苏人民出版社 2003 年版。

99. ［美］盖伊·彼得斯：《政府未来的治理模式》，中国人民大学出版社 2001 年版。

100. ［美］乔·B. 史蒂文斯：《集体选择经济学》，杨晓维等译，上海三联书店 1999 年版。

101. ［美］詹姆斯·N. 罗西瑙主编：《没有政府的治理》，张胜军、刘小林等译，江西人民出版社 2001 年版。

102. ［美］詹姆斯·R. 汤森、布兰特利·沃马克：《中国政治》，顾建、董方泽,江苏人民出版社 2003 年版。

103. [日]今井贤一等:《内部组织的经济学》,三联书店 2004 年版。

104. [英]安东尼·吉登斯:《民族—国家与暴力》,胡宗泽等译,三联书店 1998 年版。

105. 雷晓康:《公共物品提供模式的理论分析》,陕西师范大学出版社 2005 年版。

106. 李彬:《乡镇公共物品制度外供给分析》,中国社会科学出版社 2004 年版。

107. 李秉龙等:《中国农村贫困、公共财政与公共物品》,中国农业出版社 2004 年版。

108. 李小云、左停、叶敬忠:《中国农村情况报告(2003~2004)》,社会科学文献出版社 2004 年版。

109. 林万龙:《中国农村社区公共产品供给制度变迁研究》,中国财政经济出版社 2003 年版。

110. 吕亚荣:《中国农村税费改革中的公平问题研究》,中山大学出版社 2004 年版。

111. 徐小青主编:《中国农村公共服务》,中国发展出版社 2002 年版。

112. 洪湖市地方志编纂委员会:《洪湖县志》,武汉大学出版社 1992 年版。

113. 湖北省荆门市地方志编纂委员会:《荆门市志》,湖北科技出版社 1994 年版。

114. 世界银行:《1993 年世界发展报告:投资于健康》,中国财政经济出版社 1993 年版。

115. 中国水利年鉴编辑委员会:《中国水利年鉴(1990)》,中国水利水电出版社 1990 年版。

116. 中国水利年鉴编辑委员会:《中国水利年鉴(2002)》,中国水利水电出版社 2002 年版。

117. [澳]休·史卓顿、[澳]莱昂内尔·奥查德:《公共物品、公共企业和公共选择》,费朝辉等译,经济科学出版社 2000 年版。

118. C.V. 布朗,P.M. 杰克逊:《公共部门经济学(第四版)》,中国人民大学出版社 2000 年版。

119. 埃莉诺·奥斯特罗姆、拉里·施罗德和苏珊·温:《制度激励与可持续发展》,三联书店 2000 年版。

120. 埃莉诺·奥斯特罗姆:《公共事物治理之道》,三联书店 2000 年版。

121. 迈克尔·迈金尼斯:《多中心体制与地方公共经济》,三联书店 2000

年版。

122. 迈克尔·迈金尼斯：《多中心治道与发展》，三联书店 2000 年版。

123. 曼瑟尔·奥尔森：《集体行动的逻辑》，三联书店 2003 年版。

124. Agarwala and S. P. Singh（eds）. *The Economics of Underdevelopment*. Oxford University Press，1963.

125. Arther Okun. "Equality and Efficiency：The Big Tradeoff." Brookings Institution，1975.

126. C. Peter Timmer. *Agritulture and the State*. Cornell University Press，1991.

127. Michael P. Todaro. *Economic Development*. Wesley Longman limited，1997.

128. Paul N. Rosenstein-Rodan. *Problem of Industrialization of Eastern and Southeastern Europe*. Econmic Journal，June-September 1943，reprinted in A. N.

129. Rangnar Hurkse. *Problem of Capital Formation in Underdevelopment Countries*. Oxford University Press，1953.

二、论文类

1. 曹任何：《合法性危机：治理兴起的原因分析》，载《理论与改革》2006 年第 2 期。

2. 陈家喜：《十六大以来党内民主建设的实践与思考》，载《理论探讨》2005 年第 5 期。

3. 陈锡文：《城乡统筹解决"三农"问题》，载《城乡建设》2003 年第 5 期。

4. 顾益康、邵锋：《全面推进城乡一体化改革》，载《中国农村经济》2003 年第 1 期。

5. 国务院发展研究中心农村经济研究部：《中国乡镇发展报告》，载《农民日报》2004 年 11 月 5 日。

6. 何包钢、郎友兴：《"步云困境"：中国乡镇长直接选举考察》，载《二十一世纪》2001 年 4 月号。

7. 何菊芳：《城乡统筹与财政政策》，载《问题探讨》2003 年第 10 期。

8. 何增科：《农村治理转型与制度创新——河北省武安市"一制三化"经验的调查与思考》，载《经济社会体制比较》2003 年第 6 期。

9. 贺雪峰、罗兴佐、陈涛、王习明：《乡村水利与农地制度创新》，载《管理世界》2003 年第 9 期。

10. 贺雪峰、王习明：《村级债务的成因与危害》，载《管理世界》2002 年第 3 期。

11. 贺雪峰、王习明：《农民负担的现状与症结——湖北 J 市调查》，载《中国农史》2003 年第 2 期。

12. 胡鞍钢：《中国走向区域协调发展》，载《决策与信息》2004年第12期。

13. 胡锦涛：《在省部级主要领导干部提高建构社会主义和谐社会能力专题研讨班上的讲话》（2005年2月19日），《人民日报》2005年6月27日第一版。

14. 胡乃武、张可云：《统筹中国区域发展问题研究》，载《经济理论与经济管理》，2004年第1期。

15. 黄华波：《城乡统筹就业与利益关系调整》，载《农业经济问题》2001年第9期。

16. 黄世贤：《解决"三农"问题要实行城乡统筹》，载《江西财经大学学报》2003年第4期。

17. 黄世贤：《实行农业保护价政策关键在通透城乡经济社会发展》，载《价格月刊》2003年第3期。

18. 黄源协：《从"强制性竞标"到"最佳价值"——英国地方政府公共服务绩效管理之变革》，载《公共行政学报》（台）（2005年6月）第十五期。

19. 黄祖辉、卫龙宝：《论统筹城乡经济社会发展》，载《政策》2005年第4期。

20. 李荣根：《统筹城乡经济社会发展，建设现代化新农村》，载《农业经济问题》2004年第1期。

21. 李晓澜、宋继清：《二元经济理论模型评述》，载《山西财经大学学报》2004年第1期。

22. 李新全：《解决"三农"问题需要采取战略举措》，载《中国农村经济》2003年第12期。

23. 李迎生：《论我国农民养老保障制度改革的基本目标与现阶段的政策选择》，载《社会学研究》2001年第5期。

24. 李岳云、陈永、孙林：《城乡统筹及其评价方法》，载《农业技术经济》2004年第1期。

25. 李芝兰、吴理财：《"倒逼"还是"反倒逼"——农村税费改革前后中央与地方之间的互动》，载《社会学研究》2005年第4期。

26. 林毅夫、李培林：《经济发展战略与公平、效率的关系》，载《经济学（季刊）》2003年第1期。

27. 刘京希：《从国家化社会主义到社会化社会主义——兼论社会主义的本质特征》，载《文史哲》2000年第4期。

28. 刘奇、王飞：《论统筹城乡社会经济发展》，载《中国农村经济》2003年第9期。

29. 刘尚希：《谨防乡镇机构改革落入"循环改革"陷阱》，载《中国经济时报》2006年2月20、21日。

30. 陆学艺：《农村要进行第二次改革进一步破除计划经济体制对农民的束缚》，载《中国农村经济》2003年第1期。

31. 马晓河等：《我国农村公共品的供给现状、问题与对策》，载《农业经济问题》2005年第4期。

32. 农业部产业政策法规司课题组：《统筹城乡和统筹经济社会协调发展研究》，载《农业经济问题》2004年第1期。

33. 浦兴祖：《直选乡长是扩大农村基层民主的一次探索——关于四川步云乡个案的思考》（上、下），《云南行政学院学报》2001年第6期、2002年第1期。

34. 沈延生：《村政的兴衰与重建》，载《战略与管理》1999年第6期。

35. 石磊：《中国新一轮乡镇改革：一个简略的评论》，载《青年研究》2005年第7期。

36. 唐忠、李众敏：《改革后农田水利建设投入主体缺失的经济学分析》，载《农业经济问题》2005年第2期。

37. 王元璋、盛喜真：《实行城乡统筹就业的制度障碍及变迁路径》，载《当代经济研究》2003年第8期。

38. 王兆阳：《统筹城乡就业——城乡协调发展的必然路径依赖》《中国物价》2003年第7期。

39. 温家宝：《关于当前农业和农村工作的几个问题》（2005年12月29日），《光明日报》2006年1月20日第二版。

40. 吴建：《构建我国农村社会养老保障体系的若干政策建议》，载《审计与经济研究》2004年第1期。

41. 吴忠泽：《坚持科学发展观，以科技创新促进区域统筹协调发展——对中南地区科技工作的思考和建议》，载《中国软科学》2004年第4期。

42. 夏杰长、陈雷：《"乡财县管"改革的社会学分析——以安徽省G县为例》，载《经济研究参考》2005年第77期（总第1941期）。

43. 项继权、罗峰、许远旺：《构建新型农村公共服务体系——湖北省乡镇事业单位改革调查与研究》，内部报告2005年10月11日。

44. 项继权：《短缺财政下的乡村政治发展——兼论中国乡村民主的生成逻辑》，载《中国农村观察》2002年第3期。

45. 项继权：《论我国乡镇规模扩大化及其限度》，载《开放时代》2005年第5期。

46. 萧唐镖：《二十余年来大陆的乡村建设与治理：观察与反思》，载《二十一世纪》双月刊2003年8月号。

47. 萧唐镖：《乡镇长直选的民意基础》，载《中国农村观察》2003 年第 1 期。

48. 徐彬：《中国农业发展中的失范现象及其纠正对策》，载《农业现代化研究》2003 年第 9 期。

49. 徐勇、邓大才：《社会化小农：解释当今农户的一个视角》，载《学术月刊》2006 年第 7 期。

50. 徐勇、刘义强：《"湖北新政"与中国乡镇政府改革实践研究——兼论中国现代乡村治理体制的构建》，2005 年（未发表）。

51. 徐勇：《国家整合与社会主义新农村建设》，载《社会主义研究》2006 年第 1 期。

52. 徐勇：《内核—边层：可控的放权式改革——对中国改革的政治学解读》，载《开放时代》2003 年第 1 期。

53. 徐勇：《县政、乡派、村治：乡村治理的结构性转换》，载《江苏社会科学》2002 年第 2 期。

54. 徐勇：《乡村治理结构改革的走向——强村、精乡、简县》，载《战略与管理》2003 年第 4 期。

55. 许经勇：《解决"三农"问题的新思路》，载《财经问题研究》2003 年第 7 期。

56. 闫威、夏振坤：《利益集团视角的中国三农问题》，载《中国农村观察》2003 年第 5 期。

57. 杨雪冬、托尼·赛奇：《从竞争性选拔到竞争性选举——对乡镇选举的初步分析》，载《经济社会体制比较》2004 年第 2 期。

58. 叶翠青：《统筹城乡经济社会发展的财税政策研究》，载《经济研究参考》2003 年第 8 期。

59. 叶兴庆：《关于促进城乡协调发展的几点思考》，载《农业经济问题》2004 年第 1 期。

60. 于建嵘：《乡镇自治：根据和路径》，载《战略与管理》2002 年第 6 期。

61. 詹成付：《关于深化乡镇体制改革的研究报告》，载《开放时代》2004 年第 2 期。

62. 张宏宇：《统筹城乡经济社会发展的基本思路》，载《农村经济》2004 年第 2 期。

63. 张建武、李永杰：《构建城乡统筹就业机制的条件与对策》，载《华南师范大学学报》2002 年第 8 期。

64. 张建武：《城乡统筹就业问题研究》，载《中国农业经济》2001 年第 8 期。

65. 张晓山：《深化农村发展 促进农村发展》，载《中国农村经济》2003年第1期。

66. 张宇燕、何帆：《由财政压力引起的制度变迁》，载盛洪、张宇燕主编《市场逻辑与制度变迁》，中国财政经济出版社1998年版。

67. 章荣君：《财政困境下的乡镇治理危机及制度选择》，载《当代中国研究》2005年冬季号。

68. 赵树凯：《乡镇政府之命运》，载《中国发展观察》2006年第7期。

69. 郑法：《农村改革与公共权力的划分》，载《战略与管理》2000年第4期。

70. 钟甫宁：《我国能养活多少农民——21世纪的中国的"三农"问题》，载《中国农村经济》2003年第7期。

71. 周梅燕：《党内民主与人民民主结合的有益尝试——云南省红河州乡镇党委换届直选观察报告》，载《人大研究》2006年第6期（总第174期）。

72. 朱守银、廖洪乐、吴仲斌：《当前各地乡镇体制改革的主要做法及比较》，载《红旗文稿》2006年第9期。

73. 朱文根：《中国农业发展面临的七大困惑和七项举措》，载《中国农村经济》2003年第2期。

74. ［美］黄宗智（Philip C. C. Huang）：《中国的"公共领域"与"市民社会"？——国家与社会间的第三领域》，载邓正来、J. C. 亚历山大编：《国家与社会：一种社会理论的研究路径》，中央编译出版社2002年第1版。

75. Denis Goulet. "Development Indicators: A Research Problem, a Policy Problem." *Journal of Socio-Economics*, Autumn 1992, Volume 21, Issue 3.

76. Murphy, Kevin M. Andrei Shleifer, and Robert W. Vishny. "Industrialization and the Big Bush." *Journal of Political Economy*, 1997, 5, October.

77. Yang, X. and Rice, R. "An Equilibrium Model Endogenizing of a Dual Structure between the Urban and Rural Sectors." *Journal of Urban Economics*, 1994, Vol. 25.

后 记

本书是教育部哲学社会科学研究重大课题攻关项目"我国农村与农民问题研究"的最终成果。

为了解决重大理论与现实问题,教育部于2003年启动了哲学社会科学重大课题攻关项目研究工作。本项目被列为第一批课题。经过招标竞争,由华中师范大学中国农村问题研究中心中标,同时由另一投标单位——浙江大学农业现代化与农村发展研究中心承担四个子课题中的一个子课题。在研究过程中,承担本项目有关公共物品子课题的负责人调至华中科技大学。因此,本项目及其最终成果是涉及三个学校和多位学者集体攻关的产物。作为本项目阶段性成果的著作、论文和咨询报告已在出版、发表和提交时署名。现将作为项目最终成果的本书的作者及项目参与者说明如下:

主笔徐勇,本项目的首席专家,负责全书的体例、审阅和修订,并撰写引论。

第一编"城乡统筹"的作者和参与者为浙江大学的黄祖辉、林坚、邵峰、刘慧波、马艳丽。黄祖辉为子课题负责人。

第二编"就业增收"的作者是华中师范大学的邓大才。参与子课题研究的还有刘金海、艾建国、吴晓燕等。邓大才为子课题负责人。

第三编"乡镇改革"的作者是华中师范大学的吴理财。参与子课题研究的还有项继权、袁方成、黄辉祥等。项继权为子课题负责人。

第四编"公共物品"的作者是华中科技大学的贺雪峰、董磊明,还有原在华中师范大学工作和学习的罗兴佐、王习明。贺雪峰为子课题负责人。

本课题及最终成果是集体合作的产物。在首席专家的统筹下,实行分工负责制。研究过程中,首席专家主要是按照投标评审书及其专家评审意见提出统一要求。各子课题根据统一要求进行专题研究。

作为首批重大课题攻关项目,在实施过程中也遇到一些困难。教育部和项目承担人所在学校的主管部门给予了大力支持和积极协调,使我们得以完成项目研究工作。项目研究中还得到一些研究单位和实际部门的支持。在此表示衷心感谢！

　　本书还引用了一些尚未发表的书稿、论文、报告的部分内容，引用时已得到作者的同意，除在引用处注明彰显其原创外，在此再次表示衷心的感谢。

　　我们的研究虽然取得了进展，但也还存在诸多不足。希望本书出版后能够得到读者的批评指正！

已出版书目

书　名	首席专家
《马克思主义基础理论若干重大问题研究》	陈先达
《网络思想政治教育研究》	张再兴
《高校思想政治理论课程建设研究》	顾海良
《马克思主义文艺理论中国化研究》	朱立元
《弘扬与培育民族精神研究》	杨叔子
《当代科学哲学的发展趋势》	郭贵春
《当代中国人精神生活研究》	童世骏
《面向知识表示与推理的自然语言逻辑》	鞠实儿
《中国大众媒介的传播效果与公信力研究》	喻国明
《楚地出土戰國簡册〔十四種〕》	陳　偉
《中国特大都市圈与世界制造业中心研究》	李廉水
《WTO主要成员贸易政策体系与对策研究》	张汉林
《全球经济调整中的中国经济增长与宏观调控体系研究》	黄　达
《中国产业竞争力研究》	赵彦云
《东北老工业基地资源型城市发展可持续产业问题研究》	宋冬林
《中国民营经济制度创新与发展》	李维安
《东北老工业基地改造与振兴研究》	程　伟
《中国加入区域经济一体化研究》	黄卫平
《金融体制改革和货币问题研究》	王广谦
《中国市场经济发展研究》	刘　伟
《我国民法典体系问题研究》	王利明
《中国农村与农民问题前沿研究》	徐　勇
《城市化进程中的重大社会问题及其对策研究》	李　强
《中国公民人文素质研究》	石亚军
《生活质量的指标构建与现状评价》	周长城
《人文社会科学研究成果评价体系研究》	刘大椿
《教育投入、资源配置与人力资本收益》	闵维方
《创新人才与教育创新研究》	林崇德
《中国农村教育发展指标体系研究》	袁桂林
《高校招生考试制度改革研究》	刘海峰
《基础教育改革与中国教育学理论重建研究》	叶　澜
《处境不利儿童的心理发展现状与教育对策研究》	申继亮
《中国和平发展的国际环境分析》	叶自成

即将出版书目

书　名	首席专家
《中国司法制度的基础理论问题研究》	陈光中
《完善社会主义市场经济体制的理论研究》	刘　伟
《和谐社会构建背景下的社会保障制度研究》	邓大松
《社会主义道德体系及运行机制研究》	罗国杰
《中国青少年心理健康素质调查研究》	沈德立
《学无止境——构建学习型社会研究》	顾明远
《产权理论比较与中国产权制度变革》	黄少安
《中国水资源问题研究丛书》	伍新木
《中国法制现代化的理论与实践》	徐显明
《中国和平发展的重大国际法律问题研究》	曾令良
《知识产权制度变革与发展研究》	吴汉东
《全面建设小康社会进程中的我国就业战略研究》	曾湘泉
《现当代中西艺术教育比较研究》	曾繁仁
《数字传播技术与媒体产业发展研究报告》	黄升民
《非传统安全与新时期中俄关系》	冯绍雷
《中国政治文明与宪政建设》	谢庆奎